新高考政策评估研究

——来自试点省份的探索

袁 旦 著

中国教育出版传媒集团
高等教育出版社·北京

图书在版编目（CIP）数据

新高考政策评估研究：来自试点省份的探索 / 袁旦著. -- 北京：高等教育出版社，2024.12. --ISBN 978-7-04-064232-2

Ⅰ. G632.474

中国国家版本馆 CIP 数据核字第 2024XF3286 号

新高考政策评估研究：来自试点省份的探索

XIN GAOKAO ZHENGCE PINGGU YANJIU: LAIZI SHIDIAN SHENGFEN DE TANSUO

策划编辑 邓 玥　　责任编辑 邓 玥　　封面设计 张 志　　版式设计 童 丹

责任绘图 杨伟露　　责任校对 刁丽丽　　责任印制 存 怡

出版发行 高等教育出版社

社　　址 北京市西城区德外大街 4 号

邮政编码 100120

印　　刷 保定市中画美凯印刷有限公司

开　　本 787mm×1092mm 1/16

印　　张 19

字　　数 370千字

购书热线 010-58581118

咨询电话 400-810-0598

网　　址 http://www.hep.edu.cn

http://www.hep.com.cn

网上订购 http://www.hepmall.com.cn

http://www.hepmall.com

http://www.hepmall.cn

版　　次 2024 年 12 月第 1 版

印　　次 2024 年 12 月第 1 次印刷

定　　价 59.00 元

物 料 号 64232-00

本书为国家社会科学基金教育学一般课题“新高考政策影响大学生专业适应的机理、效应评估与完善对策研究”（课题批准号：BIA210186）研究成果。

序言

今年是新一轮高考综合改革实施十周年。2014 年 9 月，国务院印发《国务院关于深化考试招生制度改革的实施意见》，启动高考综合改革试点，与此同时，浙江省、上海市作为首批试点省市发布具体改革试点方案，从当年秋季入学的新高一学生开始实施，由此新高考改革拉开大幕。高考事关国家选才、事关百姓利益、事关学生成长，对基础教育与高等教育都发挥着重要的指引与调节作用，改革的影响重大；十年来，加入新高考的省份已达到 29 个，覆盖面越来越广、关注度也越来越高。

正是在这一背景下，袁旦研究员聚焦于新高考改革的政策评估，开展了有关新高考政策实施成效的国家社会科学基金课题研究，形成了一批研究成果，具有重要的现实意义和实践价值。这本学术专著便是他前期研究的集成。

袁旦研究员曾从事过高校一线的招生工作，亲身参与、经历了高考改革的各类试点探索，持续关注新一轮高考综合改革的动向、实施及评价；加之他这几年的学术训练，体现在这本专著上有三个关键词，即创新性、学术味、接地气。

首先，这本专著具有创新性。该书的创新性体现在其研究视角、研究思路、研究发现等方面，该书将视角放在了经历新高考的大一新生群体，通过这个群体的专业适应性来“反映”新高考的改革成效，有点“出乎意料”，却是“情理之中”，为新高考政策的评估提供了一种不一样的观测视角，且更具信服力。

其次，这本专著有学术味。该书以社会认知生涯理论、院校影响力理论作为研究的理论基础，通过大量翔实的数据及其统计分析，回答了三组研究问题，分析过程严谨，研究方法科学，体现出较高的学术水准。

最后，这本专著非常接地气。源于作者的工作经历，该书具有比较突出的实践导向，并没有高高在上、泛泛地谈高考改革成效，而是围绕科目选考制、“专业＋学校”填录志愿这两项关注度最高的政策举措进行具体分析，用“数据来说话”，所获得的研究结论具有参考价值。

期待本书的问世能够成为一个引子，引发更多专家学者投入新高考综合改革成效的研究探讨之中，也期待作者能在高考制度研究领域产出更多优秀成果。

是为序。

南京大学高等教育研究所所长、教授、博士生导师 余秀兰

2024 年 7 月

前言

高考的重要功能之一是促进高中教育与大学教育的有效衔接。然而，在传统高考政策之下，选择受限的制度约束加之应试升学的功能异化，学生进入大学后的专业不适应问题突显，高考的衔接功能不断被弱化。2014 年 9 月国务院印发的《国务院关于深化考试招生制度改革的实施意见》将浙江、上海确定为首批试点省份，新一轮高考改革正式拉开大幕，被视为自恢复高考以来最全面、系统的一次改革，成为近年全社会关注的热点和学界研究重点领域。新高考政策以增加考生选择性为核心，着力提高考生与专业之间匹配度，增强学生高中教育与大学教育的有效衔接，促进学生健康成长与发展。这一新政出台以来，带来的影响众说纷纭、对其评价也褒贬不一，而随着试点范围不断扩大，评估新高考政策实现既定目标的程度，则成为保障新高考改革持续推进的重要基础。因此，从学生进入大学后“适应”的视角切入，以高考促进高中－大学教育衔接的功能发挥情况来评估新高考政策，回答“新高考政策的实施成效如何”，是本书的出发点和落脚点。

通过对现实图景的观察、政策契机的把握与当下困惑的思考，本研究聚焦“学生新高考政策认同对其高中－大学教育衔接的影响”这一核心议题，基于专业适应性的视角，依据作用机制，分别设计了两条研究主线：一是以社会认知生涯理论为基础，将学生进入大学后的专业适应性本身作为“高中－大学教育衔接”的表征，以新高考政策认同为自变量，通过考察其对于专业适应性影响的显著性、效应大小、中介机制等，来分析新高考政策对于学生高中－大学教育衔接的促进作用；二是以院校影响力理论为基础，将学生大学入学前特征与入学后专业适应性之间的关联性作为“高中－大学教育衔接”的表征，以新高考政策认同为调节变量，通过考察其对于学生大学入学前特征与专业适应性关系间的调节效应，来分析新高考政策对于学生高中－大学教育衔接的调节作用。

两条研究主线致力于回答三组研究问题：（1）学生进入大学后的专业适应性是什么？如何测量专业适应性？（2）学生新高考政策认同是否影响其专业适应性？影响机制是怎样的？（3）学生新高考政策认同对于其大学入学前特征与专业适应

性之间关系是否具有调节作用?

基于此，本研究以高考综合改革试点省份浙江省的试点方案中的科目自选政策、专业优先政策为具体政策研究对象，选取浙江省内经历过新高考的大学生为调查对象，以定量研究为主、以定性研究为辅，按照两条研究主线、围绕三组研究问题，开展了4个子研究：新编制专业适应性问卷并编制研究所使用的总问卷（研究1），以问卷调查数据为基础，探究新高考政策认同对专业适应性的影响机制（研究2），并探讨新高考政策认同在学生高中学习投入与专业适应性关系间的调节作用（研究3）、在学生高中教育期望与专业适应性关系间的调节作用（研究4）。

本研究的主要发现有：

（1）专业适应性是一个具有三维度结构的复合概念，包含个体特质适应、学习适应和职业适应3个因子，新编制的专业适应性问卷具有良好的信度和效度；调查数据显示，经历新高考的学生进入大学后的专业适应性情况良好，且专业适应性在个体因素、学校因素上呈现群体差异性的特点。

（2）经历新高考的学生对科目自选、专业优先等新高考政策均表现出较高认同度；总体而言，科目自选政策认同、专业优先政策认同都能对专业适应性产生直接影响，并且分别通过专业决策自我效能、专业选择结果预期影响专业适应性各维度；在两项具体政策中，政策认知、政策认可影响专业适应性各维度时，专业决策自我效能、专业选择结果预期作为中介变量会产生不同的中介效应。

（3）高中学习投入与高中教育期望作为关联紧密的学生大学入学前特征，对学生进入大学后专业适应性的影响受到新高考政策认同的调节作用，具体来讲，新高考政策认同能够增强学生高中学习投入对大学专业适应性的正向影响，能够增强学生高中教育期望对大学专业适应性的正向影响。

基于上述结果，本研究认为：新高考政策作为一项重大教育政策，一方面可以通过增强学生选专业的自我效能、结果预期以显著提高学生入学后的专业适应性，另一方面还可以增强学生入学前的学习投入、教育期望对入学后专业适应性的影响强度。因此，新高考政策的实施能有效促进学生高中－大学教育衔接，新一轮高考改革具有积极的成效。

为了进一步完善新高考政策和推进高中－大学教育衔接，本研究提出相关建议如下：在宏观的政策层面，从教育行政部门、高中、大学等不同主体来完善新高考政策；在中观的群体层面，通过建立信息权威发布机制、强化政策宣传解读、畅通沟通交流渠道、营造良好舆论氛围等，增强利益相关群体的政策认同；在中观的学校层面，从课程与教学建设、自主学习与实践体验、人员队伍管理等方面，健全高中与大学的联动机制，提高学生进入大学后的专业适应性；在微观的个体层面，从学生、家庭、中学等角度来培养提升学生自主能力。

本研究突破以往主要从政策分析或是对高中教育、高中生学习调研来评估高考改革情况的研究路径，而是聚焦高考应发挥“促进高中－大学教育衔接”这一重要功能展开，把经历过新高考的学生作为研究对象，在研究思路与范式上具有创新性，在研究对象选取与研究设计上也具备可信度。本研究在学术上的主要贡献在于：以专业适应性为视角设计的两条研究主线，构建了学生新高考政策认同与其高中－大学教育衔接影响关系的理论分析框架，给出了新高考政策认同影响高中－大学教育衔接的理论解释，可以拓宽科学评估新高考政策实施成效的理论视野和实践路径，并丰富高考改革背景之下更具本土意义的学生发展理论体系；与此同时，提出了专业适应性的三维度理论模型，可以完善专业适应性概念的理论内涵、丰富其测量方法。本研究的结论为优化高考政策、助力高考改革提供了相关的理论和实证支持，并有助于提升学生自主能力和专业适应性。

作　者

2024 年 7 月

目录

第一章　绪论

第一节　研究背景

学生的成长发展是自然、连续的，人才培养也应是一个连续、完整的过程，教育更应发挥促进"连续"的作用。为此，加强不同教育阶段的衔接是当前教育领域亟待解决的问题，然而，在各级各类教育阶段的衔接中，高中与大学的教育衔接矛盾尤为突出。[①] 考试招生意味着不同教育阶段的转换，高考作为普通高等学校的考试招生制度，其重要功能之一是促进高中教育与大学教育的有效衔接：一方面，高考导向作用于高中教育，另一方面，高考又入口对接于大学教育；因而高考制度成为高中与大学顺利衔接的重要制度保障，其衔接作用也是高考制度作为教育领域牵一发而动全身的关键环节原因之一。[②]2014 年国务院印发的《国务院关于深化考试招生制度改革的实施意见》、2019 年中共中央办公厅、国务院办公厅印发的《加快推进教育现代化实施方案（2018—2022 年）》，都明确提出要构建衔接沟通各级各类教育和多种学习成果的终身学习"立交桥"的目标任务，高考的衔接功能在政策层面得到突显和强化。在这一宏观背景之下，探讨高考政策与高中 – 大学教育衔接，以期评估新高考政策实施成效，具有重要意义。

一、现实图景

一直以来，高考填报志愿时会设置"是否服从专业调剂"选项，按照这一录取机制，每年高考录取会产生数量不少的专业调剂生群体。如 2007 年一项对大一新生的大规模调查显示，有 23.4% 的学生是调剂入学的，近四成学生并未实现当初

① 邵志豪 . 高中与大学衔接须回归育人本质［N］. 中国教育报，2022-03-30.

② 于涵，张弘 . 大学招生亟需科学合理的顶层设计［J］. 中国高等教育，2015（2）：10-13.

的专业报考意向；[①]另一项问卷调查的数据则显示，通过调剂录取的学生比例更高，这一比例竟高达 41.4%。[②]客观数据的直观体现，即是考生和专业间存在高比例的“显性”不匹配。高考实行平行志愿录取模式后，虽然实现了考生分数的最大化利用，调剂生比例下降，但仍有不少考生不愿损失“考分”而进入看似热门而非自己感兴趣的专业，实际上产生了考生与专业间的“隐性”不匹配。

另外，高中教育本应具有教育育人内在价值和考试升学工具价值的双重使命，[③]但在高考指挥棒之下，高中教育过度追求升学率，应试、备考、升学成为高中阶段主要目标。与此同时，传统高考制度下的考生是按文理分科参加考试（选文或选理其中某一类的考生其考试科目相同），填志愿选专业也集中在几天内完成，导致绝大部分考生在高中期间只注重学习，缺乏对兴趣、特长的自我发现，并不清晰自身擅长学（做）什么、适合学（做）什么；也不关注大学和专业的事宜，缺乏对大学学术水平、专业设置、收费标准、教育资助政策、就业前景等方面的了解。[④]因此，不少考生对自己的专业选择不满意，如有调查指出，近 1/3 的学生认为自己的专业选择有问题；[⑤]另一项对东北 3 所高校大学生的调查同样发现，大多数被调查学生的兴趣与专业选择之间只有中等水平的适配性。[⑥]

学生与专业间的不匹配表现为学生从高中进入大学后感到专业不适应。早在 2004 年，一项对天津市 6 所高校 723 名大学生的调查就显示，23.9% 的大学生学习适应性“较差”，学习适应性“一般”和“较差”的累计比例将近七成；[⑦]另一项对天津市 4 所高校的调查涵盖大一到大三的 802 名学生，调查结果显示，大学生有学习倦怠倾向的比例约为 21%，专业适应不良的大学生比例约为 24%。[⑧]2007 年一项对全国 11 所高校（包括广东、江苏、重庆等地）大一到大三 1 541 名大学生的调查数据显示，大学生专业适应性各子维度的平均分略高于平均分（2.5 分），专

---

① 樊明成．中国普通高校专业选择的研究——基于学生主体的视角［D］．厦门：厦门大学博士学位论文，2009：130.

② 纪晓明，张福珍．团体心理辅导在专业调剂生学习动机干预中的作用［J］．襄樊职业技术学院学报，2011，10（1）：128-130.

③ 李润洲．新高考背景下普通高中面临的挑战与应答［J］．南京社会科学，2018（6）：131-138.

④ 钟宇平，雷万鹏．风险偏好对个人高等教育需求影响的实证研究——以高中生对农业、林业和师范院校需求为例［J］．高等教育研究，2005，26（1）：19-24.

⑤ 王勤，童腮军．高考学生专业选择与专业兴趣相符性研究［J］．黑龙江高教研究，2004（9）：20-22.

⑥ TANG M. Examining the application of Holland's theory to vocational interests and choices of Chinese college students［J］. Journal of Career Assessment，2009（17）：86-98.

⑦ 徐富明，于鹏，李美华．大学生的学习适应性及其与人格特征及社会支持的关系研究［J］．中国学校卫生，2005，26（4）：299-300.

⑧ 王敬欣，张阔，付立菲．大学生专业适应性、学习倦怠与学习策略的关系［J］．心理与行为研究，2010，8（2）：126-132.

业适应性情况不容乐观。[①]有研究也表明，学生进入大学后通过一段时间的专业学习，许多人或者感觉自己的能力气质、兴趣爱好、个性特征与所选择的专业不匹配，或意识到自己的专业前景与职业生涯规划存在矛盾和冲突，诸如此类的原因使他们不愿意对自己目前的专业产生认同，出现在不同专业之间频繁“跳槽”的现象。[②]

可以显见的是，因传统高考录取机制等制度设计，许多考生无法被心仪专业录取，导致考生进入大学后不适应，使原本“因学段的转变而经历较大压力”[③]的入学过渡阶段变得更为困难，高考制度反而加剧了高中与大学的“割裂”；另外，高考制度受到工具理性的影响，高考被赋予了更为鲜明的升学功利取向，也进一步弱化了这一制度用以衔接基础教育与高等教育的功能。[④]

二、政策契机

改革传统高考方案以增强高考的教育衔接功能成为新一轮改革的重点要义。2013 年 11 月，党的十八届三中全会通过的《中共中央关于全面深化改革若干重大问题的决定》提纲挈领地论述了高校考试招生制度改革，并于当年 12 月公布了考试招生制度改革的总体方案。2014 年 9 月，国务院印发了《国务院关于深化考试招生制度改革的实施意见》，标志着新一轮高考改革全面启动；国家层面的新高考政策，明确提出“形成分类考试、综合评价、多元录取的考试招生模式，健全促进公平、科学选才、监督有力的体制机制，构建衔接沟通各级各类教育、认可多种学习成果的终身学习‘立交桥’”等目标，[⑤]这也被认为是自恢复高考以来力度最大、涉及链条最长、影响范围最广的一次考试制度改革。[⑥]浙江、上海作为两个先行试点省（市），在国家公布文件之后同时发布了各自的深化高校考试招生制度综合改革试点实施方案。从国务院的实施意见到浙江、上海的试点方案，都将增加“选择性”贯穿其中。以浙江方案为例，该方案着力彰显选择性教育理念，以利于促进学生健康发展、利于高校科学选拔人才、利于维护社会公平公正，方案设计也首次提出要有利于考生选择、有利于高校自主权扩大。

新高考的重要政策意图之一，就在于以高考为方向标来建立高中与大学的共同

---

① 唐文清 . 大学生专业适应性量表编制及其应用［D］. 重庆：西南大学硕士学位论文，2007：34.

② 严瑜，龙立荣 . 大学生专业承诺的心理结构及影响因素研究［J］. 高等教育研究，2008（6）：90-97.

③ BROOKS J H，DUBOIS D L. Individual and environmental predictors of adjustment during the first year of college［J］. Journal of College Student Development，1995，36（4）：347-360.

④ 李宝庆，魏小梅 . 新高考改革的困境与出路［J］. 教育发展研究，2017，37（8）：1-9.

⑤ 国务院 . 国务院关于深化考试招生制度改革的实施意见［J］. 人民教育，2014（18）：16-19.

⑥ 李斌 . 知识改变中国［N］. 人民日报，2017-06-07.

基础，提高学生的学习兴趣和自我规划意识。[①] 因为随着选择权的增大，学生在高中期间就要考虑大学的专业选择及未来的专业学习、职业发展等问题，这可以有效破解以往长期存在的学生选择大学专业时的盲目性以及带来的学生与所选专业之间的不匹配等难题，着力化解因高考制度产生的学生进入大学后专业兴趣低、专业学习动力不足等专业不适应问题。因而新高考政策不仅提高了人才选拔的精准度，更是倒逼高校加强与基础教育的衔接和沟通，[②] 换句话说，新高考政策带来高中教育的重构、大学招生培养的变革以及学生学习、期望的变化，都将有效促进高中－大学的教育衔接。

三、当下困惑

对于“新高考政策对学生高中－大学教育衔接的影响”这一议题，自这一轮高考综合改革以来，便出现了正、反两方面声音。正面的声音从新高考政策制定的目标进行分析，认为新高考政策有利于实现有兴趣的学习，有兴趣的学习则有助于学生发掘、稳定专业性向，[③] 使学生从高中过渡到大学更为顺畅。相关数据也表明，试点省份录取结果显现出志愿填报率、投出率、满足率、平均度高而退档率低，并且科目自选等举措能够使高校招收到符合学科专业特色的考生，高校和考生的满意度都高。[④] 不仅如此，考试科目选考制度、取消文理分科考试、参考综合素质评价录取、外语一年两考等新政举措，在经验不足、条件有限的情况下，取得成功甚至超出预期。[⑤] 应该说，从政策出台前期的分析与实践调查来看，新高考在达成促进高中－大学教育衔接这一政策目标上初见成效。

但随着高考综合改革的不断推进，反面的声音也开始出现，主要集中于两方面：一是认为新高考政策所增加的选择性，带来了考生决策时心理成本的加大，[⑥] 加之信息不对称、文理分科固有观念、学生自主能力培养缺失、学业指导和职业生涯规划指导不到位、家长包办等因素，都会使学生在选择过程中感到不确定性，并

---

① 鲍威，李珊．高中学习经历对大学生学术融入的影响——聚焦高中与大学的教育衔接［J］．清华大学教育研究，2016，37（6）：59–71.

② 郑庆华，訾艳阳，窦小刚，等．高等教育视角下的高考综合改革成效分析与联动机制探索——以西安交通大学为例［J］．中国考试，2019（3）：1–7.

③ 边新灿．新一轮高考改革对大学教育的影响［J］．中国高等教育，2015（2）：7–9.

④ 王新凤，钟秉林．新高考背景下高校招生与人才培养的成效、困境及应对［J］．中国高教研究，2019（5）：49–53，57.

⑤ 袁振国．在改革中探索和完善具有中国特色的高考制度［J］．华东师范大学学报（教育科学版），2018（3）：1–12，166.

⑥ 柳博．选择性：高考制度改革的机遇与挑战［J］．教育研究，2016（6）：72–80.

表现出茫然和无所适从。[①②] 一项对浙江 5 所高中学生的调查显示，尽管 43.08% 的学生对新高考政策赋予学生自主选科权的举措表示支持，但仍有 41.32% 的学生对自主选择科目感到茫然，不知道该如何选择，78.44% 的学生对新高考政策感到焦虑。[③] 也就是说，新高考政策的选择性、多元性反而带来升学选择复杂性和决策难度提升，[④] 政策并没有让学生更清晰专业的性向，并不利于"衔接"。二是认为新高考政策会对学生进入大学后的专业学习带来负面影响，主要表现为一些专业招收的学生知识基础比以往文理分科时薄弱，使得学生进入大学后学业困难增加，反而弱化了与专业学习的衔接。这是因为一些高校的专业在招生时，会为了提高报考吸引力而放宽部分专业选考科目的要求，而考生在填志愿时也会"避难趋易"选择不设限或少设限专业。因此，部分所选科目、知识结构与大学专业并不十分匹配的学生进入到相应专业学习，导致这些专业的学生知识基础薄弱、对基础课程感到学习困难，学业衔接出现问题，如某些高校反映，参加新高考进来的学生的大学物理、大学数学、无机化学等基础课不及格率增加；[⑤] 更进一步来讲，新政可能会导致学生入学后兴趣和志向的双重缺失，[⑥] 致使"衔接"失效。

新高考政策出台实施至今，试点从最初的浙江、上海扩大至 2023 年的 29 个省（自治区、直辖市），范围不断扩大，评估考察政策实现既定目标的程度和实施成效，不仅势在必行，更是成为保障高考改革持续推进的重要基础。

第二节 研究目的与意义

一、研究目的

本研究的目的，包括宏观、中观、微观三个层面：

---

① 柳博．新高考制度改革的现状与思考：制度变迁的视角［J］．中国高教研究，2020（1）：35–41.

② 王存宽，吕慈仙，杨桂珍．从"总分匹配"到"专业导向"——高考志愿模式的转变对高校专业建设的驱动作用分析［J］．教育研究，2016（6）：81–88.

③ 杜芳芳，金哲．新高考改革背景下高中生科目选择意向现状及对策——基于浙江省五所高中的调查分析［J］．教育理论与实践，2016，36（8）：15–18.

④ 鲍威，金红昊，肖阳．阶层壁垒与信息鸿沟：新高考改革背景之下的升学信息支持［J］．中国高教研究，2019（5）：39–48.

⑤ 王新凤，钟秉林．新高考背景下高校招生与人才培养的成效、困境及应对［J］．中国高教研究，2019（5）：49–53，57.

⑥ 潘苏东，岳晓婷，万琳凌，等．高考新政对理工科大学生专业学习影响的实证研究［J］．现代大学教育，2020（1）：78–85，112.

第一，就高考综合改革实施开展而言，本研究的目的是尝试进一步“科学评估新高考政策的实施成效”这一宏观议题。

第二，就新高考政策评估、改革目标达成而言，可以将上述宏观议题落脚到高考促进高中－大学教育衔接的功能发挥情况，研究目的则进一步聚焦为探讨“学生新高考政策认同对其高中－大学教育衔接的影响”这一中观议题。这是本研究的核心议题。

第三，就概念之间关系而言，可进一步将上述宏观、中观议题具体化，研究目的具体化为探究“新高考政策认同、专业适应性、大学入学前特征等变量之间的影响关系和作用机制”这一微观议题，后续将据此展开具体分析和阐述。

二、研究意义

（一）理论价值

1. 有助于完善高考改革政策评估理论

作为近年来最全面、系统，力度最大的一次高考改革，如何理性、客观、实证地评估新高考政策，是这一轮高考改革能否取得预期成效的基础。本研究基于专业适应性的视角，提出了新高考政策认同与高中－大学教育衔接因果关系的理论分析框架，提炼了两者影响作用机制的理论解释，可以拓宽新高考政策评估研究的理论视野，完善政策评估的理论体系。

2. 有助于丰富高考制度下的学生发展理论

新高考政策的实施是否有助于学生从高中顺利地进入大学？对于这个核心议题里的“顺利”一词，不仅指客观上考上大学、具备上大学的学业基础，更是指学生主观上从高中进入大学后的专业适应性以及入学前相关心理特征与专业适应性间的关联性。作为一项变量间影响关系、作用机制的讨论，本研究所选取的政策认同、专业决策自我效能、专业选择结果预期、高中学习投入、高中教育期望等变量，可作为不同的介入因素用于分析和解释上述“顺利”的原因，以期从学生个体微观层面更好地阐释新高考政策认同对高中－大学教育衔接的影响。由此，这一解释框架可以丰富我国高考制度及其改革背景之下更具本土特色和意义的学生发展理论体系，从学术上拓展对学生发展过程的理解。

3. 有助于优化专业适应性概念的理论内涵

目前对专业适应性的概念及其操作化，或是基于国外问卷导致概念异化，或是结构维度复杂导致概念分化等。本研究尝试从心理学问卷开发的规范流程，通过文献分析、访谈、开放问句问卷调查等，对大学专业适应性的概念进行提炼，并提出合理的结构维度，以此优化现有专业适应性概念的理论内涵。

（二）现实意义

1. 促进完善高考政策

本研究围绕新高考政策中最具代表性的科目自选政策、专业优先政策等具体政策举措，以政策认同作为政策的操作化变量，通过实证分析，了解政策认同现状、明晰政策认同的作用机制，为政策制定者检视政策执行情况、分析政策影响方式、了解政策实施效果提供实证依据，可为各级教育行政部门、考试招生部门优化完善后续高考改革制度文本提供科学证据，对稳步推进高考改革具有很强的政策意义，具有显著应用价值。

2. 促进提升学生自主能力

选择一个合适的专业、进入与自己匹配的专业，关系到学生进入大学后的学习、毕业后的职业以及未来的发展。本研究为将要参加高考的广大学子呈现政策对"衔接"的作用和持续影响力，即高考政策会对他们进入大学后的专业适应性以及未来发展产生持续性的影响，这就带给高中生更多启示和建议，包括在高中阶段尽早建立生涯规划意识、开掘并发展自身专业定向等，以促进学生不断培养自主能力，使他们进入大学后尽快适应专业学习、提升未来发展竞争力，因而对参加高考学生具有较强的实践指导意义。

第三节　概念阐释与变量选取

根据本研究的主要目的，本节将对"新高考政策认同""高中－大学教育衔接""专业适应性"等概念内涵进行阐释和界定，并对研究中所选取的大学入学前特征的操作化变量、使用到的中介变量进行阐释。

一、新高考政策认同

（一）新高考政策

高考，是普通高等学校招生全国统一考试的简称；但它不仅是一场大学招生的"考试"，而且是有关大学招生考试的一系列制度和体系，是一个覆盖高考制度中所涉及的各种相关活动与因素、各种利益相关者的系统，以及与之相关的一系列法律法规与政策规范的体系。[①] 它是教育领域一项至关重要的基本制度。

---

① 谢维和．高考改革：定位、形态与变量［J］．中国考试，2014（10）：3-13.

政策，英文是 policy，其广义上的概念是指人们为实现某一目标而采取的行动方案，狭义上是指国家政权机关或政党为了实现政治、经济、文化上的目的，根据历史条件和当前情况制定的一套措施和办法；[①] 就本质而言，政策就是一种利益调节器，通过实施政策使得利益在不同的群体、部门、地区间流动。[②]

高考政策是指我国高校考试招生制度及相应的具体措施和办法。应该说，自 1977 年恢复高考以来，高考政策一直处于动态的改革完善过程之中，[③] 而实施一次高考改革，改革后的政策相对于改革前的政策就属于“新高考政策”。本研究所指的新高考政策范畴，是指 2014 年 9 月 4 日国务院发布的《国务院关于深化考试招生制度改革的实施意见》，即国家层面新高考政策；还包括试点省（市）的深化高考综合改革的实施方案，即试点省（市）的新高考政策，并以浙江省 2014 年发布的《浙江省人民政府关于印发浙江省深化高校考试招生制度综合改革试点方案的通知》作为主要的研究文本。

1. 国家层面新高考政策的主要内容

国家层面新高考政策首次把“有利于促进学生健康发展”摆在突出位置，“进一步确立了学生在高考招生选拔中的主体和本体地位”；[④] 明确把“体现科学高效，提高选拔水平”作为改革的基本原则之一，“将‘增加学生选择权，促进科学选才’作为改革的核心”。[⑤] 新高考政策的重点任务包括 5 个方面：其一，改进招生计划分配方式，重点是针对中西部地区和人口大省、农村学生等，实施招生计划宏观调控和定向招生专项计划，缩小区域间招生数量计划不平衡、城乡间学生上重点高校人数差距，形成相应的政策保障机制；其二，改革考试形式和内容，通过完善高中学业水平考试、规范高中学生综合素质评价、推进高职院校分类考试以及深化考试内容改革等，促进学生的全面发展；其三，改革招生录取机制，包括减少和规范考试加分、完善和规范自主招生、完善高校招生选拔机制、改进录取方式等，确保招生考试的公平性和科学性；其四，改革监督管理机制，通过加强信息公开、加强制度保障、加大违规查处力度等举措，进一步强化考试招生的严肃性、纪律性；其五，启动高考综合改革试点，明确考试必考的 3 个科目设置、不分文理、自主选科等举措，明确招生录取探索“两依据一参考”的多元录取机制，明确在浙江省、上

① 宁骚．公共政策学［M］．3 版．北京：高等教育出版社，2018：110–111.

② 彭忠益，粟多数．政策认同：基于我国社会利益多元化视角的分析［J］．学术论坛，2015（1）：113–119.

③ 边新灿．新一轮高考改革的多视域考察——兼论浙江高考招生制度改革［M］．北京：北京大学出版社，2017：3.

④ 边新灿，蒋丽君，雷炜．论新高考改革的价值取向与两难抉择［J］．中国高教研究，2017（4）：61–65.

⑤ 柳博．选择性：高考制度改革的机遇与挑战［J］．教育研究，2016（6）：72–80.

海市开展高考综合改革试点。[①]

2. 试点省（市）新高考政策的内容与特点

2014 年 9 月 18 日，浙江、上海作为高考综合改革的首批试点地区同时公布了各自深化高考综合改革的实施方案（以下统称为“试点方案”，并分别简称为“浙江方案”和“上海方案”）。从公布的试点方案来看，政策主要内容包含两个层次：第一个层次针对考试招生类型模式，是有关“分类考试、综合评价、多元录取”考试招生模式的具体方案；第二个层次针对统一高考招生（即考试招生类型的主体），是有关统一高考招生的若干重要改革举措。

从第一个层次看，试点方案改变了以往只有统一高考招生这种单一的类型模式，以浙江方案为例，考试招生类型包含有统一高考招生、三位一体招生、高职单独考试招生和高职提前招生。上海方案也包含 4 种考试招生类型。两个省（市）试点方案的 4 种主要考试招生类型模式见表 1-1 所示。除考试招生分类型以外，浙江方案还将综合素质评价纳入录取参考范围，或将高中综合素质评价作为统一高考招生的录取参考，或将高校组织的综合素质测试作为三位一体招生的录取依据之一，充分体现了考试招生中的“综合评价”，并积极探索基于“两依据一参考”的多元录取机制。

表 1-1 浙江方案与上海方案的考试招生类型模式

浙江方案		上海方案	
统一高考招生		统一高考招生	
三位一体招生		春季考试招生	
高职（含应用本科）单独考试招生（面向中职学生）		高职（含应用本科）面向中职学生招生（三校生高考）	
高职提前招生	面向普高学生	高职院校分类考试	面向普高学生
	面向中职学生		面向中职学生

资料来源：边新灿（2015）[②]

从第二个层次看，试点方案对统一高考招生的改革举措力度很大，以浙江方案为例，主要包括：其一，科目学习方面，取消文理分科，全面扩大选考科目的选择力度，选考科目以等级赋分；其二，考试方面，部分科目提供多次考试机会，2017

① 国务院 . 国务院关于深化考试招生制度改革的实施意见［J］. 人民教育，2014（18）：16-19.

② 边新灿 . 新一轮高考改革对中学教育的影响及因应对策［J］. 中国教育学刊，2015（7）：16-21.

年政策作局部调整[①]之后，学考和选考分卷进行，选考仍旧有两次考试机会；其三，录取方面，取消高校录取批次，按“专业＋院校”填报志愿，实行专业平行投档和录取。上海方案也在上述几方面提出相应举措。两个省（市）试点方案有关统一高考的主要改革举措见表 1–2 所示。

表 1–2 浙江方案与上海方案有关统一高考的主要改革举措

	浙江方案	上海方案
考试科目	取消文理分科，采取“3+3”考试模式；必考科目为语、数、外，选考科目为史、地、政、物、化、生、技术 7 选 3	取消文理分科，采取“3+3”考试模式；必考科目为语、数、外，选考科目为史、地、政、物、化、生 6 选 3
赋分方式	满分 750 分，语、数、外各 150 分；选考科目按等级赋分，每门满分 100 分，根据事先公布的比例确定 21 个等级，每个等级分差为 3 分，自 40 分起开始赋分	满分 660 分，语、数、外各 150 分；3 门普通高中学业水平等级性考试每门满分 70 分，分 11 个等级，A+ 为满分 70 分，E 计 40 分，相邻两级之间的分差均为 3 分
考试组织	语、数考试于每年 6 月进行；外语每年安排 2 次考试，分别在 6 月和 10 月；选考科目每年安排 2 次考试，分别在 4 月和 10 月	语、数考试于每年 6 月进行；外语每年安排 2 次考试，分别在 1 月和 6 月；等级性考试一般安排在每年 5 月
志愿填报	考生志愿填报单位由“专业＋院校”组成，普通类可填 80 个专业平行志愿	考生志愿填报与投档录取的基本单位为专业组，由院校根据不同专业（含专业或大类）科目要求和人才培养需要设置
招生录取	高校可分专业确定选考科目范围，但最多不超过 3 门，并在招生 2 年前向社会公布；考生选考科目只需满足 1 门在高校选考科目范围之内，就能报考该专业（类）；高校没有确定选考范围的，考生在报考时无科目限制	普通本科院校可从政、史、地、物、化、生 6 门高中学业水平等级性考试科目中，分学科大类（或专业）自主提出选考科目范围，但最多不超过 3 门；学生满足任何 1 门即符合报考条件；没有提出选考科目要求的高校，学生报考该校时无科目限制

资料来源：根据相关文献整理形成

如果从增加考生选择权的角度而言，新高考政策赋予了考生五方面的选择权：第一，增加考生参加考试科目的选择性，也就是取消文理分科，考生可以在语、数、外以外的科目中任选 3 门作为高考的选考科目；第二，增加考生参加考试时间的选择性，对以往固定在几天的高考进行分解，将部分科目分散（前移）至高考固定时间前的几个学期内进行；第三，增加考生参加考试次数的选择性，如浙江选考科目可考 2 次、成绩 2 选 1；第四，增加考生被录取路径的选择性，如浙江有统一

① 浙江省人民政府．浙江省人民政府关于进一步深化高考综合改革试点的若干意见［R］．浙江省人民政府公报，2017（35）：3–5.

高考、自主招生、三位一体、高职单招、高职提前等多元化的招考路径；第五，增加学生志愿填报的选择性，如浙江取消高校招生投档录取批次，实行按“专业+院校”填报志愿，考生最多可填报80个志愿。[①]上述五方面正是新高考政策呈现的主要特点，关涉参加高考的学生及其家庭的切身利益。

3. 本研究聚焦的具体政策举措

本研究聚焦的具体政策举措是：“浙江方案”关于“统一高考招生”中“科目与分值”和“录取”[②]这两方面所包含的内容。本研究不涉及高职院校招生，也不讨论“三位一体”招生。

本研究将“科目与分值”所包含的政策举措，命名为“科目自选政策”，这一具体政策举措是指为扩大考生选择权、实现文理融通，除语文、数学、外语作为必考科目外，考生可在思想政治、历史、地理、物理、化学、生物、技术等7门科目中，自主选择3门作为高考选考科目；将“录取”所包含的政策举措命名为“专业优先政策”，这一具体政策举措是指为提高考生选填志愿与录取至所学大学专业的匹配度，考生所填的志愿由“专业+院校”组成，录取不分批次，并实行专业平行投档。

上述两项举措被认为是“浙江方案”的鲜明特点，[③]其社会关注度也极高，如科目自选不分文理，被认为是新高考改革“最引人注目的热点”之一；[④]专业优先可实现按专业录取、取消招生录取批次，被认为是新高考的两大“亮点”之一。[⑤]与此同时，这两项具体政策举措在新高考改革中一直保持政策的连续性，举措实施至今未有实质性变更。故而，将这两项举措作为本研究的具体政策指向和内容。

（二）新高考政策认同

对一项教育政策的认同，一般是指社会公众对即将实施或正在实施的教育政策在心理上接受、认可，并实现趋同的过程。[⑥]因此，新高考政策认同是指社会公众对正在实施的有关高考政策的接受与认可程度；在本研究中，作为核心概念之一，主要指与高考最直接相关的考生（即参加新高考的考生），对于他们所经历的高考中科目自选、专业优先两项具体政策的认知情况和心理上的接受度、认可度。

---

① 鲍威，金红昊，肖阳．阶层壁垒与信息鸿沟：新高考改革背景之下的升学信息支持［J］．中国高教研究，2019（5）：39–48.

② 浙江省人民政府．浙江省人民政府关于印发浙江省深化高校考试招生制度综合改革试点方案的通知［R］．浙江省人民政府公报，2014，（34）：29–33.

③ 王存宽，吕慈仙，杨桂珍．从“总分匹配”到“专业导向”——高考志愿模式的转变对高校专业建设的驱动作用分析［J］．教育研究，2016（6）：81–88.

④ 刘海峰．高考改革的新阶段思考［J］．中国高等教育，2014（5）：14–16.

⑤ 熊丙奇．高考改革之问［J］．群言，2014（10）：28–31.

⑥ 石学火．教育政策认同的意义、障碍与对策分析——教育政策执行视域［J］．重庆大学学报（社会科学版），2012，18（1）：148–153.

二、高中－大学教育衔接

衔接，在《现代汉语词典》中的意思是“事物相连接”；[①] 根据词义，衔接是事物之间连接在一起，不间断、不隔断的过程或状态。因而，教育衔接就是教育领域、教育系统内的“衔接”，是指不同学段（如小学、初中、高中、大学等）或不同类别（如普通高等教育、成人高等教育、高等教育自学考试等）的教育，在保持自身教育性质和教育特点的基础上，相互之间的连接与贯通，体现的是教育的连续性、承接性。

高中－大学教育衔接是教育衔接的重要组成部分，其内涵可以是多方面的：可以指大学教育的专业性与高中教育的课程选择多样性之间的衔接，可以指大学教育的文化素质教育与高中教育的素质教育之间的衔接，可以指大学教育的拔尖创新人才培养与高中教育的学生创新素养发展之间的衔接，也可以指大学教育的自主性与高中教育的学生发展主体性之间的衔接，[②] 等等。本研究对于学生的高中－大学教育衔接的内涵，是有关学生对上述第一种衔接表述的心理倾向，主要指学生对大学教育的专业性（专业选择—就读专业）与高中教育中课程选择性（科目选择—考试科目）之间衔接性的心理感受。

在讨论学生的高中－大学教育衔接时，一般都会提及学生进入大学后的适应性问题（通常指大学新生的适应性），因为显见的是，学生入学后如果对大学学习生活表现出适应，则代表着学生从高中到大学过渡得较好；相反，学生入学后如果不适应，则表明高中与大学的衔接出现了问题。毕竟，高中教育与大学教育间因管理隶属、目标要求、教学取向等多方面的异质性，这两阶段教育在衔接中都易产生与对方的冲突，从而导致学生进入大学后的适应问题，[③] 从这个意义上讲，学生的适应程度意味着高中与大学教育的“衔接度”。已有研究者认为，适应是高中－大学教育内核性衔接的有效观测指标；[④] 也有研究者指出，近年来从大学新生适应视角来探讨高中－大学教育衔接的研究大幅增加，[⑤] 因而，围绕“适应性”来考察高中－大学教育衔接是一个有效的研究视角。

同时，从学生发展的角度来看，进入大学后的学生成长必然有着从中学“带

---

① 中国社会科学院语言研究所词典编辑室．现代汉语词典［M］．2002 年增补本．北京：商务印书馆，2002：1364.

② 谢维和．高考改革也应“往下看”［N］．中国教育报，2013-04-08.

③ 鲍威，李珊．高中学习经历对大学生学术融入的影响——聚焦高中与大学的教育衔接［J］．清华大学教育研究，2016，37（6）：59-71.

④ 鲍威，金红昊．新高考改革对大学新生学业适应的影响：抑制还是增强？[J]．华东师范大学学报（教育科学版），2020（6）：20-33.

⑤ 赵淑梅．大学与高中教育衔接研究的概况与展望［J］．江苏高教，2014（2）：110-112.

入”的各种“印记”。学生在高中阶段的教育经历（或状态），作为大学入学前的特征，若是能对学生进入大学后他们成长发展的成果（或状态）产生“有益”的影响，则学生从高中进入大学的过渡衔接会变得更顺畅，因而入学前、后两者的某些“关联性”便是考察教育衔接的又一个有效研究视角。有研究者已指出，高中阶段的教育经历会对学生大学阶段的质量（如教育收获、满意度等）产生显著的影响，亟须通过两者之间的这种影响关系，来反思高中－大学的教育衔接问题，[①]即大学入学前特征与入学后质量的“关联性”，反映了高中－大学教育衔接的程度。有研究者分析了学生在高中阶段课堂内外的学习经历与学生进入大学后学术融入的影响关系，研究发现，若两者之间的影响增强，则能为学生升学后的学术融入提供更多保障，这说明探讨学生的高中学习经历与大学学术融入两者的“关联性”，对于推进高中与大学教育的顺利衔接具有重要价值。[②]已有研究分析也指出，高中与大学教育在能力上的衔接表现，即为学生高中时具备满足大学学习方面的能力，与进入大学后迅速适应大学学习间的关联。[③]总之，将学生的高中发展与大学早期发展联系起来（即两者之间的“关联性”），则更有利于研究学生高中－大学转化的问题。[④]

由此，在本研究中，从两方面来表征高中－大学教育衔接：一是将学生进入大学后的“专业适应性”作为表征；二是将学生大学入学前特征与入学后专业适应性之间的关联性作为表征，对于选取哪些具体的变量来操作化“大学入学前特征”，将在后文进行具体阐释。在此也说明，后续的文献综述阶段，则主要对“高中－大学教育衔接”及“大学入学前特征”所使用的操作化变量进行综述。

三、专业适应性

（一）专业

大学里的“专业”之概念，在《现代汉语词典》中的意思是“高等学校的一个系里或中等专业学校里，根据科学分工或生产部门的分工把学业分成的门类”[⑤]。

① 赵琳，王文，李一飞，等．大学前教育经历对高等教育质量的影响机制研究——兼议教育领域综合改革［J］．清华大学教育研究，2014，35（3）：35–44.

② 鲍威，李珊．高中学习经历对大学生学术融入的影响——聚焦高中与大学的教育衔接［J］．清华大学教育研究，2016，37（6）：59–71.

③ 肖军，许迈进．德国高中与大学教育衔接：背景、举措及特征［J］．外国教育研究，2017（11）：82–93.

④ 杨钋，毛丹．“适应”大学新生发展的关键词——基于首都高校学生发展调查的实证分析［J］．中国高教研究，2013（3）：16–24.

⑤ 中国社会科学院语言研究所词典编辑室．现代汉语词典［M］．2002年增补本．北京：商务印书馆，2002：1650.

现今世界绝大多数高校实施的都是专门教育，即根据学术或职业门类划分，将课程组合成不同的专门化领域；在我国，将这些不同的组合称为“专业”；而高校的人才培养，就其内容而言，也可称为“专业教育”。[①] 因此，大学专业的内涵要兼顾学科属性、职业属性以及教育教学要求，既要按照知识和学科的体系来构建，又要与就业职业、社会需求紧密对接，还要按照教育教学的规律来制定。

（二）专业适应性

从字面语义来理解，专业适应性可以是“能力”取向的，是一种对专业学习和发展方面的调整、平衡的个体能力，如张均强（2008 年）给出的定义[②]；也可以是“状态”取向的，是指一种心理上的倾向，如唐文清（2007 年）的定义[③] 中既有心理倾向（状态）成分，也有行为倾向（能力）成分。在本研究中，专业适应性主要指后者，是大学生在个体特质基础上，对与所学专业相关的一种心理感受和心理状态。因而，本研究主要关注新高考政策之下大学生的专业适应性好不好（状态），但并不研究大学生的专业适应性强不强（能力）。

作为本研究的核心概念之一，除了考虑“专业适应性”可以直接作为高中－大学教育衔接的观测指标外，取其进行深入研究的原因还有三方面：第一，大学生在校第一年的适应性与大学生学业及未来发展紧密相关，而这个“适应性”不仅局限在诸如兴趣等个体特质，以及教学、知识等学习方面，还受到专业教育和就业职业倾向的影响，因此，专业适应性相较于“适应性”而言，指向更明确、聚焦，相较于“学习适应性”而言，内涵更全面、综合，这也是专业适应性在本研究中所具有的内涵特征；第二，专业适应性与新高考改革目标所指向的促进学生尽早建立专业性向等方面，也更为契合，所获得的研究结果对新高考改革成效的评估也更具说服力；第三，作为本研究重要理论基础的院校影响力理论，对于大学入学前特征与入学后表现间影响的分析模型中，许多结果变量都与“适应性”的概念相近，如汀托（Tinto）的学生辍学互动作用模型中，作为结果变量的学术融入概念与适应性的概念内涵非常接近。

四、大学入学前特征

学生在大学入学前的特征是一个较为宽泛的概念，从时间上可包含整个高中阶

① 潘懋元，王伟廉．高等教育学［M］．福州：福建教育出版社，2013：107.

② 张均强．大学生专业适应性影响因素研究——以电子科技大学经济与管理学院为例［D］．成都：电子科技大学硕士学位论文，2008：14.

③ 唐文清．大学生专业适应性量表编制及其应用［D］．重庆：西南大学硕士学位论文，2007：5.

段、高考、志愿填报甚至高考结束后的假期，从内容上可以涵盖学生的学习、生活、身心发展等各方面。而本研究主要从院校影响力理论中有关“输入－环境－输出”的视角，来选取学生大学入学前所带有的经历与状态，即学生大学入学前的“输入”情况。

院校影响力理论有关大学入学前特征与学生在大学中成长及表现的诸多研究中，对于入学前特征大都涉及与学习相关的投入、参与、努力，以及与学业、未来成就相关的期望、意愿等，如阿斯汀（Astin，1985年）指出学生入学前特征包括学生前期形成的学习意愿、教育期望、才智特征等；[①] 帕斯卡雷拉（Pascarella，2005年）等指出学生入学前的背景和特征包括入学前学业成绩、期望等。[②] 与此同时，期望理论也指出了努力与期望之间存在的相互关系。[③] 鉴于此，本研究选取高中学习投入（在本书中可简称为“学习投入”）、高中教育期望（在本书中可简称为“教育期望”）作为大学入学前特征的操作化变量。

（一）高中学习投入

学习投入（learning /academic engagement）作为一个过程性概念，是学生学习过程中的重要观测指标；[④] 在基础教育领域，学习投入的评价研究可作为学生学习过程中的情感、态度与价值观评价的重要组成部分。[⑤] 本研究中，高中学习投入是指学生在高中的学习过程中所表现出的对学习持续的、积极的情感和情绪状态，是一个在情感层面的个体心理变量。

（二）高中教育期望

教育期望（educational aspiration/ expectation）可以有多种主体，如自我教育期望、家长（父母）对子女教育期望、教师对学生教育期望等。期望作为一个心理学名词，是指主观上希望某一特定事件发生的一种心理倾向；[⑥] 因此，从期望的内涵来看，教育期望就是希望在教育方面达到特定目标的心理倾向。在本研究中，高中

---

① ASTIN A W. Achieving educational excellence［M］. SF：Jossey-Bass Publisher，1985：55. // 转引自：张红霞，吕林海，孙志凤 . 大学课程与教学：原理与问题［M］. 北京：教育科学出版社，2015：141–144.

② PASCARELLA E T，TERENZINI P T. Theories and models of student chang in college，How college affects students［M］. SF：Jossey-bass Publishers，2005：50–64. // 转引自：岳昌君，吕媛 . 硕士研究生创新精神特征及影响因素分析［J］. 复旦教育论坛，2015，13（6）：20–25，112.

③ 斯蒂芬·罗宾斯，蒂莫西·贾奇 . 组织行为学［M］. 16 版 . 孙健敏，王震，李原，译 . 北京：中国人民大学出版社，2016：182–183.

④ 赵琳，王文，李一飞，等 . 大学前教育经历对高等教育质量的影响机制研究——兼议教育领域综合改革［J］. 清华大学教育研究，2014，35（3）：35–44.

⑤ 张娜 . 国内外学习投入及其学校影响因素研究综述［J］. 心理研究，2012，5（2）：83–92.

⑥ 黄希庭 . 简明心理学辞典［M］. 合肥：安徽人民出版社，2004：278.

教育期望主要指自我教育期望，是学生与周边重要他人（如父母、教师）相处过程中，直接或间接感知到周边重要他人对自己学业及未来成就方面的期望，进而确立自己的目标和行动的一种心理倾向。

五、中介变量

在个体应对环境变化的能力解释的诸多研究及理论中，自我效能理论是最有影响的一种理论。[①]自我效能是个体对自身能力的一种知觉信念，与选择行为的发生、具体表现紧密相关；专业决策自我效能是对专业决策能力的一种主观评价，"决策自我效能越高，越能作出最优化的决定"。[②]新高考政策对学生而言，是一种"政策环境"的变化；对于研究新高考政策影响之下，学生在"专业选择过程"这一体现高中－大学教育衔接的关键阶段，采用"专业决策"这一特定领域的"自我效能"变量，显得十分契合。另外，决策的制定往往是在备选方案间做出选择，以达到事物期望状态的理性过程，[③]理性选择需要满足的标准之一就是基于选择的可能结果，通常而言，人们会根据决策的结果、结果的概率以及结果在决策当下对决策者的价值来判断某一决策明智与否；[④]因而，在专业选择过程这个衔接关键阶段，专业选择结果预期则是选择决策过程中学生对考试及学习行为结果信念的重要个体认知性的心理变量，而且结果的判断与预期对于选择决策也显得非常重要。

概言之，专业选择过程直接关系到学生高中与大学的衔接性，因而，本研究选取专业决策自我效能、专业选择结果预期作为新高考政策认同影响专业适应性的中介变量。

（一）专业决策自我效能

专业决策自我效能（major decision making self-efficacy）的概念源于职业决策自我效能（career decision making self-efficacy），是自我效能理论、职业成熟度理论在专业选择决策领域具体应用的主要表征变量。本研究中，专业决策自我效能是指考生（参加新高考的考生）在选择大学专业过程中，对成功完成选专业决策任务所需能力的自我评估及信心程度。

---

① 郭本禹，姜飞月．自我效能理论及其应用［M］．上海：上海教育出版社，2008：29.

② 彭永新，龙立荣．高中生专业决策自我效能量表的初步编制［J］．中国心理卫生杂志，2003，17（3）：175-177.

③ 史蒂文 L. 麦克沙恩，玛丽·安·冯·格利诺，吴培冠．组织行为学［M］．7 版．北京：机械工业出版社，2018：124.

④ 雷德·海斯蒂，罗宾·道斯．不确定世界的理性选择——判断与决策心理学［M］．2 版．谢晓非，李纾，等译．北京：北京邮电出版社，2013：16.

（二）专业选择结果预期

结果预期（outcome expectation）经常与自我效能作为一组变量，用于社会认知生涯理论相关研究的分析框架中；专业选择结果预期（major selection outcome expectation）是针对专业选择方面的结果预期。本研究中，专业选择结果预期是指考生（参加新高考的考生）在考虑、选择大学专业过程中，对经过高中学习、志愿填报中付出的努力、行动后会进入什么专业的估计，是对进入大学就读专业的结果设想。

第四节　研究问题与技术路线

一、研究问题

作为一项微观层面的研究来尝试探讨“新高考政策实施成效评估”的宏大主题，本研究聚焦“学生新高考政策认同对其高中－大学教育衔接的影响”这一核心议题，基于专业适应性的视角，提出以下三组研究问题：

其一，学生进入大学后的专业适应性是什么？如何测量专业适应性？

具体包括：大学专业适应性的内涵特征是什么？包含哪些维度？该如何去测量？调查所用的问卷又如何编制？

其二，学生新高考政策认同是否影响其专业适应性？影响机制是怎样的？

具体包括：学生对新高考政策认同、专业适应性的现状如何？科目自选政策认同、专业优先政策认同是否对专业适应性产生影响？专业决策自我效能、专业选择结果预期作为中介变量，在上述两者间的影响中具有怎样的中介机制？

其三，学生新高考政策认同对于其大学入学前特征与专业适应性之间的关系是否具有调节作用？

具体包括：学生的科目自选政策认同、专业优先政策认同在其高中学习投入与大学专业适应性间的关系中是否会产生调节作用？在其高中教育期望与大学专业适应性间的关系中是否会产生调节作用？

二、研究的技术路线

本研究将按照“研究基础→理论构建→实证检验→讨论建议”的技术路线，循序渐进展开以下研究：

在研究基础和理论构建阶段：首先，对国内外相关研究成果进行综述，并基于相关理论，建立理论分析框架，确立两条研究主线和变量间关系；其次，通过文献研究、学生访谈，编制调查问卷（包括编制总问卷以及重新编制总问卷中的“专业适应性”问卷），经小规模预测以检验问卷信度、效度，修订形成正式问卷，开展大规模问卷调查。

在实证检验阶段：对调查所获得的数据进行整理，通过描述性统计呈现学生对新高考政策认同、专业适应性的现状，通过结构方程模型分析新高考政策认同对专业适应性的影响机制，通过多元线性回归分析新高考政策认同在大学入学前特征（包括高中学习投入、高中教育期望）与专业适应性关系间的调节作用。

在讨论建议阶段：对研究发现的结果进行解释、讨论，形成回答新高考政策评估的研究结论，提出相关对策、建议。

本研究的技术路线见图 1-1 所示。

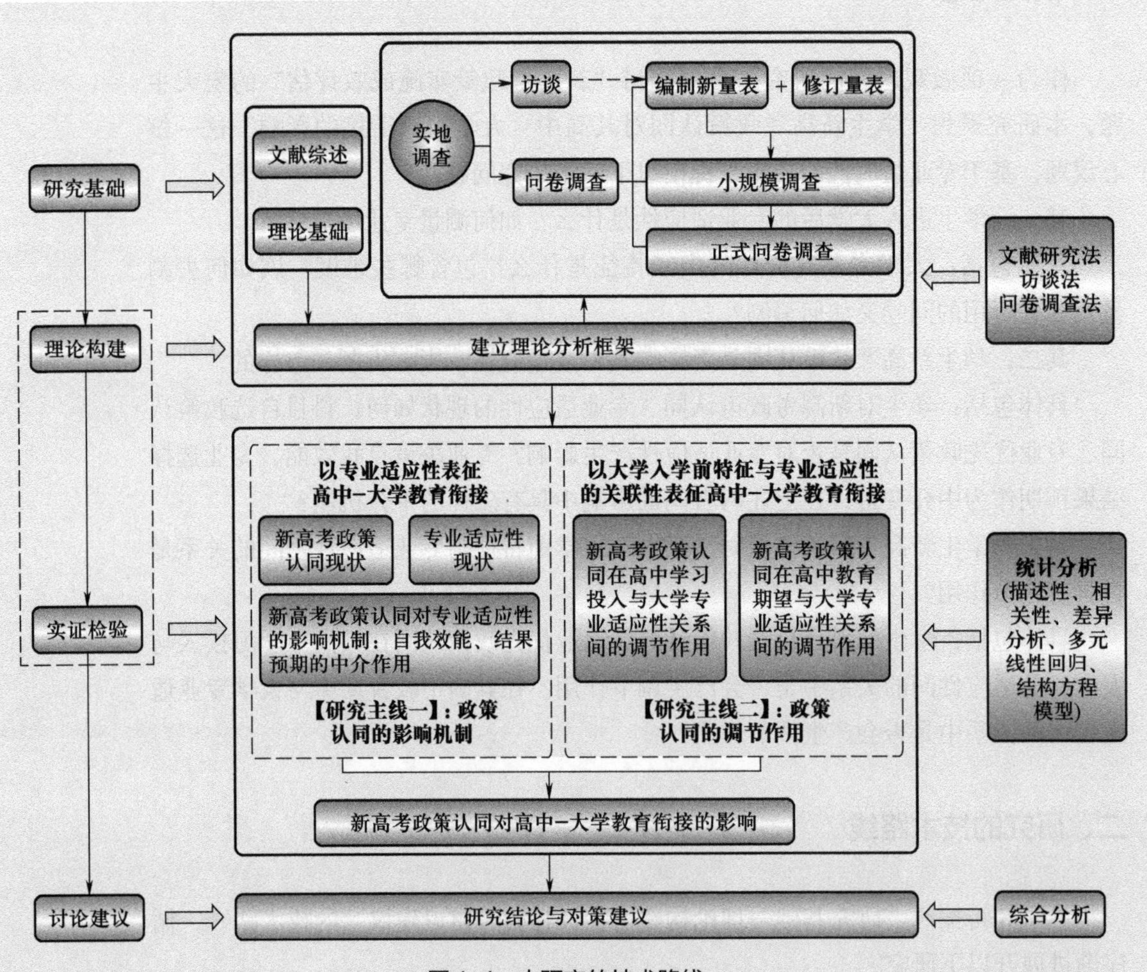

图 1-1　本研究的技术路线

第二章　文献综述

第一节　新高考政策及政策认同研究

高考是具有中国特色的国家教育考试制度，因此，本节主要对国内有关新高考政策相关文献进行综述。对中国知网（CNKI）数据库检索 2014 年 9 月（新高考政策发布的年月）至 2021 年 2 月，篇名为“高考”的文献，共获得期刊文献 6371 篇、硕博士学位论文 1446 篇，可见高考研究是学界研究的一个持续热点；若剔除分学科对高考试卷、试题的分析性论文，共有期刊论文 418 篇。从近几年发文数量、内容的分布来看，对新高考政策研究大致呈现两个方面：其一，是在《国务院关于深化考试招生制度改革的实施意见》以及浙沪试点方案发布后一个时期内，对新高考政策的制度分析；其二，是围绕试点省（市）政策举措及开展执行情况，对新高考政策实施的影响和成效进行考察分析。本节对于新高考政策的研究综述按照上述两方面展开，并对政策认同的内涵、价值、测量等方面进行综述。

一、新高考政策的制度分析研究

有关新高考政策的制度分析研究，一般会集中在政策出台后一段时期内［如 2014 年国务院、试点省（市）发布新政策后］，或是政策改进调整之后一段时期（如 2017 年浙江省人民政府发布《关于进一步深化高考综合改革试点的若干意见》后），以对政策的解读、分析为主。

（一）新高考政策的价值导向

1. 经济社会和教育发展的动因推动

一般认为政治、经济、社会、教育改革等因素推动新高考改革，新高考政策的形成是多种动因联动的结果。钟秉林（2015 年）指出，高考招生制度无法完全适应经济社会和教育发展的需求，经济社会发展出现的新问题、高等教育大众化带来人才培养的多样化、基础教育应试负担重呼唤高考导向作用发挥等，是新高考综合改革的主要动因；且高考改革因具有多重的社会功能，受到政治、经济、文化等诸多因素的制约。[①] 边新灿（2015 年）则从政治、教育、文化三大社会动因，以及公平和科学选才两条主线，分析了高考改革的内在逻辑，他认为高考综合改革围绕着公平选才和科学选才两个方面进行，体现了公平和科学的统一。[②] 张铭凯等（2016 年）从国家、社会、个人三个层面阐述高考综合改革的价值取向，认为高考综合改革体现了统筹兼顾的国家立场、公平公正的社会诉求、人尽其才的个人关切。[③]

2. 贯穿以人为本与学生发展的理念

新高考政策的指导思想把“有利于促进学生健康成长”列于第一序位，[④] 凸显以学生为中心；浙江方案设计充分体现以学生为本、以促进学生健康发展为核心的理念。[⑤] 边新灿等（2017 年）就指出，新高考改革的价值取向是“一体四面”，即以学生为主体，围绕“有利于促进学生健康发展”的核心目标，从融通、综合、过程、选择四个方面完善评价选拔体系。[⑥] 许多学者在阐述新高考政策时，都表达了这一观点，郑雪松（2019 年）认为，新高考制度将综合素质评价、学业水平考试等纳入高考体系，通过助推发展性评价目标和学科学习目标的实现，促进学生身心发展，以达到兼顾个体成长成才和社会发展的双重教育目的；[⑦] 王爱芬等（2018 年）指出新高考综合改革中“学生”群体首次成为首要考虑的目标主体，增加了学生的自主选择权，彰显以学生为本的教育观和价值取向；[⑧] 储朝晖（2019 年）认为，新高考政策与传统高考政策的主要差异是分数对升学的效价降低了，从以前只考虑高校选拔学生转向同时考虑学生成长发展、高校录取新生、社会公平，而且三者中优先考虑学生发展。[⑨]

与此同时，相关学者在讨论新高考政策的“选择性”时，都认为扩大考生选择

---

① 钟秉林 . 深化综合改革，应对高考招生制度改革新挑战［J］. 教育研究，2015，36（3）：4–9.

② 边新灿 . 公平选才和科学选才——高考改革两难价值取向的矛盾和统一［J］. 中国高教研究，2015（9）：27–32，62.

③ 张铭凯，靳玉乐 . 新高考改革的价值取向［J］. 河北师范大学学报（教育科学版），2016，18（1）：62–66.

④ 国务院 . 国务院关于深化考试招生制度改革的实施意见［J］. 人民教育，2014（18）：16–19.

⑤ 王新凤，余丹茜，边新灿 . 高考综合改革评估的实践与思考——以浙江省为例［J］. 中国考试，2020（5）：1–7，15.

⑥ 边新灿，蒋丽君，雷炜 . 论新高考改革的价值取向与两难抉择［J］. 中国高教研究，2017（4）：61–65.

⑦ 郑雪松 . 新高考改革助推学生发展性评价的实施［J］. 教学与管理，2019（22）：76–79.

⑧ 王爱芬，雷晓 . 新高考改革背景下高中生涯规划教育及其实现路径［J］. 教育理论与实践，2018，38（1）：33–37.

⑨ 储朝晖 . 新高考十讲［M］. 北京：中国人民大学出版社，2019：115.

权的政策导向充分体现了以学生为本的价值理念。柳博（2020 年）指出，新高考制度体系纳入选考科目，扩大了学生的选择权，给学生提供更多选择、发展的机会，加强了高考的教育功能，是新高考制度设计的逻辑基础。[①] 边新灿（2015 年）比较了浙江、上海两试点省（市）的新高考试点方案，他认为，浙沪试点方案都扩大了考生的选择性，强调了共同基础上有差异的发展。[②] 黄腾蛟等（2019 年）认为，历次高考改革都在力促学生全面发展，而本轮新高考政策的突破就在于对学生科目学习从原先的“套餐”变为“自助餐”，学生自主选择学习充分调动了学习的自觉性和自主性；录取从原来的“唯分数”变为“两依据一参考”，这有效发挥统一考试、学业水平考试和综合素质评价的不同作用和地位，促进学生自由、全面、充分而和谐的发展。[③] 这种尊重学生差异化发展，促进学生自由性成长，是对以学生为本的生动诠释。

3. 公平选才和科学选才的矛盾统一

恢复高考制度以来，公平选才和科学选才是贯穿高考制度改革脉络的两条主线，作为公平和效率（即科学）这对基本矛盾统一关系在高考选拔中的体现，[④] 这两条主线在新高考政策的价值导向、举措内容等方面的讨论也较多。因为在一般情况下，管理者或决策者往往较趋重于效率，而被管理者或民众则更关注公平，[⑤] 公平和效率的矛盾也就制约着高考政策的制定、实施与改革。边新灿等（2017 年）认为，新高考改革涉及各方利益，涉及如何平衡公平和科学之间的关系，要实现新高考改革的目标，必须处理好最重要、最基本的科学选才和公平选才，以及理想目标和现实条件的两难关系。[⑥] 王新凤等（2020 年）指出，高考制度设计和改革试点推进的过程，都反映了复杂的两难矛盾，新高考的方案制定、实施、评价都需要平衡公平性和科学性的关系，偏向哪一方都会影响改革进展。[⑦]

在公平性方面，大多认为高考公平是高考改革的首要价值取向，黄腾蛟等（2019 年）在对重庆试点方案的解读中认为，新高考的公平包含了机会公平、规则

---

① 柳博. 新高考制度改革的现状与思考：制度变迁的视角［J］. 中国高教研究，2020（1）：35-41.

② 边新灿. 新一轮高考改革浙江、上海方案深度比较研究［J］. 中国考试，2015（2）：3-7.

③ 黄腾蛟，杨鸿. 国家选才、高校选生与学生发展的有机统一——重庆市高考综合改革方案解读［J］. 中国考试，2019（6）：11-17.

④ 边新灿. 公平选才和科学选才——高考改革两难价值取向的矛盾和统一［J］. 中国高教研究，2015（9）：27-32，62.

⑤ 刘海峰. 高考改革：公平为首还是效率优先［J］. 高等教育研究，2011，32（5）：1-6.

⑥ 边新灿，蒋丽君，雷炜. 论新高考改革的价值取向与两难抉择［J］. 中国高教研究，2017（4）：61-65.

⑦ 王新凤，余丹茜，边新灿. 高考综合改革评估的实践与思考——以浙江省为例［J］. 中国考试，2020（5）：1-7，15.

公平和结果公平等不同层次的公平，公平是新高考政策制定的基本出发点。[①]也有对新高考政策公平性方面表达顾虑、提出建议的，如余澄等（2015 年）对新高考制度的五大重点任务进行了公平性的隐患分析，认为新高考政策依然存在诸多公平风险，提出以制度保障公平、以效率提升公平、以公开促进公平、以监督维护公平的化解对策。[②]

在科学性方面，段世飞等（2019 年）认为，新高考政策的科学性就是要符合学生的身心发展规律和教育教学规律，在新高考政策中，从考试类别的取消文理、实行“3+3”科目考试，考试内容的保留主观试题，到考试评价方式的增加综合评价、实行“三位一体”考试评价等，都体现了科学选才的导向。[③]有研究者认为，高考是大学招收选拔学生、为国家培养人才的重要机制，高考改革的目的则是通过不断完善人才选拔机制以提升人才选拔的效果，并以国内某顶尖大学招生数据来考察新高考政策在提升人才培养质量方面的效果，认为新高考政策实施以来学生的 STEM 课程成绩较之前有所提高。

（二）新高考政策的内容和特点

1. 对政策文本的整体分析

新高考政策出台后，许多学者对政策文本尤其是新高考试点方案进行了整体性分析和解读。钟秉林（2015 年）认为，新高考政策的内容十分复杂，主要涉及招生计划分配改革、入学考试制度改革和招生录取机制改革三个关键环节，并梳理了上述三个环节的现存问题和政策举措。[④]郑庆华等（2019 年）概括了高考综合改革的三项目标，即优化高校科学选才、促进入学机会公平、引导基础教育改革。[⑤]鲍威等（2019 年）围绕新高考赋予考生选择权这一角度，从五个方面概括了新高考政策的主要内容和特点，包括增加参考科目选择性、增加参考时间选择性、增加参考次数选择性、增加录取路径选择性和增加志愿填报选择性。[⑥]柳博（2020 年）则从制度变迁的视角分析了新高考政策的主要内容和特点，认为新高考的制度结构体现了统一性与灵活性相结合、基础性与学科性相融通的特点；其考试管理实行国家

---

① 黄腾蛟，杨鸿．国家选才、高校选生与学生发展的有机统一——重庆市高考综合改革方案解读［J］．中国考试，2019（6）：11–17.

② 余澄，王后雄．高考改革的公平风险分析［J］．课程·教材·教法，2015，35（9）：83–89.

③ 段世飞，洪婕．论新高考改革的价值追求［J］．教育理论与实践，2019，39（2）：3–5.

④ 钟秉林．深化综合改革，应对高考招生制度改革新挑战［J］．教育研究，2015，36（3）：4–9.

⑤ 郑庆华，訾艳阳，窦小刚，等．高等教育视角下的高考综合改革成效分析与联动机制探索——以西安交通大学为例［J］．中国考试，2019（3）：1–7.

⑥ 鲍威，金红昊，肖阳．阶层壁垒与信息鸿沟：新高考改革背景之下的升学信息支持［J］．中国高教研究，2019（5）：39–48.

教育行政部门负责管理统考、省级教育行政部门负责管理选考，考试科目包含统考的3科和选考的6科（浙江为7科），前两批试点省市为“3+3”模式、第三批试点省市实行“3+1+2”模式，命题管理实行统考科目由全国统一命题或由教育部授权省市命题、选考科目由各省市自主命题。①

2. 对取消文理分科实行“科目自选”的讨论

新高考政策中的热点改革举措之一就是不分文理科、在必考科目外自选其他考试科目②，这在前述的对新高考政策文本的整体分析中也可见一斑。在对此诸多分析中，边新灿（2017年）的研究较为形象和系统，他指出，在全国27个省、自治区、直辖市公布的深化考试招生制度改革的实施意见中，取消文理分科与实行“必考科+选考科”科目组合是两项高度一致的改革举措，并且这两项举措有紧密的内在联系，它们将以往“套餐式”选择变为“自助餐式”选择，为文理融通提供了前提，使得中央全面深化改革的相关决策真正落到了实处；他还回顾了文理分科的历史，阐述了自主选科在高考招生制度中的探索历程，指出新高考必然要扩大考生的选择，这是由学习的选择性、高等教育的专业性等所确定的，并有着学习迁移理论、学分制理论作为理论支撑，最终体现的是以学生为本的思想。③

与此同时，因为选考科目的成绩成了高考的组成部分，对学生而言是高利害性的，考生是根据兴趣爱好选择科目（政策目标），还是根据易得考分选择科目（现实利益），对于学生和教师都是一个两难的问题，④这就出现了有关选科选考策略的问题，也成为许多研究的热点。潘昆峰等（2017年）认为，自主选科的内在假定是学生依据自身兴趣特长及学科内在价值自主选择适合自己的学科，但实际上自主选科受到相应约束，包括畏惧理科学习难度而在选科上避难就易、等级赋分制下在选考决策上实行“田忌赛马”策略等，正是因为这些选科约束及相应的策略，导致了新高考制度之下产生了“理科萎缩”现象，即选考物理等科目人数比例明显下降。⑤这一情况引起社会广泛关注，也成为政策调整的重点，教育部及地方政府先后出台了针对新高考的本科专业选考指引，各地也陆续制定物理、化学等选考科目的保障机制，第三批改革省份则实施了“3+1+2”考试科目设置，都致力于引导考生合理选科，北师大研究团队跟踪调查的数据显示，选考物理和物化生传统理科科

① 柳博．新高考制度改革的现状与思考：制度变迁的视角［J］．中国高教研究，2020（1）：35–41.

② 刘海峰．高考改革的新阶段思考［J］．中国高等教育，2014（5）：14–16.

③ 边新灿．高考文理融合与自主选考改革的内在逻辑［J］．考试研究，2017（1）：62–70.

④ 苏红．对浙沪高考改革试点后中学“选课走班”的调查与思考［J］．教育测量与评价，2018（5）：25–30.

⑤ 潘昆峰，刘佳辰，何章立．新高考改革下高中生选考的“理科萎缩”现象探究［J］．中国教育学刊，2017（8）：31–36.

目组合的学生人数近年逐年增加。[①]

3. 对实行“专业优先”志愿填报方式的讨论

一般认为，新高考政策所实行的专业优先政策，兼顾了考生、中学、大学等各方的利益诉求，具有明显优势。如王存宽等（2016年）的分析指出，浙江试点方案改变了原有的“学校＋专业”的志愿填报模式为“专业＋学校”方式，学生填报志愿的价值判断方式也由原来的“总分匹配”转变为“专业导向”；“总分匹配”的平行志愿模式会使高校强调录取分数忽视专业建设，使学生重视高校排名而轻视专业选择，使中学注重升学比例而忽视职业规划；而“专业导向”的平行志愿模式符合Gale–Shapley机制，具有公平和抗策略性，对学生来讲扩展了其选择空间、提高了录取结果与专业意愿契合度，对中学来讲可有效淡化“应试教育”倾向、更利于推进实施素质教育，对高校来讲有利于招收具有专业潜质且专业意向坚定的人才；因而，新高考政策不仅扩大了学生选择权、激发学生学习兴趣、促进中学课程改革，更重要的是增强了高校学科专业上的紧迫感，促使专业布局优化、内涵提升，当然，新政策也可能会导致学生难以选择、高中课程标准负影响、加大城乡教育差距等弊端。[②]

也有些学者对专业优先政策存在些许担忧，如柳博（2016年）认为，新高考政策包括了取消文理科目组合改变专业选择方式、合并及取消录取批次、改革录取志愿选择顺序变“学校优先”为“专业优先”三项举措，这些举措从形式到内容都改变了现行高考招生机制，体现了录取制度是高考制度改革的关键；并特别指出，专业先于院校的录取方式会使专业直接面对优质生源的压力。[③]

4. 对其他具体举措的讨论

新高考政策提出的分类考试，也是学者们研究的重点。如边新灿（2019年）从分类考试概念进入教育领域政策进行分析，提出了高考分类考试在内涵上包括高校专业不同类型的分开考试、考生群体不同类型的分开考试、培养目标选拔目的差异的分开考试三个层面，并回顾了历年高考政策对分类考试的探索；他还指出，分类考试具有教育学的理论支撑，包括因材施教和差异化教学理论、多元智能理论，也具有高校培养目标、办学定位和教学内容差异的实践动力；分类考试与综合评价、多元录取是“互文见义”的修辞手法，分类考试中的“考试”蕴含了“评价”“录取”的含义。[④]柳博（2020年）则指出，新高考制度改变了单一的分数评

---

① 王新凤．高考综合改革政策实施效果评估：基于大型问卷调查数据［J］．中国考试，2024(9)：1–11.

② 王存宽，吕慈仙，杨桂珍．从“总分匹配”到“专业导向”——高考志愿模式的转变对高校专业建设的驱动作用分析［J］．教育研究，2016（6）：81–88.

③ 柳博．选择性：高考制度改革的机遇与挑战［J］．教育研究，2016（6）：72–80.

④ 边新灿．高考“分类考试”改革研究［J］．教育评论，2017（1）：3–7.

价模式，从尊重学生个性和特长出发设计了不同的考试类型和评价标准，这是对不同能力学生的一种鼓励和激励，帮助学生发现自我的价值、成为自己。[①]

此外，新高考政策提出的高校综合评价招生作为高考综合改革的重要组成，也成为研究热点。边新灿（2016年,2017年）对综合评价招生的改革探索进行了分析，他认为，综合评价招生既是国家确定的高校招生重要改革目标、方向和举措之一，也是目前部分省市和高校正在进行试点的一种招生模式；他全面考察梳理了高校综合评价招生改革的演变脉络，从艺术、体育类专业术科考试到浙江"三位一体"招生，提炼了各试点省市、试点学校的模式，指出现阶段的综合评价招生模式是一种多要素量化合成总分进行选拔的模式，具体可以分为"两位一体""三位一体""四位一体"三种模式。[②③]

二、新高考政策的影响及实施成效研究

新政出台之后，许多研究围绕着浙江、上海的试点方案，以宏观或中观的政策分析为主来阐释新高考政策所产生的影响，包括对高中教育教学、对大学人才培养的影响，以及讨论新高考政策对高中－大学教育衔接的影响等。以对试点省（市）开展调研的方式，相关研究主要开展了高中生选科、学习情况的调查；另外，在首届新高考学生（2014 年就读高中，2017 年参加高考）进入大学之后，有一部分研究开始对他们进入大学后的学业表现等方面开展调查研究，从"入学后"视角探索对新高考实施成效的分析及评估。

（一）对高中教育和高中生学习的影响

1. 对高中教育教学的影响

新高考政策的一系列改革举措，势必带来对高中教育教学的影响，包括对高中学考内容与组织、高中综合素质评价、高中教学条件、高中课程教学评价、高中师资等各个方面，但研究和讨论最为集中的是高中在应对科目自选政策而实施的走班教学。钟秉林（2015 年）就指出，中学要深化人才培养体制和教学管理体制改革，开展好分层教学、分组学习、选课制和教学等多样化的改革形态；[④]赵静宇等（2020 年）认为，新高考政策使得高中教育发生了巨大变化，一线教学的内

① 柳博．新高考制度改革的现状与思考：制度变迁的视角［J］．中国高教研究，2020（1）：35–41.

② 边新灿．高校综合评价招生改革的发展历程、模式和价值取向——兼与自主招生的比较［J］．中国考试，2016（8）：14–22.

③ 边新灿．高校综合评价招生改革：演进逻辑、模式选择和对策分析［J］．教育研究，2017，38（7）：108–114.

④ 钟秉林．深化综合改革，应对高考招生制度改革新挑战［J］．教育研究，2015，36（3）：4–9.

容和形式、教学的组织管理模式、教学评价的方式等都发生重大变革，特别是考试科目设置和招生录取机制使得高中传统的行政班教学模式被选课走班模式所取代。[①] 选科走班可以根据兴趣、爱好、学习水平为学生个性成长和多样需求提供课程资源菜单，打破传统班级授课“齐步走”模式，使得授课班级学生层级相近、兴趣相投、个性有别，满足不同学生的个人发展需求，进而激发学生内在学习动力。[②] 首批试点省（市）对于走班教学，也都鼓励中学加强教学模式创新，如上海在推行高中走班制时，尊重基层学校的创新，高中学校开展了更加多样化的走班教学，包括大走班、有限走班、小走班等多种模式，在不同走班教学模式下又存在不同的课程组合种类，中学在落实新高考政策时进度不同，让改革过程与教育智慧创新同行。[③]

当然，许多研究对选科走班教学模式表达了实际运行中的忧虑。苏红（2018年）的一项针对浙江、上海两地高中教师的大规模问卷调查（有效样本数为 2 810 份）显示，两地教师虽然对选择性教育理念普遍认可，但实际实施情况并不乐观；不同学校的做法差异很大，“完全走班”“选科全走班”“选科部分走班”等形式层出不穷；约 70% 的教师认为实施选科后多数学生的学习负担反而增加，超过 90% 的教师认为自己的教学任务更重、压力更大；甚至有教师指出，学生除了担心成绩考不好外还在担心科目选不好。[④]

2. 对高中生选科情况的调查分析

这一研究事实上是对新高考政策增强“选择性”实施情况的直接反映，也从另一方面考察新高考政策对基础教育改革的成效。浙江省教育考试院的统计数据显示，2017 年浙江选考物理的考生可报考的高校专业（类）最多，达到 91%；而相关统计也显示，上海高校 2017 年高考选考科目为物理的专业最多，其次是化学和生物，选物理的考生几乎可以满足全部大学专业选科要求。鉴于此，新高考政策启动之初，都预估选择传统理科科目（如物理、化学）特别是选物理的考生数占比会很高，因为选了物理可填报的专业志愿范围就大，选择面就宽。相关调查研究印证了这种预测，如杜芳芳等（2016 年）对浙江 5 所高中学生的调查显示，高一学生倾向于将物理和化学作为高考选考科目的比例分别占 57.4% 和 59.3%，高于选择政

---

① 赵静宇，郭学恒，巫阳朔，等. 高考改革过程中的问题分析及对策探讨［J］. 中国高教研究，2020（2）：40–43.

② 孙德芳. 新高考下普通高中育人方式的重塑［J］. 教育研究，2022（7）：79–87.

③ 周彬. 新高考改革：经验、困境与出路［J］. 教育学报，2018，14（4）：22–28.

④ 苏红. 对浙沪高考改革试点后中学“选课走班”的调查与思考［J］. 教育测量与评价，2018（5）：25–30.

治（36.5%）和历史（39.3%）的比例。[①] 然而，更多调查研究并不支持这一预估观点：刘宝剑（2015 年）对浙江省 2014 级高中生开展的一次大规模抽样调查（样本覆盖浙江省所有地市的 240 所高中，有效样本数达 23 511 个）显示，在调查时已选定科目的考生中，选考物理的比例为 40.92%，低于选化学（51.76%）、选地理（41.5%）的比例；[②] 中国人民大学对上海和浙江 6 所高中的学生调查也显示，选物理的考生数和传统理科生的比例均有较大幅度下降。[③]

上述选科时出现的考生不选物理情况，主要是因为物理学科学习难度较大；同时，等级赋分也让优秀学生担心成为末端而选择其他科目，出现了物理选考人数下降的“驱赶效应”，造成更多普通学生弃选物理的连锁反应，[④⑤] 学生因学习难度、赋分规则不选物理而去选择容易获得高分的科目，呈现出明显的功利化选科倾向。除了躲避学科学习难度大等原因外，一些学者对新高考政策下学生选科目“非正常”情况也进行了深层次的原因分析。冯成火（2018 年）认为，物理选考人数下降是多重因素叠加所致，包括考生的功利性选择策略、高校为争夺生源而降低科目设置门槛要求、录取机制设计存在漏洞以及赋分办法存在缺陷。[⑥] 考生的“功利化”值得反思，但也需要在制度上进行优化完善。为此，浙江省进一步深化高考改革试点，改进政策以率先建立物理选考科目保障机制，引导学生选考物理，确保满足国家人才培养的最基本需求。[⑦] 政策优化的举措取得了明显成效。郑若玲（2024 年）在回顾新高考选科改革这项政策时认为，在上海和浙江建立选考科目保障机制后，这种由于考生功利性选科引发的选考科目失衡局面得以控制，后续教育部于 2018 年、2019 年和 2021 年接连颁发三个版本的“普通高校本科招生专业选考科目要求指引”，对不同专业类提出选科指引要求，并从第三批改革省份开始，将考试科目设置为“3+1+2”模式，进一步弱化考生选科的功利性。[⑧]

---

① 杜芳芳，金哲 . 新高考改革背景下高中生科目选择意向现状及对策——基于浙江省五所高中的调查分析［J］. 教育理论与实践，2016，36（8）：15-18.

② 刘宝剑 . 关于高中生选择高考科目的调查与思考——以浙江省 2014 级学生为例［J］. 教育研究，2015（10）：142-148.

③ 潘昆峰，刘佳辰，何章立 . 新高考改革下高中生选考的“理科萎缩”现象探究［J］. 中国教育学刊，2017（8）：31-36.

④ 倪晓冉，朱广天 . 新高考改革对上海学生大学物理学习的影响［J］. 物理与工程，2019，29（1）：93-97，103.

⑤ 王新凤，钟秉林 . 新高考背景下高校招生与人才培养的成效、困境及应对［J］. 中国高教研究，2019（5）：49-53，57.

⑥ 冯成火 . 新高考物理“遇冷”现象探究——基于浙江省高考改革试点的实践与思考［J］. 中国高教研究，2018（10）：25-30.

⑦ 孙光明 . 坚定方向 深化完善 推动高考改革纵深发展——浙江省《关于进一步深化高考改革试点的若干意见》的解读［J］. 中国考试，2018（1）：8-13.

⑧ 郑若玲 . 新高考选科改革的效果与走向［J］. 江苏高教，2024（8）：8-10.

3. 对高中生学习经历的影响

为了积极应对新高考政策带来的变化，高中生在校期间的学习投入、学习进程等都会发生相应的变化。边新灿等（2017 年）指出，新高考“7 选 3”和“一年两考”的政策叠加，带来了高中教学组织的深刻变化，不仅中学校长和教师在观念和教学方法上会有一个适应过程，考生在中学的学习上也有一个适应的过程；他还指出，“一年两考”这一举措能够减弱偶发不利因素对考生的影响，有利于分散和减弱考生心理压力，[①]这有助于学生做好高中阶段的学习分配和协调。王新凤等（2020 年）也认为，新高考政策的实施满足了学生兴趣与选择、促进了学生全面发展，学生的获得感比较强，[②]对学生的高中学习生活有积极的影响。但也有一些研究持对立的观点，认为新高考政策并没有给高中生“减负”，考生学习经历的变化并未达到政策预期效果。如张雨强等（2019 年）对首届参加新高考的 774 份浙江省高三毕业生问卷数据，以及对高三 10 名师生的访谈内容进行分析发现，新高考政策的初衷“疏解高中生学习压力”并未实现，新高考政策之下的学生考试负担整体偏重，[③]因为对考生来讲，每次考试都是一次获得分数最大化的机会，高中学习的投入反而加重。不仅如此，魏小梅等（2017 年）从高中选科考试进行分析，认为选考科目在高中阶段的不同时间点完成，科目考试时间成为考生选考的考虑因素，考生要计算选考科目的时间成本导致了兴趣为升学让路，让学校教育重回应试教育，也让高中生的学习节奏、形态发生重大改变。[④]

与此同时，新高考政策提出的把高中综合素质评价纳入高考评价体系（即“两依据一参考”中的参考综合素质评价的录取机制），也影响着高中生在校的经历和表现。王新凤等（2019 年）通过追踪调研发现，综合素质评价会使高中阶段中等偏上的学生获得与学优生比肩的机会，将其纳入高考之中使得这部分学生更有学习的积极性，也更有学习的后发力；但该研究也指出，因为高校在招生中对高中综合素质评价的使用有限，中学在具体实施时也面临综合素质评价内容和标准并不统一、评价信效度可能较低等问题，面临中学难以操作、大学难以使用的尴尬境地，需要避免综合素质评价走过场、突击等问题。[⑤]李宝庆等（2017 年）认为，综合素

---

① 边新灿，蒋丽君，雷炜．论新高考改革的价值取向与两难抉择［J］．中国高教研究，2017（4）：61–65.

② 王新凤，余丹茜，边新灿．高考综合改革评估的实践与思考——以浙江省为例［J］．中国考试，2020（5）：1–7，15.

③ 张雨强，陆卓涛，贾腾娇．新高考下高中生减负了吗——浙江新高考首届高中毕业生考试负担调查［J］．教育发展研究，2019（12）：43–52.

④ 魏小梅，李宝庆．新高考进程中学校变革的困境与应对策略：新制度主义的视角［J］．教育发展研究，2017（22）：16–24.

⑤ 王新凤，钟秉林．新高考背景下高校招生与人才培养的成效、困境及应对［J］．中国高教研究，2019（5）：49–53，57.

质评价将学生的过程性评价纳入高考，增加了高考的多元化评价，旨在打破“唯分数论”的桎梏；但在新高考政策下，高中综合素质评价依然存在顶层设计不足、难以测量学生内隐品质、评价结果使用不确定性等问题。[①] 总体来看，对高中生学业学习不论是正面抑或负面的影响，还是高中阶段探索性的综合素质评价，新高考政策的牵引作用巨大，其对高中生的学习生活具有重大影响。

（二）对大学教育和学生大学表现的影响

1. 在宏观层面对大学人才培养的影响

对大学人才培养而言，新高考政策的影响主要体现在招生选拔、专业建设和教学管理等方面。从影响大学招生上看，前述文献已指出新高考政策更有利于大学招收到符合专业培养需求的学生，但不少研究表达了对新高考政策带给招生新压力、新困难的担忧。王小虎等（2017 年）站在高校人才选拔培养的立场分析指出，新高考政策中取消文理分科带来的策略性选科，可能会导致中学生基本素质能力构成发生变化，甚至加重学生偏科现象，等级赋分等措施使得学生的高考成绩区分度下降，“专业 + 学校”的平行志愿录取模式带来大学专业之间生源质量的差距加大，高中提前选科与专业报考的关联度加剧了考生选考困难及心理压力等问题。[②] 有研究者通过比较国内某顶尖大学招收新高考试点省市（浙江、上海）考生高考成绩与其他省份考生高考成绩后发现，经历新高考的考生选考科目均分相对高考改革前显著提高，等级赋分制使高分考生之间的区分度降低，高校很难从分数来识别背后所代表的不同选科组合、不同知识背景及不同学科特长，这给高水平大学的招生选拔带来困难。

从影响大学专业建设上看，大都认为大学必须要加强专业建设以吸引优质生源。边新灿（2015 年）较早就指出，新高考政策让专业直接站在前台而学校退居后台，原来可通过学校的地位和影响力掩盖专业的不足已不复存在，冷门和热门专业的生源势必会两极分化，这既是挑战也是机遇，其积极影响是倒逼学校调整专业结构，促使高校加强专业建设、增强专业对考生的吸引力。[③] 王存宽等（2016 年）指出，新高考政策按“专业 + 学校”填报志愿是一种“专业导向”模式，这种模式对高校专业建设具有驱动作用，高校必须要化压力为动力，进一步重视专业建设工作、优化专业内涵建设。[④] 王新凤等（2019 年）也认为，新高考政策实

---

① 李宝庆，魏小梅 . 新高考改革的困境与出路［J］. 教育发展研究，2017，37（8）：1–9.

② 王小虎，潘昆峰，苗苗 . 高考改革对高水平大学招生的影响及其应对［J］. 中国高教研究，2017(4)：56–60，71.

③ 边新灿 . 新一轮高考改革对大学教育的影响［J］. 中国高等教育，2015（2）：7–9.

④ 王存宽，吕慈仙，杨桂珍 . 从“总分匹配”到“专业导向”——高考志愿模式的转变对高校专业建设的驱动作用分析［J］. 教育研究，2016（6）：81–88.

施平行志愿到专业、取消录取批次等，使原来在高考中的学校间竞争转变为专业间竞争，专业没有院校这一层的保护后，将倒逼高校优化专业结构和学科布局、加强自身优势学科和专业建设，尤其是加强专业内涵建设、更加注重专业特色与社会需求。①

从影响大学教学管理上看，普遍认为大学要积极应对新高考政策带来生源特性的变化，做好教学管理上的改革。钟秉林（2015 年）认为，新高考政策对深化高校人才培养模式改革提出新要求，高校必须结合专业特色和社会需求，调整优化人才培养方案和教学计划，平衡通识教育与专业教育、理论教学与实践教学等之间的关系，调整课程体系、更新教学内容，提高学生培养效果与社会需求的契合度。②柳博（2016 年）认为，新高考政策带来对大学人才培养机制及教学管理上的新问题，包括学生知识结构参差不齐对统一教学安排带来挑战、学生学业基础差异给转专业和跨专业学习带来难度等。③王新凤等（2019 年）的观点也类似，即新高考政策下学生的生源结构、知识基础存在多元性和差异化，高校必须围绕新高考要求对知识基础不同但同属一个专业的学生实施分层分类教学。④

2. 在微观层面对经历高考学生的影响

有学者指出，高考改革应从选拔性考试走向适应性考试，这样功能定位的高考可以保证高校选择合适的学生，也可以使考生能够更好地选择合适的高校与专业，有利于调动考生对所选高校、专业的兴趣，⑤而这正是高考的改革方向之一。新高考政策的改革指导思想、目标定位指向了提高学生高中－大学教育的衔接性，促进学生进入大学后专业兴趣提升，专业学习也更为适应，这是诸多学者对新高考政策应发挥作用的共识。如文东茅等（2014 年）认为，新高考政策的重要指导思想是增加学生的选择性，这将改变以往招考中出现的专业调剂现象，因为专业调剂必然导致大批学生对所学专业不感兴趣，而新高考政策则促进学生兴趣、特长和个性的发展；⑥边新灿（2015 年）也认为，改革之后的新高考政策以专业为单位填报志愿投档，从学校和专业的角度来看，能录取到知识结构符合要求、专业思想巩固的学生，从学生的角度则能兼顾学校和专业，而不是像以前那样优先考虑院校之后的

---

① 王新凤，钟秉林．新高考背景下高校招生与人才培养的成效、困境及应对［J］．中国高教研究，2019（5）：49-53，57.

② 钟秉林．深化综合改革，应对高考招生制度改革新挑战［J］．教育研究，2015，36（3）：4-9.

③ 柳博．选择性：高考制度改革的机遇与挑战［J］．教育研究，2016（6）：72-80.

④ 王新凤，钟秉林．新高考背景下高校招生与人才培养的成效、困境及应对［J］．中国高教研究，2019（5）：49-53，57.

⑤ 余澄，王后雄．高考改革试点方案的定位、分类及结构分析［J］．高等教育研究，2015，36（10）：49-55.

⑥ 文东茅，刘玉波．高考改革何以“牵一发而动全身”［J］．中国高等教育．2014（24）：19-22.

专业被调剂，学生进校后的专业思想更稳定；[①] 袁振国等（2018 年）则指出，在新高考政策中，学生不仅要关注报什么学校，更需要关注读什么专业，[②] 换句话说，新高考政策促使学生更多关注大学专业相关事宜，对大学专业在心理、行动上会有更充分的准备，入学后的专业适应性会更高。有研究者比较了国内某顶尖大学 2015、2016 级（传统高考生）和 2017 级（新高考生）浙、沪两地生源，入校后第一年必修及限选课程中与 STEM 相关课程的学业成绩，研究发现 2017 级新高考学生的 STEM 课程成绩较 2015、2016 级传统高考生有显著提高，用数据验证了前述观点。

然而有些政策分析研究并不支持上述观点，认为新高考政策扩大考生选择权使“考生和高校选择权相互冲突”，[③] 实际上是指科目选考与高校按专业招生对科目提出的要求是“软挂钩”，这样的“软挂钩”反而会带来一些学生进入相关专业后明显的知识结构偏差和知识基础薄弱问题。事实上，新高考政策试点启动后，刘宝剑（2015 年）就提出了这方面的顾虑，他通过对首批参加新高考的学生调研后认为，跟传统的文、理科两类招收学生相比，参加新高考后入学的大学新生在知识结构、学科特长、专业志向等方面会有较大差异。[④] 柳博（2016 年）也持同样观点，他认为通过选择性科目组合录取的新生，因为科目选择的差异导致学科结构及知识基础参差不齐，对于按专业来实施的基础性课程教学而言，势必会产生影响。[⑤] 而边新灿（2015 年）虽认为新政下学生专业思想会变稳固，但他也指出，新高考政策的制度设计可能让未选择某些课程的学生也能选择报考“不受限”的专业，会使得一部分学生的知识结构难以适应就读专业的需要，[⑥] 学生进入大学后的专业学习可能会出现不适应。

之后对经历新高考学生的相关实证调研数据，都有类似新高考政策对学生进入大学后学业产生负效应的讨论，如邵光华等（2018 年）通过对 2017 年浙江省新高考录取学生的调查发现，新高考政策虽然希望学生在面临选择时充分考虑个人兴趣和未来职业规划，但实际上学生更可能选择当下“热门”专业，由此认为新高考政策并没有让其进入理想专业；而且受新高考政策的影响，较多学生认为自己并没有

---

① 边新灿 . 新一轮高考改革对大学教育的影响［J］. 中国高等教育，2015（2）：7–9.

② 袁振国 . 在改革中探索和完善具有中国特色的高考制度［J］. 华东师范大学学报（教育科学版），2018（3）：1–12，166.

③ 张家勇 . 新高考改革的进展、挑战与政策建议［J］. 中国教育学刊，2018（8）：42–46.

④ 刘宝剑 . 关于高中生选择高考科目的调查与思考——以浙江省 2014 级学生为例［J］. 教育研究，2015（10）：142–148.

⑤ 柳博 . 选择性：高考制度改革的机遇与挑战［J］. 教育研究，2016（6）：72–80.

⑥ 边新灿 . 新一轮高考改革对大学教育的影响［J］. 中国高等教育，2015（2）：7–9.

打好扎实的专业基础。[①] 郑庆华等（2019 年）以西安交通大学为例，分析了首批试点省（市）浙江、上海考生进入西安交大的学习成绩与排名情况，研究发现参加新高考录取的两试点省（市）学生较参加传统高考录取的学生，学习成绩有所下降、不及格率有所提高；政策的目标达成度有喜有忧，在倒逼高校加强与基础教育衔接、优化人才选拔培养模式的同时，取消文理分科等政策也导致学生的知识结构发生变化，学生进入大学后的学科基础有明显差别。[②] 王新凤（2019 年）对浙江、上海两地师生共 133 人（包括经历新高考的大一学生）进行质性访谈发现，新高考政策实施后，学生进入大学后的学科知识基础存在削弱情况。[③] 倪晓冉等（2019 年）对华东师范大学 2017 级化学系学生的调查显示，参加新高考的上海学生，物理基础相较于其他地区学生而言相对薄弱，物理知识体系也相对不够完整，从学生访谈来看，这一问题产生的根源在于学生在高中没有选考物理，[④] 由此看来新高考政策对学生选择理工类专业、进入大学学习理工类知识有一定的冲击影响。潘苏东等（2020 年）对新高考试点省（市）的上海、浙江的理工科大学生进行调查发现，新高考政策对学生进入大学后的专业学习带来很大负面影响，通过新高考录取的学生基础较弱、学习困难较大，这是高考政策变化对物理、化学科目要求有差别所致，现行高校对专业的限选科目要求会使得“高中 - 大学”学习衔接出现问题，特别是对于一些理工科类学生来说，科目自选会让部分理科薄弱学生入学后产生兴趣和志向双重缺失等问题。[⑤]

当然，还有一些研究结论介于两者之间，如鲍威等（2020 年）基于全国高校教学质量与学生发展调查数据的大样本以及访谈资料，通过 PSM-DID 方法探究新高考政策对大学新生学业适应的影响来评估新高考政策实施成效，研究发现受走班制、选考制等影响，新高考政策使得学生学业表现略有下滑，但新高考政策显著提升了大学新生对就读专业的兴趣，[⑥] 一边是学业成绩下滑显现的专业学习上的不适应，而另一边则是专业兴趣上升的个体适应性趋好。

---

① 邵光华，吴维维．我国高考招生制度综合改革的成效与问题研究——基于浙江省 2017 年高考录取学生的调查［J］．中国高教研究，2018（6）：50–55.

② 郑庆华，訾艳阳，窦小刚，等．高等教育视角下的高考综合改革成效分析与联动机制探索——以西安交通大学为例［J］．中国考试，2019（3）：1–7.

③ 王新凤．利益相关者视角下的高考综合改革实施效果分析［J］．中国考试，2019（1）：24–29.

④ 倪晓冉，朱广天．新高考改革对上海学生大学物理学习的影响［J］．物理与工程，2019，29（1）：93–97，103.

⑤ 潘苏东，岳晓婷，万琳凌，等．高考新政对理工科大学生专业学习影响的实证研究［J］．现代大学教育，2020（1）：78–85，112.

⑥ 鲍威，金红昊．新高考改革对大学新生学业适应的影响：抑制还是增强？［J］．华东师范大学学报（教育科学版），2020（6）：20–33.

（三）对促进高中－大学教育衔接的讨论

新高考政策提出“构建衔接沟通各级教育、认可多种学习成果的终身学习‘立交桥’”的总体目标，因此，从政策目标来看，大多学者认为新高考政策能够促进高中－大学教育衔接，如魏小梅等（2017 年）指出，新高考旨在发挥衔接高中教育与高等教育的有效作用，更加强调学科育人、考试育人的功能，因而可以为高校科学选拔到适合专业要求的学生；① 袁振国（2018 年）指出，新高考政策赋予了高中生在考试科目上的更大选择权，并将高考科目与大学专业选择相关联，② 科目与专业之间的关联必然加强了高中教育与大学专业教育之间的相互衔接；赵静宇等（2020 年）也认为，新高考政策的一大亮点是把高中可进行选择的学考科目纳入高考之中，加强了基础教育与高考之间的衔接；③ 王新凤等（2019 年）指出，新高考模式下高校因为要设置选考科目，大学内部的招生与培养联动得到了加强，大学也积极参与到高中先修课程、开设职业生涯课程、帮助高中生进行专业选择等，强化了与高中培养的联动，与此同时，问卷调查也显示，九成以上高校教师认同新高考政策实施后大学加强了与中学的衔接，更加深入到中学开展招生宣传，高考不再是高中教育的“独角戏”。④ 鲍威等（2020 年）通过对参加新高考前后两届学生的问卷调查数据的分析，指出新高考政策显著提高了大学新生对就读专业的兴趣，该研究也考察了新高考政策将致力高中与大学教育有效衔接的目标实现情况。⑤

但也有一些研究对此持相反的观点，如曹晨（2019 年）认为，现行的新高考综合评价体系仍然没有一套完整的运作规范和标准，家庭教育环境的影响拖累了素质教育，家长仍会以功利的心态指导孩子选科、选专业，高等教育和基础教育的衔接方面还有较大的提升空间（如志愿填报、生涯规划）；⑥ 刘玉君（2020 年）认为，新高考政策中依然存在各方信息联通的碎片化，导致政策执行效率低下等问题，高中学习与大学选专业之间存在断层，由此导致新高考整体问题的治理呈现碎片化的状态，其公平性和科学性面临现实挑战。⑦

---

① 魏小梅，李宝庆．新高考进程中学校变革的困境与应对策略：新制度主义的视角［J］．教育发展研究，2017（22）：16–24.

② 袁振国．在改革中探索和完善具有中国特色的高考制度［J］．华东师范大学学报（教育科学版），2018（3）：1–12，166.

③ 赵静宇，郭学恒，巫阳朔，等．高考改革过程中的问题分析及对策探讨［J］．中国高教研究，2020（2）：40–43.

④ 王新凤，钟秉林．新高考背景下高校招生与人才培养的成效、困境及应对［J］．中国高教研究，2019（5）：49–53，57.

⑤ 鲍威，金红昊．新高考改革对大学新生学业适应的影响：抑制还是增强？[J]．华东师范大学学报（教育科学版），2020（6）：20–33.

⑥ 曹晨．新高考改革政策变化分析及其影响调研［D］．南京：南京大学硕士学位论文，2019：49–50.

⑦ 刘玉君．从“碎片化”到“整体性”：新高考改革的现实困境与路径选择［J］．重庆高教研究，2020，8（1）：47–57.

三、政策认同及其测量

（一）政策认同的内涵与价值研究

一般认为，政策认同是指对政策的态度和心理倾向。王国红（2007 年）指出，政策认同是人们在政策执行过程中对所实施政策的一种心理态度和评价，而从其特点来看，一方面政策认同从属于政策制定和政策执行，但又具有相对自主性，认同的过程可以是配合与服从，也可以拒斥和背离，哪怕形式上接受仍需内在的认可，这是自主性和从属性统一的体现；另一方面政策认同既表现出主动性，是内在、自愿地接受政策规则，又表现出被动性，是害怕惩罚、被迫服从，是主动性与被动性的统一；政策认同还具有价值性与规范性统一的特点，它既要受到接受主体价值观念和价值选择的制约，同时对主体的接受行为也必须受到政策规范的约束。[①]卿志军等（2013 年）认为，政策认同是由政策认知、政策情感、政策预期和政策评价等构成的复杂心理的集合表现，政策认知是基础和前提，政策情感是态度体验和心理倾向，政策预期是社会公众对政策能否成功的一种预先判断和思考，政策评价是公众支持和接受政策的基础。[②]

教育政策作为一类公共政策，教育政策认同的内涵与一般的政策认同相一致。石学火（2012 年）认为，教育政策认同是指社会公众对即将实施或正在实施的教育政策在心理上接受、认可并实现趋同的过程，包括对教育政策主体、政策程序、执行方式和结果等方面的认同。[③]刘莉等（2020 年）对高校科研政策进行分析时指出，高校中的科研政策认同是指高校教师对与其相关的科研评价政策的内容与执行情况的接受、认可和支持程度。[④]由此可见，政策认同及教育政策认同，都是个体对（教育）政策从最初的认知逐步演化为内在的认可、趋同的态度和过程。

大部分学者认为，政策认同对于政策本身和政策执行都具有重要价值。梁丽萍（2006 年）指出，政策认同是政策付诸实践的前提和条件，以及公共政策社会价值考量的重要依据；[⑤]杨永峰（2013 年）认为，一个政策要能够很好地实施，目标群体的认同是第一位的；[⑥]彭忠毅等（2015 年）也认为，作为一种代表公共意志和理性选择的解决问题的产品，公共政策能否真正解决问题，不仅取决于政策本身，还

---

① 王国红．试论政策执行中的政策认同［J］．湖南师范大学社会科学学报，2007（4）：46-49.

② 卿志军，孔德明．公众的媒介使用与政策认同的互动——以海南国际旅游岛建设为例的实证研究［J］．当代传播，2013（3）：28-31.

③ 石学火．教育政策认同的意义、障碍与对策分析——教育政策执行视域［J］．重庆大学学报（社会科学版），2012，18（1）：148-153.

④ 刘莉，朱莉，刘念才．目标群体视角下高校教师科研评价政策认同研究——基于 20 所“双一流”建设高校的问卷调查［J］．清华大学教育研究，2020，41（2）：73-82.

⑤ 梁丽萍．论公共政策与公众认同的互动与融合［J］．中国行政管理，2006（7）：41-44.

⑥ 杨永峰．公共政策制定中影响政策认同的因素分析［J］．学理论，2013（32）：25-26.

取决于有关群体是否认可、接受该政策；[①] 刘长勇（2020 年）持相同观点，他指出政策认同作为政策落实目标、过程、结果以及未来预期的总体评价，认同度高可以减少执行过程中的阻力，吸引目标群体积极参与，便于有效对目标进行调整和修订；[②] 另外，袁方成等（2020 年）在研究农村宅基地改革时发现，对政策的态度与情感（即政策认同）是推动改革顺利展开的关键变量，政策认同与政策有效执行具有内在逻辑。[③]

有关教育政策的重要性，也得到学者们的肯定。教育政策认同对教育政策的顺利执行具有极为重要的意义，包括能提高社会公众对教育政策的支持度、能降低教育政策的执行成本、能减少教育政策的执行偏差、能提高教育政策的合法性以及为教育政策奠定道德的基础，而同时，教育政策涉及千家万户，因此更需要学生和家长的支持、需要社会的认同。[④] 吴鹏等（2016 年）在研究免费师范生政策时指出，免费师范生政策认同度的高低会对该政策的实施产生极为重要的影响。[⑤] 由此看来，学者们对政策认同的重要性是具有基本共识的。

（二）政策认同的测量

对于政策认同的测量，由于研究者的视角、理论基础不同，测量的方法也有很大差异。如李松柏等（2012 年）对国家生态保护政策认同度的调查，就采用单道题项直接提问是否认同该政策；[⑥] 这种单道题直接提问的测量方式也应用于许多政策研究之中，包括桂勇等（2016 年）对国务院颁布的《乡村教师支持计划（2015—2020 年）》的政策认同调查 [⑦]、蒋蓉等（2018 年）对《湖南省乡村教师支持计划实施办法》的政策认同调查 [⑧]，等等。当然，在高考政策方面，也有这样采用单道题进行测量的，如程晨等（2017 年）研究外来务工人员对异地高考政策的认同情况

① 彭忠益，粟多数 . 政策认同：基于我国社会利益多元化视角的分析［J］. 学术论坛，2015（1）：113–119.

② 刘长勇 . 生活满意度、政策认同与农民的乡村振兴参与意愿——基于全国 223 个村庄 1163 位农民的调查分析［J］. 武陵学刊，2020，45（5）：53–61.

③ 袁方成，李会会 ．“同意的治理”：理解政策认同的实现逻辑——Y 县宅基地改革观察［J］. 探索，2020（3）：142–155.

④ 石学火 . 教育政策认同的意义、障碍与对策分析——教育政策执行视域［J］. 重庆大学学报（社会科学版），2012，18（1）：148–153.

⑤ 吴鹏，付卫东 . 免费师范毕业生政策认同度低的原因及应对策略［J］. 教育与经济，2016（1）：63–67.

⑥ 李松柏，苏冰涛 ．“生态贫民”对国家生态保护政策认同度研究［J］. 科学・经济・社会，2012，30（1）：5–10，15.

⑦ 桂勇，冯帮，万梦莹 .《乡村教师支持计划（2015—2020 年）》政策认同度的调查与分析［J］. 教师教育论坛，2016，29（5）：37–42.

⑧ 蒋蓉，陈茜 .《湖南省乡村教师支持计划实施办法》的政策与实施情况——基于全省 14 个市州的 1284 份问卷的分析［J］. 湖南第一师范学院学报，2018，18（6）：39–46.

时，对政策了解、政策合理性认同度、政策准入条件合理性等方面就采用单道题作答来测量政策认同。[①]

采用多题项或多维度对政策认同进行测量的更为普遍，许多研究都从对政策的认知、了解和对政策的情感、评价等认同、认可方面来进行测量，如彭华涛（2013年）从创业企业在成长过程中对于政策的认同程度，设计了政策感知问卷（从题项表达看，该问卷测量的内容即为政策认同），包含4个题项，问卷采用7点李克特打分表，信度系数为0.756，内容效度、结构效度均较好；[②]卿志军等（2013年）从政策认知、政策情感、政策预期和政策评价四个维度对政策认同进行测量，问卷采用3点记分，4个因子、共11题，因子的累计解释方差为59.61%，信度系数为0.73；[③]刘长勇（2020年）设计了5个题项用于测量农民对乡村振兴战略的政策认同，该测量问卷的信度系数为0.852，经过因子分析提取2个因子，命名为政策认可与政策感知，累计解释变异达到78.324%；[④]刘莉等（2020年）以第四代评价理论和政策执行过程理论模型为理论依据，从对政策内容的认同程度、对政策执行的认同程度两方面调查高校教师对科研政策的认同情况，政策内容认同与政策执行认同分别包含16个题项。[⑤]

与大学生较为相关的教育政策、就业政策方面，也大都采用政策认知、政策认可等不同维度进行测量。在教育政策方面，吴鹏等（2016年）从政策接受度、政策认可度、政策认同感和个人意愿四个方面，来测定毕业生对免费师范生教育政策的认同度；[⑥]罗敏等（2018年）从认知和评价两个维度来测量大类招生政策认同，其中，认知表示对政策的了解，包含1个题项，评价表示对政策的态度和评价，包含3个题项；[⑦]张彬（2015年）从认知、情感、评价三个维度设计了学生对国家助学金政策认同的问卷，政策认知维度包括政策熟悉度、政策信息获取渠道等，政策情感维度包括对政策的关心程度、内心对政策态度倾向等，政策评价维度包括政

---

① 程晨，李正明. 上海市“异地高考”政策认同现状及改进对策——以上海市浦东新区为例［J］. 教育科学研究，2017（1）：34–39.

② 彭华涛. 创业企业成长瓶颈突破——政企互动的中介作用与政策感知的［J］. 科学学研究，2013，31（7）：1077–1085.

③ 卿志军，孔德明. 公众的媒介使用与政策认同的互动——以海南国际旅游岛建设为例的实证研究［J］. 当代传播，2013（3）：28–31.

④ 刘长勇. 生活满意度、政策认同与农民的乡村振兴参与意愿——基于全国223个村庄1163位农民的调查分析［J］. 武陵学刊，2020，45（5）：53–61.

⑤ 刘莉，朱莉，刘念才. 目标群体视角下高校教师科研评价政策认同研究——基于20所“双一流”建设高校的问卷调查［J］. 清华大学教育研究，2020，41（2）：73–82.

⑥ 吴鹏，付卫东. 免费师范毕业生政策认同度低的原因及应对策略［J］. 教育与经济，2016（1）：63–67.

⑦ 罗敏，潘韵桦，黄嘉琪. 政策认同视角下大类招生人才培养模式存在问题与对策分析［J］. 河北农业大学学报（农林教育版），2018，20（1）：18–24.

策支持力度、落实情况、政策结果以及总体认同等，包含 10 个题项，均采用 5 点李克特打分表，问卷预测信度为 0.831，具有良好的结构效度。① 在就业政策方面，蒋承等（2015 年）针对基层就业的三项政策，将政策感知定义为大学生对于政策本身的了解与认可程度，对每一项政策采用 1 个题项提问“有”或“没有”，使用二元逻辑回归进行分析；② 曾丽（2015 年）围绕政策文本中有关大学生村官政策认同信息，从政策认知、职位预期实现程度、政策优惠认同和政策变革认同四个维度进行测量，共 19 个题项，问卷信度系数为 0.853，因子分析提取 4 个因子，累计解释变异为 51.473%。③

在有关高考政策的研究中，同样以多题项、多维度来测量政策感知、政策认同的居多。如吕慈仙等（2017 年）在研究异地高考政策对随迁子女心理资本与社会融入的研究中，从认知程度、公平性感知和影响力感知三个维度对异地高考政策感知进行测量，问卷包含 9 题，采用 5 点李克特打分表，信度系数为 0.955，但因子分析时只提取了 1 个因子；④ 彭莎莎（2019 年）从五个维度设计了学生和教师两方面的政策认同问卷，其中，价值认同 5 题、内容认同 6 题、主体认同 5 题、执行认同 5 题（“教师的问卷”此维度是 7 题）、结果认同 7 题，问卷整体信度系数为 0.972，分析各维度间的相关性表明结构效度良好。⑤

当然，除上述对政策认同进行多维度测量外，还有一些多维度测量方式，比如，皮尔斯（Pierce，2014 年）等根据技术接受模型（TAM）进行扩展，用于研究人们对政策的接受程度，提出了政策接受模型（Policy Acceptance Model，PAM），用于分析和评价新政策实施的接受程度；PAM 模型的维度设计与 TAM 一样，采用政策感知易用性和政策感知可用性两个变量进行测量，并以 72 个被试对一项医疗改革政策认同的调查，对模型进行了评估，⑥ 这一分析框架和测量方案比较适合对政策出台后的使用情况进行了解调查；又如，李秋蓉（2017 年）则是从政策内容的不同方面进行政策认同调查，通过调查政策不同内容方面的关注度、支持度、政

---

① 张彬．高中生对国家助学金资助政策认同研究［D］．广州：暨南大学硕士学位论文，2015：17–24.

② 蒋承，李笑秋．政策感知与大学生基层就业——基于“三元交互理论”的视角［J］．北京大学教育评论，2015，13（12）：47–56，188–189.

③ 曾丽．大学生村官政策认同及其对离职倾向影响研究——基于赣州市大学生村官的实证调查［D］．广州：暨南大学硕士学位论文，2015：13–21.

④ 吕慈仙，王鲁刚．异地高考政策对随迁子女心理资本与社会融入影响的实证研究［J］．教育研究，2017（5）：77–88.

⑤ 彭莎莎．新高考下普通高中学生综合素质评价政策认同研究——基于上海六所高中的调查［D］．上海：华东师范大学硕士学位论文，2019：27–37.

⑥ PIERCE T P，WILLY C，RONCACE R，et al. Extending the technology acceptance model：Policy acceptance model（PAM）［J］. American Journal of Health Sciences，2014，5（2）：129–144.

策落实的效果认可度等，来呈现哈尼族对民族政策的认同情况。①

表 2-1 列出了相关研究者对政策认同测量的主要工作和贡献。

表 2-1 有关政策认同测量的主要研究者及其主要贡献

研究者	主要贡献
彭华涛（2013 年）	编制了以企业对创业政策的认同程度为内容的政策感知问卷，共 4 个题项，采用 7 点打分，信度系数为 0.756，内容效度、结构效度均较好
卿志军、孔德明（2013 年）	编制了对海南岛建设相关政策的认同问卷，包含政策认知、政策情感、政策预期和政策评价四个维度，共 11 个题项，采用 3 点打分，累计解释方差为 59.61%，信度系数为 0.73
张彬（2015 年）	编制了有关大学生国家助学金政策认同问卷，包含认知、情感、评价三个维度，共 10 个题项，采用 5 点打分，信度系数为 0.831，具有良好的结构效度
刘长勇（2020 年）	编制了有关农民对乡村振兴战略的政策认同问卷，包含政策认可、政策感知 2 个因子，共 5 个题项，信度系数为 0.852，累计解释方差达到 78.324%
彭莎莎（2019 年）	编制了高中生对新高考综合素质评价的政策认同问卷（学生用表），包含政策价值认同、内容认同、主体认同、执行认同和结果认同五个维度，共 28 个题项，整体信度系数为 0.972，具有良好的结构效度
皮尔斯等（Pierce et al，2014 年）	编制了政策接受模型测量问卷（PAM），包含政策感知易用性、政策感知可用性两方面，用于对政策接受程度的测量

资料来源：根据已有文献自行整理

第二节 专业适应性相关研究

有关专业适应性（major adaptation/ major adjustment）的研究，国外较少有涉及，究其原因，可能是国外大学招考制度及本科教育管理有别于我国。以美国为例，美国大学一般设文理学院或本科生院负责本科教育，学生入校时不分专业，入校学习一至两年后再确定专业，如普林斯顿大学、斯坦福大学的本科生在第二学年末、第三学年再开始选专业，耶鲁大学选理科的本科生在第二年开始确定专业，第二年之

① 李秋蓉．普洱市哈尼族对国家民族政策认同的调研过程［J］．中国民族博览，2017（18）：72–75.

后也可以选，选文科的学生在第三年开始确定专业。[①] 缘于这种进校后再选专业的制度，学生经过一段时间的学习，有利于他们在大学里进一步发现自身兴趣、特长，对大学不同专业也有直接的观察和更为充分的了解，因而从情理上讲，美国学生应具备较高的专业适应性水平，也就没必要专门研究专业适应性问题。然而在我国，学生在入学前就已确定专业（也有部分院校是入校后在专业大类中二次选专业的情况），入学后的专业适应性问题便值得研究；但目前研究文献并不多，以中国知网（CNKI）数据库为例，检索其近十年（2012 年 1 月至 2021 年 2 月）、篇名含“专业适应性”的文献，获得期刊文献 55 篇、硕士学位论文 9 篇。本节将在对大学生适应性和学习适应性进行简单综述的基础上，对专业适应性的概念、测量及其与教育政策的关系等进行综述。

一、大学生的适应性及学习适应性

（一）适应与适应性

1. 适应的概念

适应（adaptation）一词最早出现在达尔文的《进化论》，他主张生物的进化是适者生存、不适者淘汰，所以生物为了生存，会适应环境的变化适时调适自己以增加生存的机会。[②] 作为一个来源于生物学的名词，适应表示能增加有机体生存机会的那些身体上和行为上的改变；[③] 它是生物所持有的普遍存在的现象，包含结构适合于功能、结构与其功能适合于一定环境下的生存繁衍。[④] 因而，从生物学的角度来看，“适应”主要是指个体与环境之间的适配能力，当然也包含生物调适之后在一定环境下的生存状态。

之后，适应的概念从生物学转向心理学。心理学上关于适应的概念说法不一，但大都以皮亚杰（Piaget）的“平衡说”作为理论基础。皮亚杰认为，适应是通过丰富或发展主体的动作以适应客体变化的过程，因而这是个体依据对内外环境变化的认识和体验、通过积极的自我调节，使自己的心理、行为与环境保持相互协调、和谐发展的动态心理过程。[⑤] 皮亚杰提出了适应的两种相辅相成的作用，即同化和顺应，他的理论观点则是“个体的适应状态是这两种作用之间取得相对平衡的结

---

① 金顶兵．美国七所世界一流大学本科生专业选择的比较分析［J］．北京大学教育评论，2006，4（3）：129-139.

② 转引自：机秀玲．学习适应之探讨［J］．Nephron Clinical Practice，2012，3（2）：141-155.

③ 朱智贤．心理学大辞典［M］．北京：北京师范大学出版社，1989：618.

④ 卢谢峰．大学生适应性量表的编制与标准化［D］．武汉：华中师范大学硕士学位论文，2003：3.

⑤ 冯廷勇，苏缇，胡兴旺，等．大学生学习适应量表的编制［J］．心理学报，2006，38（5）：762-769.

果”；这种平衡不是绝对静止的，往往某一个平衡会成为另一个平衡的开始，而个体与环境失去平衡就需要改变行为以重建平衡；因而适应既可以是一个过程，也可以是一种状态。[①]

国内外的大多学者，与皮亚杰的观点较一致，如卡普兰（Kaplan，1984 年）等认为适应是个体利用各种技巧、策略来因应生活中的不同挑战；[②] 贝瑞（Berry，1997 年）认为适应是指人们为了响应环境的需求而做出的改变；[③] 梁（Leung，2009 年）等认为适应可分为内在的心理适应和外在的社会文化适应，前者是一种心理感受状态，后者则与具备应对外部社会环境能力有关；[④] 林传鼎等（1986 年）主编的《心理学词典》提到，适应是机体对环境的顺应。[⑤] 其他类似的观点还有：如认为适应是个体通过不断的身心调适，以便在现实环境中维持良好的生存状态的过程，[⑥] 认为是个体通过自身努力与周围环境相互作用，逐渐形成符合社会需要及个人心理需求的过程，[⑦] 等等。鉴于不同学者的这些研究成果，我们可以看到，对于适应的概念，都认为是个体与外部环境的一种调适，包含了个体、环境以及两者之间交互作用的调适这三个要素，而这种调适既可以指调适的能力，也指调适的过程和状态，尤其是适应状态所指的“动态的相对平衡”则最能诠释其内涵。

2. 适应性的概念

在适应的基础上，人们提出了适应性（adaptability/adaptation）的概念，如黄希庭先生主编的《简明心理学辞典》指出，适应性是指个体有效地应对、顺应自然和社会环境，包括个人独立地生活、维持自己的生活，并满足个人和社会所提出的文化要求等；[⑧] 车文博主编的《心理咨询大百科全书》指出，适应性是指个体在社会组织系统、群体或者文化经济因素的变化过程中，其生存功能、发展技能相应变化的能力；[⑨] 郑日昌主编的《中学生心理诊断》指出，适应性是心理适应能力，指个体与周围环境交互过程中调节自身以适应环境，同时又反作用于环境从而达到平衡

① 朱智贤 . 心理学大辞典［M］. 北京：北京师范大学出版社，1989：618.

② KAPLAN P S，STEIN J. Psychology of adjustment［M］. Califamis：Wadsworth Publish Company，1984.

③ BERRY J W. Immigration，Acculturation，and Adaptation［J］. Applied Psychology，An International Review，1997（46）：5–68.

④ LEUNG C，KARNILOWICZ W. The adaptation of Chinese adolescents in two societies：A comparison of Chinese adolescents in Hong Kong and Australia［J］. International Journal of Psychology，2009（44）：170–178.

⑤ 林传鼎，陈舒永，张厚粲 . 心理学词典［M］. 南昌：江西科学技术出版社，1986：317.

⑥ 江光荣 . 社会变革与人的适应［J］. 华中师范大学学报（哲社版），1995（6）：19–23.

⑦ 许峰 . 关于人的适应性培养的社会心理分析［J］. 教育研究与实验，2000（6）：36–40.

⑧ 黄希庭 . 简明心理学辞典［M］. 合肥：安徽人民出版社，2004：348.

⑨ 车文博 . 心理咨询大百科全书［M］. 杭州：浙江科学技术出版社，2001：52.

发展的能力；[①] 樊富珉则认为，具有较高适应性的人，应该对周围环境的变化拥有灵活改变的态度，能够主动调整自己的身心和行为状况，在现实社会中保持一种良好的生活状态；[②] 等等。从上述对适应性的不同定义中，我们看到与适应相似，适应性的概念既有能力、行为倾向内涵所指，是一种“能力”范畴的概念，也指身心、行为、生活的状态，是一种“状态”范畴的概念，表现出能力说和状态说两种概念提法。当然，正如有学者指出的那样，适应性究竟是一种能力倾向还是行为状态，是心理特性、心理过程还是行为结果并没有统一的结论。[③]

我们认为，适应与适应性这两个概念非常接近，都表达了个体与环境交互达到平衡的能力或是状态。因此，在对有关适应（性）方面的研究，包括建立在“适应（性）”之上的研究概念，如学习适应（性）、社会适应（性）、职业适应（性）等，在实际的研究中，往往并没有明确予以区别，而是作为一组近似的概念以通用之。鉴于此，本研究在后续相关的文献梳理时，也将这两个概念视为相近概念（不特别区分）进行综述。但仍需指出的是，适应与适应性，两者的概念严格来讲，还是有一定的区分性，前者更强调一种过程性，后者更强调一种结果性。本研究更为关注以状态、结果作为适应性内涵的概念定义。

（二）大学生适应性研究与学习适应性研究

1. 大学生的适应性研究

国内外诸多学者普遍认为，适应（性）代表着学生从高中到大学过渡衔接的状况，是学生从高中进入大学最为关键的内容，也是大学新生最为重要的环节。[④⑤] 从概念上看，学生进入大学后是否适应与大学期间的表现尤其是学业表现紧密相关，已有研究表明，适应特别是学习适应，常常与学业上的成功联系在一起，两者具有很强的相关性，[⑥] 这也是为什么国内外诸多学者热衷于研究大学生适应性问题。另外，包括学业自我效能在内的一些心理变量，与学习适应性、学业成绩都有显著

---

① 郑日昌．中学生心理诊断［M］．济南：山东教育出版社，1994：45-167.

② 樊富珉．社会现代化与人的心理适应［J］．清华大学学报（哲学社会科学版），1996，11（4）：43-48.

③ 龚玲，张大均．《大学生心理素质量表》适应性分量表的修订［J］．西南大学学报（社会科学版），2012，38（3）：75-81.

④ BROOKS J H，DUBOIS D L. Individual and environmental predictors of adjustment during the first year of college［J］. Journal of College Student Development，1995，36（4）：347-360.

⑤ 杨钋，毛丹．“适应”大学新生发展的关键词——基于首都高校学生发展调查的实证分析［J］．中国高教研究，2013（3）：16-24.

⑥ STRAGE A，BRANDT T S. Authoritative parenting and college students' academic adjustment and success［J］. Journal of Educational Psychology，1999，91（1）：146-156.

相关性；[①] 当然，包括父母等家庭因素，也会影响学生的社会化过程，从而对学生在大学的适应产生显著的影响。[②③]

国外对学生适应性的研究时常与智力测验一起进行，使用较为广泛的测量工具是“适应行为调查表”，包括自我照顾技能、交流技能、社会技能、学习技能和职业技能 5 个分问卷，每个分问卷 30 题。[④] 另外，国外研究者提出了学生进入大学后的学校适应性（college adjustment）来研究适应性问题，这一研究关注学生对大学各方面的整体性、综合性的适应，[⑤] 如贝克（Baker，1984 年）等较早开发了一套大学生适应性问卷（Student Adaptation to College Questionnaire，SACQ），用以测评入校学生的学业适应（academic adjustment）、社会适应（social adjustment）、个人 / 情绪适应（personal–emotional adjustment）和目标承诺 / 制度附件（goal commitment–institutional attachment）4 个方面。[⑥]

国内对大学生适应的研究角度及测评工具的理论构思差别较大。如卢谢峰（2003 年）认为，个体对大学的适应不是仅存某方面，而是广泛存在于学习、日常生活、人际交往等各个方面，具有多维性；他指出，大学生适应性主要构成的因素包括 7 个方面，即学习适应性、人际适应性、角色适应性、职业选择适应性、生活自理适应性、环境的总体认同和身心症状表现，并根据这 7 个方面、结合开放问句问卷，编制了大学生适应性调查问卷（CSAI），正式问卷共 7 个维度、60 个题项，信度和效度较好，但问卷的累计解释方差并不高（36.19%）。[⑦] 而方晓义等（2005 年）编制了《中国大学生适应量表（CCSAS）》，他们通过文献分析和访谈，同时借鉴国外已有的适应（性）问卷，确立了大学生适应包含人际关系、学习、校园适应、择业、情绪、自我、满意度 7 个方面，共 60 个题项，探索性因子分析与理论建构一致，验证性因子分析的拟合指数基本都达标，总问卷的信度系数为 0.93，7 个维

---

① CHEMERS M M，HU L－t，GARCIA B F. Academic self–efficacy and first year college student performance and adjustment［J］. 2001，93（1）：55–64.

② NELSON W L，HUGHES H M，HANDAL P，et al. The relationship of family structure and family conflict to adjustment in young adult college students［J］. Adolescence，1993，28（109）：29–40.

③ STRAGE A A. Family context variables and the development of self–regulation in college students［J］. Adolescence，1998，33（129）：17–31.

④ 卢谢峰 . 大学生适应性量表的编制与标准化［D］. 武汉：华中师范大学硕士学位论文，2003：8.

⑤ HERTEL JB. College student generational status：similarities，differences，and factors in college adjustment［J］. The Psychological Record，2002（52）：3–18.

⑥ BAKER R W，SIRYK B. Measuring adjustment to college［J］. Journal of Counseling Psychology，1984，31（2）：179–189.

⑦ 卢谢峰 . 大学生适应性量表的编制与标准化［D］. 武汉：华中师范大学硕士学位论文，2003：15–36.

度的信度系数在 0.65 ~ 0.82 之间，且再测信度均在 0.9 以上。[①]

在这两项研究之后，其他研究也提出了不同的理论构想及相应测量问卷。如龚玲和张大均（2012 年）修订了《大学生心理素质量表》适应性分量表，依托心理素质的相关理论，结合个体访谈并借鉴国内外相关问卷，提出大学生心理素质适应性包含职业适应性、学习适应性、社会适应性、人际适应性、生理适应性和生活适应性 6 个因素，共 30 个题项，问卷的累计解释方差为 50.04%，信度系数为 0.88，各维度的信度系数在 0.51 ~ 0.84 之间，探索性因子分析与验证性因子分析都支持理论结构，符合心理测量学指标。[②] 陈惠尹等（2018 年）在台湾学者陈郁龄、蔡佳男的生活适应问卷以及贝克、卢谢峰有关大学适应问卷基础上，编制了大学生适应性问卷，包含人际关系、学习趋向、目标规划、环境认同四个维度，总问卷信度系数为 0.77，各维度的信度系数在 0.51 ~ 0.73 之间，探索性因子分析和验证性因子分析都支持该理论结构。[③]

亦有专门针对大学新生适应问题开展研究，编制相应的问卷。杨钋等（2013 年）分析了造成大学新生不适应的原因，包括个体发展转折期带来的心理不适应、高中与大学学习模式变化导致的学习不适应，以及来自偏远地区和贫困家庭子女在经济上的不适应等方面，认为对大学新生适应情况的调查包括学习适应、经济适应以及人际和社会适应 3 个方面，其中学习适应由 3 个因子构成，共 12 题（管理与授课方式 5 题、外部环境 3 题、学习兴趣和动力 4 题），人际和社会适应则包含人际适应维度（即环境适应 5 题）、社会适应维度（即交往能力 4 题）两大维度，经济适应则通过主观经济压力、大学净成本、学费比等进行测量（多为客观性数据指标）。[④]

通过文献梳理我们发现，虽然对大学生适应性研究的理论构思不同，但如果从学生就读专业的适应性视角来看，与专业相关的构念都包含有学习方面、职业准备方面以及个体内在的一些特征等。

2. 学习适应性研究

学习适应性，又称为学业适应性，其英文表述有多种，比较常见的是 academic adjustment 或 academic adaptability，也有 learning adjustment，learning adaptability 及

---

① 方晓义，沃建中，蔺秀云．《中国大学生适应量表》的编制［J］．心理与行为研究，2005，3（2）：95–101.

② 龚玲，张大均．《大学生心理素质量表》适应性分量表的修订［J］．西南大学学报（社会科学版），2012，38（3）：75–81.

③ 陈惠尹，张敏强，倪雨菡，等．海峡两岸大学生适应性比较研究——以华南师范大学和彰化师范大学为例［J］．心理学探新，2018，38（3）：241–247.

④ 杨钋，毛丹．“适应”大学新生发展的关键词——基于首都高校学生发展调查的实证分析［J］．中国高教研究，2013（3）：16–24.

academic adaptation 等表述。学习适应性是对大学生适应性方面研究最多的一个内容领域，毕竟学生的主业是学习，大学生适应性研究的着重点理应是学习方面的适应。

国内外研究者对学习适应性概念看法不一，有些把学习适应性基本等同于个体的能力，如希拉里（Hilary，1994 年）等认为，学习适应性包括学习调适能力，具体有学习能力和学习动机等因素，还包括社会调适能力以及情绪调适能力；[①] 拉罗斯（Larose，1995 年）等认为，学习适应性是个体根据环境变化以及自身学习的需要，调整自我以达到与环境相平衡的心理与行为过程，表现出一种适应环境变化的能力。[②] 国内较早开始研究学习适应性的周步成（1991 年），在其主编的《学习适应性测验》中认为，学习适应性是一种学习适应能力。[③] 受周步成的影响，国内持这一观点的学者占较多数，如徐小军（2004 年）认为，学习适应性是个体根据内外学习条件的变化及自身发展的需要，主动调节自己的学习动力与学习行为、提高学习能力，使自身的学习心理及行为与变化的学习环境相协调、取得良好学习效果的能力特征。[④]

除将学习适应性视为一种个体的能力之外，有些学者认为，学习适应性要突出调适的过程性，如费雪（Fischer，2003 年）认为，学习适应性是个体在学校学习过程中与同伴人际、学习环境的互动历程；[⑤] 冯廷勇等（2002、2006、2010 年）认为，学习适应性是指主体根据环境及学习的需要，努力调整自我以达到与学习环境平衡的心理与行为过程；[⑥⑦⑧] 张宏如等（2006 年）认为，学习适应性是主体根据周围环境及自身学习的需要，主动进行自我调整，从而达到与学习环境、学习过程相平衡的行为过程；[⑨] 王慧丰（2008 年）认为，学习适应性为个体在学习

---

① HILARY G，BRENT M. Emotional，social，and academic adjustment of college students：A longitudinal study of retention［J］. Journal of Counseling & Development，1994（72）：281–288.

② LAROSE S，ROY R. Test of reactions and adaptation in college （TRAC）：A new measure of learning propensity for.［J］Journal of Educational Psychology，1995，87（2）：293–306.

③ 周步成 . 学习适应性测验［M］. 上海：华东师范大学出版社，1991：20–60.

④ 徐小军 . 大学生学习适应性：结构、发展特点与影响因素研究［D］. 重庆：西南师范大学硕士学位论文，2004：7.

⑤ FISCHER M J. Finding a place：The social and academic adjustment of minorities to college［D］. Philly：Master's dissertation，University of Pennsylvania，2003.

⑥ 冯廷勇，李红 . 当代大学生学习适应的初步研究［J］. 心理学探新，2002，22（1）：44–48.

⑦ 冯廷勇，苏缇，胡兴旺，等 . 大学生学习适应量表的编制［J］. 心理学报，2006，38（5）：762–769.

⑧ 冯廷勇，刘雁飞，易阳，等 . 当代大学生学习适应性研究进展与教育对策［J］. 西南大学学报（社会科学版），2010，36（2）：135–139.

⑨ 张宏如，李伟明 . 大学生学习适应性现状研究［J］. 常州大学学报（社会科学版），2006，7（2）：66–68.

历程中，采取适当的技能与策略，与环境达成和谐的状态。[①] 还有一部分学者则认为，学习适应性是一种倾向结果，如黄湘淳（2001 年）认为，学习适应性是个体在学习时，与环境交互作用之后表现出来的反应或状态；[②] 聂衍刚等（2004 年）认为，学习适应性是指学生善于克服学习困难取得较好学习效果的一种倾向。[③] 综合来看，与适应性一样，学习适应性也有能力说、过程说、状态说等不同的概念提法。

目前国内对学习适应性的测量研究方面，早期主要集中于中小学生等基础教育领域，21 世纪前后才开始针对大学生群体开发问卷及相应的研究。用于中小学生的问卷主要有 3 种：其一，是由周步成等修订的《学习适应性测验》，该问卷根据不同年龄学段分成 4 个问卷；[④⑤] 其二，是由陈英豪等（1989、1993 年）编制的问卷，该问卷由学习方法、学习习惯、学习态度、学习环境和身心适应 5 个分问卷组成，[⑥⑦] 经孙春晖和郑日昌（2001 年）进行检验，认为总问卷和分问卷的模型拟合性都良好；[⑧] 其三，是由聂衍刚等（2004 年）采用华瑞人才测评公司开发的《中学生学习适应性测验》问卷，该问卷包含学习动机、学习期望、身心健康、学习意志力、学习方法、学校环境和家庭环境 7 个分测验。[⑨]

针对大学生的学习适应性问卷，开发时间较早、使用最广泛的是冯廷勇等（2002、2006 年）编制的《大学生学习适应性量表》，该问卷包括学习动机、学习能力、教学模式、环境因素和学习态度（2002 年初步研究中包含一个社交活动因子，之后 2006 年修订时改为学习态度因子）5 个因子，共 29 题，问卷信、效度都达到可接受水平。[⑩⑪] 其他有关大学生的学习适应问卷散见于一些学位论文中，如徐小军（2004 年）编制的《大学生学习适应性问卷（ULAQ）》，有学习动力和学习行为两大维度，其中学习动力由专业兴趣、自主学习、压力应对 3 个因子构成，学

---

① 王慧丰 . 国小高年级不同背景学童抗逆能力、因应策略与其学习适应表现关系之研究［D］. 嘉义：嘉义大学博士学位论文，2008：2.

② 黄湘淳 . 国中生英语学习适应之相关因素研究［D］. 台南：成功大学硕士学位论文，2001：3.

③ 聂衍刚，郑雪，张卫 . 中学生学习适应性状况的研究［J］. 心理发展与教育，2004（1）：23-28.

④ 周步成 . 学习适应性测验［M］. 上海：华东师范大学出版社，1991：20-60.

⑤ 田澜，肖方明，陶文萍 . 关于中小学生学习适应性的研究［J］. 宁波大学学报（教育科学版），2002，24（1）：41-44.

⑥ 陈英豪，林正文，李坤崇 . 国小学生学习适应量表编制报告［J］. 测验年刊，1989（36）：1-12.

⑦ 陈英豪，汪荣才，李坤崇 . 国中国小学生学习适应及其相关因素之比较研究［J］. 国教之友，1993，44（3）：5-14.

⑧ 孙春晖，郑日昌 .《学习适应量表》的验证性因素分析［J］. 心理学探新，2001，21（2）：59-64.

⑨ 聂衍刚，郑雪，张卫 . 中学生学习适应性状况的研究［J］. 心理发展与教育，2004（1）：23-28.

⑩ 冯廷勇，李红 . 当代大学生学习适应的初步研究［J］. 心理学探新，2002，22（1）：44-48.

⑪ 冯廷勇，苏缇，胡兴旺，等 . 大学生学习适应量表的编制［J］. 心理学报，2006，38（5）：762-769.

习行为由方法应用、求助行为、信息利用、环境选择和知识应用5个因子构成。[①]

通过上述探讨我们可以看到，不论是能力说、过程说还是状态说，学习适应性都是学生个体与学习环境的交互作用，具有很强的动态性和发展性，也就是说，适应性不仅展现动态的调适过程以及形成的适应状况，同时体现出促进学生未来的发展。进一步讲，大学生的学习适应性与中小学生的学习适应性有很大不同，因为大学生会逐步形成专业、就业和职业概念，大学生学习适应性与职业适应性有密切关系，如相关问卷调查显示，与学习适应性相关度最高的是专业前景，而访谈也表现出学生对未来发展的关注。[②]因而，对学生大学阶段学习适应性的研究，应该拓展到大学专业的层面，即专业适应性这一概念。

二、专业适应性及其测量

（一）不同视角下的专业适应性概念

1. 学习视角的专业适应性

目前，大多数研究对专业适应性的概念阐述都使用唐文清（2007年）的表述，即大学生专业适应性是大学生在基本能力素质和个性特征的基础上，通过与所学专业及专业环境相互作用来主动调整专业认知和学习行为，以达到在专业上和谐发展的心理和行为倾向，并具有多层次、多维度的结构。[③]在这一概念表述中，唐文清明确了专业适应性是一种心理和行为倾向，而且是大学生在专业学习过程中形成的、比较稳定的心理和行为倾向，专业适应性的“学习”属性十分突显。

不少研究者都持相同的观点，认为专业适应性即专业学习适应性。王敬欣等（2010年）指出，专业适应性是反映大学生学习状况的重要指标。[④]王静等（2014、2018年）认为，大学生的专业适应性对学生学习行为产生重要影响是这一研究领域的共识，大多研究集中在专业适应性与诸如学习倦怠、学习策略、学业求助等大学生学习方面的关系上；[⑤]大学阶段的学习是以具体学科或专业为主要内容，其学习的特点更多地体现为学习内容的专业性，一些以大学生学习心理为视角的研究者

---

① 徐小军．大学生学习适应性：结构、发展特点与影响因素研究［D］．重庆：西南师范大学硕士学位论文，2004：1.

② 朱文佳．高校学前教育专业新生学习适应性及其影响因素研究［D］．上海：华东师范大学硕士学位论文，2006：52-53.

③ 唐文清．大学生专业适应性量表编制及其应用［D］．重庆：西南大学硕士学位论文，2007：5.

④ 王敬欣，张阔，付立菲．大学生专业适应性、学习倦怠与学习策略的关系［J］．心理与行为研究，2010，8（2）：126-132.

⑤ 王静，罗小兰．高师生专业适应性与学习自我效能感的关系研究［J］．兵团教育学院学报，2014，24（1）：45-48.

更加注重对专业心理发展特点的探究。[①] 张均强（2008 年）根据大学生学习适应性等概念，给专业适应性定义为：大学生在基本能力素质和个性特征的基础上，通过与所学专业及专业环境相互作用，主动作出自我调整，以求达到专业学习环境内外平衡的能力。[②]

2. 职业视角的专业适应性

大学实施的是专业教育，专业学习过程中产生的适应感必然会带有对未来职业的适应问题。鉴于此，邹长华等（2011、2012 年）指出，大学的学习不再是基础教育阶段那种学习，而是针对某一个领域进行的专业性学习，这种学习表现出明显的专业性、职业定向性特点；大学生对专业的适应水平直接影响或决定了大学生专业学习的成效和未来的就业。[③④] 作为以往研究中使用最多的专业适应性概念的文献，唐文清（2007 年）对问卷开发、分析后也指出，大学生专业学习中出现的众多问题，其本质原因是专业适应性问题，而专业适应对自身的成才和发展，尤其是职业发展有重大的影响。[⑤]

从选专业的角度看，学生在入学前选择什么专业，也必然会考虑将来的就业和职业因素，毕竟今后职业上的匹配适应，是所学专业能适应自身的一项重要内容。玛格薇（Malgwi，2005 年）等研究发现，在商学专业的大学生中，男生群体在选择合适专业时，会受到与专业相关的未来职业发展潜力、就业机会可能性以及该领域薪酬水平潜力等因素影响。[⑥] 弗里曼（Freeman，2008 年）等也认为，大学生选择认为合适专业的原因多样，对劳动力市场的预期回报就是其中之一，他们研究发现，个人对大学专业选择是着眼于对工作所需组成知识和那些能带来今后薪酬的知识，[⑦] 未来职业市场及就业已然成为学生选专业的主要因素。国内相关研究也有相似的结论，如吕慈仙等（2014 年）通过问卷调查后发现，专业实力是学生选择合适专业的最重要影响因子，该研究中专业实力的内涵包括专业是否是重点专业、本专业毕业生的就业形势和薪资水平、专业在现代社会比较热（冷）门、读这类专业

---

① 王静，韩娟 . 高师生心理资本对学习主观幸福感的影响：专业适应性的中介效应［J］. 心理研究，2018，11（4）：376-381.

② 张均强 . 大学生专业适应性影响因素研究——以电子科技大学经济与管理学院为例［D］. 成都：电子科技大学硕士学位论文，2008：14.

③ 邹长华，韩建涛，胡传双 . 当前大学生专业适应性的现状分析［J］. 巢湖学院学报，2011，13（4）：117-121.

④ 邹长华，胡传双，孙晓青 . 学业求助对大学生专业适应性影响的研究［J］. 中国卫生事业管理，2012（1）：49-51.

⑤ 唐文清 . 大学生专业适应性量表编制及其应用［D］. 重庆：西南大学硕士学位论文，2007：34.

⑥ MALGWI C A，HOWE M A，BURNABY P A. Influences on students’ choice of college major［J］. Journal of Education for Business，2005，80（5）：275-282.

⑦ FREEMAN J A，HIRSCH B T. College majors and the knowledge content of jobs［J］. Economics of Education Review，2008，27（5）：517-535.

今后的职业地位较高等；[1]汪祚军等（2014 年）对某所地方综合性大学学生开展了问卷调查，了解学生在大类培养模式下选择适配专业的影响因素，研究发现，在影响学生做出选择的 4 类因素中，专业的市场前景是学生最为关注的因素，该研究还指出，学生在专业层面的“功利主义”选择其实符合就业压力大的现实；[2]张劲英等（2014 年）采用厦门大学高等教育发展研究中心主持的“中国高等教育研究数据库”的部分数据进行分析，发现“职业预期”是选择合适专业最重要的因素。[3]上述研究都表明，学生进入大学后的专业适应性，具有很强的职业适应成分。

3. 个体特质视角的专业适应性

从适应的心理机制来看，包括三个基本环节，即对环境的认知、进一步构筑自身价值观念、在新的价值观念指导下调整自身心理状态以达到与环境的一致。[4]从中可以看到，人们感觉是否适应，很大程度是由潜藏于行为表现之下的个体特质（如兴趣、价值观等）来确定的。职业心理学中的特质 - 因素理论也认为，每个人都有自己的特点，这些特点存在于个人的心理与行为中，因此每个人都有自身独特的能力和人格模式，这种模式与某种职业的特性具有一定的相关性和适配性；当这种人 - 职之间的适配性较高时，个体的职业满意度较高，职业行为也会更好。[5]因此，具有专业指向的“专业适应性”概念亦应是基于个体特质之上形成的一种心理状态。

已有研究表明，高考志愿填报、录取方式与学生进入大学后的心理适应和发展有密切联系，[6]学生选择心仪专业的深层原因之一是心理层面对专业的认可。在对专业做出抉择时，兴趣在适应过程中发挥着重要作用，潘颖秋（2017 年）的一项跟踪研究表明，大学生入学时的专业选择意愿与所学专业的匹配度对专业兴趣水平有显著的预测作用；[7]唐（Tang，2009 年）在一项关于大学生兴趣类型与职业选择相互关系的研究中也发现，个人兴趣是职业选择最重要的影响因素，[8]兴趣为学生

---

① 吕慈仙，李卫华 . 高校学生专业选择的影响因素分析——基于理性选择理论的视角［J］. 高等工程教育研究，2014（1）：81–85.

② 汪祚军，等 . 学科大类培养模式下学生专业选择的影响因素［J］. 宁波大学学报（教育科学版），2014，36（3）：8–13.

③ 张劲英，孙凯 . 高校与专业选择影响因素实证研究——基于某省大一新生调查的分析［J］. 中国人民大学教育学刊，2014（4）：70–80.

④ 卢春莉 . 大学生心理适应能力问卷的编制及应用分析［D］. 太原：山西大学硕士学位论文，2004：2.

⑤ 胡平 . 职业心理学［M］. 北京：中国人民大学出版社，2015：53.

⑥ 刘霄，蒋承 . 高考录取方式对大学生发展的影响——基于北京市高校大学生追踪调查数据的分析［J］. 中国考试，2019（6）：22–25.

⑦ 潘颖秋 . 大学生专业兴趣的形成机制：专业选择、社会支持和学业投入的长期影响［J］. 心理学报，2017（12）：1513–1523.

⑧ TANG M. Examining the application of Holland's theory to vocational interests and choices of Chinese college students［J］. Journal of Career Assessment，2009（17）：86–98.

今后选择合适职业奠定了基础。兴趣往往会发展成为学科特长，进而影响学业成绩和表现，个人的特长、学业成绩等都是适应性的重要组成。吕慈仙等（2014年）对大类招生学生二次选专业进行了调研，发现个人特长是学生考虑专业是否合适的一个重要影响因子。[①] 胡昱东等（2016年）通过问卷调查以了解研究型大学大类培养模式下学生选专业的考虑因素，该研究通过卡方检验发现，各组之间虽有差异，但不同类型分组的学生在考虑专业时都一致地将个人兴趣和社会需求作为重要考虑因素；之后的数据检验还发现，包括个人兴趣、成绩绩点、文理科背景在内的自我特质，对所有不同大类学生的专业选择行为都具有非常显著的影响。[②] 另外，诸如对专业课程难易的个体感知，也是适应的内在要求，如周伟林等（2009年）认为，受教育者的个体偏好不仅会影响他们是否消费该产品的决策，而且在其他因素相同的情况下，个体会倾向于选择自己相对偏好修读的某一类型的高校和某一方向的学位课程。[③] 这些研究都表明，个体特质层面的适应性是专业适应性的重要组成部分。

（二）专业适应性的测量

国外少见专业适应性的专门问卷，如前述原因，可能与国外大学入学后再选专业的政策有关。但从国外对学校适应性研究编制的测量问卷，可以为专业适应性的测量提供借鉴。20世纪80年代开始，贝克等人就持续关注大学新生对于大学的适应情况。贝克等（1984年）开发了一份由52个题项组成的大学生适应性问卷（SACQ），该问卷采用Likert打分表形式，包括4个分问卷，即学业适应、社会适应、个人/情绪适应、目标承诺/制度附件，这4方面指标分数和总得分用来评判学生对于学校的整体适应情况，同时该研究通过连续三学年对大学生施测，检验了问卷的信、效度；[④] 他们在后续研究中修订的问卷包含67个题项，信度系数在0.89 ~ 0.95之间，各分问卷的信度系数在0.73 ~ 0.91之间，并证实了学校适应与新生第一年成绩GPA具有显著相关性。[⑤] 由此，从维度和内容来看，贝克的这份问

---

① 吕慈仙，李卫华．高校学生专业选择的影响因素分析——基于理性选择理论的视角［J］．高等工程教育研究，2014（1）：81-85.

② 胡昱东，陈劲，李明坤．研究型大学大类培养模式下学生专业选择影响因素分析［J］．清华大学教育研究，2016，37（4）：46-51.

③ 周伟林，郝前进．城市社会问题经济学［M］．上海：复旦大学出版社，2009：236. // 转引自：刘文晓．高等教育个人选择中的信息问题研究［D］．上海：华东师范大学博士学位论文，2016：15.

④ BAKER R W，SIRYK B. Measuring adjustment to college［J］. Journal of Counseling Psychology，1984，31（2）：179-189.

⑤ BAKER R W，SIRYK B. SACQ student adaptation to college questionnaire manual［M］. Los Angeles：Western Psychological Services，1989. // 转引自：HILARY G，BRENT M. Emotional，social，and academic adjustment of college students：A longitudinal study of retention［J］. Journal of Counseling & Development，1994（72）：281-288.

卷所测量的内容与专业适应性有相近之处；从问卷开发时间和应用面来看，该问卷是研究大学生适应方面开发编制较早的一份问卷，应用面也较广。希拉里等（1994年）使用该问卷，开展了一项持续时间长达近七年的跟踪调查，以邮寄方式确定了208 名学生作为研究对象，测试了学生入学前期望的大学适应和在校、毕业后实际的大学适应情况（学习期间有学生退学），研究结果表明，不论在成绩优秀的群体中还是在成绩较差的群体中，坚持在校完成学业的学生与退学学生的学校适应情况具有显著差异性；[①] 赫特尔（Hertel，2002 年）也使用该问卷，把 130 名大学一年级学生分成第一代、第二代大学生两个群体，研究了不同代际大学生（指学生的父母是否有大学经历）的学校适应情况，并发现第一代大学生的学校适应情况（尤其是社会适应维度）显著低于第二代大学生。[②]

国外有些被称为专业适应性的测量，比较接近于职业倾向的专业技能适应性程度测评，如霍尔柏林（Halperin，2014 年）等在探讨以色列护理专业学生对护士专业（职业）选择和专业适应性时，所采用的专业适应性（professional adaptation）问卷包括三个维度，即团队合作（teamwork）、专业知识（professional knowledge）和治疗技能（treatment skills），通过对以色列一所大学护理学院 395 名学生的调查显示，专业适应性的三个维度具有显著正相关，且专业适应性受到多种因素的影响。[③]还有少部分对大学生的专业学习情况进行测评的研究，比较接近于专业适应性的测量，如早期的齐佐夫（Zitzow，1984 年）所编制的《大学生适应量表》，通过评测学生专业学习上的压力以了解学生的适应性水平；[④] 拉罗斯（Larose，1995 年）等所使用的"大学生反应性与适应性测试量表（TRAC）"，主要预测学生大学期间的高质量专业学习经历。[⑤] 此外，有些对于专业适应性的测量，直接采用学生在校期间的学业成绩作为替代性的操作化变量，如安德列耶夫（Andreev，2007 年）等就直接采用学生的学业成绩作为专业适应的特征指标，对医学类女大学生进行问卷调查，以了解该类学生群体身体健康状况、焦虑情绪等心理状况与专业适应性的相

---

① HILARY G，BRENT M. Emotional，social，and academic adjustment of college students：A longitudinal study of retention［J］. Journal of Counseling & Development，1994（72）：281–288.

② HERTEL JB. College student generational status：similarities，differences，and factors in college adjustment［J］. The Psychological Record，2002（52）：3–18.

③ HALPERIN O，MASHIACH-EIZENBERG M. Becoming a nurse — A study of career choice and professional adaptation among Israeli Jewish and Arab nursing students：A quantitative research study［J］. Nurse Education Today，2014，34（10）：1330–1334.

④ ZITZOW D. The college adjustment rating scale［J］. Journal of College Student Personnel，1984，25（2）：160–164.

⑤ LAROSE S，ROY R. Test of reactions and adaptation in college（TRAC）：A new measure of learning propensity for college students［J］. Journal of Educational Psychology，1995，87（2）：293–306.

关性。[①]

国内有关专业适应性的测量问卷，使用最多的是唐文清（2007年）编制的《大学生专业适应性量表》。[②]该问卷（实际上是整合式的问卷）首先在文献研究和访谈的基础上，最初确立了专业适应性的问卷总结构，包括专业承诺、专业学习动力、专业学习行为、专业应对和专业自我效能5个部分，每个部分包含若干个因子；通过对200名学生的开放问句问卷调查，初步编制了包含5个部分、16个因子、96题的初始问卷；通过施测获得403个有效样本，进行探索性因子分析得到4个部分（分问卷）、12个因子、63题的修正问卷；通过施测再次获得1 541个有效样本，进行探索性因子分析和验证性因子分析，最终形成专业承诺、专业学习动力、专业学习行为和专业自我效能4个分问卷，各分问卷相对独立，每一分问卷包含2 ~ 4个因子，验证性因子分析表明各拟合指标均达标；总问卷共11个因子、38题，总问卷信度达到0.907，各分问卷的信度系数在0.679 ~ 0.824之间，重测信度亦达标。调查数据还显示，各分问卷中，得分最高的是专业承诺，其后依次是专业学习动力、专业自我效能和专业学习行为；对专业类型、年级、性别进行群体差异检验，各分问卷在专业类型、年级上的差异均显著，但只有专业承诺分问卷在性别上差异显著。需要指出的是，上述《大学生专业适应性量表》是把4个部分（分问卷）整合到一份调查问卷之中，问卷里的每一个分问卷是完全独立的，这更像是一份“拼凑式问卷”。

虽然内容有点“拼凑”，但此后仍有较多研究是以唐文清的这份问卷为基础作适当修改来开展自身领域的研究，如刘楚珂（2016年）编制了跨专业硕士研究生专业适应性调查问卷，[③]该问卷包括专业承诺、专业自我效能、专业学习行为、专业学习动力、研究能力5个部分，经过探索性因子分析后，保留23个题项，累计解释方差为52.45%，总问卷信度系数α为0.909，5个因子的信度系数α在0.673 ~ 0.797之间，各维度之间呈现中高度的相关性，验证性因子分析的拟合指数显示，一阶模型拟合情况一般；李菲菲（2018年）编制了硕士研究生专业适应性现状调查问卷，[④]该问卷包括专业认同、专业学习动力、专业学习行为和专业自我效能4个分问卷，共30个题项，总问卷信度系数α为0.946，各分问卷的信度系数α在0.741 ~ 0.866之间，但对效度检验缺乏科学性。应该说，从问卷形式看，

---

① ANDREEV D. A，NESTERENKO A I，VASIL'EV V N，et al. Physiological，emotional，and professional adaptation of medical students［J］. Human Physiology，2007，33（4）：498–501.

② 唐文清 . 大学生专业适应性量表编制及其应用［D］. 重庆：西南大学硕士学位论文，2007：1.

③ 刘楚珂 . 跨专业硕士研究生的专业适应性研究——以广西大学为例［D］. 南宁：广西大学硕士学位论文，2016：17–27.

④ 李菲菲 . 教育学跨专业硕士研究生专业适应性研究［D］. 大连：辽宁师范大学硕士学位论文，2018：19–22.

上述这些改编问卷的构建维度与唐文清类似，但这些专业适应问卷都是一阶多因子问卷，从这一角度讲，上述问卷更具科学合理性。

在参考唐文清问卷的基础之上修订、改编的新问卷，也有维度结构变化较大的问卷。王敬欣等（2010 年）参考了唐文清的问卷和余新年编制的大学生学习信念问卷，自编了《大学生专业适应性问卷》；[①] 该问卷结构上包含积极适应、消极适应 2 个维度，共 10 个题项（积极适应包含 6 题、消极适应包含 4 题），采用 5 点打分形式；因子分析表明该问卷具有较为理想的结构效度，同时具有较高的信度（α=0.85）。应该说，这一问卷结构简洁、清晰，使用更为方便。另外，徐娟等（2016 年）则是在唐文清的问卷和王敬欣等的问卷的基础上，改编、修订了一份新问卷，研究者认为专业承诺具有独立的理论属性，其作为专业适应性的一个子维度不合适，同时鉴于该研究所讨论的学业倦怠变量中有与专业适应性重合的因子，故而只保留了专业学习动力和主动适应行为两个维度，新修订问卷的两因子的信度系数 α 分别为 0.811 和 0.805，[②] 但未见全问卷的信效度检验结果。

与此同时，张均强（2008 年）参考了有关学习适应性问卷、专业承诺（组织承诺）问卷以及唐文清的专业适应性问卷，自编了《大学生专业适应性问卷》；[③] 但从该研究提出的假设来看，他把专业承诺、专业学习目标、专业学习行为、专业应对（因子分析时删除该因子）和专业自我效能作为一种“主观行为自我调整”，把由学生对比、学科环境、就业环境构成的维度作为一种“专业外部环境”，这两种维度都是专业适应性的影响因素；而这些概念在唐文清的研究中都属于专业适应性的内在组成维度，并不是影响因素。在张均强的研究中，专业适应性是一个单维结构，由 6 个题项进行测量，信度系数 α 为 0.767；其他各影响因素的信度系数 α 在 0.577 ~ 0.747 之间。

此外，国内也有一些研究采用替代性的概念对专业适应性进行操作化处理，如：周春平（2015 年）在大学生转专业行为动机的研究中，使用学习积极性、学习效率、学习成绩 3 个指标来表征学生转专业后对新专业的适应程度；[④] 鲍威等（2020 年）研究新高考政策对大学新生学业适应影响的研究中，把学生的学业表现

① 王敬欣，张阔，付立菲 . 大学生专业适应性、学习倦怠与学习策略的关系［J］. 心理与行为研究，2010，8（2）：126–132.

② 徐娟，李志平 . 公立医院见习医学生专业适应性对学业倦怠影响研究［J］. 中国医院管理，2016，36（8）：58–60.

③ 张均强 . 大学生专业适应性影响因素研究——以电子科技大学经济与管理学院为例［D］. 成都：电子科技大学硕士学位论文，2008：14–18.

④ 周春平 . 转专业动机对大学生的专业适应性影响研究［J］. 高教研究：西南科技大学，2015（1）：63–67.

（专业排名）和专业兴趣这 2 个指标作为适应概念的表征变量。[①]

表 2-2 列出了国内外对于大学生适应性、学习适应性、专业适应性测量的主要工作和贡献。

表 2-2　有关大学生适应性、学习适应性和专业适应性测量的主要研究者及其主要贡献

研究者	主要贡献
贝克等（Baker et al，1984 年）	编制了《大学生适应性问卷（SACQ）》，在国外应用广、影响大，问卷包括学业适应、社会适应、个人 / 情绪适应和目标承诺 / 制度附件 4 个分问卷，信度和效度检验达标
方晓义等（2005 年）	借鉴国外问卷基础上，以访谈为主，编制了《中国大学生适应量表（CCSAS）》，包括学习、校园适应、择业等 7 个维度，共 60 个题项，总问卷信度为 0.93，效度检验达标
龚玲、张大均（2012 年）	从大学生心理素质角度，修订了《大学生心理素质量表》适应性分量表，包括职业适应性、学习适应性、社会适应性等 6 个因素，共 30 个题项，总问卷信度为 0.88，效度检验均达标
冯廷勇等（2006 年）	在开放式问卷基础上，编制了《大学生学习适应性量表》，该问卷包括学习动机、学习能力、教学模式、环境因素和学习态度 5 个因子，共 29 个题项，效度和信度都达到可接受水平
唐文清（2007 年）	编制了《大学生专业适应性量表》，目前是国内在这方面使用最多的问卷，包括专业承诺、专业学习动力、专业学习行为和专业自我效能 4 个分问卷，共 11 个因子、38 个题项；各分问卷相互独立，每一分问卷包含 2 ~ 4 个因子，所有分问卷的信度、效度均通过检验
王敬欣等（2010 年）	在唐文清问卷的基础上编制了《大学生专业适应性问卷》，包括积极适应、消极适应 2 个维度，共 10 个题项，信度和效度均达标；该问卷结构更简洁、清晰，使用方便
徐娟等（2016 年）	在唐文清问卷和王敬欣等的问卷基础上，改编、修订了新的专业适应性问卷，包括专业学习动力和主动适应行为 2 个维度，信度较高

资料来源：根据已有文献自行整理

三、教育政策与专业适应性的关系

对大学生专业适应性的研究，比较集中在两类学生群体，一类是某些特殊行

① 鲍威，金红昊. 新高考改革对大学新生学业适应的影响：抑制还是增强？[J]. 华东师范大学学报（教育科学版），2020（6）：20-33.

业背景或小众专业的学生群体，如护理专业学生[①②③]、高师生[④]、社会工作专业学生[⑤]等；另一类是专业发生变化的学生群体，如转专业学生[⑥]、跨专业学生[⑦⑧]、高校调剂生[⑨]等。将专业适应性作为前因变量的研究相对较少，作为前因变量主要关注专业适应性与学习心理之间的关系，如专业适应性对学习策略有显著的正向影响[⑩]、对学习倦怠有显著的负向影响[⑪]等。专业适应性更多是作为结果变量进行研究，作为结果变量时，教育政策等外部政策都是其重要影响因素。

国家、区域有关经济、产业、就业等外部政策，与大学生的专业学习、专业就业等都密切相关。童腮军（2003 年）通过调查发现，大学生在选择适合的专业时，会考虑社会对人才需求、国家经济形势、国家政策、舆论导向等因素，选专业时有 61.3% 的学生注重社会对人才的需求，21.2% 的学生看重国家的经济形势，9.5% 的学生受到舆论导向的影响，并且女生在考虑社会需求和国家经济形势因素方面要高于男生。[⑫]王颖等（2012 年）从社会结构分析专业选择的差异时指出，社会结构中的就业、教育、财政等制度，可能作为“看不见的手”影响着学生个体的专业选择。[⑬]

教育政策与学生专业选择等方面的关联性也较大。早期如 20 世纪 90 年代开始的高校收费制度并轨后，家庭教育的经费投入增加，同时就业制度从分配制变

---

① LIU S W，LUO L，WU M C，et al. Correlation between self-differentiation and professional adaptability among undergraduate nursing students in China［J］. International Journal of Nursing Sciences，2016，3（4）：394-397.

② 姚垚，朱良彪，汪媛媛 . 高校男护生专业适应性状况及影响因素分析［J］. 湖北科技学院学报（医学版），2016，30（5）：438-440.

③ 刘安诺，潘政雯，刘鸿雁，等 . 情绪智力在护理专业大学生成人依恋与专业适应性间的中介效应［J］. 护理学报，2019，26（4）：75-78.

④ 王静，韩娟 . 高师生心理资本对学习主观幸福感的影响：专业适应性的中介效应［J］. 心理研究，2018，11（4）：376-381.

⑤ 陆秀凤，王心悦 . 社会工作本科学生专业适应状况研究——以某三本学院为例［J］. 才智，2014（26）：108.

⑥ 孙荪 . 自由与自主：高校转专业学生专业适应性研究——以南京中医药大学为例［J］. 扬州大学学报（高教研究版），2018，22（6）：72-75.

⑦ 刘楚珂 . 跨专业硕士研究生的专业适应性研究——以广西大学为例［D］. 南宁：广西大学硕士学位论文，2016：17-27.

⑧ 李菲菲 . 教育学跨专业硕士研究生专业适应性研究［D］. 大连：辽宁师范大学硕士学位论文，2018：19-22.

⑨ 沈丽丽 . 高校调剂生专业适应性的现状研究［J］. 池州学院学报，2012，26（3）：128-130.

⑩ 王敬欣，张阔，付立菲 . 大学生专业适应性、学习倦怠与学习策略的关系［J］. 心理与行为研究，2010，8（2）：126-132.

⑪ 徐娟，李志平 . 公立医院见习医学生专业适应性对学业倦怠影响研究［J］. 中国医院管理，2016，36（8）：58-60.

⑫ 童腮军 . 高考学生专业选择行为研究［D］. 南昌：江西师范大学硕士学位论文，2003：25.

⑬ 王颖，石彤 . 大学生专业选择差异多元视角的整合［J］. 中华女子学院学报，2012（5）：55-61.

成“找工作”，则促使学生挑选专业时更多考虑职业适应的因素，相应的个体兴趣、理想等退居其次。[①] 钟宇平等（1999、2005 年）同样认为，中国高等教育逐步实行收费制度、学生资助政策，对学生选择高校和专业、对高校管理的诸多方面都产生了重大的影响；[②] 财政因素对学生高等教育需求的影响，使得完善学费、助学金、教育贷款等教育财政政策具有重要意义，[③] 可以看到，学生应对政策变化带来专业选择、适应的变化。又如 2007 年开始实施的师范生免费教育政策（后称为师范生公费教育政策），学生填志愿时会从经济的角度考虑师范专业与自身的适配性。宁本涛（2008 年）从经济学机会成本的视角分析了该政策出台后高中生的教育选择可能性，他从市场化的个人收入机会成本、非市场化因素等加以分析，认为师范生免费教育政策会引导相当一部分高中毕业生选择师范生免费教育，而且该政策对家庭经济资源稀缺的高中毕业生群体影响力最大。[④] 叶小利等（2010 年）的调查也印证了这一观点，调查中有 28% 的学生认为免费师范教育政策消除了就业顾虑，60% 的学生是因为经济因素；该研究还发现，43% 的学生认为自己的学习状态较好，对生物学专业投入了很多的精力来培养自己的专业兴趣，并有 68% 的学生专业课学习很努力。[⑤] 可见，免费师范生教育政策对学生的专业选择、就业等产生了显著的影响。樊明成（2009 年）则通过“中国高等教育研究数据库”的数据分析发现，奖学金政策在学生选专业时对农村学生的影响面显著大于城镇学生，在不同社会阶层学生的影响面也有显著差异，[⑥] 换句话说，学生在选择与自己匹配、合适的专业过程中，教育政策起到了很大影响。

而考试招生相关教育政策，对学生专业选择、专业适配程度等的影响更为显著。如从 2001 年试行、2003 年实施的高校自主招生政策，一方面，招生政策吸引了各方面素质与院校专业更为匹配的学生；另一方面，高校可以根据自身特色以及市场需求，设置学校发展的主打学科和专业，发挥自身优势，实现教育资源的优化，[⑦] 投放的招生专业本身具有很大吸引力，所以参加自主招生的学生对专业有早期的期待，学生进入大学后更加适应专业学习生活。已有一些研究支持了这一预

---

① 赵叶珠，钱兰英．九十年代大学生专业选择行为研究［J］．青年研究，1999（4）：12-15.

② 钟宇平，陆根书．收费条件下学生选择高校影响因素分析［J］．高等教育研究，1999（2）：31-42.

③ 钟宇平，雷万鹏．风险偏好对个人高等教育需求影响的实证研究——以高中生对农业、林业和师范院校需求为例［J］．高等教育研究，2005，26（1）：19-24.

④ 宁本涛．“师范生免费教育”政策对学习者选择的影响——基于“机会成本”的分析［J］．教育发展研究，2008（1）：40-43，48.

⑤ 叶小利，刘堰，等．免费师范教育政策下的生物学免费师范生学习状况调查［J］．西南师范大学学报（自然科学版），2010，35（2）：234-237.

⑥ 樊明成．中国普通高校专业选择的研究——基于学生主体的视角［D］．厦门：厦门大学博士学位论文，2009：122，126.

⑦ 周彬．教育考试与评价政策［M］．上海：上海教育出版社，2011：192.

期：马磊等（2009 年）对自主招生录取、参加自主招生未通过但以高考录取、仅以高考录取三类学生入校后的学习成绩等进行了分析比较，认为自主招生学生的能力、素质，达到并适应大学的学习要求，且他们的学习成绩更加优秀；[①] 候佳玮（2011 年）通过对自主招生学生和普通高考生的调研数据进行对比，发现自主招生学生对专业的满意度，显著高于普通高考生，而且自主招生学生对所学专业的认同感更高；[②] 李雄鹰（2013 年）的研究也同样发现，自主招生学生入校后学业成绩的进步更加明显，在校期间的适应能力也显著高于普通招生学生。[③] 再如，教育部等三部门从 2009 年开始实施的"基础学科拔尖学生培养试验计划"（简称"拔尖计划"），是推进拔尖创新人才培养的一项重大改革政策，主要在数学、物理、化学等基础学科推行，"其目的是在高水平研究型大学的优势基础学科建设一批国家青年英才培养基地，建立拔尖人才重点培养体制机制，吸引优秀的学生投身基础科学研究"[④]。可以说，许多优秀拔尖的中学生是看中了这项政策而选择进入基础学科专业，原本他们高考取得高分，专业选择余地很大，正是因为这项政策的激励，使得这批学生选择了他们兴趣志向所在的基础学科专业。

就本研究所关注的新高考政策，在前述有关新高考政策中已有相关论及，该政策对学生进入大学后的适应能产生影响作用。刘宝剑（2015 年）指出，新高考政策的因素是高中生选择高考科目的首要因素，考生和家长必须要对选科目、填志愿方式、录取机制等政策规定了然于心，才能应对高考改革，毕竟高考成绩对今后发展方向具有决定性影响，[⑤] 也必然影响学生进入大学后的适应性问题。边新灿（2015 年）认为，新高考实行的选考及取消文理分科，提升了学生的学习动力，让学生能在优势学科上进行钻研，有利于学生实现有兴趣的学习，有助于学生明晰自身的专业性向，进入大学后更能保持明确的学习方向。[⑥] 柳博（2016 年）认为，新高考政策从考试项目到评价，既尊重不同学生的学科性向和兴趣爱好，又照顾不同高校的专业特色和人才培养规格，[⑦] 提升了考生与专业的匹配度。王存宽等（2016 年）在分析浙江试点方案时也指出，新高考政策能够扩大学生对专业的选择空间，提

---

① 马磊，赵俊和，石金涛，等．高校自主招生有效性的实证研究［J］．上海交通大学学报，2009，43（9）：1422–1426.

② 侯佳玮．高校自主招生学生入学后与普考生的对比分析［J］．高等教育研究，2011，32（12）：34–39.

③ 李雄鹰．大学自主招生质量的实证研究［J］．中国高教研究，2013（6）：33–38，95.

④ 吴爱华，侯永峰，陈精峰，等．深入实施"拔尖计划"探索拔尖创新人才培养机制［J］．中国大学教学，2014（3）：4–8.

⑤ 刘宝剑．高中生选择高考科目的因素分析与务实策略［J］．教育理论与实践，2015，35（32）：15–17.

⑥ 边新灿．新一轮高考改革对大学教育的影响［J］．中国高等教育，2015（2）：7–9.

⑦ 柳博．选择性：高考制度改革的机遇与挑战［J］．教育研究，2016（6）：72–80.

高学生的录取结果与专业意愿的契合度，也使得高校更利于招收到具有专业潜质且专业意向坚定、更为适切的人才。[①] 总体来讲，新高考政策的实施，不仅让高校招收到对专业更为适应的学生，也进一步促使学生有更为明确的专业性向，概言之，随着考生对新高考政策的认同感提升，他们对大学专业与自我的匹配、契合性的认识也更加深入，入学后的专业适应性也更高。

第三节　专业决策自我效能、专业选择结果预期及其与专业适应性的关系

一、专业决策自我效能及其与专业适应性的关系

（一）专业决策自我效能的概念与测量

自我效能这一概念是由美国当代著名心理学家、社会认知理论创始人班杜拉（Bandura）在1977年发表的论文[②]中首次提出，在之后的研究中，班杜拉又对自我效能的概念不断进行丰富和完善，其基本定义是“人们对自身完成既定行为目标所需的行动过程的组织和执行能力的判断”[③]。总体而言，中外研究者对自我效能的定义、界定、解释与班杜拉基本一致，都认为自我效能是个体的一种信念而不是能力本身。已有研究表明，自我效能高的人，更愿意积极尝试难度较大的工作，并能更好地完成这些工作任务，如福特（Ford，1992 年）等在对一批接受训练任务的飞行员的研究中，把自我效能看作个人差异性的特质，并作为自变量进行分析，让飞行员在接受一项训练之后 4 个月填答一份问卷，其中包括测量他们在这 4 个月中执行任务的类型，用以反映飞行员对任务复杂性、困难度方面的总体印象，研究发现自我效能对工作中执行的任务类型有影响，高自我效能的飞行员更有可能完成更多训练任务，并完成更复杂、更困难的任务。[④] 这意味着，自我效能与个体选择适配的任务密切相关，即个体面临任务时，自我效能会使个体倾向于选择适合自己能

---

① 王存宽，吕慈仙，杨桂珍 . 从“总分匹配”到“专业导向”——高考志愿模式的转变对高校专业建设的驱动作用分析［J］. 教育研究，2016（6）：81-88.

② BANDURA A. Self-efficacy：toward a unifying theory of behavioral change［J］. Psychological Review，1977（84）：191-215.

③ 阿尔伯特·班杜拉 . 思想和行动的社会基础——社会认知论［M］. 林颖，王小明，胡谊，等译 . 上海：华东师范大学出版社，2018：419.

④ FORD J K，QUINONES M A，SEGO DJ，et al. Factors affecting the opportunity to perform trained tasks on the job［J］. Personnel Psychology，1992（45）：511-527.

力的任务，因为做出这一选择的标准之一是对于任务顺利完成的自信度。

职业成熟度理论，最先由美国心理学家舒伯（Super，1955 年）在其论文中提出相关概念。[①] 在舒伯看来，职业成熟度是不断变化的；职业成熟度可以根据某个年龄段个体的职业行为与被预期的职业行为之间的一致性程度来定义，两者之间的一致性越接近，个体职业成熟度越好。[②] 克赖茨（Crites，1978 年）作为职业成熟度研究的集大成者，其理论贡献主要在于把个体的职业发展水平（即职业成熟的表现），区分为不同的因素群，而这些因素群可归为内容和过程两方面；克赖茨在 1978 年的研究中认为，大学生职业成熟状况表现为对职业选择的内容和过程，职业选择内容又可以进一步区分为职业选择的现实性和职业选择的一致性，职业选择过程又可进一步区分为职业选择能力和职业选择态度（见图 2–1 所示）。[③]

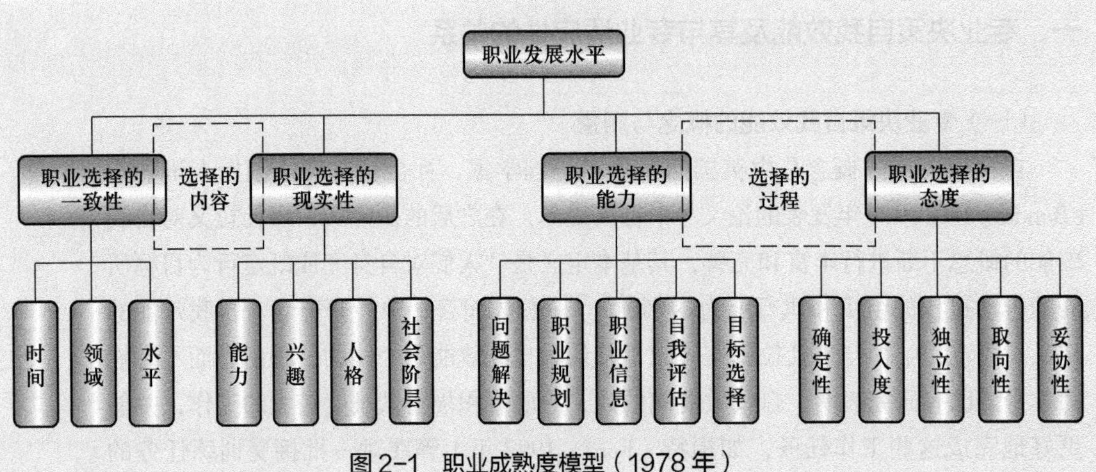

图 2–1 职业成熟度模型（1978 年）

职业决策自我效能是班杜拉自我效能理论、克赖茨职业成熟度理论相结合，用于研究职业选择过程、职业选择行为的重要概念。借助于自我效能的概念，泰勒（Taylor）和贝茨（Betz）将克赖茨的职业决策能力评价部分，替换为职业选择自我效能（即职业决策自我效能）这样一种相对主观的自我评价，[④] 开辟出一条以职业决策自我效能来研究评估个体职业决策能力的新路径，拓展了职业决策心理和行为

① SUPER D. E. The dimensions and measurement of vocational maturity［J］. Teacher College Record, 1955（57）：151–163.

② 塞缪尔·H.奥西普，路易斯·F.菲茨杰拉德. 生涯发展理论［M］. 4 版. 顾雪英，姜飞月，等译. 上海：上海教育出版社，2010：80.

③ 缴润凯. 师范生教师职业成熟度研究［D］. 长春：东北师范大学博士学位论文，2009：10.

④ 张智勇，荣煜，管延军. 中国大学生职业成熟度量表的信度与效度［J］. 西南师范大学学报（人文社会科学版），2006，32（5）：1–6.

研究的思路。

贝茨等（1996年）认为，自我效能理论应用于职业行为的心理咨询具有非常重要的理论意义和价值。[①] 早在1981年，哈科特（Hackett）和贝茨（1981年）在研究女性职业发展问题时，就把自我效能的概念应用于职业选择问题，提出了职业自我效能（career self-efficacy）的概念。他们通过梳理分析，按照自我效能理论中有关自我效能的四种信息来源（获得成功、间接性学习、情绪觉知和言语说服），讨论了这四种与女性职业决策、职业成就相关的信息资源，在性别上的差异，并提出一种理论模型，认为由于社会化的经验，使得女性在与许多职业相关行为的关系中缺乏相应的自我效能，导致她们不能充分地实现职业追求中的能力。[②] 虽然这一研究的目的是关于探究女性职业发展的对策、挖掘女性职业发展的潜力，但其采用自我效能分析男女在职业选择过程中的差异，为职业选择的研究提供了一种新的解释框架，即关注选择决策的主观心理层面，用自我效能来表征个体面对职业选择做决策时克服心理困难的信心程度。

这之后，贝茨等人就从女性职业选择问题的应用转向了包括男女在内的一般生涯选择和发展研究，并一直致力于职业自我效能、职业决策自我效能的研究和发展，尤其是对职业决策自我效能测量问卷进行了开发和完善。1983年，贝茨和泰勒发表了《自我效能理论在理解与处理职业决策犹豫的应用》[③] 一文，首次提出并使用了《职业决策自我效能量表》（Career Decision Making Self-efficacy Scale，CDMSE）。贝茨等人指出，奥西普（Osipow）和卡迪（Carndy）等人编制的职业决策量表（CDS）、霍兰德（Holland）编制的职业决策困难量表（VDMDS），都提到了职业决策困难与其他方面有关系，这些方面包括个体缺乏对决策能力的信心、缺乏明确的个人认同感、首要选择的外部障碍、缺乏即时做决策的需求；受这些研究发现的启发，他们以班杜拉（1977年）自我效能期待的评估作为个体行为兴趣的定义，并把克赖茨（1961、1965年）职业成熟度理论中有关职业决策过程中的五项职业选择能力作为个体行为的表征，按照这五个方面编制了《职业决策自我效能量表》（CDMSE），这五项自我效能维度分别是自我评价（Self-Appraisal）、职业信息获取（Occupational Information）、目标选择（Goal Selection）、制定规划（Planning）和问题解决（Problem Solving），每个维度各有10个题项，共50题，采

---

① BETZ N E，KLEIN K L，TAYLOR K M. Evaluation of a short form of career decision-making self-efficacy scale［J］. Journal of Career Assessment，1996，4（1）：47-57.

② HACKETT G，BETZ N E. A self-efficacy approach to the career development of women［J］. Journal of Vocational Behavior，1981：326-339. // 转引自：郭本禹，姜飞月 . 自我效能理论及其应用［M］. 上海：上海教育出版社，2008：227-228.

③ TAYLOR K M，BETZ N E. Applications of self-efficacy theory to the understanding and treatment of career indecision［J］. Journal of Vocational Behavior，1983，22（1）：63-81.

用10点打分表，得分越高表示越能够顺利完成职业决策。在研究中，他们对一所私立艺术学院和一所州立大学的学生进行施测，获得346个有效样本，测量结果表明问卷的信度较好，总问卷内部一致性系数达到0.97，5个维度的系数分别是0.88、0.89、0.87、0.89和0.86；将CDMSE与CDS中的职业决策犹豫因素进行相关性分析，结果显示大学生职业决策自我效能与职业决策犹豫在总体水平上呈现显著负相关；将CDMSE与学生的SAT成绩、ACT成绩（其中，私立艺术学院学生中获取SAT中的语文和数学成绩，州立大学学生中获取ACT中的语文和数学成绩）进行相关性分析，结果显示大学生职业决策自我效能与这两个成绩呈弱相关或不相关；因子分析结果提取了5个因素，累计方差变异为52%。CDMSE巧妙地将对个体职业选择能力的评估转化为职业选择中面对决策问题的自我效能（自信度）的评估，这种对内在主观性心理因素的评估和测量，实际上对个人的职业决策指导更有实际意义，毕竟，直接指导个体进行职业选择需要了解对方的兴趣、特长、家庭背景、学历等各种因素，给出的具体方案也并非会获得咨询者的满意，而如果设法提高咨询者自身的决策效能，个体做出的选择会更令自己满意。因此，CDMSE的应用非常广泛，也成为研究职业决策问题的主要理论基础。

鉴于CDMSE题项较多、用于职业咨询用时较长，贝茨等人又于1996年编制了CDMSE的简短版（CDMSE-SF），仍包括自我评价、职业信息获取、目标选择、制定规划和问题解决5个维度，但题项数减少到25个；该问卷的内部一致性系数为0.94、5个维度分别在0.73~0.83，因子分析表明结构效度较好，累计方差变异为62%，并使用CDS、MVS和CDMSE进行了效标同时效度检验。[①] 应该说，从1981年最先开始涉足职业决策自我效能这一研究领域之后，贝茨、鲁佐（Luzzo）等研究者在这方面做了系列研究，如职业决策自我效能问卷的心理测量学评价；[②] 梳理了采用CDMSE、CDMSE-SF与职业犹豫、职业确定性、职业成熟度、动机等进行相关性研究的结果，分析了采用CDMSE评估职业决策自我效能的教育与咨询干预效果。[③] 这些持续不断的研究和对问卷的分析改进，进一步提高了CDMSE的应用性。

国内较早开展职业决策自我效能研究的是彭永新和龙立荣（2000、2001年），其研究资料是由贝茨本人直接提供的原版CDMSE。经翻译和修订后的中文版《大学生职业决策自我效能量表》，仍按照自我评价、收集信息、选择目标、制定规划

① BETZ N E，KLEIN K L，TAYLOR K M. Evaluation of a short form of career decision-making self-efficacy scale［J］. Journal of Career Assessment，1996，4（1）：47-57.

② LUZZO D A. A psychometric evaluation of the career decision-making self-efficacy scale［J］. Journal of Counseling and Development，1996，74（3）：276-279.

③ BETZ N E，LUZZO D A. Career assessment and the career decision-making self-efficacy scale［J］. Journal of Career Assessment，1996，4（4）：413-428.

和问题解决5个方面设计，采用5点打分形式，经892个有效被试的数据分析后，形成了39题的最终问卷；总问卷和五个分问卷的内部一致性系数分别为0.937、0.745、0.800、0.810、0.767、0.677，重测信度在0.511~0.656，具有较好的辨别效度。[①②]该问卷自开发以来，一直是国内研究大学生职业决策自我效能方面应用最多的测量工具。井世洁（2010年）也以CDMSE为基础编制了适用于我国大学生特点的《大学生职业决策自我效能量表》，简称CDMSE-C。[③]其初始问卷跟国外问卷题项一样都是50题，对780个施测样本中的部分数据进行探索性因素分析，删除6题并提取6个因子（自我评价、自我需求、信息收集、问题应对、职业选择和压力抵抗），累计贡献率47.01%，总问卷内部一致性信度、半分信度分别是0.932、0.920，各分问卷内部一致性信度、半分信度分别在0.612~0.804、0.637~0.841之间，具有良好的信度和效度。这个问卷的理论和编制基础仍然是CDMSE，但该问卷具有6个维度，不仅多了"压力抵抗"这一新的维度，而且其他因子的内涵解释上也不相同。虽然从数据统计分析来看，问卷的累计贡献率和结构效度比CDMSE更优一些，但测量维度过多，而决策自我效能本身更应该视为一个整体来看待。

专业决策自我效能的概念是职业决策自我效能在大学专业选择领域的延伸，国外虽然也有专业选择（一般在进入大学学习一段时间后进行），但并没有专门研究专业决策自我效能的相关研究，多为对专业类别选择影响因素、差异性方面的研究，以及大学生职业决策自我效能方面的研究。有关专业决策自我效能的研究主要集中在国内文献，研究对象和范畴有两类：一是高中生参加高考后志愿填报过程的专业决策自我效能研究，二是大学大类招生入校本科生进行二次专业确认过程的专业决策自我效能研究。本质上，这两类研究并没太大区别，都是学生在选择大学专业过程中对完成决策任务所需能力的自我评估、信念、信心程度，是一种自我能力的主观评估而非客观上的能力评价。

在这一领域，彭永新和龙立荣最早提出了专业决策自我效能的概念并开展了相关研究。在彭永新等（2003年）看来，对专业选择的决策和对职业选择的决策是相通的，他们认为，高中生选择大学专业是职业试探的重要内容，因为专业和职业之间有一定的相关度，高中生选择大学专业很大程度上也是选择未来的职业，作出一个专业决策某种程度意味着作出职业决策。[④]正因为有这样的看法，彭永新（2000年）在其硕士学位论文中，便以贝茨和泰勒编制的CDMSE为基本资料，同时参考

① 彭永新．职业决策自我效能测评的研究［D］．武汉：华中师范大学硕士学位论文，2000：13–19.

② 彭永新，龙立荣．大学生职业决策自我效能测评的研究［J］．应用心理学，2001，7（2）：38–43.

③ 井世洁．大学生职业决策自我效能量表的初步修订［J］．人类工效学，2010，16（2）：5–12.

④ 彭永新，龙立荣．高中生专业决策自我效能量表的初步编制［J］．中国心理卫生杂志，2003，17（3）：175–177.

国内相关研究、实施访谈等，编制了《大学生职业决策自我效能量表》和《中学生专业决策自我效能量表》。[①]《中学生专业决策自我效能量表》初始问卷由 45 个题项组成，采用 5 点打分表；研究者选取了两所普通中学 162 名高三学生进行预测，确立了由 44 个题项组成的正式问卷，经 703 个有效被试的数据分析，保留 35 个题项，其中自我评价 9 题、收集信息 8 题、选择目标 7 题、制定规划 6 题、问题解决 5 题；总问卷和 5 个分问卷的内部一致性系数分别为 0.914、0.753、0.783、0.683、0.699、0.680，重测信度分别为 0.834、0.673、0.659、0.689、0.705、0.664；根据被试对专业选择是否已做决定、专业决定是否有困难、是否有信心 3 个题项来分析辨别效度，结果显示每题的两个群体差异都显著，问卷具有较好的辨别效度；不过，问卷 5 个因子之间的相关度偏高，因子分析结果也不十分理想，方差累计解释变异偏低（43.72%），问题解决因子只有 2 题，少数题项的因子负荷不易解释；研究者认为，使用问卷总分来整体诊断学生的专业决策状况，其结果更为可靠。

姚晨（2012 年）针对大学大类招生入校本科生的二次专业确认问题，开展了大学生专业决策自我效能及其相关因素研究，开发了《大学生专业决策自我效能量表》。[②] 该问卷以简化的 CDMSE-SF 和彭永新等人开发的职业决策自我效能量表为参考，通过访谈和开放式问卷调查，编制了针对大学生校内二次专业确认的专业决策自我效能量表，预测问卷包含 25 个题项，根据因子分析结果修正形成正式问卷，包含自我评价（Self-Appraisal）、专业信息（Major Information）、目标选择（Goal Selection）、未来规划（Planning）和问题解决（Problem Solving）五个维度，共 22 个题项。根据 632 个有效被试的数据来看，总问卷内部一致性系数为 0.806，各分问卷信度在 0.815~0.865 之间，结构效度良好，累计解释变异达到 74.46%。不过，该问卷也存在分问卷之间的相关系数偏高的情况。[③]

除了上述两个针对不同群体（中学生、大学生）的专业决策自我效能量表外，还有一些其他对专业决策自我效能量表的开发研究，如陈淑静等（2014 年）修订的高中生专业决策自我效能问卷，包括自我认知、收集信息、选择目标、制定规划、问题解决五个维度，每个维度 5 题，共 25 题，验证性因素分析表明，一阶模型和二阶模型的拟合指标都达到要求，总问卷的内部一致性系数在 0.93，半分信度为 0.90，建构效度较好。[④] 可以看出，国内有关专业决策自我效能问卷编制的研究，都是以贝茨等人的 CDMSE 为基础进行修订和深化的。

---

① 彭永新．职业决策自我效能测评的研究［D］．武汉：华中师范大学硕士学位论文，2000：1.

② 姚晨．大学生专业决策自我效能感及其相关因素研究［D］．杭州：浙江大学硕士学位论文，2012.

③ 姚晨，卢兴江，蔡云．大学生专业决策自我效能问卷修订［J］．心理技术与应用，2015（8）：27-30.

④ 陈淑静，胡伟国，耿彦丽．高中生专业决策自我效能感问卷的验证性因素分析［J］．青年与社会，2014（13）：293-294.

总之，作为一个对职业决策自我效能进行延伸的本土化概念，专业决策自我效能研究的理论基础与职业决策自我效能是相同的，尤其是对学生这一群体的测量，两者关系更为紧密。表 2-3 列出了国内外对于职业决策自我效能、专业决策自我效能测量的主要工作和贡献。

表 2-3　有关职业决策自我效能、专业决策自我效能测量的主要研究者及其主要贡献

研究者	主要贡献
泰勒和贝茨（Taylor & Betz，1983 年）	在提出职业自我效能的基础上，结合职业成熟度理论，首次提出职业决策自我效能的概念；编制了《职业决策自我效能量表》（Career Decision Making Self Efficacy Scale，CDMSE），用于测量作出职业决策时的信念程度，包括自我评价、职业信息获取、目标选择、制定规划和问题解决 5 个维度，共 50 个题项，采用 10 点打分形式，总问卷信度系数为 0.97，效度也较好
贝茨等（Betz et al，1996 年）	将 CDMSE 修订成简化版的 CDMSE-SF，与 CDMSE 一样有 5 个维度，只有 25 个题项，信度和效度均较好
彭永新、龙立荣（2000、2001 年）	参照 CDMSE 首次编制本土化的《大学生职业决策自我效能量表》，包括自我评价、收集信息、选择目标、制定规划和问题解决 5 个维度，共 39 个题项，总问卷内部一致性系数为 0.937，重测信度为 0.656，辨别效度和结构效度在可接受范围内
井世洁（2010 年）	参照 CDMSE 修订编制中文版《大学生职业决策自我效能量表》（CDMSE-C），包括自我评价、自我需求、信息收集、问题应对、职业选择和压力抵抗 6 个维度，共 44 个题项，总问卷内部一致性系数 0.932，半分信度 0.920，具有良好的结构效度
彭永新、龙立荣（2000、2003 年）	参照 CDMSE，首次编制本土化的《中学生专业决策自我效能量表》，包括自我评价、收集信息、选择目标、制定规划和问题解决 5 个维度，共 35 个题项，总问卷内部一致性系数 0.914，重测信度 0.834，辨别效度和结构效度在可接受范围内
姚晨（2012 年）	参照 CDMSE-SF 和彭永新的问卷，编制了用于大学生二次专业确认的《大学生专业决策自我效能量表》，包括自我评价、专业信息、目标选择、未来规划和问题解决 5 个维度，共 22 个题项，总问卷内部一致性系数为 0.806，具有良好的结构效度

资料来源：根据已有文献自行整理

（二）专业决策自我效能与专业适应性的关系

已有研究表明，个体的自我效能与学生的适应方面存在显著的影响关系。如凯默斯（Chemers，2001 年）等实施的一项对大一学生适应能力的纵向研究，考察了学业自我效能、乐观情绪对学生学业成绩、压力、健康状况和留校承诺的影响，他们对大一学生第一学期结束时的测量数据表明，学生的学业自我效能可以预测学生

的学业表现和适应。[①] 徐富明等（2005 年）对天津市六所高校的 723 名大学生进行调查发现，学生的一般自我效能对学习适应性具有显著的正向影响。[②]

对于专业适应性而言，自我效能对其的影响也见之于许多研究结论中。王静等（2014 年）对某师范院校高师生进行调查，包括大一到大四共 572 个有效样本，通过数据分析发现，学业自我效能及内含的 5 个因子（综合学习能力效能、基础课程学习能力效能、专业课程学习能力效能、实践能力效能、自我管理能力效能）都与专业适应性存在显著的正相关。[③] 金爽（2016 年）对云南省大学生进行调查的结果也显示，学生的学业自我效能与专业适应性之间呈现显著的正相关。[④] 张均强（2008 年）认为，学生的专业自我效能、专业承诺、专业外部环境、专业学习目标、专业学习行为五个方面因素，会影响大学生的专业适应性；他通过对电子科技大学经济与管理学院的 245 个有效样本的分析发现，专业自我效能不仅显著影响专业适应性，而且其影响强度在五个因素中是最大的。[⑤]

而专业决策自我效能作为前因变量对适应性的影响，也有研究予以支持。如姚晨（2012 年）对本科生入学后二次专业选择时的专业决策自我效与相关因素进行分析，研究发现，大学生的专业决策自我效能与社会适应性及其各维度（学习适应性、人际适应性、角色适应性、职业选择适应性、生活自理适应性、环境的总体认同、身心症状表现）均具有显著的正相关关系。[⑥]

此外，还有一些两两影响关系，间接表明了专业决策自我效能可以影响专业适应性。如朱红等（2016 年）通过“高等理科教育改革”课题组的调查数据分析了理科大学生职业志趣情况，研究发现，学生的专业决策自我效能与其专业学习兴趣、职业志趣均存在显著影响关系，[⑦] 而学生对专业的兴趣、志趣正是专业适应的表征表现。又如，心理资本是指个体的积极心理资源，包括自我效能、希望、乐观

---

① CHEMERS M M，HU L-t，GARCIA B F. Academic self-efficacy and first year college student performance and adjustment［J］. 2001，93（1）：55-64.

② 徐富明，于鹏，李美华 . 大学生的学习适应性及其与人格特征及社会支持的关系研究［J］. 中国学校卫生，2005，26（4）：299-300.

③ 王静，罗小兰 . 高师生专业适应性与学习自我效能感的关系研究［J］. 兵团教育学院学报，2014，24（1）：45-48.

④ 金爽 . 90 后大学生专业适应性与学业自我效能感的关系［J］. 岳阳职业技术学院学报，2016，31（3）：22-25.

⑤ 张均强 . 大学生专业适应性影响因素研究——以电子科技大学经济与管理学院为例［D］. 成都：电子科技大学硕士学位论文，2008：41.

⑥ 姚晨 . 大学生专业决策自我效能感及其相关因素研究［D］. 杭州：浙江大学硕士学位论文，2012：47.

⑦ 朱红，郭胜军，彭程 . 理科大学生职业志趣的实证分析［J］. 北京大学教育评论，2016，14（4）：155-174.

等多个维度；[①] 通常认为，心理资本较高的学生更为乐观自信，在学习上也更有热情，高心理资本意味着高自我效能；而已有研究也证实，心理资本与专业适应性具有显著正相关，如王静等（2018 年）对高师生进行问卷调查，557 个有效样本的数据分析显示，心理资本与专业适应性具有显著的正向相关；[②] 另外，学生的高心理资本对专业承诺也呈现显著正相关，[③] 这些研究都进一步表明了自我效能与专业适应性具有相关性。

二、专业选择结果预期及其与专业适应性的关系

（一）专业选择结果预期的概念与测量

结果预期这一概念常见于不同的理论及研究中，其内涵基本一致，多指对未来结果的判断和预期。如弗鲁姆（Vroom，1959 年）在其提出的期望理论（expectancy theory）中就认为，结果预期是个体对行为导致结果的期望，理想的结果会激励个体付诸行动；[④] 班杜拉（1986 年）从社会认知理论的角度认为，结果是行动的后果而不是行动本身，结果预期与自我效能不同，自我效能是个人对自己是否具备达到某一行为水平的能力判断，而结果预期是对这种行为可能带来的结果的判断；[⑤] 斯特拉曼（Strathman，1994 年）等在构建个体"考虑未来结果"这一概念时，将未来结果的预期定义为个体对自己完成某一行为将会带来什么结果的预期，以及他们受这些结果影响的程度；[⑥] 李董平等（2016 年）则认为，结果预期属于一种认知，积极结果预期就是指某些偏好性认知。[⑦] 目前，对于学生群体研究中的结果预期概念，主要分为学术结果预期和职业结果预期，前者包括学习成绩的直接结果（如努力学习带来高分）、学习成绩与未来职业及成就间关系（如取得好成绩有助于获得

---

① YOU J W. The relationship among college students' psychological capital，learning empowerment，and engagement［J］. Learning & Individual Differences，2016，49（3）：17-24.

② 王静，韩娟．高师生心理资本对学习主观幸福感的影响：专业适应性的中介效应［J］．心理研究，2018，11（4）：376-381.

③ 朱俊华，罗浩准．大学生心理资本对专业承诺的影响研究——基于多元非线性回归优化模型和 Markov 预测模型［J］．中国教育学刊，2015（S2）：334-335.

④ VROOM V H. Some personality determinants of the effects of participation［J］. The Journal of Abnormal and Social Psychology，1959，59（3）：322-327.

⑤ 阿尔伯特·班杜拉．思想和行动的社会基础——社会认知论［M］．林颖，王小明，胡谊，等译．上海：华东师范大学出版社，2018：419.

⑥ STRATHMAN A，GLEICHER F，BONINGER D S，et al. The consideration of future consequences：Weighing immediate and distant outcomes of behavior［J］. Journal of Personality and Social Psychology，1994，66（4）：742-752.

⑦ 李董平，周月月，赵力燕，等．累积生态风险与青少年网络成瘾：心理需要满足和积极结果预期的中介作用［J］．心理学报，2016，48（12）：1519-1537.

更多职业选择）；后者则关注与职业相关行为产生的未来收益（如现在投入学习越多、更关注能力兴趣有助于未来做出更好的职业决策）。[①]

专业选择结果预期是职业结果预期的概念拓展。在职业生涯发展的背景中，伦特（Lent，1994 年）等提出的社会认知生涯理论（SCCT），以社会认知理论为基础，将结果预期与自我效能、个体目标等作为密切关联的一组关键认知变量，用于分析个体的职业选择行为；在伦特等人看来，结果预期、自我效能都是对个体在职业方面一些特定行为的预见性判断，包括外源性的信念（如获得成功的奖励）、自我指向的成功（如掌握具有挑战性技能的自豪感）、源于执行特定活动过程的结果（如依附于任务本身）。[②] 贝茨等（1997 年）基于 SCCT 的分析框架指出，在职业决策方面，职业结果预期是指在特定的教育或职业决策行为中对成功的行为持长久结果的信念。[③] 此外，从选择的角度而言，选择的结果也存在差别，史密斯（Smith，2001 年）等根据班杜拉的三种类型结果预期，将职业选择结果区分为物质结果、社会结果以及个人成就感方面的自我评估结果。[④]

目前，对结果预期的测量大都基于 SCCT 的理论进行编制。福奥德（Fouad，1996 年）等利用 SCCT 分析框架，研究中学生的数学和科学学习，以构建中学生的社会认知模型，该研究编制了对中学生的《数学 - 科学结果预期问卷》（Math-Science Outcome Expectancies，MSOE），题项如“如果我数学学得好，将来我就能从事很多不同类型的职业”“如果我在数学方面取得好成绩，我的父母会很高兴”“如果我的科学成绩较好，我就能更好地为上大学做准备”等，该问卷来源于《职业决策结果预期量表》（Career Decision-Making Outcome Expectancies subscale，CDMOE subscale），共 7 个题项，采用 5 点打分表；对 380 名中学生的调查数据表明，问卷区分效度系数为 0.71；[⑤] 这之后，福奥德等（1997 年）又对 361 名中学生进行测试，为自我效能、结果预期的测量问卷提供了效度证据。[⑥] 迪格尔曼（Diegelman，2001 年）等对中学生的结果预期与学术兴趣、职业兴趣关系研究中，

---

① 史卉 . 大学生职业发展态度研究［D］. 天津：天津大学博士学位论文，2013：19.

② LENT R W，BROWN S D，HACKETT G. Toward a unifying social cognitive theory of career and academic interest，choice，and performance［J］. Journal of Vocational Behavior，1994，45：79-122.

③ BETZ N E，VOYTEN K K. Efficacy and outcome expectations influence career exploration and decidedness［J］. The Career Development Quarterly，1997，46（12）：179-189.

④ SMITH S M. A social cognitive approach to the career development of undergraduate［J］. The Delta Pi Epsilon Journal，2001，43（4）：200-208. // 转引自：宋子斌，陈朝阳 . 从社会认知职业理论视角探讨职业结果预期对职业兴趣的影响［J］. 海南大学学报（人文社会科学版），2007，25（6）：708-712.

⑤ FOUAD N A，SMITH P L. A test of a social cognitive model for middle school students：Math and science［J］. Journal of Counseling Psychology，1996，43（3）：338-346.

⑥ FOUAD N A，SMITH P L，ENOCHS L. Reliability and validity evidence for the middle school self-efficacy scale［J］. Measurement and Evaluation in Counseling and Development，1997，30（1）：17-31.

也采用了上述问卷，其信度效度都符合统计学的要求。①

在实际应用中，使用比较多的结果预期测量工具是《职业结果预期量表》（Vocational Outcome Expectations，VOE）。麦克沃特（McWhirter，2000 年）等在研究高中阶段教育对学生认知层面不同心理变量的影响时，开发了这份《职业结果预期量表》。②该研究以社会认知理论为基础、以 SCCT 为分析框架，自编了 6 个测量题项的职业结果预期问卷，题项如“我的职业规划将带给我一个满意的职业生涯”“我将会在我所选的职业当中获得成功”，采用 4 点打分表形式。研究者在 9 周共分 4 次对 81 名健康教育参与者进行测试获得重测信度（其中有 14 名参与者未参加第 3 次测试），最终的重测系数是 0.59，主要样本的克隆巴赫系数是 0.83；研究者使用福奥德等编制的中学生结果预期问卷，对同一所中学高二且未接受过生涯教育的学生进行了施测，得到自编问卷的同时信度为 0.54。

史卉（2013 年）对 VOE 进行了翻译和修订，她选用的问卷是麦克沃特等扩充后的 12 题版本，增加的 6 个题项代表了班杜拉的 3 种类型结果预期，包括物质方面、社会方面、与职业选择相关的自我评价方面；通过对 295 名天津市不同层次院校大学生的初测数据显示，因子分析提取 2 个公因子，12 题全部予以保留；对正式施测的 777 个样本限定单因子进行探索性和验证性因子分析，相关指标均达标，信度系数为 0.897，她通过分析比较认为，单维度的职业结果预期问卷合理可行。③

与此同时，还有一些测量职业结果预期的问卷也是基于 SCCT，并具有多维度，题量也较大。如戈尔（Gore，2000 年）等根据霍兰德的职业类型理论，编制的针对六种职业类型的结果预期问卷，共 84 个题项，用以探讨自我效能信念、结果预期、同一性与职业考虑之间的关系，每个职业类型分别为 14 个题项。④宋子斌等（2007 年）按照史密斯提出的职业结果预期的 3 种表现形式，以旅游专业、旅游行业为指向自编了职业结果预期问卷，共 39 个题项，因子分析析出 8 个因子（其中，属于物质结果的因子数 2 个，社会结果的因子数 3 个，自我估价的因子数 3 个），呈现多维度的问卷特性，总问卷的信度系数达到 0.92，8 个因子的信度系数介于 0.78~0.92 之间。⑤

---

① DIEGELMAN N M，SUBICH L M. Academic and vocational interests as a function of outcome expectancies in social cognitive career theory［J］. Journal of Vocational Behavior，2001，59（3）：394–405.

② McWHIRTER E H，RASHEED S，CROTHERS M. The effects of high school career education on socia-cognitive variables［J］. Journal of Counseling Paychology，2000，47（3）：330–341.

③ 史卉 . 大学生职业发展态度研究［D］. 天津：天津大学博士学位论文，2013：46–51.

④ GORE P A，LEUWERKE W C. Predicting Occupational Considerations：A Comparison of Self-Efficacy Beliefs，Outcome Expectations，and Person-Environment Congruence［J］. Journal of Career Assessment 2000，8（3）：237–250.

⑤ 宋子斌，陈朝阳 . 从社会认知职业理论视角探讨职业结果预期对职业兴趣的影响［J］. 海南大学学报人文社会科学版，2007，25（6）：708–712.

此外，斯特拉曼等编制的《考虑未来结果量表》（Consideration of Future Consequences scale，CFC）在内涵上与结果预期有相似之处，比如题项“我考虑未来可能发生的事情，并试图用我的日常行为来影响这些事情”“我经常实践一项特殊行动是为了达到一个成果，这个成果可能很多年都不会有结果”“我认为，为了将来而牺牲当前通常是不必要的，因为未来结果可以在今后再予处理”等；该问卷共 12 个题项，包括 7 个反向题，采用 5 点打分表形式。[①] 表 2–4 列出了国内外对于结果预期、职业结果预期测量的主要工作和贡献。

表 2–4 有关结果预期、职业结果预期测量的主要研究者及其主要贡献

研究者	主要贡献
福奥德等（Fouad et al，1996、1997 年）	以社会认知理论为基础，编制了《数学 - 科学结果预期问卷》（Math-Science Outcome Expectancies，MSOE），共 7 个题项，采用 5 点打分表；信效度符合统计学要求
麦克沃特等（McWhirter et al，2000 年）	以 SCCT 为基础，编制了《职业结果预期量表》（Vocational Outcome Expectations，VOE），为单维度问卷，共 6 个题项，采用 4 点打分表；内部一致性系数 0.83；改进的问卷仍为单维度问卷，包括 12 个题项，内部一致性系数 0.92
史卉（2013 年）	以 VOE 为基础进行翻译、修订，形成中文版《大学生职业结果预期量表》，为单维度问卷，共 12 个题项，采用 4 点打分；结构效度认为合理，内部一致性系数为 0.897
戈尔等（Gore et al，2000 年）	以 SCCT 和霍兰德职业类型理论为基础，编制针对大学生的 6 种职业类型的结果预期问卷；共 84 个题项，每个职业类型 14 题
斯特拉曼等（Strathman et al，1994 年）	编制了与结果预期概念非常接近的《考虑未来结果量表》（Consideration of Future Consequences Scale，CFC Scale），共 12 个题项，包括 7 个反向题，采用 5 点打分表

资料来源：根据已有文献自行整理

（二）专业选择结果预期与专业适应性的关系

在职业发展领域，麦克沃特等（2000 年）在对 166 名高中二年级学生的研究中，以开展过健康教育的班级为控制组，考察了生涯教育课程对职业决策自我效能、职业技能自我效能、感知教育障碍、结果预期、职业期望等认知心理变量的影响；研究发现，职业结果预期（OE）与职业决策自我效能（CDMSE）显著正相

① STRATHMAN A，GLEICHER F，BONINGER D S，et al. The consideration of future consequences: Weighing immediate and distant outcomes of behavior［J］. Journal of Personality and Social Psychology，1994，66（4）：742–752.

关（r=0.50，p<0.01），与对大学教育的感知障碍显著负相关（r=−0.41，p<0.01），[①]而对大学教育的感知障碍可认为是大学适应性的反面。宋子斌等（2007 年）采用 SCCT 自编了结果预期问卷和职业兴趣问卷，通过对 310 名旅游管理专业本科毕业生开展调查研究显示，职业结果预期和职业兴趣之间存在显著的关联，社会类的 3 个职业结果预期因子对职业兴趣有显著的影响，物质类的 2 个职业结果预期因子对职业兴趣不存在影响关系，而自我估价类中有 2 个职业结果预期因子对职业兴趣有显著影响、有 2 个因子则不存在影响关系。[②]

个体的结果预期会对行为、意愿产生影响，如结果预期与青少年攻击行为呈显著负相关，[③]与大学生助人行为[④]、意愿[⑤]等都有显著正向影响关系。林启超（2009 年）提及的未来时间观指的是个体对未来目标的一种预期信念，这一概念与结果预期非常接近；其在研究中提出了未来时间观、成就目标与适应性学习行为之间的关系（适应性学习行为包括课业寻助、坚持 2 个维度），通过对 830 名高职学生调查样本数据显示，未来时间观对适应性学习行为具有直接和间接的影响。[⑥]另外，已有一些使用 SCCT 开展的研究其结论也支持结果预期对专业兴趣等的影响。戈尔等（2000 年）比较了 SCCT 和霍兰德职业选择理论对个体职业考虑方面的预测情况，他们以 93 名大学生为被试样本的研究发现，自我效能、结果预期与职业的考虑更为相关。[⑦]迪格尔曼等（2001 年）以 85 名非心理学专业学生为被试，用以检验 SCCT 中自我效能、结果预期的作用，研究发现，对专业学位的兴趣、追求专业学位的意向与自我效能、结果预期呈显著的正相关，研究支持了自我效能和结果预期可以预测专业的兴趣和意向。[⑧]奥克斯（Ochs，2001 年）等使用 SCCT 中的职业决策自我效能、职业结果预期、职业探索意向和职业认同等变量，考察了残疾学生

---

① McWHIRTER E H，RASHEED S，CROTHERS M. The effects of high school career education on social-cognitive variables［J］. Journal of Counseling Psychology，2000，47（3）：330-341.

② 宋子斌，陈朝阳．从社会认知职业理论视角探讨职业结果预期对职业兴趣的影响［J］．海南大学学报人文社会科学版，2007，25（6）：708-712.

③ 纪伟标，王玲，莫宏媛，等．结果预期对青少年攻击性行为的影响：中介效应与调节效应［J］．心理发展与教育，2013（1）：86-93.

④ 王伟伟，马婷，李媛媛．价值取向和结果预期对助人行为的影响［J］．社会心理科学，2013，28（6）：13-16，33.

⑤ 郑燕，杨宇，石睿，等．结果预期对助人意愿的影响及其性别差异［J］．人类工效学，2018，24（1）：27-31.

⑥ 林启超．高职学生之未来时间观、成就目标与适应性学习行为间径路模式之检验［J］．教育实践与研究，2009，22（1）：81-111.

⑦ GORE P A，LEUWERKE W C. Predicting Occupational Considerations：A Comparison of Self-Efficacy Beliefs，Outcome Expectations，and Person-Environment Congruence［J］. Journal of Career Assessment 2000，8（3）：237-250.

⑧ DIEGELMAN N M，SUBICH L M. Academic and vocational interests as a function of outcome expectancies in social cognitive career theory［J］. Journal of Vocational Behavior，2001，59（3）：394-405.

是否在职业成熟度方面产生发展滞后的情况，通过对95名特殊教育学生和99名普通教育学生对比发现，尽管两组学生都有乐观的职业前景，但特殊教育学生在职业决策自我效能、职业结果预期、职业探索意图和职业认同方面的得分显著低于普通教育学生。[①]结果预期代表着对行为可能产生结果的判断，专业适应性作为高中生选专业行为的可能结果，上述已有研究也都表明，专业适应性应该受到专业选择结果预期的影响。

第四节 学习投入、教育期望及其与专业适应性的关系

一、学习投入及其与专业适应性的关系

（一）学习投入的概念与测量

学习投入，又称为学业投入或学习投入性，其英文表述最常见的是 learning engagement 或 academic engagement，也有表述为 study engagement，student engagement，school engagement，所以在一些文献中会使用学生投入、学校投入来表达这一概念。国内外学者对学习投入概念有不同的内涵阐释，呈现多元化的概念界定。从研究视角及理论来源看，学习投入概念阐释主要有两种观点：其一，是从工作倦怠、工作投入研究迁移过来，以积极心理学为基础，将学习投入作为学习倦怠的对立面展开研究；其二，是以学生辍学相关研究为起点，以学生发展理论为基础，从学生学习的兴趣、动机等方面来解释学习投入，强调学生在学校经历当中的参与。

在心理学及组织行为学研究中，工作倦怠（job burnout）进入研究者视野是在20世纪70年代开始的。随着积极心理学和积极组织行为学的发展，负性状态的工作倦怠所对应的积极方面，即工作投入（work/job engagement）的概念，成为组织行为学及人力资源管理领域的研究热点。[②]马斯拉齐（Maslach，2001年）作为工作倦怠和工作投入研究集大成者，认为工作倦怠包含耗竭（exhaustion）、人格解体（depersonalization）和个人成就感低落（reduced personal accomplishment），其对应的工作投入是精力（energy）、参与（involvement，或译为卷入）和效能感

① OCHS L A，ROESSLET R T. Students with disabilities：How ready are they for the 21st century?［J］. Rehabilitation Counseling Bulletin，2001，44（3）：170-176.

② 李锐，凌文辁 . 工作投入研究的现状［J］. 心理科学进展，2007，15（2）：366-372.

（efficacy）。①之后有关对学业倦怠的测量，也多沿用马斯拉齐等开发的工作倦怠量表（Maslash Burnout Inventory，MBI）。应该说，马斯拉齐等对倦怠和投入的三维特征的阐述，成为后续学习投入研究的主要理论基础。

从工作投入研究到学习投入的研究历程中，肖菲利（Schaufeli）及其合作者是举足轻重的人物。肖菲利等（2002 年）认为，投入是倦怠研究的最新进展方向；他们以幸福感中的快乐、激发两个维度为基础，结合大量访谈，将投入定义为一种充满着积极的、充实的情绪和精神状态，包含活力（vigor）、奉献（dedication）和专注（absorption）三个方面；并以 314 名西班牙大学生和 619 名来自西班牙私立及公立企业员工为样本，检验了工作投入的因子结构，经过验证性因子分析，证实了工作投入包含上述 3 个因子。②不仅如此，肖菲利等（2002 年）还指出，倦怠已经不局限于职业层面，除了员工会发生倦怠外，学生在学习方面也会有倦怠的产生；对于学习投入而言，同样包含活力、奉献、专注 3 个因子，活力是指学习时精力旺盛、精神恢复力强并且有投入的意愿和能力，奉献是指对学习的意义感、热情、自豪感和挑战等，专注就是在学习中全神贯注、是一种以集中注意力为特征的最佳体验状态，并在此基础上编制了工作投入量表学生问卷版（Utrecht Work Engagement Scale-Student，UWES-S）；通过对 623 名西班牙学生、727 名葡萄牙学生及 311 名荷兰学生的问卷调查，验证了 3 因子结构的可行性。③之后，肖菲利等（2006 年）又开发了一个工作投入简明问卷（UWES-9），问卷题项数从 17 个缩简为 9 个，除满足心理学测量要求外，来自 10 个不同国家（N=14 521）的问卷数据也表明，该问卷具有跨文化的特点。④已有研究也表明，在学习投入不同的概念中，肖菲利的观点具有跨文化的稳定性，其开发的测量工具及相应实证研究相对于其他学习投入概念而言，更具合理性。⑤

张信勇等（2008 年）⑥在对高中生学习投入与应激关系的研究中，就采用了

---

① MASLACH C，SCHAUFELI W B，LEITER M P. Job burnout［J］. Annual Review of Psychology，2001，52（1）：397-422.

② SCHAUFELI W B，SALANOVA M，GONZáLEZ-ROMá V，et al. The Measurement of Engagement and Burnout：A Two Sample Confirmatory Factor Analytic Approach［J］. Journal of Happiness Studies，2002，3（1）：71-92.

③ SCHAUFELI W B，MARTINEZ I M，PINTO A M，et al. Burnout and engagement in university students：A cross-national study［J］. Journal of Cross-Cultural Psychology，2002，33（5）：464-481.

④ SCHAUFELI W. B，BAKKER A B，SALANOVA M. The Measurement of Work Engagement With a Short Questionnaire A Cross-National Study［J］. Educational & Psychological Measurement，2006，66（4）：701-716.

⑤ 倪士光，伍新春 . 学习投入：概念、测量与相关变量［J］. 心理研究，2011，4（1）：81-87.

⑥ 张信勇，卞小华，徐光兴 . 高中生的学习投入及其与应激的关系［J］. 中国健康心理学杂志，2008，16（11）：1246-1248.

UWES 的中文翻译版本[①]，编制了针对高中生的《学习投入量表》；通过 380 名高中生数据样本的分析发现，问卷具有较高信度，其验证性因子分析也表明活力、奉献、专注三个因子的数据拟合情况良好。石雷山等（2013 年）采用 UWES–S，对 953 名初中生进行测试，结果表明对初中生的测量信效度良好。[②] 方来坛等（2008 年）修订了用于研究大学生和研究生的学习投入的 UWES–S，对 79 名大学生、188 名研究生的数据分析显示，学习投入的三因素模型得到本土化的验证，验证性因子的拟合系数良好，信度系数在 0.82~0.95 之间，并与学习绩效具有较好的效标关联效度。[③] 李西营等（2010 年）对 UWES–S 进行了修订，该研究在前测中发现，中文版多个题项产生多重载荷，且与原版的结构差异较大；经系统性修改、再测后形成正式问卷，进行施测获得 234 个大学生有效样本，因子分析得到三个维度，重新命名为动机、精力和专注，信度系数分别为 0.857、0.826 和 0.815，结构效度、效标关联效度良好。[④] 许长勇（2013 年）分析了 UWES–S 后指出，该量表的 14 题版比 17 题版效果更好；他综合了 UWES 的各个中文翻译版本，形成了一个 14 题的中文版学习投入问卷，问卷维度仍然是活力、奉献和专注，经三次施测后，保留了 11 个题项，其信效度较好，且具有跨学校适配的特性。[⑤]

与工作投入迁移过来的研究视角不同，以学生发展理论为基础的学习投入研究具有明显的教育学背景。值得一提的是，除了学习投入的概念外，早期对学生辍学、院校影响力的研究中，许多研究者提出过学习参与（academic involvement、learning involvement）的概念，而事实上，在对学生的学习与发展相关研究中，两者有很大的内涵重叠，如阿斯汀（1984 年）所提出的学生参与（student involvement）理论，其中的学生参与是解释学生发展、院校影响力的关键变量，[⑥] 他认为在概念上，“投入”与“参与”并没有本质的差异，因而在这一研究脉络中，学习投入和学习参与是可替换的两个概念。另外，汀托（1997 年）提出的学习融

---

① 张轶文，甘怡群 . 中文版 Utrecht 工作投入量表（UWES）的信效度检验［J］. 中国临床心理学杂志，2005，13（3）：268–270.

② 石雷山，陈英敏，侯秀，等 . 家庭社会经济地位与学习投入的关系：学业自我效能的中介作用［J］. 心理发展与教育，2013（1）：71–78.

③ 方来坛，时勘，张风华 . 中文版学习投入量表的信效度研究［J］. 中国临床心理学杂志，2008，16（6）：618–620.

④ 李西营，黄荣 . 大学生学习投入量表（UWES–S）的修订报告［J］. 心理研究，2010，3（1）：84–88.

⑤ 许长勇 . 大学生专业承诺对学习投入和学习收获影响机制的研究［D］. 天津：河北工业大学博士学位论文，2013：33–35，56–61.

⑥ ASTIN A W. Student involvement：A developmental theory for higher education［J］. Journal of College Student Development，1984，40（5）：518–529.

入（academic integration）概念，[①] 虽然与学习投入有相近成分，但两者还是有较大区别。

作为学生发展理论中的学习投入，其概念可追溯至近代课程理论之父的泰勒（Ralph W Tyler）所提出的“在学习任务上投入的时间”（time-on-task on learning）。与泰勒的观点相一致，学者们大都认为学习投入对学生的学习成效、学业表现有正向影响，这也是研究学习投入的价值所在。佩斯（Pace，1982 年）在泰勒的基础上，提出了努力的质量（quality of effort）概念，认为只关注学生投入学习的时间长度是不充分的，还应关注学生投入学习专注的程度，即学生投入的质与量须并重；他通过大量实证研究指出，学生投入课内外活动的时间精力越多、努力质量越高，对学生成就的正向影响越大。[②] 目前，库恩（Kuh，2001 年）在全美学生投入调查（NSSE）中所提出的学习投入概念也具有广泛共识，库恩认为，学习投入是大学生投入到有效教育实践中的时间和精力，以及高校吸引学生参与到学习活动中的力度；这里的投入的行为主体，包括在教育经历中达成协议的学生和院校两大当事人。[③] 这一概念从大学的本科教育质量评估视角出发，关注学生在大学里的学习活动参与度，研究范围更为宏观和普适。NSSE 的测量包括学校做法和要求、学生行为、学生对学校满意度三方面，包括五个可比性维度，[④] 该测量问卷已趋于标准化，且逐步具有跨文化比较的功能。清华大学教育研究院 2007 年引进了 NSSE，并汉化、修订形成中文版大学生学习投入调查工具 NSSE-CHINA，该问卷沿用 NSSE 的整体架构，共 66 题；问卷具有学习投入的五个可比性维度，即学业挑战度、主动合作学习、生师互动、教育经验丰富程度、校园环境支持度，信度系数在 0.62~0.81 之间，五维度的结构效度良好。[⑤]

另外，围绕中学生课堂内外的学习，纽曼（Newmann，1992 年）在其著作《学习投入及其在美国中学的研究进展》中指出，学习投入是学生在学业中用于理解和

---

① TINTO V. Classrooms as communities：Exploring the educational character of student persistence［J］. The Journal of Higher Education，1997，68（6）：599-623.

② PACE C R. Achievement and the quality of student effort［R］. Paper presented at the National Commission on Excellence in Education，Washington D C. // 转引自：鲍威 . 未完成的转型：高等教育影响力与学生发展［M］. 北京：教育科学出版社，2014：38.

③ KUH G D. Assessing what really matters to student learning［J］. Change，2001，33（3）：10-17，66.// 转引自：鲍威 . 未完成的转型：高等教育影响力与学生发展［M］. 北京：教育科学出版社，2014：40-41.

④ 罗晓燕，陈洁瑜 . 以学生学习为中心的高等教育质量评估——美国 NSSE“全国学生学习投入调查”解析［J］. 比较教育研究，2007（10）：50-54.

⑤ 罗燕，海蒂・罗斯，岑逾豪 . 国际比较视野中的高等教育测量——NSSE-China 工具的开发：文化适应与信度、效度报告［J］. 复旦教育论坛，2009，7（5）：12-18.

掌握知识、技术和专业技能的心理投入与努力，它关注学生学习效果和能力发展。[①]这一概念比较注重从课堂的兴趣、动机的激发促进学生深层次思维活动来进行解释，着眼于课堂教学、学习任务与学生的智力学习投入。还有些研究把学生在课堂学习的投入表现作为学习投入的表征，如金德曼（Kindermann，1993 年）在研究同伴群体对儿童在校内学习动机的作用机制时，就将课堂学习投入用学生自我报告和教师报告来表示，自我报告的内容诸如“我在学校内试图努力投入学习”“当我在课堂时，我表现出我正在学习”等。[②]相对来说，这一研究的视角和范围比较小，其衍生的测量方式也多样。

综合来看，不论是从工作投入延伸过来的“学习投入”概念，还是在学生辍学研究中所关注的“学习投入”概念，这一概念在演进过程中互相借鉴、不断丰富，重点在于对学习投入概念维度的构建，并不看重与强调其理论来源。因而一些学者就从投入方式的角度来构建学习投入的概念。作为工作投入概念最早的提出者，卡恩（Kahn，1990 年）将工作投入分为生理（physical）、认知（cognitive）和情绪（emotional）三个维度，生理投入指个体在生理上的高度卷入，认知投入指个体在认知上处于高度活跃状态及明了自己在工作中的角色和使命，情绪投入指个体情绪的敏感度，[③]这三个维度已初步勾勒出了投入的三种方式的内涵表达。弗雷德里克斯（Fredricks，2004 年）等通过文献研究发现，学习投入概念之所以吸引了越来越多研究者的兴趣，是因为这一概念与学生的学习成就、厌学甚至辍学等都有显著的相关性，并且当下的学生群体普遍对学习感到倦怠，学习投入正是消解这一迹象的“解药”；他们在梳理有关学习投入研究的文献脉络后认为，对投入概念大致可从行为、情感、认知三方面进行定义，行为投入包括参与学术（academic）上、社交（social）上以及课程之外（extracurricular）的积极投入，这是学生取得学习成果、防止辍学的关键，情感投入包括对教师、同学、学习和学校的积极和消极反应，这一投入影响个体乐于学习的意愿（willingness to do），而认知投入包括积极地思考及愿意付出必要努力去理解复杂的思想和掌握具有难度的知识技能；当然，这三种投入类型的内涵，与诸如学生的任务行为（on-task behavior）、学生态度（student attitudes）、学生兴趣（student interest）、动机目标（motivational goals）等有很大重叠性；但不可否认的是，投入作为把行为、情感、认知有机结合而成的多维结构具

---

① NEWMANN F. Student engagement and achievement in American secondary school［M］. New York：Teachers College Press，1992：62-91. // 转引自：张娜 . 国内外学习投入及其学校影响因素研究综述［J］. 心理研究，2012，5（2）：83-92.

② KINDERMANN T A. Natural peer groups as contexts for individual development：The case of children's motivation in school［J］. Developmental Psychology，1993：29（6）：970-977.

③ KAHN W A. Psychological conditions of personal engagement and disengagement at work［J］. The Academy of Management Journal，1990，33（4）：692-724.

有很大的研究潜力，弗雷德里克斯等认为投入可以是一种“元”结构。[①]

诸多研究都从行为、情感、认知三个不同方面对学习投入进行表述，如从行为的角度，霍斯佩尔（Hospel，2016 年）等认为“投入”是学生投入学习活动的精力和努力水平；[②] 从情感的角度，康奈尔（Connell，1990 年）认为，学生的情感投入是一个连续变量，包含孤僻、遵守规范、反叛、顺从、革新和投入六种成分；[③] 从认知的角度，马科斯（Marks，2000 年）认为学习投入是一种心理过程，是学习过程中学生的注意力、兴趣等投入及花费的精力；[④] 宾特里奇（Pintrich，1990 年）等对课堂学术表现的研究中指出，自我效能、内在价值感与认知投入（cognitive engagement）显著相关，更多使用深层认知策略的学生比更多使用浅层认知策略的学生，学习上更加投入和努力。[⑤]

当然，结合行为、情感和认知来综合探讨学习投入的概念及测量，更能表现学习特征的丰富性。从行为和情感结合的角度，乔晓榕等（2010 年）认为，中学生的学习投入是行为上的卷入强度和情感上的体验质量，投入包括行为成分和情感成分，可以通过参与、努力、集中注意力、坚持、继续尝试等行为表现和积极情感体验予以体现；他们修订了米塞兰迪诺（Miserandino，1996 年）测量学生的行为和情感投入的问卷，编制了中学生数学学习投入问卷，初始问卷包括行为努力、思想专注、坚持性、情绪体验 4 个因子，共 25 个题项，正式问卷则删除了坚持性，将情绪体验更名为积极情绪，具有良好的信效度。[⑥] 从行为、情感和认知综合的角度，杨立军等（2014 年）认为学习投入是学习者认知与心理资源的高度卷入、积极的情感反应；他们基于 NSSE-CHINA，提出学习投入可按行为投入、情感投入和认知投入划分为三维度结构，通过对南京某高校 2009 年调查数据的分析和对比，认为三维度结构比原有的五维度结构的数据拟合更好。[⑦] 表 2-5 列出了国内外对于学习投入测量的主要工作和贡献。

---

① FREDRICKS J A，BLUMENFELD P C，PARIS A H. School engagement：potential of the concept，state of the evidence［J］. Review of Educational Research，2004，74（1）：59-109.

② HOSPEL V，GALAND B. Are both classroom autonomy support and structure equally important for students' engagement? A multilevel analysis［J］. Learning & Instruction，2016（41）：1-16.

③ CONNELL J P. Context，self，and action：A motivational analysis of self-system processes across the life-span［M］. CHI：University of Chicago Press，1990：61-97. // 转引自：张娜 . 国内外学习投入及其学校影响因素研究综述［J］. 心理研究，2012，5（2）：83-92.

④ MARKS H M. Student Engagement in Instructional Activity：Patterns in the Elementary，Middle，and High School Years［J］. American Educational Research Journal，2000，37（1）：153-184.

⑤ PINTRICH P R，DE GROOT E V. Motivational and self-regulated learning components of classroom academic performance［J］. Journal of Educational Psychology，1990，82（1）：33-40.

⑥ 乔晓榕，赵俊峰 . 中学生数学学习投入状况的调查研究［J］. 中国电力教育，2010（35）：83-85.

⑦ 杨立军，韩晓玲 . 基于 NSSE-CHINA 问卷的大学生学习投入结构研究［J］. 复旦教育论坛，2014，12（3）：83-90.

表 2-5 有关学习投入测量的主要研究者及其主要贡献

研究者	主要贡献
肖菲利等（Schaufeli et al，2002 年）	编制了工作投入量表学生问卷版（Utrecht Work Engagement Scale-Student，UWES-S），该问卷包括活力（6 题）、奉献（5 题）和专注（6 题）3 个因子，共 17 题，采用 7 点打分表；三个因子的信度系数分别为 0.63、0.81 和 0.72，结构效度也较稳定
张信勇等（2008 年）	以 UWES 的中文翻译版为基础，将题项中的“工作”替换为“学习”，编制了高中生学习投入问卷，该问卷保留 UWES 中活力（6 题）、奉献（5 题）和专注（6 题）3 个因子，共 17 题；3 个因子的信度分别为 0.66、0.74 和 0.82，验证性因子分析的拟合系数良好
许长勇（2013 年）	综合了 UWES 多个中文版，编制了《大学生学习投入量表》，该问卷有活力（4 题）、奉献（4 题）和专注（3 题）3 个因子，共 11 题，采用 5 点打分；经多轮测试达到较好信效度，且具有跨学校适配的特性
全美高等教育管理系统中心（National Center for Higher Education Management Systems，1998 年）	开发了全美大学生学习投入调查工具（National Survey of Student Engagement，NSSE），包含评价教学实践的五项指标，即学业挑战度（Level of Academic Challenge）、主动合作学习（Active and Collaborative）、生师互动（Student-faculty Interaction）、教育经验丰富程度（Enriching Educational Experiences）和校园环境支持度（Supportive Campus Environment）
清华大学教育研究院（2009 年）	以 NSSE 为基础修订形成大学生学习投入调查工具 NSSE-CHINA，该问卷保持五大可比较指标，即学业挑战度、主动合作学习、生师互动、教育经验丰富程度、校园环境支持度，共 66 题；信度系数在 0.62~0.81 之间，结构效度达标
乔晓榕等（2010 年）	根据 Miserandino（1996 年）行为和情感投入问卷进行修订，编制中学生数学学习投入问卷，包括行为努力、思想专注、坚持性、情绪体验 4 个因子，共 25 个题项；具有良好的信效度

资料来源：根据已有文献自行整理

（二）学习投入与专业适应性的关系

国外学生发展理论认为，高中学习经历会对学生进入大学后的适应性、融入性等产生影响，如汀托（1997 年）提出的学生辍学互动作用的相关理论就认为，学生进入大学前的教育经历，会影响他们入学后对大学新环境的融入。[①] 国内相关研究也有一致的结论，如朱文佳（2006 年）通过对学前教育专业 82 名学生样本实施问卷调查及对 4 名学生进行访谈，发现学生在大学期间许多学习上的不适应源于他们大学前的基础教育，高考导致的高目标性、以分数作为评价方式、基础教育被动

① TINTO V. Classrooms as communities：Exploring the educational character of student persistence［J］. The Journal of Higher Education，1997，68（6）：599-623.

的教学与学习，都对学生进入大学后的适应性产生负面影响。[①] 鲍威等（2016 年）通过分析首都高校教学质量与学生发展的调查数据后指出，学生在高中期间的课堂教学方式、培养模式等经历，与学生进入大学后的学业适应、人际适应存在关联；[②] 朱红等（2016 年）对理科大学生职业志趣的研究认为，学生进入大学前的科学兴趣是其大学阶段产生专业兴趣的基础，数据分析显示，入学前的科学兴趣、内部学习动机等非认知特征，都与大学的专业兴趣显著正相关，[③] 高中期间包括非认知因素在内的学习经历，对学生进入大学后的专业学习兴趣及适应有显著影响。

学生发展理论不仅指出高中学习经历作为“输入”会对学生进入大学后的适应性产生影响，相关研究更聚焦于对学习投入作为输入的变量。杨钋等（2013 年）在对大学新生的研究中，提出大学新生的高中参与对大学参与的直接和间接影响模型，其对 4 200 名新生调查的数据显示，高中的参与（包括高中学习投入）和院校期望等高中阶段的学生参与，对大学的适应性具有显著的积极影响。[④] 又如，岑逾豪（Cen，2012 年）在其学位论文中，以 2009 年 NSSE-CHINA 的数据和 64 名学生访谈为研究资料，采用混合研究方法分析了中国大学生对学习的感知情况；他提出了学生发展的“金字塔”模型，认为学生的学习投入对于“金字塔”顶端的自我发展（包括认识发展、内在发展、人际发展）具有重要影响，[⑤] 而这些自我发展本质上是学生对大学的内在适应。

与此同时，学习投入作为基础教育阶段学生学习过程的重要观测指标，[⑥] 国内外已有研究表明，其对学生的认知、表现等都具有显著的正向影响。如在学业兴趣方面，扎霍里克（Zahorik，1996 年）在对中小学教师如何激发学生学习兴趣的研究中指出，在教学活动中提升学生学习兴趣非常重要，教师在课堂上让学生积极投入到教学活动中是激发兴趣的常用方法；[⑦] 何旭明等（2008 年）指出，学习投入是与学习活动相关的积极情绪及认知状态，他们通过对大二学生进行开放式访谈来了解学生从高中到大学的学习经历，研究发现，学生高中期间的学习投入与学生学习

---

① 朱文佳 . 高校学前教育专业新生学习适应性及其影响因素研究［D］. 上海：华东师范大学硕士学位论文，2006：54-56.

② 鲍威，李珊 . 高中学习经历对大学生学术融入的影响——聚焦高中与大学的教育衔接［J］. 清华大学教育研究，2016，37（6）：59-71.

③ 朱红，郭胜军，彭程 . 理科大学生职业志趣的实证分析［J］. 北京大学教育评论，2016，14（4）：155-174.

④ 杨钋，毛丹 .“适应”大学新生发展的关键词——基于首都高校学生发展调查的实证分析［J］. 中国高教研究，2013（3）：16-24.

⑤ CEN Y H. Growth as product and as process—Student Learning outcomes attained through college experiences in China［D］. Dissertation of Ph.D.，American：Indiana University，2012.

⑥ 张娜 . 国内外学习投入及其学校影响因素研究综述［J］. 心理研究，2012，5（2）：83-92.

⑦ ZAHORIK J A. Elementary and secondary teachers' reports on how they make learning interesting［J］. Elementary School Journal，1996，96（5）：551-565.

兴趣有紧密的相互关联，学习投入影响学习兴趣的同时也影响学生进入大学后的体验。[①]在学业坚持方面，诺拉（Nora，2011 年）等的研究发现，学生的投入经常被当作社区学院对于促进学生学业坚持性、达到四年制大学准入标准、获取学位的一项测量指标。[②]在学业表现方面，斯金纳（Skinner，1993 年）等对小学生课堂学习动机的研究表明，学习活动中投入的学生，他们会体验到更多教师参与的支持感，从而他们的课堂学习满足感更高，实际能力也提高更明显，并获得更好的学习成绩、更高的评分等级；[③]韦菲尔德（Wefald，2009 年）等按照肖菲利有关倦怠与投入的理论，对投入的维度、投入与满意度的关系进行了研究，通过对一组大学生的调查表明，学习投入与学习绩效呈现显著的正相关，能够有效促进学生学业成就的提升。[④]倪士光等（2011 年）指出，学习投入促使学生表现出高效融洽的师生、同学关系，并使学生具有较一致的学校认同感。[⑤]泽普克（Zepke，2010 年）等在对学生投入开展一项元分析时指出，提高学生在学业上的投入度对学生未来的成功具有重要意义；[⑥]他们还发现，学习投入会影响学生在义务教育后学习、生活方面的积极公民行为、成功表现和稳定自我认知。[⑦]上述这些认知与表现，在大学阶段则是学生对学习、对校园适应性的一种集中体现。

当然，学习投入与适应性的影响是相互的，如阿克曼（Akkermans，2018 年）等对立陶宛九所学院、大学的 672 名本科生进行问卷调查，研究结果表明，职业适应（Career Adaptability）、职业能力（Career Competencies）等个体具备的职业资源有助于提升学生的学习投入、生活满意度和学业成绩；[⑧]富辰等（2020 年）对一所专科学校大一至大三学生进行整群抽样调查获得了 867 个有效样本，结果显示大专生的专业适应性对学习投入具有显著的影响，其中，积极专业适应性对学习投入有

---

① 何旭明，陈向明 . 学生的学习投入对学习兴趣的影响研究［J］. 全球教育展望，2008，37（3）：46–51.

② NORA A，CRISP G，MATTHEWS C. A Reconceptualization of CCSSE's Benchmarks of Student Engagement［J］. The Review of Higher Education，2011，35（1）：105–130.

③ SKINNER E A，BELMONT M J. Motivation in the classroom：Reciprocal effects of teacher behavior and student engagement across the school year［J］. Journal of Educational Psychology，1993，85（4）：571–581.

④ WEFALD A J，DOWNEY R G. Construct dimensionality of engagement and its relation with satisfaction［J］. The Journal of Psychology：Interdisciplinary and Applied，2009，143（1）：91–112.

⑤ 倪士光，伍新春 . 学习投入：概念、测量与相关变量［J］. 心理研究，2011，4（1）：81–87.

⑥ ZEPKE N，LEACH L. Improving student engagement：Ten proposals for action［J］. Active Learning in Higher Education，2010，11（3）：167–177.

⑦ ZEPKE N，LEACH L，BUTLER P. Engagement in post–compulsory education：Students' motivation and action［J］. Research in Post–Compulsory Education，2010（15）：1–17.

⑧ AKKERMANS J，PARADNIKé K，VAN DER HEIJDEN BIJM，et al. The best of both worlds：the role of career adaptability and career competencies in students' well–being and performance［J］. Frontiers in Psychol，2018，9（1678）：1–13.

显著正向影响，消极专业适应性对学习投入有显著负向影响。[①]

二、教育期望及其与专业适应性的关系

（一）教育期望的概念与测量

期望是个体面对未来所产生希望、期待的一种心理表现，在《现代汉语词典》中，关于期望的释义是“对未来的事物或人的前途有所希望和等待”；[②] 在心理学领域，期望是指主观上希望某一特定事件发生的一种心理倾向。[③] 国内外相关研究也充分说明了期望所具有的未来指向性，如巴克（Buck，1991 年）指出，期望是个体基于过去经验和当前刺激而对未来事物的预计或设想，同时也导致个体希望某些事物发生的一种态度；[④] 胡咏梅等（2010 年）认为，期望是人们对自己行为结果的某种预测性认知，是建立于人们对外界信息做出反应的经验基础之上，或是在推动自身行为的内在需求之上；[⑤] 厄廷根（Oettingen，2000 年）则认为，期望是与未来相关联的概念，期望对行为的影响取决于期望是否被激活，人们对期望中的积极未来想象与消极现实阻碍进行比较时，才会体验到行动的必要性，这是期望形成的基础。[⑥]

教育期望（Educational Aspiration/Expectation）作为“期望”在教育领域的概念，经常在教育心理学、教育社会学中使用和研究，而其内涵的主体具有多样性，包括个人自我教育期望、父母对子女教育期望、教师对学生教育期望、社会对个人的教育期望等，其中父母对子女教育期望、个人自我教育期望的研究占多数。父母对子女的教育期望，一般指父母对子女将来完成到什么程度教育的估计，[⑦] 也有认为是父母对孩子未来成就（通过课程成绩等方面反映）的看法。[⑧] 个人自我教育期

---

① 富辰，刘文理．大专生未来取向和学习投入的关系：专业适应性的中介作用［J］．宁波教育学院学报，2020，22（6）：24–29.

② 中国社会科学院语言研究所词典编辑室．现代汉语词典［M］．2002 年增补版．北京：商务印书馆，2002：992.

③ 黄希庭．简明心理学辞典［M］．合肥：安徽人民出版社，2004：278.

④ BUCK D. Parental expectations versus child performance：A Picture Graph Method［J］. Elementary School Guidance & Counseling，1991，26（2）：150–152.

⑤ 胡咏梅，杨素红．学生学业成绩与教育期望的关系研究——基于西部五省区农村小学的实证分析［J］．天中学刊，2010，25（6）：125–129.

⑥ OETTINGEN G. Expectancy Effects on Behavior Depend on Self–Regulatory Thought［J］. Social Cognition，2000，18（2）：101–129.

⑦ BENNER A D，MISTRY R S. Congruence of mother and teacher educational expectations and low–income youth's academic competence［J］. Journal of Educational Psychology，2007，99（1）：140–153.

⑧ YAMAMOTO Y，HOLLOWAY S D. Parental Expectations and Children's Academic Performance in Sociocultural Context［J］. Educational Psychology Review，2010，22（3）：189–214.

望，一般指个体自身对达到或完成教育目标的设想，如将教育期望定义为个体基于过去经验和当前刺激，对自己（或他人）完成学校教育层级的一种预想。① 张云亮（2018 年）对个体教育期望定义为个体对自身未来完成的教育年限或获得的教育程度的期望；② 王令格（2020 年）认为，青少年的教育期望是个体在早期求学阶段对学业的抱负，及对未来的憧憬和信念。③ 对于中小学阶段的学生而言，个人自我教育期望着重于未来学业表现以及未来成就和角色抱负等方面。④

自我教育期望除了内涵的主体区别于父母教育期望，其他如分类标准、处理方式与父母教育期望是一样的，⑤ 因而对教育期望的测量方面，除了提问对象主体有变化外，自我教育期望与父母教育期望的测量方法并无太大的区别。国内外常用的测量教育期望的方式，是使用单道题来询问被试有关受教育年限或层次的期望。西维尔（Sewell，1968 年）等基于被试学生对 1 道有 4 个陈述题项的填答，来对教育期望进行测量，这 4 个陈述题是关于父母对子女上大学计划的态度，包括：我父母想让我去上大学、我父母不想让我去上大学、我父母不在乎我是否去上大学、我父母不会让我去上大学；其中，选择第一个陈述的学生被认为是感受到父母对他们上大学的鼓励和期望，选择其他陈述的学生则被认为没有感受到父母对他们上大学的鼓励和期望；根据这一分类和被试填答情况，研究者把教育期望转换成高、低教育期望变量。⑥ 吉尔（Gill，1999 年）等采用父母报告的期望子女接受教育年限（1—高中毕业、2—一般性学院毕业、3—四年制本科毕业、4—读研究生或完成研究生学位），来测量父母对子女学业成就期望，题目设计成 4 点打分题。⑦ 又如，洪（Hong，2005 年）等对教育期望的测量采用询问被试希望就读到的最高学历。⑧ 与其相似，张云运等（2015 年）对流动儿童父母教育期望的测量，由抚养人回答单

---

① 胡咏梅，杨素红 . 学生学业成绩与教育期望的关系研究——基于西部五省区农村小学的实证分析［J］. 天中学刊，2010，25（6）：125-129.

② 张云亮 . 亲子互动、学校资源与学生教育期望——基于“中国教育追踪调查”的异质性分析［J］. 青年研究，2018（2）：46-56，95.

③ 王令格 . 青少年自我教育期望、学习态度和学业表现的关系研究［J］. 科教导刊，2020（1）：124-126.

④ 谢炜莹 . 新北市新移民子女自我教育期望与幸福感之研究［D］. 台北：台北教育大学硕士学位论文，2014：13.

⑤ 杨中超 . 家庭背景与学生发展：父母参与和自我教育期望的中介作用［J］. 教育经济评论，2018，3（3）：61-82.

⑥ SEWELL W H，SHAH V P. Parents' education and children's educational aspirations and achievements［J］. American Sociological Review，1968，33（2）：191-209.

⑦ GILL S，REYNOLDS A J. Educational Expectations and School Achievement of Urban African American Children［J］. Journal of School Psychology，1999，37（4）：403-424.

⑧ HONG S，HO H Z. Direct and indirect longitudinal effects of parental involvement on student achievement: second-order latent growth modeling across ethnic groups［J］. Journal of Educational Psychology，2005，97（1）：32-42.

道题进行报告，题项为“您期望孩子将来能读到什么程度？”选项包括初中毕业、职业高中或中专技校毕业、高中毕业、大专毕业、本科毕业、研究生及以上。[①]同样，张庆华等（2020 年）对留守儿童的自我教育期望也通过单道题测查，即“我希望我上学最高可以读到_____.”选项包括小学、初中、高中或中专、大专、本科及以上等不同层级的学历。[②]

除了单道题的测量外，也有一些调查对教育期望的测量采用 2 道题的方式。如中国人民大学实施的“中国教育追踪调查（CEPS）”中，将学生的个体教育期望操作化为两个指标，其一是学生期望的受教育年限，题项为“你希望自己读到什么程度”，选项包括现在就不想念了、初中、中专 / 技校、职业高中、高中、大学专科、大学本科、硕士研究生、博士研究生，其二是对四年制大学的期望，题项为“是否希望上四年制大学”，为二分变量。[③]余秀兰（2020 年）对教育期望的测量包括大学期望、名校期望 2 道题，大学期望是对教育层次的选择，选择大专及以上的赋值为 1，为二分变量；名校期望是对大学层次的选择，选择 211、985 大学的赋值为 1，也是二分变量。[④]菲利普森（Phillipson，2007 年）等在研究中，设计了父母归因与认知问卷（Parents' Attributions and Perception Questionnaire，PAPQ），PAPQ 的第二部分测量父母对孩子的教育期望，提供了两个测试数学和语言的假设提问，要求被试家长表明他们的孩子可能会达到的分数和能令家长满意的分数，满分 100 分、及格 50 分，用赋分值来计算。[⑤]

除上述以询问被试受教育程度期望作为测量教育期望的方法外，还有将教育期望作为多维结构、编制打分表形式的测量问卷进行测量。其中，我国台湾地区相关学者对中小学阶段教育期望的测量问卷较有代表性。蔡添旺（2006 年）在对小学生的家长教育期望与管教方式关系的研究中，自编了教育期望问卷，将教育期望分为 4 个因子，分别是品德陶冶的期望、学业成就的期望、身心健康的期望和人际关系的期望，初始问卷有 28 题，经预测试删减题目及修订后，最终问卷共 24 题，每

---

① 张云运，骆方，陶沙，等.家庭社会经济地位与父母教育投资对流动儿童学业成就的影响［J］.心理科学，2015，38（1）：19-26.

② 张庆华，杨航，刘方琛，等．父母教育期望与留守儿童的学习投入：父母教育卷入和自我教育期望的中介作用［J］．中国特殊教育，2020（3）：76-82.

③ 吴愈晓，黄超．基础教育中的学校阶层分割与学生教育期望［J］．中国社会科学，2016（4）：111-134，207-208.

④ 余秀兰．父母社会背景、教育价值观及其教育期望［J］．南京师大学报（社会科学版），2020（4）：62-74.

⑤ PHILLIPSON S，PHILLIPSON S N. Academic Expectations，Belief of Ability，and Involvement by Parents as Predictors of Child Achievement：A cross-cultural comparison［J］. Educational Psychology，2007，27（3）：329-348.

个因子 5~7 题，信效度符合统计学要求。[①] 纪淑玲（2011 年）在小学生的家长教育期望与教育改革满意度、子女补习行为关系的研究中，将教育期望分为成绩表现期望、未来社会成就期望、品德及人际关系期望 3 个因子，初始问卷共 17 题，经预测试后最终保留 15 题，每个因子 3~5 题，信效度符合统计学要求。[②] 刘慧华（2013 年）在对小学教师子女的教育期望研究中，自编了教育期望问卷，将教育期望分为学业表现、社会成就、品格能力、人际互动 4 个因子，初始问卷共 34 题，经预测试删减题目，最终问卷共24题，每个因子5~7题，信效度符合统计学要求。[③] 表2–6 列出了国内外对于教育期望测量的主要工作和贡献。

表 2–6　有关教育期望测量的主要研究者及其主要贡献

研究者	主要贡献
西维尔等（Sewell et al，1968 年）	设计 1 个题项，询问被试“父母是否希望子女去上大学”
吉尔等（Gill et al，1999 年）；洪等（Hong et al，2005 年）	设计 1 个题项，询问被试“希望就读到的最高学历”
张云运等（2015 年）；余秀兰（2020 年）	设计 1 个或 2 个题项，询问被试有关教育层次、教育质量的期望
菲利普森等（Phillipson et al，2007 年）	2 个题项，提供了 2 个测试数学和语言的假设提问，询问被试对于子女可能会达到的分数、满意的分数，并使用赋分值
蔡添旺（2006 年）	自编小学生家长教育期望问卷，该问卷包括品德陶冶（6 题）、学业成就（5 题）、身心健康（6 题）和人际关系（7 题）4 个因子，共 24 题，每个因子 6~8 题，采用 4 点打分表；问卷的信效度达标
纪淑玲（2011 年）	以前人研究为基础编制小学生家长教育期望问卷，该问卷包括成绩表现期望（6 题）、未来社会成就期望（5 题）、品德及人际关系期望（4 题）3 个因子，共 15 题，每个因子 3~5 题，采用 6 点打分表；问卷的信效度达标
刘慧华（2013 年）	自编教师子女教育期望问卷，该问卷包括学业表现（6 题）、社会成就（5 题）、品格能力（7 题）、人际互动（5 题）4 个因子，共 24 题，每个因子 5~7 题，采用 4 点打分表；问卷的信效度达标

资料来源：根据已有文献自行整理

① 蔡添旺 . 台中县国民小学学生家长教育期望与管教方式关系之研究［D］. 台中：台中教育大学硕士学位论文，2006：88.

② 纪淑玲 . 国民小学家长教育期望、教育改革满意度及其子女补习行为关系之研究［D］. 台中：逢甲大学硕士学位论文，2011：64.

③ 刘慧华 . 屏东县国小教师子女教育期望与才艺学习态度关系之研究［D］. 屏东：屏东教育大学硕士学位论文，2013：99.

（二）教育期望与专业适应性的关系

从教育期望与学业的关系来看，“中学期间学生个体的教育期望与大学学业成就有显著的相关性”这一结论，已被国内外大量研究所证实。就社会学角度而言，这一研究结论的雏形来自布劳和邓肯（Blau & Duncan）提出的“地位获得模型”中所提及的期望与成就具有的关联性；西维尔（1968 年）等将其进行了拓展研究，他们对美国威斯康星州高中生的跟踪调查表明，父母学历、父母的教育期望、鼓励支持等，与子女高中期间的教育期望（抱负）及未来的教育收获、职业及收入等显著相关。[①②] 其后许多研究都进一步验证了中学生的教育期望与后续学业成就的重要关联，尤其是在不同阶层、不同种族、不同家庭背景等方面的探讨更为普遍。拉莫斯（Ramos，1995 年）等对 71 名墨西哥裔美国高中生的研究表明，高中生教育期望与家长的教育支持、文化适应等方面具有显著相关性；[③] 巴拉德斯（Valadez，1998 年）对 24 599 名八到十二年级的中学生进行调查表明，个体、家长等教育期望从某种程度上决定了学生是否就读大学的现实；[④] 吉尔等（Gill，1999 年）利用芝加哥纵向研究的数据，对 712 名非洲裔美国孩童的父母教育期望与子代学业成就的关系进行分析，研究发现，孩童感知到的父母期望会在父母期望与自身的阅读、数学成绩间起到部分中介作用；[⑤] 马奇班克斯（Marjoribanks，2003 年）构建了一个有调节的中介模型，以此检验学习环境、青少年教育期望和不同家庭背景青少年教育成就之间的关系模型，通过对澳大利亚 4 382 名女性青少年、3 940 名男性青少年的纵向调查数据表明，家庭背景、青少年学习环境与个体教育愿望、教育成就有显著相关性；[⑥] 罗森（Rothon，2011 年）等研究了在伦敦一个贫困地区普通高中里学生的教育期望和成就之间的关系，结果显示，高中生的教育期望与个体特征有关，教育期望作为一个非常重要的社会变量，会显著影响学生的发展志向、升学意

---

① SEWELL W H，SHAH V P. Parents' education and children's educational aspirations and achievements［J］. American Sociological Review，1968，33（2）：191–209.

② SEWELL W H，SHAH V P. Social class，parental encouragement，and educational aspirations［J］. American Journal of Sociology，1968，73（5）：559–572.

③ RAMOS L，SANCHEZ A R. Mexican–American high school students：educational aspirations［J］. Journal of Multicultural Counseling and Development，1995，23（4）：212–221.

④ VALADEZ J R. Applying to college：race，class，and gender differences［J］. Professional School Counseling，1998，1（5）：14–20. // 转引自：张芳全 . 社经地位、文化资本与教育期望对学业成就影响之结构方程模式检定［J］. 测验学刊，2006，53（2）：261–296.

⑤ GILL S，REYNOLDS A J. Educational Expectations and School Achievement of Urban African American Children［J］. Journal of School Psychology，1999，37（4）：403–424.

⑥ MARJORIBANKS K . Learning environments，family contexts，educational aspirations and attainment：A Moderation–Mediation Model Extended［J］. Learning Environments Research，2003，6（3）：247–265.

愿和教育获得，进而影响其今后的社会地位。①

从社会心理学的角度而言，期望所产生的社会信念影响着人们的感受和行动，有助于生成他们的现实，就如社会学家罗伯特·默顿（Robert Merton）所说的自我实现预言（self-fulfilling prophecies）一样，信念能够导向自我实现。② 在教育领域，一项著名的实验研究就发现了期望对学习行为和成绩所产生的影响，罗森塔尔（Rosenthal，1968 年）等在美国旧金山一所小学中，随机选择几名被试并谎称他们智力超常，而这些人真的在随后的 IQ 测验中出现了飞跃。③ 心理学上将这一现象称为期望效应，又称为罗森塔尔效应（Rosenthal effect）或皮格马利翁效应（Pygmalion effect），这一效应表明，信念、偏见和期望可能对其接触的对象产生影响，个体常常按照与预想有关的方式去行动，导致事情的结果正是个体所预计的那样。④ 因此，社会学、心理学的相关理论表明，个体的教育期望会影响个体的心理感受，学生对周围感到适应的心理因素，可能促进了他们获得了更好的学业表现。

与此同时，已有研究表明，个体的教育期望会对未来发展的定向产生影响。如比尔（Beal，2013 年）等认为，青少年阶段已开始在教育和职业方面对未来的期望进行一些具体化，他们通过对 636 名青少年（其中 52% 为男性）进行调查，发现在高中期间，学生对未来的教育目标与其职业目标之间具有关联性，⑤ 也就是说，高中时建立的教育期望，将对未来的具体目标建立一种定向关系，这种定向可能会在潜移默化中转化为对目标选择的主动适应。朱红等（2016 年）在研究理科大学生职业志趣时，基于北京大学“高等理科教育改革”课题组的数据分析认为，学生在填报高考志愿时的内部动机大于外部动机，高中生的专业选择是基于高中有限经验等方面的“想象兴趣”，⑥ 学生根据已有经验对大学专业做出的预想，可以看成专业层面的教育期望，这一教育期望会对考生专业选择产生重要影响，并持续地影响学生入学后对专业、职业的志趣。

---

① ROTHON C，AREPHIN M，KLINEBERG E，et al. Structural and socio-psychological influences on adolescents' educational aspirations and subsequent academic achievement [J]. Soc Psychol Educ，2011，14（2）：209-231.

② 戴维·迈尔斯. 社会心理学 [M]. 11 版. 侯玉波，乐国安，张智勇，等译. 北京：人民邮电出版社，2016：110.

③ ROSENTHAL R，JACOBSON L. Pygmalion in the classroom：teacher expectation and pupils' intellectual development [M]. New York：Holt，Rinehart & Winston，1968. // 转引自：戴维·迈尔斯. 社会心理学：第 11 版 [M]. 侯玉波，乐国安，张智勇，等译. 北京：人民邮电出版社，2016：111.

④ 黄希庭. 简明心理学辞典 [M]. 合肥：安徽人民出版社，2004：239，278.

⑤ BEAL S J，CROCKETT L J. Adolescents occupational and educational goals：A test of reciprocal relations [J]. Journal of Applied Developmental Psychology，2013，34（5）：219-229.

⑥ 朱红，郭胜军，彭程. 理科大学生职业志趣的实证分析 [J]. 北京大学教育评论，2016，14（4）：155-174.

国内外一些研究也表明，学生在大学入学前后的教育期望将对入学后的适应产生影响。杨钋等（2013 年）提出的大学新生适应模型中，认为学生入学时的大学期望会对大学适应及个人发展产生影响，这一模型假设得到“首都高校新生适应性调查”数据的支持。[①] 张松山等（2018 年）对大一新生的自我概念、生活适应、学校认同与教育期望之间关系的研究表明，新生在大学期间的生活适应与他们的教育期望呈现正相关。[②] 杨中超（2018 年）将学校适应性作为学生非认知能力的具体操作化指标，研究了家庭背景、父母参与、自我教育期望与学生认知性、非认知性能力之间的关系，通过对 2013—2014 学年 CEPS 数据进行分析，发现学生自我教育期望会对学校适应性产生显著影响，更高的自我教育期望会表现出更好的学校适应性。[③] 更为重要的是，科尔（Cole，2017 年）对某期刊内有关“高等教育的过渡”主题的 9 篇论文进行元分析发现，来自不同国家的研究者们共同关注到，学生的期望与他们在大学第一年成功融入大学之间具有关联性，并表达了期望的重要性。[④] 可见，大学入学前的个体教育期望与入学后适应状况存在显著的影响关系。

第五节　文献述评

通过上述对不同主题的文献回顾，我们可以看到，本研究所要探讨的新高考政策及对其的评估，是国内学界研究的一个持续热点议题，且伴随着新高考综合改革的不断深入，对新高考政策实施影响及成效评估的研究更趋丰富和多元；研究中的关键概念“专业适应性”，其本身具有多视角的内涵和多样化的测量方法，并且与教育政策的实施有着密切的关系；研究所涉及的一些重要变量（包括：专业决策自我效能、专业选择结果预期、学习投入、教育期望），在国内外研究中都有比较丰硕的研究成果及较为成熟的测量方法，相关变量之间也呈现出可能的影响关系。总体而言，国内外已有的研究成果，不仅为本研究提供了非常有价值的结论，更为进一步的研究提供了可行方向的探讨基础。

---

① 杨钋，毛丹．“适应”大学新生发展的关键词——基于首都高校学生发展调查的实证分析［J］．中国高教研究，2013（3）：16-24.

② 张松山，陈朝政，罗怡卿．大学新鲜人第一哩路的自我概念、生活适应、学校认同与教育期望关联性研究［J］．学生事务与辅导，2018，57（3）：38-53.

③ 杨中超．家庭背景与学生发展：父母参与和自我教育期望的中介作用［J］．教育经济评论，2018，3（3）：61-82.

④ COLE J S．Concluding comments about student transition to higher education［J］．Higher Education，2017，73（3）：539-551.

一、已有文献中有价值的结论

第一，新高考政策实施产生诸多影响，亟须做好政策评估研究。新高考政策实施后，对大学招生培养、中学教育教学、考生学习考试等都产生了重要影响，并关涉高中与大学不同阶段，因而聚焦于“高中－大学教育衔接”对政策实施情况进行评估，正是理论和实践层面都需要重点关注的议题，这是本研究的逻辑起点。

第二，新高考政策会影响学生入学后的适应性，研究“适应性”可成为政策评估的可行路径。作为一项重大的教育政策，新高考政策与学生高考后进入大学的适应性存在着因果关系，这正是本研究能够实施进行的必要前提；并且，对经历过新高考的学生进入大学后的适应状况展开研究，是有效评估新高考政策实施成效的一条重要思路。

第三，专业适应性的概念具有多维性，可进一步对其操作化。专业适应性作为大学生入学后自身发展的“关键词”，是一个多维度的重要概念，对这一概念可进一步操作化、具体化，这也是本研究之所以可行的重要保证。

第四，本研究所选取的研究变量间存在相关性，为研究模型构建提供基础。学生高中期间的学习投入、教育期望等特征，以及专业决策自我效能、专业选择结果预期等，都与学生在大学期间的适应性或学业表现、学业成就等有关系，这为后续变量之间的因果关联和模型构建提供了基础。

二、在已有文献基础上可进一步研究的方向

第一，新高考政策的实施成效评估需要进一步探讨。从已有的对新高考改革相关研究文献可以看到，许多研究都十分关注新高考政策实施影响及对其效果的评估，因为这是一个面向现实问题、具有理论价值和实践意义的议题；不过，前人对于新高考实施成效研究得出的结论，既有认为政策实施成效积极明显（如王新凤等[①]），也有认为政策实施产生负面影响、令人担忧（如潘苏东等[②]），不同的研究结论反映了新高考政策实施成效仍然存在着争议，也使得该议题值得进一步探究和讨论。通过文献回顾也发现，在研究路径上，仍有值得继续深入探讨的地方：一是在既往研究中，宏观论述性、分析性的研究居多，很有必要增加微观的、实证性的研究，通过更多数据资料的“证据”，来更有力地回答“新高考实施的成效如

---

① 王新凤，钟秉林．新高考背景下高校招生与人才培养的成效、困境及应对［J］．中国高教研究，2019（5）：49-53，57.

② 潘苏东，岳晓婷，万琳凌，等．高考新政对理工科大学生专业学习影响的实证研究［J］．现代大学教育，2020（1）：78-85，112.

何”，以增强对这一议题探讨的效度。二是目前对“用什么方式来评估新高考政策实施成效”，并没有一致的意见或明确的评估方向，以往多数研究是将评估放在对高中教育影响、高中生选科学习方面，毕竟，高考作为高中教育的“指挥棒”，高中的教育教学形态、内容、方式都发生较大变化，高中生应对改革举措也带来学习经历的改变，这不失为一种可行的研究路径；但高考作为连接高中与大学教育的衔接保障机制，也很有必要围绕高中 - 大学教育衔接，选取有效表征高中 - 大学教育衔接的变量、探讨新高考政策与这些表征变量之间的关系，来回答“新高考政策实施的成效如何”。

第二，专业适应性概念需要进一步明确并优化对其的测量方法。专业适应性作为学生发展中的一个重要概念，因不同学科背景的研究者从不同研究视角给出其概念内涵，以至于产生较大的差别，尤其是该概念的维度构成上，目前也缺乏较为一致的意见。从测量、变量操作化的角度而言，一方面，对“适应”相关的研究很多使用国外的测量问卷，[①] 中外文化差异加之翻译的版本、本土化后的改进，导致问卷的种类较多、测量内容相差大、维度构成差别较大；另一方面，国内专门针对专业适应性的研究并不多，在理论化和操作化的过程中存在一些概念模糊与矛盾，导致目前使用的专业适应性问卷显得有些“杂乱”，不仅有多维度、单维度等不同结构模式，而且一些维度内的题项也出现重复、划分不一致的情况，还有些研究采用学业表现、学习积极性等替代性概念作为专业适应性的操作化变量。这里需指出的是，作为现阶段国内研究使用比较多的专业适应性问卷（唐文清编制[②]），其分问卷数量过多、结构过于复杂，带有比较明显的“拼凑”痕迹，且其中一些分问卷也并不适合用于测量专业适应性，如“专业承诺”分问卷，就属于另一个相对独立的研究领域并有其成熟的、比较公认的多维度测量问卷，把它作为专业适应性的一部分是欠妥当的。本研究是基于“专业适应性”来展开整个研究过程，因而在已有研究成果和测量工具基础上，对专业适应性的概念进行优化界定以及操作化，显得非常有必要。

第三，新高考政策影响专业适应性的过程机制需要进一步明晰。已有的大量文献都表明了新高考政策会对学生进入大学后的表现产生影响，专业适应性作为结果变量，我们更关心政策是如何影响学生的专业适应性的，因此，两者之间具体的作用过程、影响机制非常值得深入探讨。目前来看，这方面的研究比较少，原因可能有两方面：一是政策、中间变量（如综述中的自我效能、结果预期等心理变量）、专业适应性这三者之间，两两产生的影响关系得到不同程度的论证，但它们因为分

---

① 方晓义，沃建中，蔺秀云．《中国大学生适应量表》的编制［J］．心理与行为研究，2005，3（2）：95-101.

② 唐文清．大学生专业适应性量表编制及其应用［D］．重庆：西南大学硕士学位论文，2007：1.

属于公共管理学、心理学、教育学等不同学科领域中的研究对象，受限于学科范畴的局限，很少将它们三者整合起来探讨其中的影响机制；二是在对新高考政策变量进行操作化的处理上，前期研究多是以询问学生“是否参加新高考”的二元变量作为自变量，或是对“经历新高考 / 未经历新高考”两类可比较的学生进行群体差异分析，这就会使得对两者之间影响的“过程机制”难以进行进一步挖掘。与此同时，对新高考政策的不同举措（如科目自选、专业优先等），也很少进行区分，鲜有对某一项具体政策举措进行单独研究，以考察政策举措产生的影响效应及中间机制情况，而不区分具体举措会使“新高考政策”的概念过于笼统，这对于了解内在的影响机制造成一定障碍；因而很有必要将新高考政策做一个可行的“转化”（即本研究中的政策认同变量）和“分化”（区分具体的政策），形成一个可测量的、具体的政策变量展开研究。总之，探究新高考政策认同与专业适应性之间的影响关系及过程机制是非常必要和有价值的。

第四，新高考政策对大学入学前后关联性的影响作用需要进一步讨论。在对新高考政策实施成效的已有研究中，大多文献聚焦于通过政策的影响情况来讨论成效，这一“影响情况”的研究视域一般放置在高中阶段或是大学阶段，围绕着新高考政策与高中（高中生）之间的影响关系、新高考政策与大学（大学生）之间的影响关系来进行研究或论述，较少有把研究视域打开至高中与大学两个阶段抑或是把新高考政策、大学入学前特征、入学后专业适应性等多个因素置入一个研究框架下进行探讨。高考作为高中教育到大学教育衔接的选拔制度，新高考政策势必带来高中教育、大学招生与人才培养、学生发展等诸多方面的改变，对于学生入学前特征与入学后专业适应性两者“应有”的关联性，新高考政策对两者关联性产生怎样的作用，是一个非常值得去深入分析和讨论的内容。

结合上述可行的研究方向，并针对目前高考相关研究以定性研究占主导地位、亟须定量研究融入其中的背景下，[①] 后续研究的可行思路可以是：从微观层面出发，以定量研究为主，重新编制“专业适应性”问卷，基于专业适应性的视角，通过分析政策认同对经历过新高考的学生进入大学后的专业适应性的影响、对入学前特征与专业适应性两者关联性的影响，来探讨新高考政策认同对高中 – 大学教育衔接的影响及作用机制，以评估新高考政策的实施成效。

① 王桢 . 循证实践框架下对高考改革的思考［J］. 大学教育科学，2019（1）：68–74，107.

第三章　理论构建与分析框架

第一节　理论基础

理论是以一种系统化的方式将经验世界中某些被挑选的方面概念化并组织起来的一组内在相关的命题；理论的特征包括：来自经验的实践，是一种抽象的系统的认识，其目标是对经验现象作出解释。① 根据理论的抽象程度和所能解释的范围，可以将理论分为宏观理论、中观理论和微观理论，宏观理论抽象程度高、解释度也最广，中观理论相对抽象并能与经验现象相结合，微观理论则是从经验现象中概括出一些命题或假设；许多研究都是尝试把中观理论和微观理论结合起来，形成从理论概括到研究假设再到测量指标的过程。② 这里着重阐述本研究主要使用的两个理论，这两个理论属于中观层面的理论，可以“提供一种相对具体的分析框架”，③ 为变量之间建构相互关系提供主要依据及基础。

一、社会认知生涯理论

（一）理论概述

社会认知生涯理论（Social Cognitive Career Theory，简称SCCT），又称为社会认知职业理论，是由伦特等人（1993、1994年）按照社会认知理论（Social Cognetive Theory）所构建的有关职业决策的生涯理论模型，④ 这一理论模型将个体的特质、环境、经验、行为等多个因素的相互作用综合性地引入到职业决策领域，

---

① 风笑天．社会研究方法［M］．4版．北京：中国人民大学出版社，2013：21.

② 仇立平．社会研究方法［M］．2版．重庆：重庆大学出版社，2015：107.

③ 风笑天．社会研究方法［M］．4版．北京：中国人民大学出版社，2013：22.

④ LENT R W，LOPEZ F G，BIESCHKE K J. Predicting mathematics-related choice and success behaviors：test of an expanded social cognitive model［J］. Journal of Vocational Behavior，1993，42：223-236. // 转引自：郭本禹，姜飞月．自我效能理论及其应用［M］．上海：上海教育出版社，2008：271.

对理解和解释个体（尤其是大中学生）的生涯选择行为有很大帮助，不仅可用于了解学生对职业的自信程度，还可以作为学生生涯辅导、干预的科学工具，具有较强的应用性和较大的影响力。

SCCT 模型以班杜拉提出的社会认知理论为基础，提供了一个分析框架（模型），用于理解职业生涯发展中三个复杂的关键环节：与职业生涯相关的兴趣的形成，个体做出有关学业、职业方面的选择，个体在教育、职业追求方面的表现和坚持性。同时，该分析框架聚焦自我效能、结果预期和个人目标这三个在职业生涯发展中起核心作用的变量，以及这三个核心变量之间、它们与个体特质（如性别）、背景因素（如支持系统）、学习经验间的相互作用机制。[①] 在 SCCT 中，自我效能是指个体对组织和实施所要达成的行为结果的能力的信念，如对能否通过努力学习而获得好成绩的自信程度；结果预期是指个体对从事特定行为可能产生的结果的信念，如对努力学习后得到好成绩做出一套个人的预期，预期可以是得到表扬或奖品等报酬，也可以是取得好成绩或成功的良好体验；个人目标是指个体从事特定活动或取得一定结果的意图。这三个核心变量与个体特质、背景因素及学习经验之间，按照三个关键环节联结形成 SCCT 的理论模型，见图 3-1。

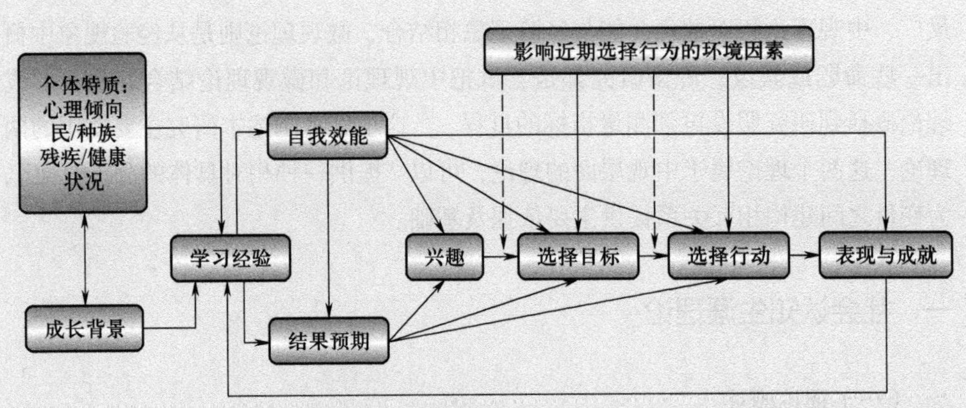

图 3-1 社会认知生涯理论模型（Lent et al，1993 年）

从理论模型图中可以看到，自我效能、结果预期共同影响个人的职业兴趣、职业选择目标、职业选择行动以及在职业领域的表现与成就；个体特质、成长背景会影响个体学习经验，而个体特质、成长背景以及学习经验等因素又会影响自我效能和结果预期，同时这些个体特质、成长背景等因素也直接或间接地影响职业兴趣、职业选择目标、职业选择行动和表现成就。

① LENT R W，BROWN S D，HACKETT G. Toward a unifying social cognitive theory of career and academic interest，choice，and performance［J］. Journal of Vocational Behavior，1994，45：79-122.

事实上，SCCT模型的三个环节还可以对应为三个相互联系的子模型，分别是职业兴趣发展模型、职业选择模型和职业结果表现模型。职业兴趣发展模型（见图3-2），展示了SCCT所认为的个体职业兴趣会随着时间的变化而变化，兴趣变化主要受到个体自我效能和结果预期等因素的影响。

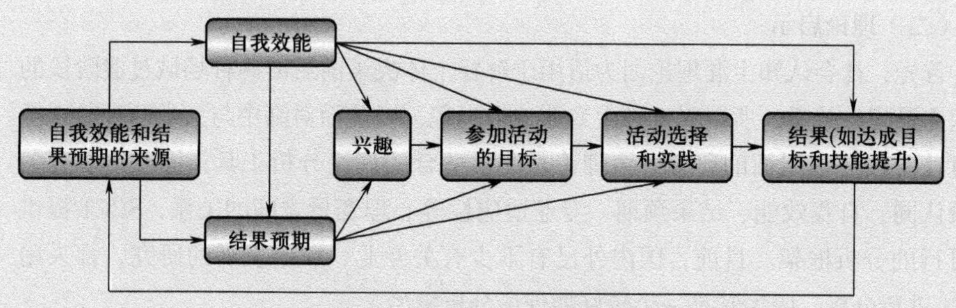

图3-2 职业兴趣发展模型

职业选择模型（见图3-3），展示了SCCT所认为的个体职业选择可分为四个部分，包括选择（定）目标、选择行动、评价实现情况以修正目标和保持未来的职业行为。这一模型强调了选择的动态性，它是一个不断修正、反馈的动态过程。

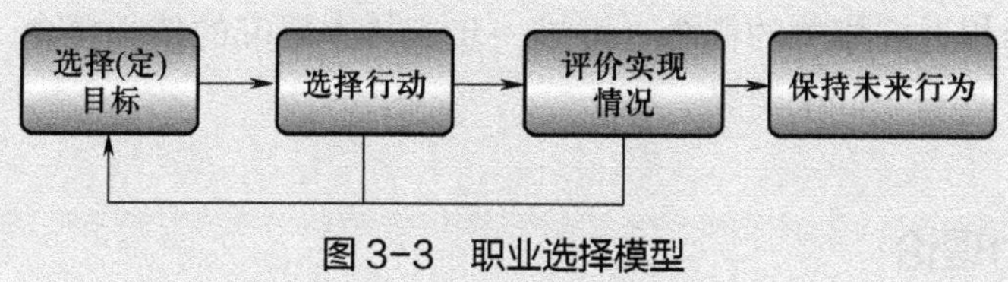

图3-3 职业选择模型

职业结果表现模型（见图3-4），展示了SCCT所认为的先前的能力、表现等通过自我效能、结果预期，影响个体对目标与子目标的选择，并最终通过任务实现中所体现出的成就水平而表现出来。

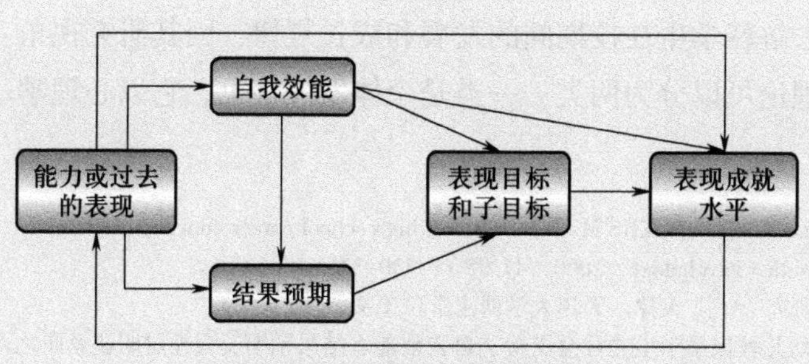

图3-4 职业结果表现模型

社会认知生涯理论非常适合对有关决策前后的两种场域过渡阶段的心理层面进行研究，因为该理论通过对职业决策过程分析，试图解释内外部因素如何影响个体职业行为，这对于学生从校园走向职业领域这一过渡阶段的心理方面变量关系提供了一个理论分析框架。①

（二）理论启示

首先，社会认知生涯理论因为适用于解释个体决策前后的两种场域过渡阶段的心理变量间的关系，所以对于考生专业选择过程，以及面对高中与大学两种教育场域过渡阶段心理层面的研究，该理论是非常适合的理论分析工具；同时，对有关政策认同、自我效能、结果预期、专业适应性等心理变量之间的关系，SCCT 提供了可行的分析框架。目前，国内外已有不少有关专业、职业发展的研究，都采用 SCCT 进行分析，因为它是一个较好的理论分析模型。

其次，环境变量在 SCCT 模型中与自我效能、结果预期和个人的兴趣、意向、行为等多个变量有影响关系，在一些基于 SCCT 的分析模型中，环境变量可直接影响个体的自我效能和结果预期，如已有研究指出，个体的社会支持感受作为环境变量可直接影响个体的自我效能和结果预期。②③

最后，SCCT 所包含的职业兴趣发展模型、职业选择模型与职业结果表现模型中，因变量所体现的对职业的兴趣、对职业的承诺（坚持行为）、职业的成就表现等，都是与“适应性”内涵相近或相关的概念，可进一步支持本研究的核心概念“专业适应性”与其他概念（变量）间的关系。

二、高等教育院校影响力理论

（一）理论概述

高等教育院校影响力理论（College Impact Theory，以下简称“院校影响力理论”），又可称为大学生学习影响力理论，属于学生发展理论（Student Development Theory）的一个重要支脉。学生发展理论在欧美国家已有上百年历史，它通过关涉个体与环境、社会心理等，去解释学生在校期间的发展和成长规律，因其研究视角和理论基础不同，学生发展理论可以分为两类：一类是个体发展理论，它以心理学

---

① McWHIRTER E H，RASHEED S，CROTHERS M. The effects of high school career education on social-cognitive variables［J］. Journal of Counseling Psychology，2000，47（3）：330-341.

② 史卉 . 大学生职业发展态度研究［D］. 天津：天津大学博士学位论文，2013：29.

③ 江春凤，赖英娟，张枫明 . 幼儿教保系学生之社会支持、自我效能、结果预期及兴趣对职业意向之影响［J］. 中华辅导与咨商学报，2016（45）：123-148.

为基础，关注学生在大学期间认知、情感、认同等发展的内容、方式；另一类是变化理论，它从社会学的视角出发，关注学生在大学期间的成长与外在因素的因果关系，强调学生参与的重要性。① 后者所指的“变化理论”，就是由院校影响力理论以及由其发展而成的学生参与理论（Student Involvement Theory）等组成。

院校影响力理论产生的背景是第二次世界大战之后的美国高等教育规模大扩张，以及生源构成的异质性、多元化，这导致高等教育质量下降，学生对大学所提供的教育感到不满。在这一背景下，教育管理者和研究者们开始对高等教育影响学生在大学期间的学习及发展开展研究，因为他们必须要回答的问题是：是否上大学对个体来说有哪些不同和差异？高等教育到底在学生成长发展中起到了什么作用？换句话说，要回答这些“差异”、探究这些“作用”，需要搞清楚诸如：学生从高中进入大学之后，他们在大学接受的教育到底有没有影响其发展？除了自身生理及其他方面的发展之外，高等教育给予学生发展的“净效应”有多少？高等教育究竟应该通过何种方式来影响学生发展等问题。

可以看出，院校影响力理论更加关注学生与“大学环境”之间的互动，指出了大学环境之于学生心理与行为上的影响作用；而该理论对大学环境的概念十分宽泛，包含从大学所提供的课程、活动到各方面的教育政策、管理制度和服务保障等。鉴此，院校影响力理论的基本假设和研究范式是：高等教育（即院校的各种课程、活动、政策、制度等环境）会对学生发展及成就（包括行为、态度、意向、价值观、满意度等）产生影响。

在院校影响力理论总体研究思路和框架之下，不同研究者的切入点不同、研究的内容不同、使用的变量不同，进而产生了许多院校影响力理论的具体分析模型。表 3–1 梳理了院校影响力理论发展中的主要分析模型及其内容。

表 3–1 院校影响力理论中的主要分析模型及其内容

理论模型	主要代表人物	理论观点
学生辍学行为的社会学分析模型	斯帕蒂（Spady，1970 年）	该模型在关注家庭背景、学生学术潜质、智能发展的同时，强调在大学学术子系统、社会子系统中规范协调和友情支持的作用
大学影响 I-E-O 模型	阿斯汀（Astin，1962、1985 年）	该模型包含输入（input）—环境（environment）—输出（outcome）三方面要素，学生在初始阶段带入高等教育阶段的个体特质“输入”，直接影响学生成长表现的“输出”，其中的“环境”（即包括课程、政策等在内的高等教育所提供的学生在校经历）是关键性变量，也是教育者试图控制的内容；“环境”与“输入”所产生的互动关系间接影响“输出”

① 朱红．高校人才培养质量评估新范式——学生发展理论的视角［J］．国家教育行政学院学报，2010（9）：50–54.

续表

理论模型	主要代表人物	理论观点
学生变化通用评估模型	帕斯卡雷拉（Pascarella，1985年）	该模型认为学生学业与认知性的发展受到五个要素的共同作用，其中入学前的学生背景和入学特质、学生努力质量、校园互动起直接影响作用，院校的组织结构特性、院校的环境起间接影响作用；提出了各要素之间与学生发展的因果关系路径
学生社会化模型	魏德曼等（Weidman et al，1989年）	该模型假设学生入学前带有鲜明的背景特征（包括教育期望），并承受来自父母和其他群体的入学前规范压力（normative pressure）；而在院校学术环境、社会环境中，学生还会承受来自学术、社会层面的规范压力，上述规范压力促成了学生的社会化成果
学生消耗模型	比恩（Bean，1985年）	该模型以员工离职理论为框架借鉴，包括“环境—组织—个体”三组变量、忠诚度等价值变量、离校意向变量和辍学行为变量四个部分，按照“态度—意向—行为”的逻辑顺序，建构变量之间的关系
学生辍学互动作用模型	汀托（Tinto，1975、1993年）	学生进入大学后经历学术系统（academic system）、社交系统（social system）两大系统，并有正式（formal）和非正式（informal）两种交往形式，学生在两大系统中、通过两种交往形式来实现融合；学生入学时具有的目标承诺和院校承诺会随就读时间、通过与学术及社交系统的互动进行调整，如果学生交往欠缺以致融合不佳，则会降低学生的承诺水平，导致辍学行为发生
学生持续就学综合模型	卡博雷拉等（Cabrera et al，1992年）	该模型试图对汀托的模型、比恩的模型进行整合，认为学术融入和社会融入会通过院校归属影响学生的持续就学意向，从而实现继续就业行为；而学业成绩可直接影响持续就学行为
学生成功理论	库恩（Kuh，2006年）	该模型认为学生入学前经历作为第一要素，直接影响学生为大学升学所做的准备及未来获得学业成功的可能性，学生资助政策、补习教育则是入学前经历影响学生继续学业的中介变量；院校经历作为第二要素，包含学生行为、院校状况以及介于其中的学生投入，它们共同影响学生成功的表现（即在读时的学业成就与毕业后的成就）

资料来源：根据鲍威（2014年）① 及相关文献进行整理

在该领域诸多分析模型中，与本研究关系紧密并具有直接借鉴意义的模型有三个，分别介绍如下。

1. 大学影响 I–E–O 模型

阿斯汀的 I–E–O 模型包含三个方面的要素数据：第一，输入（input），是指学生在初始阶段带入高等教育学习历程的个体特质，包括人口学统计特征（性别、年龄）、家庭背景以及学生前期形成的学习意愿、教育期望、入学前的才智特征、学术经历和社会经历等；第二，环境（environment），是指学生在大学期间的实际经

① 鲍威 . 未完成的转型：高等教育影响力与学生发展［M］. 北京：教育科学出版社，2014：24.

验或经历，是一个包含课程、教师、资助政策、人际等的宽泛概念，是教育者试图直接控制的那些东西；第三，输出（outcome），即学生成长的结果，指教育者希望学生在高等教育阶段所获得及发展的才智，包括学生毕业时形成的知识、技能、态度、价值观等认知性与情感性的表现。[①] 三者之间的关系模型如图 3–5 所示。

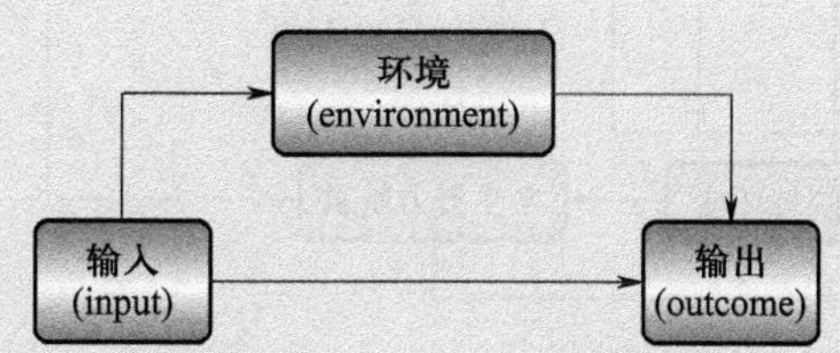

图3–5 大学影响I–E–O模型(Astin，1962、1985年)

在阿斯汀看来，输入、环境和输出三者中，输入直接影响输出；而环境是关键变量，环境与输入和学生的积极参与可产生互动，从而间接影响输出。该模型从 1962 年正式提出之后，已经成为引领西方学者研究大学影响的重要评估方法，[②] 是一个应用极为广泛的经典理论模型。

2. 学生变化通用评估模型

帕斯卡雷拉于 1985 年提出了学生变化通用评估模型，旨在强调大学的组织特性与教育环境要素相结合，探究不同要素之间的影响关系（路径）；该模型认为，学生学业与认知性的发展受到五个要素的共同作用和影响，其中学生背景和入学前特征（包括入学前学业成绩、期望等）、学生努力质量、校园人际互动会直接影响学生学业成就和认知能力提升，而院校的组织结构特性、院校环境则通过前三者间接地影响学生的发展。[③④] 该模型如图 3–6 所示。

---

① ASTIN A W. Achieving educational excellence［M］. SF：Jossey–Bass Publisher，1985：55. // 转引自：张红霞，吕林海，孙志凤 . 大学课程与教学：原理与问题［M］. 北京：教育科学出版社，2015：141–144.

② 张红霞，吕林海，孙志凤 . 大学课程与教学：原理与问题［M］. 北京：教育科学出版社，2015：141.

③ PASCARELLA E T，TERENZINI P T. Theories and models of student chang in college，How college affects students［M］. SF：Jossey–bass Publishers，2005：50–64. // 转引自：岳昌君，吕媛 . 硕士研究生创新精神特征及影响因素分析［J］. 复旦教育论坛，2015，13（6）：20–25，112.

④ PASCARELLA E T，TERENZINI P T. How college affects students：A third decade of research［M］. SF：Jossey–bass，2005：57. // 转引自：龙琪，倪娟 . 美国大学生学习影响力模型述评［J］. 复旦教育论坛，2015，13（5）：47–54.

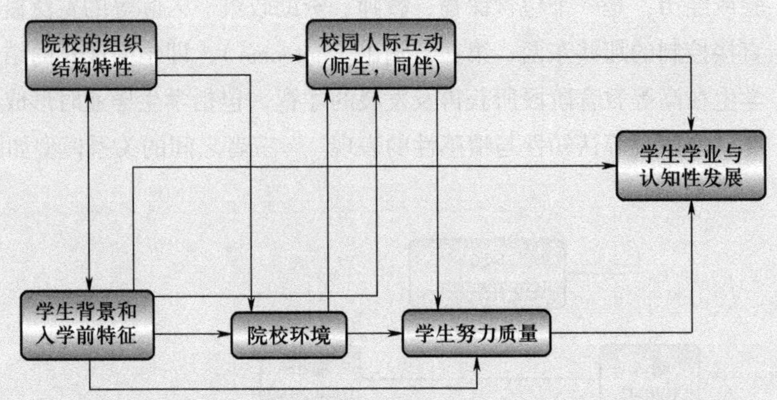

图 3–6 学生变化通用评估模型（Pascarella，1985 年）

从该模型中，我们也可以看到，作为外部的院校教育环境，必须要通过学生与之进行互动，才能对学生学业与认知性发展产生影响、发挥作用。

3. 学生辍学互动作用模型

汀托基于 I–E–O 理论模型，提出了学生辍学互动作用模型，从动态、互动的过程角度解释了大学里学生辍学的现象。该模型有几方面要点：其一，融合（integration）是大学生辍学理论中的核心概念，学生离开原有学习、教育、生活圈进入一个新环境（即大学），他们逐步改变以往态度、价值观等以适应新环境的各种规则，这一过程就是融合；其二，学生进入大学后的经历包括学术系统（academic system）和社交系统（social system），这两大系统分别包括正式（formal）和非正式（informal）两种交往形式，两大系统内的两种交往形式会互相影响、互相转化，学生正是在这两大系统中、通过这两种交往形式来实现融合；其三，除学生入学前特征外，学生还具有不同程度的目标承诺（goal commitment）和院校承诺（institution commitment），入学时具有的目标承诺和院校承诺会随着就读时间，通过与学术系统、社交系统互动进行调整；最终，如果学生在两大系统内的交往欠缺以至于融合不佳，则会降低学生的承诺水平，导致辍学行为的发生。①②③ 该模型如图 3–7 所示。

从该模型中，我们进一步看到，大学入学前特征是影响个体在大学期间融入及

---

① TINTO V. Dropout from higher education: A theoretical synthesis of recent research［J］. Review of Educational Research，1975，45（1）：89–125.

② TINTO V. Classrooms as communities: Exploring the educational character of student persistence［J］. The Journal of Higher Education，1997，68（6）：599–623.

③ 朱莲花．课堂环境对大学生学习成果的影响——以学习投入为中介的实证研究［D］．大连：大连理工大学博士学位论文，2019：34–35.

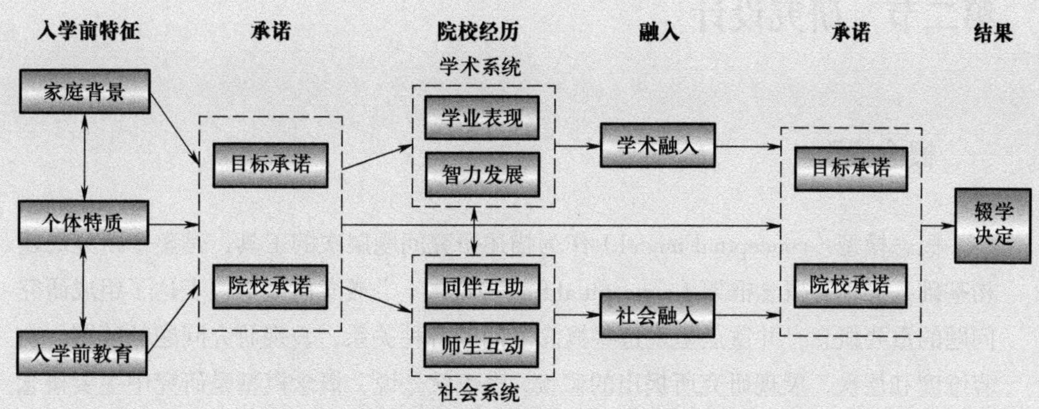

图 3-7 学生辍学互动作用模型（Tinto，1975、1993 年）

结果的最前端因素；学生带着自身的特征进入大学，在不同的环境中进行融合，[①] 学生对环境的态度，以及学生大学入学前特征与这些态度的互动作用，对学生后续发展非常重要。

（二）理论启示

上述理论模型，虽然研究的问题、内容、变量有所差异，但基本观点一致或相近，由此，院校影响力理论及相关分析模型带来如下几点启示：

首先，各个模型都强调，学生个体在进入大学前所具有的某些特征，将影响学生入学后的适应及表现，换言之，学生在高中时已累积的认知、情感等，会作为“输入”带入到大学，并持续性地对作为“输出”结果的适应性等产生影响。

其次，大学所提供的“环境”发挥不可忽视的重要作用，这个作用发挥必须要与“输入”（在帕斯卡雷拉模型中更强调学生的参与）产生交互作用，才能对“输出”产生影响，从某种意义上可进一步理解为，不同的“环境”促成或产生了不同的“输入—输出”间的关系。

再次，“环境”作为一种客观存在，必须要有学生积极主动的参与（也就是阿斯汀所指的学生参与、汀托模型中院校经历之前的承诺）才会互动产生影响作用，因此，教育政策作为一种客观的外部环境变量，需要个体具有倾向性的认同、参与，才能发挥政策的作用。

最后，在上述这些模型中，学生入学前的特征（即输入变量）提及最多的是有关学习方面的参与、投入和教育期望等，可进一步支持本研究选取的入学前特征变量。

① 龙琪，倪娟．美国大学生学习影响力模型述评［J］．复旦教育论坛，2015，13（5）：47-54.

第二节 研究设计

一、概念模型

概念模型（conceptual model）作为描述研究问题层次的工具，是整个研究的建构基础，又称为概念框架（conceptual framework）；[①] 概念模型不仅表达了组成研究问题的重要概念，并重点呈现这些概念之间的各种关系，表现研究问题的范围、内容维度和层次，展现研究所提出的假设，[②] 也就是说，概念模型是研究中主要概念之间关系的图式表达。

为从专业适应性视角切入来评估新高考政策实施成效、深入探讨学生新高考政策认同对其高中—大学教育衔接的影响，本研究以“问题导向、理论支撑、因果探究”下的实证分析为主要研究策略，在文献和理论的基础上，基于专业适应性的视角，依据作用机制，分别设计了两条研究主线：

研究主线一，是以社会认知生涯理论为基础，将学生进入大学后的专业适应性本身作为“高中—大学教育衔接”的表征，以新高考政策认同为自变量，建立新高考政策认同对专业适应性影响的直接效应模型、以专业决策自我效能和专业选择结果预期作为中介变量的中介效应模型，通过考察新高考政策认同对于专业适应性影响的显著性、效应大小、中介机制等，来分析新高考政策对于学生高中—大学教育衔接的促进作用。见图 3-8 上半部分所示。

研究主线二，是以院校影响力理论为基础，将学生大学入学前特征与入学后的专业适应性之间的关联性作为“高中—大学教育衔接”的表征，以新高考政策认同为调节变量，建立新高考政策认同对大学入学前特征与专业适应性关系的调节作用模型，通过考察新高考政策认同对于高中学习投入与专业适应性关系间、高中教育期望与专业适应性关系间的调节效应，来分析新高考政策对于学生高中—大学教育衔接的调节作用。见图 3-8 下半部分所示。

按照上述两条研究主线、围绕三组研究问题，本研究将展开 4 个子研究：新编制专业适应性问卷并编制研究所使用的总问卷（研究 1）；以问卷调查数据为基础，探究新高考政策认同对专业适应性的影响机制（研究 2）；探讨新高考政策认同对学生高中学习投入与专业适应性关系间的调节作用（研究 3）、对学生高中教育期望与专业适应性关系间的调节作用（研究 4）。4 个子研究见图 3-8 所示。

---

① 荣泰生 . AMOS 与研究方法［M］. 重庆：重庆大学出版社，2009：24.

② 陈向明 . 质的研究方法与社会科学研究［M］. 北京：教育科学出版社，2000：91.

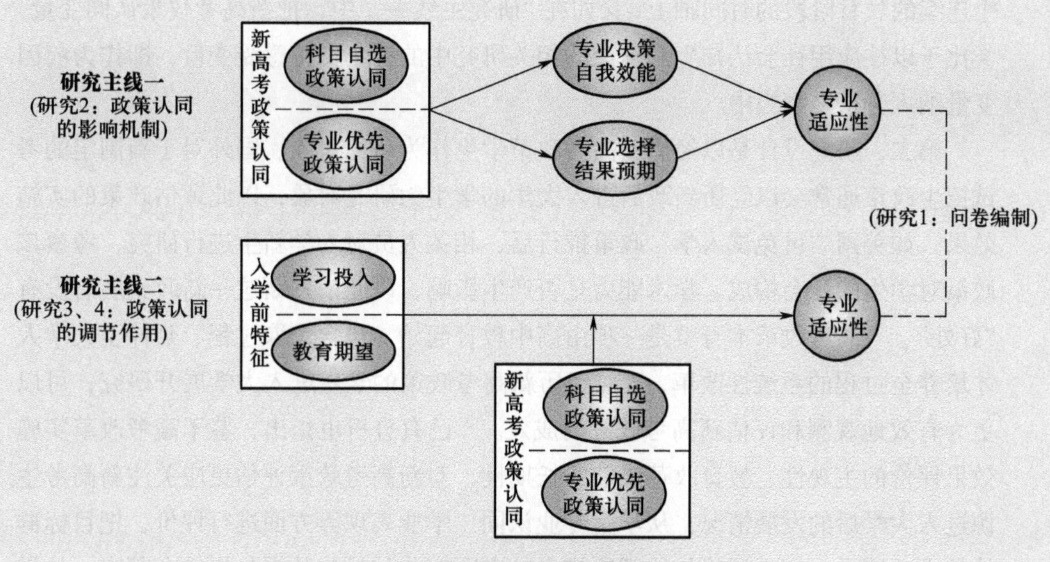

图 3-8 本研究的两条主线及四个子研究

本研究的整体概念模型（分析框架），见图 3-9 所示。

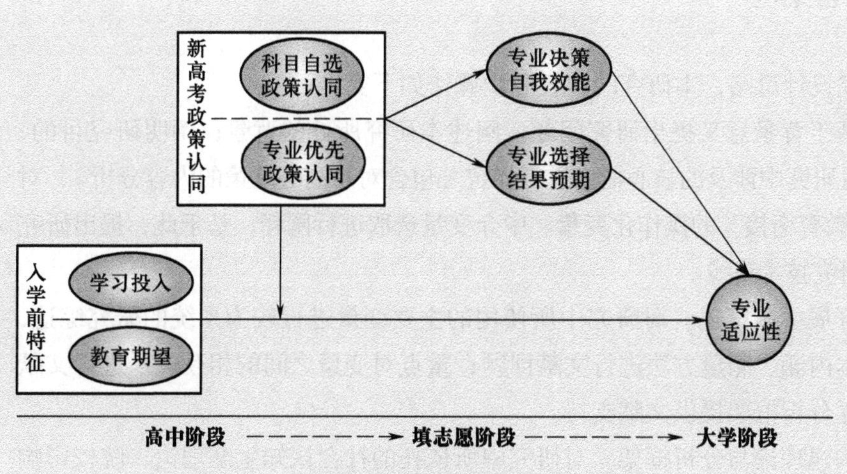

图 3-9 本研究的整体概念模型（分析框架）

对于研究设计，还有两方面需要说明。

第一，研究设计在理论应用和框架构建上，对变量的处理进行了拓展性、类比性的尝试。如在“研究主线二”中，对输入与输出所对应的环境变量（即本研究中的政策认同变量）上，不局限于院校影响力理论中只考虑高等教育阶段、大学所施予的影响，而是将时间轴进一步前挪至大学入学前，置于从大学入学前到入学后两个连续的教育阶段的时间轴上；又如在“研究主线一”中，把新高考政策认同变量，类比于以往应用社会认知生涯理论的相关研究中的社会支持感受变量，即作为前因变量纳入分析模型当中。

第二，研究设计是以经历新高考政策学生作为研究对象。国外对于新制定的考试招生政策通常会以经历新政后进入大学的学生为研究对象，以此评估政策的实施效果，如美国“可免试入学”政策推行后，相关人员对入学新生进行研究，考察该政策对学生的社会构成、学术能力是否产生影响，以此来判断这一新政到底有没有“好处”。[①] 高考改革本身就是一项由高中教育起始、包含录取过程、延伸至大学人才培养全过程的系统性改革，[②] 对经历新高考政策的学生进入大学展开研究，可以更为有效地观测和评估新高考政策的成效。[③] 已有分析也指出，鉴于高考改革实施效果评价的主观性、教育改革成效的长期性，对新高考政策评估更应关注新高考生源进入大学后的发展情况，从学生专业认同、学业表现等方面进行评价，把目标群体的主观感受、主观评价与改革所带来的实际变化的量化数据分析结合起来，从学生成长的全过程来评估新高考政策的实施成效，[④] 这是更直观的研究路径，也是整个研究设计的可行性基础和特色所在。

二、研究内容架构

根据研究设计思路，本研究的内容和步骤作如下安排：

第一，基于背景意义提出研究问题。阐述本研究所处的背景；阐明研究目的、研究意义；对研究中涉及的核心概念进行界定（包含对新高考政策的内容分析），对“高中—大学教育衔接”的操作化变量、中介变量选取进行阐释；基于此，提出研究问题，制定研究技术路线。

第二，开展文献综述。对研究中所使用的主要变量进行较为系统的研究综述，对变量的基本内涵、测量方法进行文献回顾；重点对变量之间的相互关系进行文献梳理，为建立分析框架提供文献支持。

第三，构建理论与分析框架。对研究中所依托的社会认知生涯理论、院校影响

---

① ESPENSHADE T J，CHANG YC. The opportunity cost of admission preferences at Elite Universities［J］. Social Science Quarterly, 2005, 86(2). // 转引自：郑若玲 . 国外高校招考制度研究［M］. 杭州：浙江教育出版社，2017：34.

② 董秀华，王薇，王洁 . 新高考改革的理想目标与现实挑战［J］. 复旦教育论坛，2017，15（3）：5–10.

③ 鲍威，金红昊 . 新高考改革对大学新生学业适应的影响：抑制还是增强？[J]. 华东师范大学学报（教育科学版），2020（6）：20–33.

④ 王新凤，余丹茜，边新灿 . 高考综合改革评估的实践与思考——以浙江省为例［J］. 中国考试，2020（5）：1–7，15.

力理论进行概述，重点阐释这些理论给予研究设计的启示；基于文献和理论的支持，提出本研究所设计的两条研究主线和整体概念模型（分析框架）；同时，明确各项研究内容所使用的研究方法。

第四，进行问卷的编制与调查。对研究中所使用的调查问卷进行编制及相应的统计学检验，包括：重新编制专业适应性问卷，并对新编制的问卷进行预测试；编制研究所使用的总问卷，在定义各变量、明确各变量测量方法基础上，形成初始问卷；对初始问卷进行小规模预测，经信度、效度检验后，修订形成正式问卷；对正式问卷开展大规模调查，获取研究样本，进行信度、效度检验，为后续研究奠定数据基础。

第五，分析、探讨新高考政策认同影响专业适应性的效应及机制。建立新高考政策认同与专业适应性之间的直接效应模型和中介效应模型；通过描述性统计分析，呈现学生对新高考政策认同、专业适应性的现状；通过结构方程模型，对新高考政策认同与专业适应性之间的影响关系，以及专业决策自我效能、专业选择结果预期的中介作用进行探讨，进而从新高考政策认同是否增强专业适应性及其影响机制的角度，来评估新高考政策实施成效。

第六，分析、探讨新高考政策认同增强高中—大学教育衔接的调节作用Ⅰ。建立新高考政策认同、学习投入与专业适应性三者之间的调节效应模型；通过多元线性回归，对新高考政策认同在高中学习投入与大学专业适应性关系间的调节作用进行探讨，进而从新高考政策认同是否增强高中学习投入对专业适应性正向影响这一角度，来评估新高考政策实施成效。

第七，分析、探讨新高考政策认同增强高中—大学教育衔接的调节作用Ⅱ。建立新高考政策认同、教育期望与专业适应性三者之间的调节效应模型；通过多元线性回归，对新高考政策认同在高中教育期望与大学专业适应性关系间的调节作用进行探讨，进而从新高考政策认同是否增强高中教育期望对专业适应性正向影响这一角度，来评估新高考政策实施成效。

第八，归纳研究结论，提出对策建议。对研究发现进行归纳提炼，对研究结果进行相应的解释与讨论，整体性回答新高考政策评估的结论意见；在此基础上从宏观、中观、微观等层面提出相应的对策和建议。

第三节　研究方法

从方法论和研究范式的角度来看，本研究具有明显的实证主义取向，当然在研究初始阶段，还需要进入到学生当中开展访谈以“投入理解”并服务于新问卷编制，因而本研究是以定量研究为主、定性研究为辅的混合研究。从研究设计类型来看，本研究主要是解释性研究，用以解释新高考政策认同对于高中—大学教育衔接上的作用机制。在具体研究方法上，主要有文献研究法、问卷调查法和访谈法。

一、文献研究法

文献研究是一种通过收集和分析现存的，以文字、数字、符号、画面等信息形式出现的文献资料，来探讨和分析各种社会行为、社会关系及其他社会现象的研究方式。[①]

在本研究中，该方法用于对新高考的政策文本进行内容分析，包括浙江省新高考政策试点方案的具体内容、新高考政策的主要特点、浙沪两地试点方案文本的共同点与相异处等；另外，在重新编制专业适应性问卷阶段，也采用文献研究的方法初步建立了专业适应性问卷的理论维度构想，并通过文献研究作为其中的方法来提炼各原始题项，因而在本研究中，文献研究也是编制问卷的重要方法之一。

二、问卷调查法

问卷调查方法是指对较大人群样本，采取提问的方式获取数据资料，从而对所关心的问题进行统计性描述、评价、解释和预测的一种研究方法。[②]依据问卷的回答形式和受访者回答问句的自由程度不同，可将问卷分成开放问句问卷和封闭问句问卷；开放问句问卷可以让受访者根据他们希望的想法自由回答，而封闭问句问卷是在调研人员所提供的固定答案中进行选择。[③]

在本研究中，开放问句问卷用于编制专业适应性问卷；封闭问句问卷用于小规模预测和大规模调查，通过被试的自填方式来搜集数据资料，包括各变量的测量值和学生基本信息。在问卷的调查实施环节，为确保数据的真实有效，将严格按照社会调查的要求进行；虽然采用网络问卷形式，但仍旧将被试学生集中起来填答，由施测员到达现场提供答前指导，并在学生作答结束后赠送每人一份小礼品表达谢意，以尽量提高问卷调查所获数据资料的质量。对问卷样本的数据资料，进行一系列规范的统计计算，包括描述性统计、相关性分析、方差分析、多元线性回归以及结构方程模型分析等。本研究使用的统计分析软件是 SPSS 和 AMOS。

---

① 风笑天 . 社会研究方法［M］. 4 版 . 北京：中国人民大学出版社，2013：207.

② 张红霞 . 教育科学研究方法［M］. 北京：教育科学出版社，2009：229.

③ 尤克赛尔・伊金斯 . 问卷设计［M］. 于洪彦，译 . 上海：格致出版社，2018：4.

三、访谈法

访谈是一种研究性交谈，是研究者通过口头谈话的方式从被研究者那里收集（或者说“建构”）第一手资料的一种研究方法，[①]它是定性研究中最重要的一种资料收集方式。根据访谈工具和访谈问题的结构化程度，一般将访谈调查分为结构性访谈、半结构性访谈和非结构性访谈三种。结构性访谈又称标准化访谈，是以访谈的形式进行的小样本问卷调查，往往是定量或半定量的研究；半结构性访谈是指访谈提纲中的部分问题是封闭性问题，部分问题是开放性问题，往往是定性的或以定性为主的描述性研究；非结构性访谈也就是人类学访谈，其研究问题、访谈问题都不明确，也没有访谈提纲。[②]

在本研究中，不同研究阶段使用不同的访谈方式。在研究初期，通过进入学生当中的非结构性访谈，了解学生对新高考政策的关注点、对大学适应情况的体验，以及高中阶段的学习、期望等心理状况，提炼访谈中的发现，用以指导整个研究设计；在问卷编制阶段，通过半结构性访谈，逐步明晰专业适应性的维度构想，为重新编制专业适应性问卷提供依据及题项备选项。

① 陈向明．质的研究方法与社会科学研究［M］．北京：教育科学出版社，2000：165.

② 张红霞．教育科学研究方法［M］．北京：教育科学出版社，2009：250.

第四章　问卷的编制与调查

第一节　新编制专业适应性问卷

从专业适应性的研究梳理中发现，目前虽有仍在使用的专业适应性测量问卷，但总体使用率不高、共识度不高，且不同的专业适应性问卷的内涵、内在结构差异很大。根据本研究所需，借鉴已有文献和研究成果的问卷内容，重新编制专业适应性问卷，既能够通过测量了解当前大学生专业适应性的现状，也能为后续变量间关系的分析提供测量基础。

一、新编制初试问卷

本研究参考杨志林（YANG）①、梁颖②、唐文清③、方晓义④、冯廷勇⑤等人的研究流程和方法，通过文献研究、访谈、开放问句问卷调查等，形成初步题项，重新编制成专业适应性初试问卷，通过预测试数据的统计学分析进行信效度检验。

具体而言分为三个主要步骤：第一步，文献研究和访谈，即以文献研究为起始，初步形成大学生专业适应性的维度构想，在此基础上进行访谈，实施访谈的目的一方面用于印证之前的维度构想是否具有合理性，另一方面也在访谈中再发现是

---

① YANG ZL，CAI SH，ZHOU Z，et al. Development and validation of an instrument to measure user perceived service quality of information presenting Web portals［J］. Information & Management，2005，42（4）：575-589.

② 梁颖 . 组织中员工沉默的内容结构及其相关研究［D］. 广州：暨南大学硕士学位论文，2009：21-52.

③ 唐文清 . 大学生专业适应性量表编制及其应用［D］. 重庆：西南大学硕士学位论文，2007：10，13.

④ 方晓义，沃建中，蔺秀云 .《中国大学生适应量表》的编制［J］. 心理与行为研究，2005，3（2）：95-101.

⑤ 冯廷勇，苏缇，胡兴旺，等 . 大学生学习适应量表的编制［J］. 心理学报，2006，38（5）：762-769.

否有新的维度可以抽取出来，上述两方面访谈目的是相互交织因而并不严格予以区分；第二步，开放问句问卷调查，即编制开放问句问卷进行施测，尽可能多地获得有关“专业适应性”的条目，之后通过条目编码，形成测量专业适应性的初试问卷；第三步，对专业适应性初试问卷进行首次预测试，进行问卷效度和信度检验，根据检验情况进行问卷初次修订。经初次修订的专业适应性问卷，可以纳入总问卷当中，进行后续的小规模测试和正式测试。

（一）维度构想

我们已经知道，对大学生有关入校后的适应、学校适应方面的研究，首先都是以学生个体（personal）方面的适应为基础；其次，重点关注学业（learning / academic）方面的适应。与此同时，诸多研究也强调，考虑未来职业的（vocational）适应是大学阶段的一个特征，是与中学阶段知识性学习的最大不同；更进一步聚焦到高考，学生则需要把自己高中学习的特长与未来志愿结合起来，并进一步发展为自己的职业专长。①

鉴此，对于“专业”这一大学生所学之依托、未来就业之基础而言，对专业的适应性体现的是个体特质方面的感受、当前学习方面的体验，以及将来职业预期与现状的匹配性评估等。事实上，如已有研究指出的那样，大学阶段正是从以学习为主到以工作为主的准备时期，②大学生在大学里的学习已经与个体对专业、职业发展有紧密的关联，③学生在学习上的不适应映射出个体对未来职业匹配、适应方面的考虑，专业适应性更多是一个兼顾专业知识学习和职业身份认知的过程性状态。因而，从文献研究中，我们初步勾勒出专业适应性可由个体特质、学习、职业倾向三方面适应性来表征。

此外，从访谈中，受访学生们对专业适应性的看法，也初步印证了上述考虑。研究者于 2020 年 11 月、2021 年 4 月对 G 大学（浙江省某本科院校）的部分在校大学生进行了访谈，共访谈学生 9 名，且不限于浙江省内生源，被访谈学生的基本信息如表 4–1 所示。访谈内容包括诸如：“你对目前所读的专业觉得适应吗？”“你认为‘专业适应性’是指什么？”“请你从‘状态’（而非‘能力’）的角度，谈谈专业适应性可能包括哪些方面。”其中，2020 年 11 月的访谈内容还包括对学生有关新高考政策在高中阶段实施情况的一些了解。上述访谈提纲见附录 B。被访对象可

① 袁振国．在改革中探索和完善具有中国特色的高考制度［J］．华东师范大学学报（教育科学版），2018（3）：1–12，166.

② 冯廷勇，刘雁飞，易阳，等．当代大学生学习适应性研究进展与教育对策［J］．西南大学学报（社会科学版），2010，36（2）：135–139.

③ 朱文佳．高校学前教育专业新生学习适应性及其影响因素研究［D］．上海：华东师范大学硕士学位论文，2006：52–53.

以直接谈感受、看法，或是归纳性的陈述，或是用具体案例来表述。

表 4-1 被访谈学生的基本情况

编号	性别	年级	专业	生源地
HSY	男	大二（2019 级）	金融学	浙江宁波
CXY	男	大二（2019 级）	国际经济与贸易	浙江台州
JDY	男	大一（2020 级）	应用物理	山东胶州
DS	男	大一（2020 级）	光电信息科学与工程	云南大理
BJP	女	大一（2020 级）	数学与应用数学	浙江宁波
QD	男	大一（2020 级）	信息与计算科学	河南安阳
XSY	男	大二（2019 级）	智能科学与技术	浙江嘉兴
HWY	女	大二（2019 级）	英语	浙江宁波
LTY	男	大二（2019 级）	土木工程	浙江台州

访谈中，有几位学生的回答与我们之前对专业适应性维度的构想有很高的契合度，他们对大学专业适应性的理解包括：以兴趣和资质为主的个体特质方面、以专业知识和考试成绩为内容的学习方面、以就业前景和发展机会为指向的职业方面，也即个体特质适应、学习适应、职业适应 3 个维度。

“我觉得（对专业的）适应性有这几个方面：第一方面，学习（专业方面的）课，直观上就是考试的成绩如何，对这个专业（知识）的掌握如何；第二方面，就是个人的兴趣，可能刚开始（会对专业）很感兴趣，但这是空泛的，（只是一开始认为专业）高大上，继续学下去你（可能）会觉得乏力、无味；第三方面，可以让你适应、了解这个专业的前景，知道你以后如何发展，（我们）刚来这个学校时，老师给我们灌输的都是这个专业的就业前景和就业机会。”（受访者 DS，大一、理工类专业学生，浙江省外生源）

“首先，（专业）适应性可能是指自身（对专业）的天资，适不适合这类（专业）；其次，就是后天的兴趣强不强；最后，就是专业到职业有一个不能忽视的区分，（包括）适不适合这个职业。”（受访者 HSY，大二、金融学专业学生，浙江生源）

许多学生对专业适应性的理解源自自己对专业的兴趣、爱好等，是一种个体感受到的体验和状态。

“（我认为现在就读的专业）挺适应的，（感到适应是因为）自己对

（这个）学科有兴趣。”“对专业感到适应的话，对专业的兴趣会很高，在专业学习过程中的热情也会高，会有一种主观能动性，会更深入地去了解（专业）、去学习（专业内容）。”“大学所涉及的知识面更广，它包含一些中学学不到的知识；……大学学习更考验对专业的学习兴趣，如果对这个学科不是很感兴趣的话，碰到困难、挫折很容易就会放弃。”（受访者JDY，大一、理工类专业学生，浙江省外生源）

“当时选专业的话比较单纯，因为比较喜欢数学和物理，（学）这两门学科比学其他的相对快乐一点，我就选了（现在的土木工程专业）。……到现在为止，（对目前专业）挺满意的，因为对专业有兴趣，然后对专业就感到一种充实（感）。”（受访者LTY，大二、理工类专业学生，浙江生源）

当然，在访谈中，受访者对专业适应性的认识和理解，谈到最多的，都是有关学习方面的适应。

“（大学的）学习会更加注重自学的能力。”（受访者JDY）

“我觉得（专业适应性）是对现在所学学科的适应。”（受访者QD，大一、理工类专业学生，浙江省外生源）

“从学习成绩来看，（我对目前的专业）还挺适应的；我的绩点3点多，专业排第五。”（受访者BJP，大一、理工类专业学生，浙江生源）

有些受访者，在回答对专业是否适应时，谈及的内容也都是学习方面的适应。

“（我认为对自己的专业）挺适应的，课程难度设置得挺合理，老师上课上得也还行，大部分老师都能把知识点说清楚，而且自学的话也不是太难，我个人感觉挺适应的。”“专业知识你得知道，像我们国际贸易就有很多专业术语，这些术语都得知道；其次得成绩好，因为成绩很重要。”（受访者CXY，大二、文科类专业，浙江生源）

“进校以后就是适应专业学习。刚进校的时候不太适应，因为我（之前）有一段时间是放了英语（没有学），当时（高中）英语（成绩有）130多分，就从高中时的2017年底到2019年9月（放掉英语没再去学）。……高中英语就是读写能力，所以进入大学后又重新开始抓起这些内容，加上（自己参加的）学生工作有点多，刚开始的时候有一点吃力。”（受访者HWY，大二、文科类专业，浙江生源）

“……具体到课程安排，……有些（课程）把它（们）放在两个学期上（课），（有些）放在同一个学期一起上（课），（这些）课程安排和自己的接受能力之间的冲突（状况就是个适应问题）；现在学习跟之前没读（专业）的时候预期的差距（也是个适应问题）；还有，自己平时的考试、作业，自己有没有能力去完成它（也是个适应问题）。”“不适应最显著的表现就是挂科；还有就是上课的兴趣，（不适应的表现是）课还是在上但专注力就比较少了，只有期末才下功夫；（而）如果适应的话，上课的过程很投入，到期末也就更轻松一些。”“如果想适应这个专业（的话），上课要认真听，老师拓展的（知识）要去查一查；……期末的时候要看国际贸易有关的论文或者公众号，可以增强对专业的适应性。”（受访者 CXY）

与此同时，不少受访者谈到专业适应性时，都谈到就业职业等方面。

“未来的职业基本与所学的专业有关系，因为你未来（职业领域）的竞争者都是跟你学同一专业的，如果你的专业适应性足够强，大学四年的时间里你所学到的知识，就会比那些适应性没你强的人更多，你的能力就会更加出众，在职业的竞争中就会更加有优势。”（受访者 JDY）

“（我周边很多同学）大一上学期比较迷茫，现在有一部分比较坚定地选择这个专业，（因为大家知道）更早适应专业的人，有利于他以后考研、工作，会有更好的准备，（这部分人可以）把全部的精力投入到专业（相关的地方），规划自己的未来。”（受访者 DS）

“我读的是金融学专业，如果（现在）很难去适应这个专业，（将来）很难做好这个专业对口的职业。”（受访者 HSY）

“从事（专业相关的）工作的话，（与专业的）关系就比较大；像我们国际经济与贸易专业，要出去做一些跨境的企业、公司之类的（工作），按照我们老师的说法，（这些）需要用到一些上课讲到的术语和原理之类的。”（受访者 CXY）

还有的受访者在被问及对目前专业是否适应或是否喜欢时，其回答都是围绕着自己今后想进入的行业和从事的职业来叙述：

“我现在准备转专业了，我现在读的智能科学与技术专业是我们（入学）这一年新开的专业，（因为是）新开的（当时我）就选了，而现在发现不太适合。我想转到数字媒体专业，……（因为）我比较想从事游戏行业，想自己制作游戏，（所以如果我现在）再去学习机器人、一些硬件方面的内容，就不太合适。反复摸索后，我觉得数字媒体专业更加适合我。……萌发这个想法是一个很缓慢的过程，我在高考填报完志愿后就有自己做游戏（行业）的想法；但是那时候只是有一个想法，不知道做游戏具体干些什么。”（受访者 XSY，大二、理工类专业学生，浙江生源）

上述访谈结果支持了之前从文献梳理中初设的专业适应性的维度构想。因此，本研究预设大学生的专业适应性包括以兴趣特长为表现的个体特质适应、以对学习及教学感受方面的学习适应和以未来职业发展为考虑的职业适应 3 个维度。

（二）开放问句问卷调查

针对“专业适应性”编制开放问句问卷，开放问句问卷一共 2 题，题项为：“你认为，什么是‘专业适应性’？（请写出至少 5 条）”“‘专业适应性’都包括哪些方面？（请写出至少 5 条）”。除这 2 题外，问卷还包括前面的引导语、对学生基本信息的提问，如性别、年级、专业、生源地等。为了尽可能了解学生对专业适应性的不同看法和认知、更全面获得专业适应性的有关条目，本研究在这一阶段的开放问句问卷调查中并不给出专业适应性的定义，而是让被试根据自身的理解进行填答。

1．调查对象

针对“适应”的角度而言，本科各年级甚至包括研究生，都会对“专业适应性”有自我的感受和体悟，因此，这一阶段的被试可面向所有本科年级在读学生以及适当的在读研究生，另外，也不局限于学生是否有过新高考的经历。

被试为 G 大学在读本科生和研究生，调查时间为 2021 年 4 月中旬；选择该校 1 个通识选修课（通识选修课面向全校学生开设）、2 个专业的在授课程（文、理各一个专业的相关班级）教学班的学生为对象，由研究者利用学生课间休息时进入教室进行施测。调研前，向现场被试学生进行简单讲解，使被试学生明白调查目的和要求；让被试学生在印有问题的纸张上独立填答。

这一阶段共发放问卷 270 份，剔除部分填答空白、字迹辨认不清的，获得有效问卷 246 份。样本情况见表 4–2，其中，有效填答的样本中，有 3 份问卷的基本信息情况缺失；在专业类别上，根据学生自行填写的专业名称，按照理工类和人文社科类两类对专业进行简单分类。

表 4–2　开放问句问卷调查被试情况（N=246）

变量	选项	数量	百分比
性别	女	76	30.89%
	男	167	67.89%
	（缺失）	3	1.22%
年级	本科一年级	108	43.90%
	本科二年级	24	9.76%
	本科三年级	24	9.76%
	本科四年级	47	19.10%
	研究生（含硕、博各年级）	40	16.26%
	（缺失）	3	1.22%

续表

变量	选项	数量	百分比
专业	理工类	195	79.27%
	人文社科类	48	19.51%
	（缺失）	3	1.22%
生源地	浙江省	153	62.20%
	非浙江省	90	36.58%
	（缺失）	3	1.22%

2. 条目编码

对条目进行编码包含三个步骤。第一步，由研究者和 1 名教师分别带领 2 名本科生分成两组，将 246 份开放问句问卷分成两摞，两组人员各自负责其中的一摞问卷，对问卷中学生作答的 2 道题所列出的所有条目进行录入、初次编码，这一过程：（1）同一作答者填答的 2 道题中有相似回答项，则仅取其一；（2）不同作答者列出的条目出现重复，或明确是意思相同但表述有差异的，则对该条目的作答频次数 +1，同时完善表述的语句；（3）对一些回答不清、表述模糊的作答条目予以删除。两组人员分开独立进行。经过这一步骤，一组共整理、编码了 92 个条目；另一组共整理、编码了 168 个条目。

第二步，依然是该两组人员，对第一步初次编码的条目（两组累计共 260 个条目），以构想维度为依据，按照"与个体特质相关""与学习相关""与职业相关"3 个方面对条目进行归类、再编码；因为第一步条目的初次编码是两组独立进行，所以在这步中，两组初编条目如有意思相近的条目可进行合并处理；之后，按照频次数从高到低排序取出相应的条目，并使每一个构想维度下的条目数在 20 个左右。两组人员依然是分开独立进行。经过这一步骤，一组在三个预设维度下分别整理、再编码出 20 个、16 个和 26 个条目；另一组则分别整理、再编码出 20 个、19 个和 21 个条目。

第三步，由研究者和 1 名教师带领 2 名本科生，对两组在第二步中获得的条目进行比较、讨论；以其中一组分类为基础，对照专业适应性的内涵和另一组的整理情况，进一步归并、筛选，编码得到 20 个条目（个别条目虽然频次不高，但经过讨论认为比较重要，也先将这些条目纳入）。

经过上述步骤获得的条目情况详见表 4–3。

表 4-3 专业适应性的条目编码情况

维度	编码	条目的内容	频次
个体特质适应	T01	符合自身兴趣	174
	T02	对本专业有一定了解	153
	T03	符合自身能力与特长	152
	T04	符合个人理想的职业规划	122
	T05	符合个人性格	59
	T06	能提升自身的专业技能	55
	T07	符合个人理想	46
	T08	家庭的支持	17
学习适应	T09	专业适应多个领域职业要求	78
	T10	学习资源	25
	T11	专业学习适应程度	18
	T12	专业课程、知识难度	17
	T13	教学资源	13
	T14	专业能开拓思维	6
职业适应	T15	符合社会需求	118
	T16	符合行业前景	83
	T17	专业在实践中的应用	50
	T18	专业的就业情况	46
	T19	专业的社会地位	14
	T20	专业在地方经济中的发展	4

至此，通过开放问句问卷调查，初步确定了专业适应性初试问卷的题项来源（即表 4-3 中“条目的内容”）。需要说明的是，对于许多条目内容就其表达的字面意思，有时可同时归入两个预设维度，如“符合个人理想的职业规划”既可以归入个体特质适应维度，也可以归入职业适应维度；又如“专业适应多个领域职业要求”既可以归入学习适应维度，也可以归入职业适应维度。此处的条目归类至三个预设维度，主要兼顾考虑条目数量在三个预设维度间的相对均衡性，另外，归类也是研究者及参与研讨人员的主观所为，具有一定的主观性。

（三）形成初试问卷

根据条目编码的情况，由研究者和 1 名本科生，以条目内容为题干编制“专业适应性”初试问卷。在编写过程中，对部分条目进行了拆解、改编，如把原来条目中的“特长与能力”拆解为“特长”“能力”两题，原来条目中“家庭的支持”包括了家庭的经济条件、家庭的成员等方面，拆解为“家庭经济条件”和“亲朋好友”两题；反复讨论，认为有些题干不适合变成题目予以删除，如“专业学习适应程度”。问卷所有题项均采用6点Likert打分表，1~6分别代表“非常不同意”到“非常同意”，题项的编排顺序进行适当的调整；另外设置部分人口学统计变量，形成最初的初试问卷。

之后，请2名本科一年级学生（非前述小组成员）独立填答最初的初试问卷纸质版，详细观察和记录学生的反应，问卷填写完毕后，向学生问询是否存在语义不清、内容不理解的题项，让学生谈一下填写的感受，并征求学生对问卷的修改意见，以排除可能存在的歧义，由此来优化题项。

经优化后的专业适应性初试问卷见表4-4。

表4-4 专业适应性初试问卷

题项编号	题项的内容
PT_MA1	我的专业符合我的兴趣
PT_MA2	我的专业符合我的特长
PT_MA3	我的专业符合我的能力
PT_MA4	我的专业和我的理想职业相一致
PT_MA5	我的专业适合我的性格
PT_MA6	我的专业能提升我的个人技能
PT_MA7	在入学前我就对我的专业有一定了解
PT_MA8	我的家庭经济条件支持我读这个专业
PT_MA9	我的亲朋好友支持我读这个专业
PT_MA10	我的专业能够实现我的理想
PT_MA11	我的专业能适应多个领域的职业要求
PT_MA12	我的专业有良好的教学资源
PT_MA13	我所学习的专业课程的难易程度比较适合我
PT_MA14	我的专业具有良好的学习资源
PT_MA15	我的专业能帮助我开拓思维
PT_MA16	我的专业符合社会需求
PT_MA17	我的专业的行业发展前景良好
PT_MA18	我的专业的社会地位较高
PT_MA19	我的专业在生活中可以应用
PT_MA20	我的专业在某些地区、区域发展良好
PT_MA21	我的专业容易找到工作

二、预测试与结果检验

（一）预测试及样本描述

1. 初试问卷预测试对象及过程

对专业适应性初试问卷（预测问卷）的施测并不局限于学生是否有过新高考的经历，在年级上也无特殊要求；并且专业覆盖面应尽量广，以增加样本在“专业”方面的多样性；同时，在制定预测试方案时，也充分考虑到后续的大规模调查对象是进入大学后近一年的本科一年级学生，尽量使这一阶段被试与正式施测对象更为接近。

预测试采用方便抽样法，选择 G 大学 5 个通识选修课（挑选全校本科一、二年级学生选修居多的课）和 1 个文科专业的课程（该校理工科学生占比多，专门选择 1 个文科专业以增加文科学生的样本量）教学班的学生为对象。施测时间为 2021 年 4 月下旬，由研究者和 1 名助手，利用学生课前或课间休息时进入教室进行施测。施测前，向现场被试学生进行简单讲解，使被试学生明白施测目的和要求；采用网络问卷形式进行测试，事先准备好纸质二维码或投屏，让学生在教室内扫码作答。

2. 初试问卷预测试的样本描述

这一阶段共获得样本数据 174 个；对于填答明显不认真（如所有题项都填相同数字）的作为无效样本予以剔除，由此获得有效样本 158 个。有效样本基本信息见表 4–5。

表 4–5 专业适应性初试问卷预测试的有效样本基本信息（N=158）

变量	选项	数量	百分比
性别	女	85	53.80%
	男	73	46.20%
专业	理工类	94	59.49%
	经济管理类	20	12.66%
	其他人文社科类（文、史、哲、法、教育）	30	18.99%
	艺术类	14	8.86%
应 / 往届	应届	155	98.10%
	往届	3	1.90%

续表

变量	选项	数量	百分比
城／乡	农村	98	62.03%
	城镇	60	37.97%
生源地	浙江省	103	65.19%
	非浙江省	55	34.81%

（二）效度与信度检验

初试问卷施测完后，要进行问卷项目分析、效度检验和信度检验，① 其中效度检验采用探索性因子分析检验问卷的结构效度。

1. 项目分析

首先对专业适应性初试问卷施测后进行项目分析。将初试问卷题项总分从高分到低分排序，分别将前 27% 和后 27% 的样本作为高分组和低分组，然后对每一个题项进行两组的差异性检验（t 检验）；再对每个题项与问卷总分进行相关性分析。分析结果见表 4–6 所示，所有题项都显著，且决断值（绝对值）都大于 3，每个题项与问卷总分的相关都显著，相关系数都大于 0.4。根据项目分析判标准则，② 保留全部题项进行探索性因子分析。

表 4–6 专业适应性问卷项目分析结果（N=158，item=21）

题项编号	组别（$M \pm SD$）		决断值	与问卷总分的相关
	高分组（N=45）	低分组（N=42）		
PT_MA1	3.09 ± 1.22	5.36 ± 0.79	-10.348^{**}	0.749^{**}
PT_MA2	3.04 ± 1.04	4.74 ± 1.04	-7.586^{**}	0.689^{**}
PT_MA3	3.11 ± 1.05	4.90 ± 0.88	-8.614^{**}	0.724^{**}
PT_MA4	2.76 ± 1.23	5.10 ± 1.03	-9.589^{**}	0.751^{**}
PT_MA5	3.27 ± 1.16	5.26 ± 0.73	-9.674^{**}	0.745^{**}
PT_MA6	4.04 ± 1.11	5.62 ± 0.66	-8.118^{**}	0.735^{**}
PT_MA7	2.96 ± 0.93	4.93 ± 1.16	-8.806^{**}	0.678^{**}
PT_MA8	4.13 ± 1.08	5.40 ± 0.70	-6.469^{**}	0.575^{**}

① 吴明隆 . 问卷统计分析实务——SPSS 操作与应用［M］. 重庆：重庆大学出版社，2010：158.
② 吴明隆 . 问卷统计分析实务——SPSS 操作与应用［M］. 重庆：重庆大学出版社，2010：192.

续表

题项编号	组别（$M \pm SD$）		决断值	与问卷总分的相关
	高分组（N=45）	低分组（N=42）		
PT_MA9	3.42 ± 1.08	5.36 ± 0.88	−9.147**	0.708**
PT_MA10	2.67 ± 1.19	5.17 ± 1.01	−10.602**	0.741**
PT_MA11	3.56 ± 1.37	5.76 ± 0.53	−9.996**	0.790**
PT_MA12	3.76 ± 1.05	5.43 ± 0.83	−8.214**	0.674**
PT_MA13	3.22 ± 1.08	4.69 ± 1.18	−6.05**	0.615**
PT_MA14	3.64 ± 1.13	5.21 ± 1.02	−6.767**	0.669**
PT_MA15	3.71 ± 1.10	5.57 ± 0.59	−9.917**	0.816**
PT_MA16	3.69 ± 1.14	5.81 ± 0.40	−11.696**	0.832**
PT_MA17	3.27 ± 1.30	5.79 ± 0.47	−12.141**	0.828**
PT_MA18	3.11 ± 1.09	5.02 ± 0.98	−8.596**	0.719**
PT_MA19	3.71 ± 1.01	5.50 ± 0.77	−9.205**	0.736**
PT_MA20	3.87 ± 1.04	5.62 ± 0.66	−9.333**	0.747**
PT_MA21	3.56 ± 1.44	5.43 ± 0.77	−7.639**	0.684**

注：在本研究中，* 表示 $p < 0.05$，** 表示 $p < 0.01$，*** 表示 $p < 0.001$，下同。

2. 探索性因子分析

对专业适应性初试问卷所有题项进行探索性因子分析。以 KMO 值大于等于 0.7 和 Bartlett 球形检验显著性（$p < 0.05$）判断样本数据是否适合进行因子分析：根据计算结果，专业适应性问卷的 KMO 值为 0.933，Bartlett 球形检验显著，说明该问卷题项适合进行探索性因子分析。若适合因子分析则采用主成分分析法，按照特征值大于 1 提取公因子，共提取 3 个因子。提取因子之后，按照以下准则考虑是否需要删除相应题项：（1）所有因子上的载荷系数都小于 0.5 的题项，应予删除；（2）共同度小于 0.4 的题项，应予删除；（3）在两个因子上的载荷系数大于 0.5 的题项，可根据题项与理论之间关联的重要性考虑是否删除；（4）题项与因子对应关系，跟理论上的维度构想不符，可根据题项内涵及实际情况，考虑是否删除，或将题项归入其他因子；另外，一个因子所包含的题项数应不少于 3 题，以降低验证性因子分析的误差，若删除题项后出现某一因子包含的题项少于 3 题，应舍弃该因子。

按上述操作，PT_MA8 的共同度为 0.354，予以删除；PT_MA6、PT_MA7、PT_

MA9 这 3 个题项在理论维度构想中属于个体特质适应因子，但此处则归入职业适应因子，PT_MA11 原属于学习适应因子，在此处则归入职业适应因子，PT_MA13 原属于学习适应因子，在此处则归入个体特质适应因子，经过比对题项的内涵，有些题项本身在编制时就可归入 2 个因子之一，有些题项可能理解上有差异，因此都先保留这些题项，并根据数据分析情况将相应题项归入新的因子；PT_MA15 出现了在学习适应、职业适应两个因子上的载荷系数都大于 0.5，但若是删除此题，学习适应因子下的题项只有 2 项，考虑目前还是初步探索阶段，暂时先保留该题项。对删除 PT_MA8 后的问卷重新进行探索性因子分析，最终保留 20 个题项，3 个因子能解释总变异量的 68.925%，分析结果见表 4–7。需要说明的是，PT_MA15 依然出现了在两个因子上的载荷系数大于 0.5 的情况，但考虑学习适应的题项数少，仍旧先保留此题；PT_MA13 也有类似情况，也先保留。

表 4–7 专业适应性问卷探索性因子分析结果（*N*=158，item=20）

题项编号	职业适应	个体特质适应	学习适应	共同度
PT_MA1	0.318	**0.817**	0.108	0.779
PT_MA2	0.145	**0.890**	0.140	0.833
PT_MA3	0.161	**0.871**	0.217	0.832
PT_MA4	0.447	**0.700**	0.054	0.693
PT_MA5	0.385	**0.627**	0.251	0.604
PT_MA10	0.407	**0.658**	0.164	0.626
PT_MA13	0.080	**0.583**	0.502	0.598
PT_MA6	**0.559**	0.385	0.313	0.560
PT_MA7	**0.539**	0.485	0.030	0.526
PT_MA9	**0.610**	0.420	0.067	0.553
PT_MA11	**0.675**	0.339	0.294	0.657
PT_MA16	**0.757**	0.308	0.315	0.768
PT_MA17	**0.803**	0.288	0.257	0.794
PT_MA18	**0.768**	0.195	0.185	0.663
PT_MA19	**0.658**	0.297	0.273	0.596
PT_MA20	**0.732**	0.186	0.338	0.685
PT_MA21	**0.674**	0.064	0.441	0.652
PT_MA12	0.385	0.135	**0.805**	0.815
PT_MA14	0.343	0.179	**0.806**	0.799
PT_MA15	0.551	0.343	**0.575**	0.752
特征值	5.901	5.060	2.824	
解释方差	29.505%	25.298%	14.121%	
累计解释方差	29.505%	54.804%	68.925%	

3. 信度检验

在本研究中，采用内在一致性信度来判断问卷的信度，以 Cronbach's α 值作为判断依据（$\alpha \geqslant 0.7$）；此外，结合校正项总计相关性 CITC 值、题项已删除的 Cronbach's α 值等指标对题项进行筛选净化。专业适应性初试问卷的信度系数为 0.954，删除相应题项后信度的变化情况如表 4-8 所示。校正项总计相关性 CITC 值都大于 0.5，且删除任何一个测量题项，专业适应性的 Cronbach's α 值都低于整体问卷的信度系数，说明专业适应性初试问卷的整体信度较好。

表 4-8 删除相应题项后信度的变化（专业适应性）

题项序号	校正项总计相关性 CITC 值	项已删除的 Cronbach's α 值
PT_MA1	0.721	0.951
PT_MA2	0.657	0.952
PT_MA3	0.693	0.952
PT_MA4	0.719	0.951
PT_MA5	0.712	0.951
PT_MA6	0.707	0.952
PT_MA7	0.635	0.953
PT_MA9	0.664	0.952
PT_MA10	0.710	0.952
PT_MA11	0.757	0.951
PT_MA12	0.638	0.952
PT_MA13	0.571	0.953
PT_MA14	0.633	0.952
PT_MA15	0.790	0.950
PT_MA16	0.807	0.950
PT_MA17	0.802	0.950
PT_MA18	0.687	0.952
PT_MA19	0.707	0.952
PT_MA20	0.719	0.951
PT_MA21	0.641	0.952

（三）对问卷的初次修订

通过探索性因子分析，发现学习适应因子作为专业适应性的重要方面，题项数相比另外两个因子而言要少很多。为了在后续调查中获得更加稳定的因子结构，同时考虑因子之间题项数的大致均衡，研究者咨询了 1 名教授、1 名博士（均为管理学研究背景），经研讨、商议后认为：在开放问句问卷调查之后所开展的有关条目编码工作中，研究者及其成员对条目的归并具有较大主观性，期间可能会对“学习适应”有关条目的表达产生一些偏差，存在筛选条目时“丢失”有关重要项的可能性；对于研究对象而言，学习适应无疑是重要的，毕竟大学生的主要任务是学习，学习适应的内容量（从题项数量角度而言）需要增加。为此，研究者又与 3 名本科一年级学生进行了交流（非正式性访谈，交流中研究者十分关注学生对于学习方面的表达），在交流的基础上，又重新从“条目编码”第二步中梳理出来但未纳入预测试题项的条目中，挑选提取了“学习环境”“课程设置（专业培养计划）”2 个条目，编制成 2 个题项纳入学习适应因子中，形成优化后的专业适应性问卷。初次修订后的专业适应性问卷共 22 个题项（见表 4–9）。将此问卷放入总问卷中进行后续分析。

表 4–9　专业适应性问卷（初次修订后）

题项编号	题项的内容
MA1	我的专业符合我的兴趣
MA2	我的专业符合我的特长
MA3	我的专业符合我的能力
MA4	我的专业和我的理想职业相一致
MA5	我的专业适合我的性格
MA6	我的专业能够实现我的理想
MA7	我所学习的专业课程的难易程度比较适合我
MA8	我的专业具有良好的教学资源
MA9	我的专业具有良好的专业培养计划
MA10	我的专业具有良好的学习资源
MA11	我的专业具有良好的学习环境
MA12	我的专业能帮助我开拓思维
MA13	我的专业能提升我的个人技能
MA14	在入学前我就对我的专业有一定了解

续表

题项编号	题项的内容
MA15	我的亲朋好友支持我读这个专业
MA16	我的专业能适应多个领域的职业要求
MA17	我的专业符合社会需求
MA18	我的专业的行业发展前景良好
MA19	我的专业的社会地位较高
MA20	我的专业在生活中可以应用
MA21	我的专业在某些地区、区域发展良好
MA22	我的专业容易找到工作

第二节　总问卷的编制与调查过程

上一节按照文献研究、访谈、开放问句问卷调查，以及数据检验等规范流程重新编制了专业适应性问卷（初次修订后），本节主要在文献梳理基础上选用、改编相关成熟问卷，编制研究中需使用到的其他变量的测量问卷，以形成本研究所需的总问卷。

一、问卷编制的流程

问卷编制会受到研究内容以及数据收集方法的影响，并没有标准程序可循，本研究按照伊金斯（Yuksel Ekinci）提出的问卷设计流程与原理[①]（见图 4–1），进行总问卷的编制。

首先，根据研究确定的变量，寻找与变量内涵最为契合、信效度高的已有的成熟问卷作为基础，选用、修订或改编成熟问卷的内容（题项）作为相应变量的测量问卷；之后，由研究者与 2 名教师组成小组，对问卷的每个题项的内容适当性、语义表达等方面进行商议、修改；然后请 3 名专家（含教育学学科背景专家 1 名、管理学学科背景专家 1 名）提出意见建议，并请 5 名本科一年级学生试做后告知存在

① 尤克赛尔·伊金斯. 问卷设计［M］. 于洪彦，译. 上海：格致出版社，2018：81.

理解困难、有歧义、有重复性等方面的题项，进行不断修改、完善；初始问卷形成后，进行小规模预测，进行信效度检验，再行修订问卷，形成正式问卷；最后采用正式问卷进行大规模调查，获得正式样本数据。

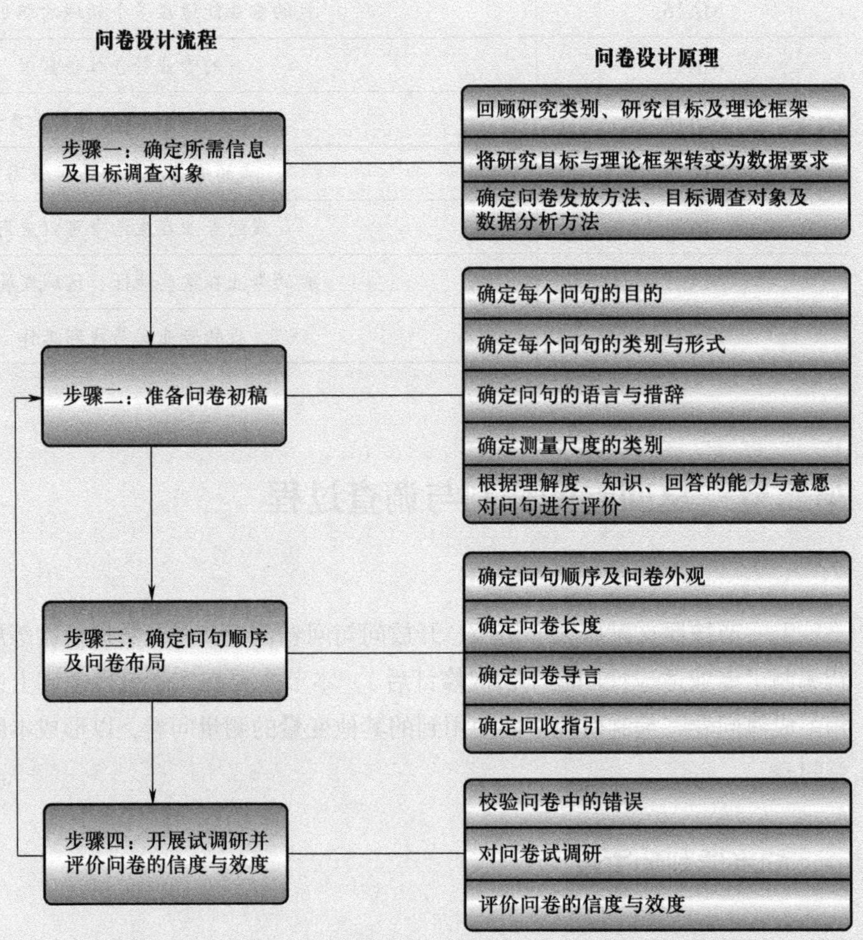

图 4–1　问卷设计流程与原理（伊金斯，2018 年）

二、初始问卷中变量的定义与测量

（一）新高考政策认同

从研究综述中可以看到，政策认同是一个复杂的心理过程，一般来说，对政策的知觉、理解等认知程度是认同的基础，对政策的态度、心理倾向等情感、价值层面的认可程度，则在认同中起到关键作用。鉴此，本研究结合对本科生的访谈、征求相关专家意见，围绕科目自选、专业优先两项具体政策，分别按照政策认知、政策认可 2 个维度来设计；同时，主要参考彭华涛（2013 年）① 关于企业对政府支持性的政策感知变量中的部分题项、张彬（2015 年）② 关于高中生对国家助学金政策认同问卷中的部分题项、彭莎莎（2019 年）③ 关于新高考政策下学生对高中学生综合素质评价政策认同问卷学生问卷中的部分题项，经改编、组合形成《新高考政策认同问卷》。

《新高考政策认同问卷》包括两个独立的分问卷，即《科目自选政策认同分问卷》和《专业优先政策认同分问卷》。《新高考政策认同问卷》共 16 个题项，每个分问卷 8 个题项；每个分问卷中，政策认知维度 4 题，政策认可维度 4 题；所有题项均采用 6 点 Likert 打分表，1~6 分别代表"非常不同意"到"非常同意"。需要说明的是，为了避免学生在填答问卷时不理解题项上对政策措施的表述，故而在编制问卷时尽量采用学生易懂的语义：从前期访谈来看，科目自选政策在学生的交谈中一般都表述为"科目 7 选 3"，专业优先政策则一般表述为"先填专业后填院校"，因而题项中对两项具体政策分别用"科目 7 选 3"和"专业 + 院校填志愿"来表述，并在问卷的空白区域给出简要的释义。具体的题项见表 4–10 和表 4–11。

表 4–10　新高考政策认同问卷（科目自选政策认同分问卷）

题项编号	题项的内容
KP1	我对近年浙江新高考"科目 7 选 3"政策很了解
KP2	我清楚近年浙江新高考"科目 7 选 3"政策的改革目标和初衷
KP3	高中时，我能通过许多途径获取"科目 7 选 3"政策的相关信息
KP4	我很关心浙江省新高考"科目 7 选 3"政策
KP5	浙江新高考"科目 7 选 3"政策有助于我进入感兴趣的专业学习
KP6	浙江新高考"科目 7 选 3"政策有利于提高我的学习成绩
KP7	我认为浙江新高考"科目 7 选 3"政策比以前"科目 3+3"更加科学合理
KP8	总体而言，我对浙江新高考"科目 7 选 3"政策很认同

① 彭华涛 . 创业企业成长瓶颈突破——政企互动的中介作用与政策感知的［J］. 科学学研究，2013，31（7）：1077–1085.

② 张彬 . 高中生对国家助学金资助政策认同研究［D］. 广州：暨南大学硕士学位论文，2015：17–24.

③ 彭莎莎 . 新高考下普通高中学生综合素质评价政策认同研究——基于上海六所高中的调查［D］. 上海：华东师范大学硕士学位论文，2019：28–29.

表 4-11 新高考政策认同问卷（专业优先政策认同分问卷）

题项编号	题项的内容
ZP1	我对近年浙江新高考“专业 + 院校填志愿”政策很了解
ZP2	我清楚近年浙江新高考“专业 + 院校填志愿”政策的改革目标和初衷
ZP3	填志愿时，我能通过许多途径获取“专业 + 院校填志愿”政策的相关信息
ZP4	我很关心浙江省新高考“专业 + 院校填志愿”政策
ZP5	浙江新高考“专业 + 院校填志愿”政策有助于我被录取进入感兴趣的专业
ZP6	浙江新高考“专业 + 院校填志愿”政策有利于我被录取进入热门的专业
ZP7	我认为浙江新高考“专业 + 院校填志愿”政策比以前“院校 + 专业填志愿”更加科学合理
ZP8	总的来说，我对浙江新高考“专业 + 院校填志愿”政策很认同

（二）中介变量

1. 专业决策自我效能

对专业决策自我效能的测量，本研究以彭永新（2000 年）[①] 以及他与龙立荣（2003 年）两人 [②] 共同编制的《高中生专业决策自我效能量表》为基础进行适当改编。在改编过程中，参考了姚晨（2012 年）[③] 编制的有关大学生专业决策自我效能问卷中的题项，同时比对贝茨和泰勒编制的 CDMSE[④] 和 CDMSE-SF[⑤] 的英文原题，对问卷进行了删减和部分题项修改，包括：删除一些可能会让学生很难回答的题项，如“找出一种专业中对你最有价值的东西”；保留了姚晨参照 CDMSE 原始问卷（经数据检验可用的）但彭永新问卷中没有的题项，如“当你无法作出第一选择时，找出一些合理的备选专业”“当你对所选专业不满意时，会选择转专业”等；对一些表述修改成高考语境，如修改成题目“规划一些学习，这些学习有助于我的未来专业，但不是高考考试科目”；并将所有题项从第二人称改为第一人称。由此改编形成《专业决策自我效能问卷》。

《专业决策自我效能问卷》共 23 个题项，预设 5 个维度，分别是自我评价 4 题、

① 彭永新 . 职业决策自我效能测评的研究［D］. 武汉：华中师范大学硕士学位论文，2000：38-39.

② 彭永新，龙立荣 . 高中生专业决策自我效能量表的初步编制［J］. 中国心理卫生杂志，2003，17（3）：175-177.

③ 姚晨 . 大学生专业决策自我效能感及其相关因素研究［D］. 杭州：浙江大学硕士学位论文，2012.

④ TAYLOR K M，BETZ N E. Applications of self-efficacy theory to the understanding and treatment of career indecision［J］. Journal of Vocational Behavior，1983，22（1）：63-81.

⑤ BETZ N E，KLEIN K L，TAYLOR K M. Evaluation of a short form of career decision-making self-efficacy scale［J］. Journal of Career Assessment，1996，4（1）：47-57.

信息收集 5 题、目标选择 4 题、规划制定 5 题、问题解决 5 题；所有题项均采用 6 点 Likert 打分表，1~6 分别代表“非常不同意”到“非常同意”，并在所有题项前设置一句话“高中时的我，有足够信心能够”或“填报志愿时，我有足够信心能够”作为引导语。具体的题项见表 4–12。

表 4–12　专业决策自我效能问卷

题项编号	题项的内容
SE1	准确地评价自己具备的能力
SE2	自己理想的专业是什么
SE3	为实现我的目标，列出自己愿意或不愿意放弃的东西
SE4	自己喜欢与“人”还是与“物”打交道
SE5	查找自己感兴趣的专业信息
SE6	找一个自己感兴趣专业的大学生交谈
SE7	查找自己想学专业的发展前景信息
SE8	查找可能开设自己喜欢专业的大学的信息
SE9	查明目前或未来自己喜欢专业的需求趋势
SE10	从我正在考虑的多个专业中挑选一个专业
SE11	选择一个符合自己喜爱的生活方式的专业
SE12	选择一个适合自己兴趣的专业
SE13	选择一个适合自己能力的专业
SE14	确定自己理想专业的个人今后发展目标
SE15	获得有助于被录取到向往专业的工作或学习经验
SE16	制定学习计划，以提高与未来专业相关学科的成绩
SE17	查明我喜欢的专业与我喜欢的职业的关系
SE18	规划一些学习，这些学习有助于我的未来专业，但不是高考考试科目
SE19	即使我遇到许多学习困难，仍坚持为自己的专业目标而努力
SE20	挑选理想的专业，并能解决理想与就业现实的冲突
SE21	当我无法作出第一选择时，找出一些合理的备选专业
SE22	当我对所选专业不满意时，会选择转专业
SE23	为了学习我真正喜欢的专业，愿意离家到任何地方上大学

2. 专业选择结果预期

对专业选择结果预期的测量，本研究以史卉（2013 年）① 编制的《职业生涯调查问卷（中文版）》中测量职业结果预期的分问卷为基础进行适当改编，将问卷中对职业描述改编成对大学专业的描述；需要说明的是，该分问卷翻译自 VOE②，而 VOE 的施测对象为高中生，实际上与本研究更为接近。在改编过程中，对问卷进行了删减和题项修改，包括：删除原问卷提问职业方面但较难修改为专业方面的题项，如“我的职业规划将给我带来满意的职业生涯”“我会拥有一个受社会尊重的职业 / 事业”；对一些题项进行了合并、修改，如将原问卷中的两道题“在我选定的职业生涯中我会得到想要的工作”与“我的事业 / 职业选择将能带给我所需要的收入”合并修改为“我的大学专业选择能够带给我所想要的学习收获”。由此改编形成《专业选择结果预期问卷》。

《专业选择结果预期问卷》共 9 个题项，为单维度变量（史卉分问卷在初测时提取出 2 个因子，但作者仍作为单维度变量来分析）；所有题项均采用 6 点 Likert 打分表，1~6 分别代表“非常不同意”到“非常同意”，并在所有题项前设置一句话“请回忆高考填志愿时，你对下列问题同意的程度”作为引导语。具体的题项见表 4–13。

表 4–13 专业选择结果预期问卷

题项编号	题项的内容
OE1	我将会成功地完成大学专业的选择
OE2	我接下来的大学专业学习发展前景将是一片光明的
OE3	我的知识和才能将能够用到我接下来的大学专业学习生涯中去
OE4	我对自己的大学专业选择与决策能够掌控
OE5	我能够使自己得到一个快乐的大学专业学习生涯
OE6	我的大学专业选择能够带给我所想要的学习收获
OE7	我会完成自己的大学专业学习目标
OE8	我的家人将会赞成我的大学专业选择
OE9	我的大学专业选择会让我今后拥有自己想要的生活方式

① 史卉 . 大学生职业发展态度研究［D］. 天津：天津大学博士学位论文，2013：34，145.

② McWHIRTER E H，RASHEED S，CROTHERS M. The effects of high school career education on socia-cognitive variables［J］. Journal of Counseling Paychology，2000，47（3）：330–341.

（三）大学入学前特征变量

1. 高中学习投入

对学习投入概念内涵理解上的差异，衍生出对其不同的测量工具，这些测量工具从各自角度、不同侧面去了解、探究学生的学习投入情况。由于肖菲利等（2002年）的观点具有跨文化的稳定性，其开发的测量工具及相应实证研究更具合理性；[①] 而本研究的学习投入就是指学生在高中学习中表现出对学习持续的、积极的情感和情绪状态，是一种指向个体内部"向内"的心理变量，因此采用肖菲利等人编制的UWES–S为基础进行改编。根据UWES–S的中文版，主要参考许长勇（2013年）[②] 的《学习投入量表》的题项，删除了语义表达重复感明显的题项，如"当我学习时，我感觉精力充沛"与"当我学习时，我感觉精神旺盛"意思重复，删除前者保留后者；如"当我学习时，我感觉时间过得很快"与"当我学习时，我会忘记周围的一切"意思接近，也删除了前者保留后者。由此修订形成《高中学习投入问卷》。

《高中学习投入问卷》共10个题项，预设3个维度，分别是活力3题、奉献4题、专注3题；所有题项均采用6点Likert打分表，1~6分别代表"非常不同意"到"非常同意"，并在所有题项前设置一句话"在高中阶段"作为引导语。具体的题项见表4–14。

表4–14 高中学习投入问卷

题项编号	题项的内容
LE1	当我学习时，我感觉精神旺盛
LE2	我能坚持长时间的学习
LE3	当我学习时，我感觉浑身是劲
LE4	我非常清楚学习的目的和意义
LE5	学习激发了我的灵感
LE6	我为我的学习感到自豪
LE7	我发现我的学习富有挑战性
LE8	当我学习时，我会忘记周围的一切
LE9	当我全身心投入学习的时候，我感觉很快乐
LE10	当我学习时，我沉醉于其中

① 倪士光，伍新春. 学习投入：概念、测量与相关变量［J］. 心理研究，2011，4（1）：81–87.

② 许长勇. 大学生专业承诺对学习投入和学习收获影响机制的研究［D］. 天津：河北工业大学博士学位论文，2013：33.

2. 高中教育期望

从研究综述中可以看到，对教育期望的测量维度可以包括学业成绩表现、未来社会成就、品德能力、人际交往等多个方面，是一种指向未来“向外”的心理变量。考虑到上述测量维度与专业适应性内涵之间的关系，本研究从学业表现期望、未来成就期望 2 个维度来构建学生的高中教育期望变量，主要参考蔡添旺（2006 年）① 关于教育期望问卷中测量学业成就的部分题项、纪淑玲（2011 年）② 关于教育期望问卷中测量成绩表现期望和未来社会成就期望的部分题项、刘慧华（2013 年）③ 关于教育期望问卷中测量学业表现期望和社会成就期望的部分题项进行修改、组合。由此修订形成《高中教育期望问卷》。

《高中教育期望问卷》共 9 个题项，预设 2 个维度，分别是学业表现期望 5 题、未来成就期望 4 题；所有题项均采用 6 点 Likert 打分表，1~6 分别代表“非常不同意”到“非常同意”，并在所有题项前设置一句话“在高中阶段”作为引导语。具体的题项见表 4–15。

表 4–15 高中教育期望问卷

题项编号	题项的内容
EE1	我认为把书读好是学生最重要的事情
EE2	我十分在意自己的学业成绩
EE3	我希望学业成绩能持续进步
EE4	我会严格要求自己的学习，以获得更好的成绩
EE5	我希望有好成绩，以获得更多升学选择
EE6	我希望在未来工作上的职位、薪酬超过父母
EE7	我希望未来能成为某一方面的专家
EE8	我希望能成为社会的精英
EE9	我希望自己能从事职业声望较高的工作

① 蔡添旺 . 台中县国民小学学生家长教育期望与管教方式关系之研究［D］. 台中：台中教育大学硕士学位论文，2006：88.

② 纪淑玲 . 国民小学家长教育期望、教育改革满意度及其子女补习行为关系之研究［D］. 台中：逢甲大学硕士学位论文，2011：64.

③ 刘慧华 . 屏东县国小教师子女教育期望与才艺学习态度关系之研究［D］. 屏东：屏东教育大学硕士学位论文，2013：99.

（四）其他变量

1. 控制变量等

相关研究表明，个人因素、家庭因素、学校因素等会对大学生学习适应性产生影响，[①] 为了排除这些因素可能对专业适应性产生的影响，本研究将这些因素作为控制变量处理；另外，在进行群体差异性分析时，也用到这些因素变量作为群体分类依据。控制变量的确定及测量如下：

（1）个体因素方面

个体因素是学生个体特征方面的变量，包括性别、应 / 往届、生源地、城 / 乡类型等。

（2）家庭因素方面

家庭因素是学生所在家庭拥有家庭资本的情况，包括家庭经济资本、家庭社会资本、家庭文化资本等。

家庭经济资本指家庭的经济状况、经济收入情况。相关研究已表明，家庭经济条件对学生进入大学的适应性有显著影响。[②③] 在本研究中，以家庭最近一年收入作为家庭经济资本的操作变量。考虑到被调查对象是浙江省考生，根据《2019年浙江省国民经济和社会发展统计公报》，浙江省全体居民人均可支配收入 49 899 元，城镇、农村居民人均可支配收入分别为 60 182 元和 29 876 元，并根据浙江省农村居民人均可支配收入最低的几个县（15 532~17 100 元）情况，本研究假设一个家庭的收入主要是由学生父母两个人的收入之和组成，并简化为人均收入双倍作为区分高低收入数额点来考虑，将被调查对象家庭年收入分为 5 个等级，即家庭年收入低于 4 万元及以下、4 万 ~10 万元（含）、10 万 ~15 万元（含）、15 万 ~25 万元（含）以及高于 25 万元。

家庭社会资本指家庭之中，建立在信任、规范、制度或责任等基础上的人际关系网络，主要是针对家长与子女间的关系，家庭社会资本可以转化为个人实现自身目标的重要资源；通常而言，家长的职业类型与职业所处的社会阶层关联，是家庭社会资本较为直接的表征。在本研究中，以父亲职业类型作为家庭社会资本的操作

---

① 徐小军 . 大学生学习适应性：结构、发展特点与影响因素研究［D］. 重庆：西南师范大学硕士学位论文，2004：2.

② ROCHAT D，DEMEULEMEESTER J L. Rational choice under unequal constrains：The example of Belgin higher education［J］. Economics of Education Review，2001 （20）：15–26.

③ 潘彭丹，余期江 . 浅析当前阶层分化对高等教育机会获得的影响［J］ 江西科技师范学院学报，2004 （2）：4–7，19.

变量。父亲职业类型参考樊明成（2009 年）[①]、许祥云等（2016 年）[②] 根据中国社会科学院课题组对改革开放以来中国社会成员分成十大阶层[③] 所设计的职业类别题项，设置了 8 个选项（选项编号见附录 A 调查问卷）：选项中的第①、②项是机关事业单位管理者和企业中高级管理者，属于阶层中的上层群体；选项中的第③、④项是专业技术人员和一般管理人员，属于阶层中的中上群体；选项中的第⑥、⑦项是工人和农民，属于阶层中的中下群体；选项中的第⑧项是无业、待业、失业人员，属于底层群体。

家庭文化资本是在“文化资本”概念的基础上发展而来的，文化资本是指个体在社会化过程中从其家庭继承获得的、可以促进其学业成就的“语言与文化的能力”。[④] 布迪厄的文化再生产理论、迪马乔的文化流动模型、布劳 - 邓肯模型以及威斯康星模型等经典的文化资本理论都认为，家庭文化资本是影响教育获得的重要因素。[⑤] 测量家庭文化资本最常用方式就是家长的文化程度和受教育水平，因而在本研究中，以父亲受教育程度（即父亲学历）作为家庭文化资本的操作变量。父亲受教育程度按照学历层次分为 5 个等级，即硕士及以上、大学本 / 专科、高中或中专、初中、小学及以下。

（3）中学经历因素

中学经历因素是学生在高中期间的特征和表现，包括高中类型、高中参加社团情况、高中担任学生干部情况、高中学业成绩等。对高中类型分为重点（普通）高中［或示范（普通）高中］、一般（普通）高中和中等职业学校 3 种类型；对高中学业成绩的测量，已有研究表明自我报告的 GPA 与从学校记录中获得的 GPA 有很高的相关性[⑥]，所以本研究采用学生自我报告的学业成绩等级来测量，将学业成绩分成 5 个等级，分别是优等［年级排名前 10%（含）］、中上［年级排名前 10%~25%（含）］、中等［年级排名前 25%~50%（含）］、中下［年级排名前 50%~75%（含）］、较差（年级排名 75% 以后），由学生自我判断对应的等级作为学业成绩的测量值。

① 樊明成 . 中国普通高校专业选择的研究——基于学生主体的视角［D］. 厦门：厦门大学博士学位论文，2009：4–5.

② 许祥云，张凡永，等 . 高等教育投资：家庭的决策与选择行为［M］. 厦门：厦门大学出版社，2016：77–78，110.

③ 陆学艺 . 当代中国社会阶层的分化与流动［J］. 江苏社会科学，2003（4）：1–9.

④ 王伟宜，刘秀娟 . 家庭文化资本对大学生学习投入影响的实证研究［J］. 高等教育研究，2016，37（4）：71–79.

⑤ 余秀兰，韩燕 . 寒门如何出“贵子”——基于文化资本视角的阶层突破［J］. 高等教育研究，2018，39（2）：8–16.

⑥ NOFTLE EE，ROBINS RW. Personality predictors of academic outcomes：big five correlates of GPA and SAT scores［J］. Journal of Personality Social Psychology，2007，93（1）：116–130.

（4）大学现状因素

大学现状因素主要考查学生在大学里的学业表现，即大学的学业成绩。对大学学业成绩的测量与对高中学业成绩的测量相似，采用学生自我报告学业成绩的方式测量。

另外，将学生录取专业在填报志愿中的排序、目前就读专业类型等题项放入问卷中，以获取被试学生的基本信息，但不作为控制变量。

2. 效标变量

对于本研究中重新编制的专业适应性问卷，还需进行效标关联效度检验。所谓效标关联效度，是指一个构念所测量的问卷与理论上另一个相关构念所测量的问卷之间的相关性。[①] 从文献梳理中可以看到，专业适应性反映了学生对专业的兴趣，以及与所学专业心理上的和谐状况，专业适应性高的学生必然会对所学专业及课程感兴趣，且愿意留在本专业继续学习而较少考虑转专业。因此，本研究使用专业兴趣、转专业意向作为大学生专业适应性的效标，通过分析专业适应性与效标变量之间的相关性来检验效标关联效度。

具体来讲，在问卷中设置2个题项，其中“我对所学专业和课程抱有浓厚兴趣”作为专业兴趣的测量指标，“我没有转专业的意向”作为转专业意向的测量指标，2道题均采用6点Likert打分表，1~6分别代表“非常不符合”到“非常符合”。

三、正式问卷的形成

（一）小规模预测及样本描述

1. 小规模预测对象及过程

编制完成初始问卷后，先进行小规模的预调查（预测），主要用于检验总问卷的质量，为改进问卷做前期准备。需要说明的是，本研究所调查的对象（包括小规模预测和正式调查），专指本科高校在读本科生，不包含高职高专学生。

因为本研究包含了学生大学入学前特征、高考选专业时的心理变量、大学入学后的专业适应性等，调查内容涉及学生在高中、大学两个阶段的不同心理状态与体验，所以被试学生应该具备两方面特征：一方面，是必须经历过新高考，是对新高考政策有了解和体会的学生；另一方面，是要对大学学习生活有了解和感受的学生。

考虑到被试学生的上述特征，本研究开展小规模预测和后续的正式调查时，对象的选取和施测时间点确定为：生源地为浙江省的本科一年级学生，施测时间点在学生进入大学后约一年。选择浙江省生源地学生，确保被试都经历过新高考；而施

① 尤克赛尔·伊金斯．问卷设计［M］．于洪彦，译．上海：格致出版社，2018：136.

测时间点在学生进入大学后约一年，一方面是因为相对于刚入学新生而言，经过大学一年的学习，学生对专业的了解、认识逐步从模糊到清晰，尤其是各专业在一年级第二学期大都已开设了专业基础课，使学生对专业学习有了切身的认知和体验，另一方面，则是考虑被试学生还需在填答问卷时回忆高中阶段、高考填志愿等情境，因而时间上不能距离自身高考太久远。

针对被试在进入大学后一年左右时间能否有效回忆高中阶段、高考填志愿的情境进行回溯性填答问卷，本研究在对学生进行访谈时，专门设计了1个提问："假如让你现在填写一份与当年高中学习生活、高考填志愿相关的问卷，你能回忆当时的情境准确地填写吗？"从访谈情况来看，入学一年甚至两年的学生普遍认为，对高中、高考、填志愿时的场景都记忆犹新，让自己回顾高中、高考、填志愿情境下的自身情况填写问卷不存在障碍。

> "（高中和高考的场景）历历在目……能准确填问卷。"（受访者 BJP）
>
> "（对高中生活和高考能）回忆起来，（如果）现在填（问卷）的话，（虽然）会带有一些美化的色彩，（但）能填出来，（而且）比较明确。"（受访者 JDY）
>
> "我能确定当时（高中已明确选）经、法、管大类，（这）是比较明确的，（所以）整个志愿填报过程还是比较明确的，场景都能回忆。"（受访者 HSY）

鉴于此，被试的回溯性填答具有可行性。毕竟，高考、填志愿作为每个学生人生中的一次重大事件和抉择，学生都会记忆深刻；高中学习生活也并未过去很久，也都能有效回忆当时情境。

小规模预测采用方便抽样法，被试选取自G大学一年级本科学生（2020级本科生），预测试时间为2021年5月底，选择该校化学工程、安全工程、生物工程、土木工程专业的学生为对象，事先与该专业所在学院相关老师取得联系，让学生在教室内进行集中填答。施测前，由研究者和1名助手，向现场被试学生进行简单讲解，使被试学生明白施测目的和要求；采用网络问卷形式进行测试，事先准备好纸质二维码或投屏，让学生在教室内扫码集中作答。施测时不区分生源地为浙江省或其他省份学生，样本数据后期再进行筛选。

2. 小规模预测的样本描述

这一阶段获得包括生源地为浙江省与非浙江省的样本数共453个。对于获得的453个样本，首先筛选本研究所需使用的浙江省生源样本，共221个；其次，对221个样本进行二次筛选，二次筛选准则如下：（1）填答明显不认真，如都填相同数字选项的；（2）填答时间过少，设定标准为5分钟（300秒），少于这个用时的样本都剔除。由此，获得用于分析的有效样本数为205个，即小规模预测样本数为

205 个。小规模预测样本的基本信息见表 4–16。

表 4–16 小规模预测有效样本基本信息（N=205）

变量	选项	数量	百分比
性别	女	81	39.5%
	男	124	60.5%
专业	理工类	194	94.6%
	其他	11	5.4%
应 / 往届	应届	200	97.6%
	往届	5	2.4%
城 / 乡	农村	79	38.5%
	城镇	126	61.5%

（二）小规模预测样本效度分析

一般在小规模预测时，采用探索性因子分析来检验问卷的结构效度。另需说明的是，效度的类型有很多。根据 1974 年美国心理学会发布的《教育和心理测验的标准》，效度分为内容效度、结构效度和效标关联效度三类。[①] 而内容效度方面，在重新编制专业适应性问卷过程中，因为有相应的专家咨询和被试学生代表对所有题项内容检视等环节，其他变量测量问卷都是基于国内外比较成熟的问卷进行改编，可以认为研究中使用的各问卷的内容效度都较好；在效标关联效度方面，需对专业适应性问卷进行效标关联效度检验，这一检验环节在正式样本的效度分析时有专门的检验报告。

1. 新高考政策认同

科目自选政策认同问卷的 KMO 值为 0.846，Bartlett 球形检验显著，说明该问卷适合进行探索性因子分析。采用主成分分析法，按照特征值大于 1 提取公因子，共提取 2 个因子。采用上一节探索性因子分析删除题项或因子的准则，最终保留所有题项（8 题），2 个因子能解释总变异量的 74.669%。

专业优先政策认同问卷的 KMO 值为 0.896，Bartlett 球形检验显著；采用主成分分析法，按照特征值大于 1 提取公因子，只提取了 1 个因子。考虑后续分析时科目自选、专业优先两项政策的一致性，因此用系统设定 2 个因子来进行提取。题项与所提取的 2 个因子的对应关系，跟维度构想相吻合。需要说明的是，题项 ZP4 出现了在两个因子上的载荷都大于 0.5 的情况，但在专业优先政策认知上因子载荷更高，仍旧考虑先不删除该题项。最终保留所有题项（8 题），2 个因子能解释总

① 朱智贤 . 心理学大辞典［M］. 北京：北京师范大学出版社，1989：755.

变异量的 82.225%。

2. 专业适应性

专业适应性问卷的 KMO 值为 0.931，Bartlett 球形检验显著；采用主成分分析法，按照特征值大于 1 提取公因子，共提取 3 个因子，其中，题项 MA13 归入到了学习适应、MA14 归入到了个体特质适应，在本章第一节初试问卷预测量时这两题都归入到职业适应，说明这两题都不稳定，故删除；题项 MA15 所有因子载荷都小于 0.5，也予删除。对删除 MA13、MA14、MA15 共 3 题后的问卷重新进行探索性因子分析，题项与 3 个因子对应关系相吻合。最终保留 19 个题项，3 个因子能解释总变异量的 70.633%。

3. 专业决策自我效能

专业决策自我效能问卷的 KMO 值为 0.932，Bartlett 球形检验显著；采用主成分分析法，按照特征值大于 1 提取公因子，共提取 4 个因子，其中，题项 SE10 的共同度为 0.364，予以删除；题项 SE5、SE7、SE8、SE9 在目标选择、规划制定 2 个因子上的载荷系数大于 0.5，予以删除，因删除这些题项后信息收集因子只剩下 1 个题项（SE6），故删除信息收集因子所有题项；题项 SE19、SE20 原属于问题解决因子，在此则归入规划制定因子，题项 SE23 原属于问题解决因子，在此则归入自我评价因子，上述题项与因子的对应关系，跟理论上的维度构想不符，删除这些题项后问题解决因子只剩下 2 个题项（SE21、SE22），故删除问题解决因子所有题项。对删除 SE5—SE10、SE19—SE23 共 11 题后的问卷重新进行探索性因子分析，题项与 3 个因子对应关系相吻合。最终保留 12 个题项，3 个因子能解释总变异量的 73.397%。

4. 专业选择结果预期

专业选择结果预期问卷的 KMO 值为 0.921，Bartlett 球形检验显著；采用主成分分析法，按照特征值大于 1 提取公因子，提取 1 个因子。从题项内涵来看，编制该变量问卷所参考的史卉的研究在初测时提取出 2 个因子，本研究考察了这两个构面，其区分度确实不大，且碎石图中第二个因子的特征值只有 0.743。因此，专业选择结果预期确实为单因子，最终保留所有题项（9 题），单因子能解释总变异量的 63.574%。

5. 高中学习投入

高中学习投入问卷的 KMO 值为 0.888，Bartlett 球形检验显著；采用主成分分析法，按照特征值大于 1 提取公因子，只提取了 2 个因子。从碎石图来看，第 3 个因子的特征值为 0.911，很接近于 1，并且该问卷是前人使用较成熟的问卷，因此，按设定 3 个因子来进行提取。题项与所提取的 3 个因子的对应关系，跟维度构想相吻合。最终保留所有题项（10 题），3 个因子能解释总变异量的 80.546%。

6. 高中教育期望

高中教育期望问卷的 KMO 值为 0.891，Bartlett 球形检验显著；采用主成分分析法，按照特征值大于 1 提取公因子，共提取 2 个因子，题项与 2 个因子对应关系相吻合。最终保留所有题项（9 题），2 个因子能解释总变异量的 71.356%。

上述各变量的探索性因子分析的详细数据结果见附录 C。

（三）小规模预测样本信度分析

信度分析结果如表 4–17 所示，各变量的信度系数均大于 0.7，符合统计学标准。

表 4–17　小规模预测样本信度分析结果（N=205）

问卷名称			Cronbach's α 值		
新高考政策认同	科目自选政策认同	科目自选政策认知	0.944	0.887	0.865
		科目自选政策认可			0.893
	专业优先政策认同	专业优先政策认知		0.941	0.935
		专业优先政策认可			0.907
专业适应性		个体特质适应	0.940		0.945
		学习适应			0.920
		职业适应			0.876
高中学习投入		活力	0.928		0.910
		奉献			0.885
		专注			0.878
高中教育期望		学业表现期望	0.912		0.871
		未来成就期望			0.889
专业决策自我效能		自我评价	0.921		0.809
		目标选择			0.892
		规划制定			0.910
专业选择结果预期			0.926		

各变量的校正项总计相关性 CITC 值、删除相应的题项后信度变化情况见附录 C。从具体的分析数据来看，除专业适应性问卷外，其余每个变量的各题项 CITC 值都大于 0.5。对于科目自选政策认同、专业优先政策认同、专业决策自我效能、高中学习投入这几个变量，删除任何一个测量题项，删除后的 Cronbach's α 值都低于原问卷的信度系数，说明这些问卷的信度较好。但对于专业适应性问卷，题项 MA22 的 CITC 值小于 0.5，且删除 MA22 后信度系数有增加，因此将 MA22 删除，

保留 18 个题项；而其余题项的 CITC 值都大于 0.5，且删除任何一个测量题项，专业适应性问卷的 Cronbach's α 值都低于整体问卷的信度系数，说明该问卷的信度已达标。对于高中教育期望、专业选择结果预期问卷，删除 EE1、OE8 后信度变化不大，且这两题的 CITC 值都大于 0.5，仍予以保留。

（四）问卷的修订与形成

经小规模预测样本信、效度检验，对各变量测量问卷的题项进行了删减修订，即删除了专业适应性问卷中的 4 个题项（题项编号为 MA13、MA14、MA15、MA22），删除了专业决策自我效能问卷中的 11 个题项（题项编号为 SE5—SE10、SE19—SE23），形成了本研究的正式调查问卷（即总问卷），见附录 A。

四、正式问卷的调查

（一）正式调查及样本描述

1. 正式调查对象及过程

调查问卷（即总问卷）正式形成后，研究者招募了几名本科生、研究生作为正式问卷调查时的施测员，对他们进行了集中、专门的培训。培训内容包括：要求施测员提前到达施测点；在施测前，向现场被试学生进行简单讲解（说明来意、完成问卷填答大致用时、题目无对错须独立填答等事项）；现场巡视，要求被试学生仔细读题、看清题目。为确保问卷调查质量，正式调查由研究者事先与相关高校、专业的老师取得联系，确认某一时间点让被试学生到达指定场所（教室、报告厅或会议室）进行集中填答；施测员一般以 2 人为一个小组，所有测试均采用网络问卷形式，事先准备好纸质二维码或投屏，让被试学生在指定场所扫码集中作答；问卷作答完成后，赠送给每位被试学生一份小礼物以示感谢。

正式问卷的调查对象仍然是生源地为浙江省的本科一年级学生，施测时间点也是在学生进入大学后约一年时间，以保证被试经历过新高考并对大学学习生活有体会。施测时不区分浙江省和其他省份，样本数据后期再进行筛选。

正式调查采用分层抽样方式，选取浙江省内本科高校的一年级本科生（2020 级），正式调查时间为 2021 年 6 月至 7 月中旬；为尽可能涵盖各地各类学生，使样本具有一定的代表性，被试取样于浙江大学、浙江工业大学、浙江外国语学院、杭州电子科技大学、浙江工商大学、浙江水利水电学院、浙大城市学院、浙江农林大学、宁波大学、宁波工程学院、绍兴文理学院、嘉兴学院、同济大学浙江学院 13 所本科院校，主要分布于杭州紫金港高教园区、杭州下沙高教园区、杭州小和山高教园区、宁波高教园区、绍兴高教园区（地域为杭州市区、临安、嘉兴等地），院校层次包含国家“双一流”大学、省级重点建设高校、一般本科院校等。

2. 正式调查的样本描述

这一阶段获得包括浙江省内外的样本数共 2 468 个。对于获得的 2 468 个样本，首先筛选本研究所需的浙江省生源样本，共 1 515 个；其次，对 1 515 个样本进行二次筛选，二次筛选准则与小规模测试一致。由此，获得用于分析的有效样本数 1 403 个，即正式样本共 1 403 个。正式样本的基本信息见表 4-18。正式样本主要用于进行验证性因子分析和后续的变量描述性统计、变量间因果关系分析等。

表 4-18 正式调查有效样本基本信息（N=1 403）

变量	选项	数量	百分比	变量	选项	数量	百分比
性别	女	732	52.2%	应 / 往届	应届	1 366	97.4%
	男	671	47.8%		往届	37	2.6%
专业	理工类	756	53.9%	城 / 乡	农村	649	46.3%
	医学类	28	2.0%		城镇	754	53.7%
	农学类	66	4.7%	录取专业的志愿情况	第一志愿	335	23.9%
	经济管理类	290	20.7%		前十志愿	447	31.9%
	其他人文社科类（文史哲法教育）	251	17.9%		前二十志愿	286	20.4%
	艺术类	12	0.8%		前四十志愿	247	17.6%
家庭近一年收入	4 万元及以下	99	7.0%		非前四十志愿	75	5.3%
	4 万 ~10 万元（含）	346	24.7%		调剂录取	13	0.9%
	10 万 ~15 万元（含）	394	28.1%	高中成绩情况	排名前 10%（含）	245	17.5%
	15 万 ~25 万元（含）	282	20.1%		排名前 10%~25%（含）	580	41.3%
	25 万元以上	282	20.1%		排名前 25%~50%（含）	416	29.6%
高中类型	重点（示范）	985	70.2%		排名前 50%~75%（含）	133	9.5%
	一般（普通）	415	29.6%		排名 75% 后	29	2.1%
	中职学校	3	0.2%	高中干部经历	有	770	54.9%
高中社团经历	有	610	43.5%		没有	633	45.1%
	没有	793	56.5%	大学成绩情况	排名前 10%（含）	163	11.6%
					排名前 10%~25%（含）	373	26.6%
父亲职业	①	72	5.1%		排名前 25%~50%（含）	506	36.0%
	②	164	11.7%		排名前 50%~75%（含）	266	19.0%
	③	160	11.4%		排名 75% 后	95	6.8%
	④	119	8.5%	父亲受教育程度	硕士及以上	19	1.3%
	⑤	409	29.1%		本、专科	310	22.1%
	⑥	380	27.1%		高中（中专）	394	28.1%
	⑦	46	3.3%		初中	537	38.3%
	⑧	53	3.8%		小学及以下	143	10.2%

3. 共同方法偏差检验

由于本研究是采用问卷调查法对上述本科院校的一年级本科生进行调查，各变量的数据均来自学生的自我报告，所以在统计分析前应先进行共同方差偏差检验。本研究采用 Harman 单因素检验法，即把所有变量放到一个探索性因子分析中，结果显示，特征值大于 1 的因子共有 12 个，第一个主因子解释的变异量为 33.184%，小于 40% 的临界标准。因此，本研究数据不存在明显的共同方法偏差问题。

（二）正式样本的效度分析

基于小规模预测样本信、效度检验后的问卷修订，各问卷的因子及测量题项都已确定，因此，对正式样本采用验证性因子分析进行效度检验（即结构效度检验），以查看各问卷的因子结构与正式样本数据的契合程度，考察指标变量是否可有效作为潜变量的测量变量。这一阶段，采用组合信度 CR、平均提取方差值 AVE 来检验模型内在质量，内在适配标准：CR > 0.6、AVE > 0.5；[①] 采用绝对适配统计量中的卡方自由度比 χ^2/df、渐进残差均方和平方根 RMSEA、适配度指数 GFI 以及增值适配统计量中的规准适配指数 NFI、增值适配指数 IFI、比较适配指数 CFI 来检验模型的外在质量（整体适配性），整体适配标准为：$1 < \chi^2/df < 5$、RMSEA < 0.08、GFI > 0.9、NFI > 0.9、IFI > 0.9、CFI > 0.9。[②③] 需要说明的是，卡方值对被试样本数大小非常敏感，比较适用的样本数为 100 至 200，[④] 而本研究中的正式样本数为 1 403，因此不能仅以 χ^2/df 指标来判定验证性因子模型的优劣，更应以 RMSEA、GFI、NFI、IFI 和 CFI 这些指标来判定模型质量。

1. 新高考政策认同

以探索性因子分析的结果分别构建科目自选政策认同的一阶验证性因子分析模型和二阶验证性因子分析模型。一阶模型中，2 个因子的 CR 分别为 0.924、0.925，均大于 0.6，2 个因子的 AVE 分别为 0.753、0.756，均大于 0.5；二阶模型中，CR=0.920 > 0.6，AVE=0.592 > 0.5，说明一阶模型和二阶模型的内在质量都较好。一阶模型、二阶模型的各项拟合指标值见表 4-19，比较拟合指标值发现，科目自选政策认同的一阶模型拟合情况更优，后续也采用一阶模型进行分析计算。

① 吴明隆. 结构方程模型——AMOS 的操作与应用［M］. 2 版. 重庆：重庆大学出版社，2010：226–228.

② 吴明隆. 结构方程模型——AMOS 的操作与应用［M］. 2 版. 重庆：重庆大学出版社，2010：40–57.

③ 徐云杰. 社会调查设计与数据分析——从立题到发表［M］. 重庆：重庆大学出版社，2011：210–212.

④ 吴明隆. 结构方程模型——AMOS 的操作与应用［M］. 2 版. 重庆：重庆大学出版社，2010：41.

表 4-19 科目自选政策认同验证性因子分析模型拟合指标值（N=1 403）

模型	χ^2/df	RMSEA	GFI	NFI	IFI	CFI
一阶模型	8.563	0.073	0.977	0.982	0.984	0.984
二阶模型	16.649	0.106	0.956	0.965	0.967	0.967

以探索性因子分析的结果分别构建专业优先政策认同的一阶验证性因子分析模型和二阶验证性因子分析模型。一阶模型中，2 个因子的 CR 分别为 0.957、0.942，均大于 0.6，2 个因子的 AVE 分别为 0.847、0.804，均大于 0.5；二阶模型中，CR=0.957 > 0.6，AVE=0.737 > 0.5，说明一阶模型和二阶模型的内在质量都较好。一阶模型、二阶模型的各项拟合指标值见表 4-20，比较拟合指标值发现，专业优先政策认同的一阶模型拟合情况更优，后续也采用一阶模型进行分析计算。

表 4-20 专业优先政策认同验证性因子分析模型拟合指标值（N=1 403）

模型	χ^2/df	RMSEA	GFI	NFI	IFI	CFI
一阶模型	7.760	0.069	0.975	0.987	0.989	0.989
二阶模型	17.444	0.108	0.940	0.969	0.971	0.971

2. 专业适应性

以探索性因子分析的结果分别构建专业适应性的一阶验证性因子分析模型和二阶验证性因子分析模型。一阶模型中，3 个因子的 CR 分别为 0.951、0.944、0.917，均大于 0.6，3 个因子的 AVE 分别为 0.734、0.772、0.650，均大于 0.5；二阶模型中，CR=0.948 > 0.6，AVE=0.503 > 0.5，说明一阶模型和二阶模型的内在质量都较好。一阶模型、二阶模型的各项拟合指标值见表 4-21，比较拟合指标值发现，专业适应性的一阶模型拟合情况更优，后续也采用一阶模型进行分析计算。

表 4-21 专业适应性验证性因子分析模型拟合指标值（N=1 403）

模型	χ^2/df	RMSEA	GFI	NFI	IFI	CFI
一阶模型	7.121	0.066	0.934	0.957	0.963	0.963
二阶模型	8.579	0.074	0.918	0.946	0.952	0.952

3. 专业决策自我效能

以探索性因子分析的结果分别构建专业决策自我效能的一阶验证性因子分析模

型和二阶验证性因子分析模型。一阶模型中，3 个因子的 CR 分别为 0.877、0.943、0.931，均大于 0.6，3 个因子的 AVE 分别为 0.641、0.847、0.729，均大于 0.5；二阶模型中，CR=0.938 > 0.6，AVE=0.557 > 0.5，说明一阶模型和二阶模型的内在质量都较好。一阶模型、二阶模型的各项拟合指标值见表 4-22，比较拟合指标值发现，专业决策自我效能的二阶模型拟合情况更优，后续也采用二阶模型进行分析计算。

表 4-22　专业决策自我效能验证性因子分析模型拟合指标值（N=1 403）

模型	χ^2/df	RMSEA	GFI	NFI	IFI	CFI
一阶模型	5.597	0.057	0.967	0.974	0.979	0.979
二阶模型	4.763	0.052	0.973	0.978	0.983	0.983

4. 专业选择结果预期

以探索性因子分析的结果构建专业选择结果预期的一阶验证因子分析模型，其 CR=0.950 > 0.6，AVE=0.703 > 0.5，说明模型内在质量较好；各项拟合指标值见表 4-23，说明模型整体拟合情况良好。

表 4-23　专业选择结果预期验证性因子分析模型拟合指标值（N=1 403）

模型	χ^2/df	RMSEA	GFI	NFI	IFI	CFI
一阶模型	9.640	0.079	0.968	0.979	0.981	0.981

5. 高中学习投入

以探索性因子分析的结果分别构建高中学习投入的一阶验证性因子分析模型和二阶验证性因子分析模型。一阶模型中，3 个因子的 CR 分别为 0.945、0.903、0.919，均大于 0.6，3 个因子的 AVE 分别为 0.851、0.699、0.792，均大于 0.5；二阶模型中，CR=0.943 > 0.6，AVE=0.625 > 0.5，说明一阶模型和二阶模型的内在质量都较好。一阶模型、二阶模型的各项拟合指标值见表 4-24，比较拟合指标值发现，高中学习投入的二阶模型拟合情况更优，后续也采用二阶模型进行分析计算。

表 4-24　高中学习投入验证性因子分析模型拟合指标值（N=1 403）

模型	χ^2/df	RMSEA	GFI	NFI	IFI	CFI
一阶模型	8.077	0.071	0.967	0.976	0.979	0.979
二阶模型	6.504	0.063	0.975	0.982	0.984	0.984

6. 高中教育期望

以探索性因子分析的结果分别构建高中教育期望的一阶验证性因子分析模型和二阶验证性因子分析模型。一阶模型中，2 个因子的 CR 分别为 0.908、0.905，均大于 0.6，2 个因子的 AVE 分别为 0.664、0.705，均大于 0.5；二阶模型中，CR=0.919 > 0.6，AVE=0.558 > 0.5，说明一阶模型和二阶模型的内在质量都较好。一阶模型、二阶模型的各项拟合指标值见表 4–25，比较拟合指标值发现，高中教育期望的二阶模型拟合情况更优，后续也采用二阶模型进行分析计算。

表 4–25 高中教育期望验证性因子分析模型拟合指标值（N=1 403）

模型	χ^2/df	RMSEA	GFI	NFI	IFI	CFI
一阶模型	10.504	0.082	0.961	0.963	0.967	0.967
二阶模型	8.762	0.074	0.967	0.971	0.974	0.974

以上分析检验了各变量测量问卷的结构效度，对于重新编制的专业适应性问卷，还需进行效标关联效度检验。前述已说明，本研究使用专业兴趣、转专业意向（题项内容为无转专业的意向）作为效标。专业适应性及其各维度与专业兴趣、无转专业意向的相关性分析情况见表 4–26 所示。

表 4–26 专业适应性及其各维度与专业兴趣、无转专业意向的相关性分析（N=1 403）

	个体特质适应	学习适应	职业适应	专业适应性
专业兴趣	0.789***	0.473***	0.607***	0.771***
无转专业意向	0.599***	0.312***	0.395***	0.549***

从表中可看到，专业适应性及其各维度与专业兴趣、与无转专业意向之间都呈现显著的正相关，相关系数在 0.3~0.8 之间；专业适应性及其各维度与专业兴趣的相关性更大。这表明，专业适应性问卷具有较好的效标关联效度。

（三）正式样本的信度分析

信度分析结果如表 4–27 所示，各变量的信度系数均大于 0.7，符合统计学标准。

表 4-27　正式样本的信度分析结果（N=1 403）

<table>
<tr><th colspan="3">问卷名称</th><th colspan="3">Cronbach's α 值</th></tr>
<tr><td rowspan="4">新高考政策认同</td><td rowspan="2">科目自选政策认同</td><td>科目自选政策认知</td><td rowspan="4">0.942</td><td rowspan="2">0.900</td><td>0.888</td></tr>
<tr><td>科目自选政策认可</td><td>0.893</td></tr>
<tr><td rowspan="2">专业优先政策认同</td><td>专业优先政策认知</td><td rowspan="2">0.949</td><td>0.940</td></tr>
<tr><td>专业优先政策认可</td><td>0.918</td></tr>
<tr><td colspan="2" rowspan="3">专业适应性</td><td>个体特质适应</td><td colspan="2" rowspan="3">0.941</td><td>0.939</td></tr>
<tr><td>学习适应</td><td>0.925</td></tr>
<tr><td>职业适应</td><td>0.890</td></tr>
<tr><td colspan="2" rowspan="3">高中学习投入</td><td>活力</td><td colspan="2" rowspan="3">0.933</td><td>0.912</td></tr>
<tr><td>奉献</td><td>0.857</td></tr>
<tr><td>专注</td><td>0.868</td></tr>
<tr><td colspan="2" rowspan="2">高中教育期望</td><td>学业表现期望</td><td colspan="2" rowspan="2">0.897</td><td>0.866</td></tr>
<tr><td>未来成就期望</td><td>0.859</td></tr>
<tr><td colspan="2" rowspan="3">专业决策自我效能</td><td>自我评价</td><td colspan="2" rowspan="3">0.926</td><td>0.811</td></tr>
<tr><td>目标选择</td><td>0.909</td></tr>
<tr><td>规划制定</td><td>0.906</td></tr>
<tr><td colspan="3">专业选择结果预期</td><td colspan="3">0.940</td></tr>
</table>

第三节　本章小结

本章的任务是编制形成本研究所需的调查问卷，并进行施测；通过数据样本检验问卷信度、效度，为后续分析奠定工具和数据基础。主要工作及研究结果包括：

第一，编制新的《专业适应性问卷》。首先，通过梳理现有有关专业适应性的文献，加之对学生访谈获得的资料进行分析，提出专业适应性包含个体特质适应、学习适应和职业适应 3 个维度的理论构想。其次，以心理学常用的编制问卷的程序和方法，通过开放问句问卷调查获得的资料，经编码整理，形成测量专业适应性的初试问卷。再次，遵循预测试的严格步骤，对专业适应性初试问卷进行项目分析、探索性因子分析和信度检验等，经过两轮的小规模测试，删除了不符合心理测量要求的有关题项。最后，形成正式问卷，进行大样本施测，经过验证性因子分析、效标关联效度检验和信度检验，新编制的专业适应性问卷的信度、效度指标符合统计学标准，验证了专业适应性所具有的三维度结构。

第二，形成研究所使用的总问卷。首先，按照问卷设计的原理，以规范的程序和方法，选用、改编已有成熟问卷，初步形成《新高考政策认同问卷》《专业决策自我效能问卷》《专业选择结果预期问卷》《高中学习投入问卷》《高中教育期望问卷》，这是目前学术界对于问卷编制方面普遍采用的一种方式，也使本研究调查问卷的信度、效度有基本的保证。其次，对调查问卷进行小规模测试，并根据统计分析结果进行必要的修订、优化；形成正式问卷后，也同样进行大样本施测，经过验证性因子分析和信度检验后，每个变量测量问卷的信度、效度指标都符合统计学标准。

第三，实施大规模调查以获得本研究所需样本。在实施大规模调查（即正式调查）前，开展了两轮小规模测试（第一轮用于对新编制的专业适应性问卷进行预测试，第二轮对总问卷进行预测试）。小规模预测均采用方便抽样方式，两次测试的有效样本量分别为 158 个、205 个。正式调查采用分层抽样方式，并尽可能考虑各地各层各类大学的学生群体；对分布于四地、五个高教园区的本科一年级学生进行施测，获得正式样本 1 403 个。在整个施测过程中，采取测前培训、现场讲解、当场填写、赠送礼物等方式，尽量保证样本数据的质量。

与此同时，根据后续分析的实际需要，做以下几点说明：

第一，专业适应性将按照三个维度进行独立分析。《专业适应性问卷》在验证性因子分析时，一阶模型与二阶模型都能够较好地与样本数据进行拟合；从拟合情况来看，一阶模型的各项拟合指数都要优于二阶模型。另外，为了更加清晰地呈现新高考政策认同、专业决策自我效能、专业选择结果预期、高中学习投入、高中教育期望与专业适应性内部各维度之间的关系，探究变量之间的作用机制（以避免使用二阶变量后，损失其他变量与专业适应性各维度之间影响效应的有用信息），本研究在后续的数据分析时，均采用专业适应性的一阶模型，使用个体特质适应、学习适应、职业适应等维度（因子）作为独立变量进行分析。

第二，新高考政策认同将按照科目自选政策认同、专业优先政策认同分别、独立地进行分析。《新高考政策认同问卷》分为《科目自选政策认同分问卷》和《专业优先政策认同分问卷》两个独立的分问卷，为了有效探究两项政策的认同与专业适应性的因果关系，本研究在后续的数据分析时，都分别、独立地采用其中一项政策的分问卷进行一系列分析。

第三，其余研究变量以单因子变量进行分析。研究中所使用到的专业决策自我效能、专业选择结果预期、高中学习投入、高中教育期望等变量，虽然大都是多维度结构，但在验证性因子分析时，通过一阶模型与二阶模型的比较发现，上述多维结构变量的二阶模型拟合情况更优；另外，从探究变量间作用机制的角度而言，也只需要明晰变量间是否存在因果关系、是否存在中介效应或调节效应即可，因此，这些变量均以单因子变量（即涉及多维结构的变量采用二阶模型）进行后续的分析。

第五章　新高考政策认同影响专业适应性的效应及机制

第一节　本章的研究模型和假设

本章聚焦“研究主线一”（即研究 2），有三个主要目的：第一，通过描述性统计，了解经历新高考学生对新高考政策认同的情况，以及学生进入大学后的专业适应性情况；第二，构建直接效应模型，从整体上分析新高考政策认同与专业适应性的影响关系；第三，基于社会认知生涯理论，构建中介效应模型，分析科目自选政策认同、专业优先政策认同分别通过专业决策自我效能、专业选择结果预期对专业适应性各维度的影响路径，探讨专业决策自我效能、专业选择结果预期的中介类型，明晰新高考政策认同对专业适应性的影响机制。本章涉及的两个研究模型及假设分述如下。

一、直接效应的研究模型和假设

新高考政策认同与专业适应性作为本研究最为核心的两个变量，整体上分析两者之间的直接“净效应”不仅具有现实意义，而且也是后续研究的重要基础。

从已有文献和相关理论来看，前文综述已分别从新高考政策对学生进入大学后表现的影响、教育政策对专业适应性的影响两方面，认为新高考政策认同与学生进入大学后专业适应性两者之间应该具有影响关系。与此同时，在职业心理学有关理论中也有相关论述指出外部政策与适应之间存在因果关系，如克赖茨的职业成熟度理论认为，阻碍个人成功地实现职业目标与取得职业满意度的因素有外在的、内在的障碍和冲突，若能很好地应对、解决这些问题，就会导致职业适应和成熟。[①] 由此本研究认为，对于大学生群体，影响他们专业学习中适应性的因素包括外在的和

① 龙立荣，方俐洛，凌文辁．职业成熟度研究进展［J］．心理科学，2000，23（5）：595-598.

内在的，个体有效地应对外在的环境、制度等因素（如认同外在的教育制度），则会影响学生在学校的适应。

从政策分析来看，对于科目自选政策，新高考改革之前，学生只需考虑选择文科或理科，文、理科两类考生在各自类别内的考试科目完全一样，大学也没有因专业而提出不同的选考科目要求，因而在传统高考模式下，学生在高中阶段只负责学习，并不需要太多考虑今后的专业，缺乏对专业的了解，尚未建立专业的概念，容易造成学生进入大学后对专业的不适应。新高考改革之后，科目自选政策强调给予考生更多的“选择权”，学生可以自主选择高中阶段的学习科目，如浙江的“7选3”；同时，考生还需了解、关注大学公布的具体专业报考的考试科目要求，因而对这项政策举措的认同，会促使学生在高中阶段就考虑今后的大学专业、职业发展问题，而学生对未来目标清晰度的增加，使其专业选择与自身的匹配性提高，在科目自选政策指引下，学生进入大学的专业适应性也就更高。

对于专业优先政策，新高考改革之前，采用的“总分匹配”院校平行志愿录取模式，考分的重要性被推到极致，高校重录取分轻专业建设、考生重学校排名轻专业选择，考生及家长形成总分依赖，并且学生不探究自身兴趣和特长，填报志愿时不注重了解高校擅长的领域与专业优势，造成学生在大学里的专业满意度不高；[①] 同时，“院校 + 专业”填志愿方式也使专业的“好坏”掩盖于高校整体之下，考生虽然进入心仪大学但可能对专业并非感到适配，导致对专业的不适应。新高考改革之后，考生志愿填报采用“专业 + 院校”方式，高校录取实行以专业为单位招录考生，专业在高考录取中的地位大大提升，因此，在专业优先政策之下，学生会更加关注专业的选择和填报，也会更加明确自身的专业意向，进入大学后的专业适应性势必会更好。

综合以上分析，新高考政策认同与专业适应性之间的直接影响关系具有相关的理论支持以及政策实践意义，故可以提出以下研究假设：

H1a：科目自选政策认知对专业适应性各维度具有显著影响；

H1b：科目自选政策认可对专业适应性各维度具有显著影响；

H2a：专业优先政策认知对专业适应性各维度具有显著影响；

H2b：专业优先政策认可对专业适应性各维度具有显著影响。

鉴于此，以新高考政策认同为自变量，以专业适应性为因变量，建立的研究模型如图 5–1 所示。

---

① 王存宽，吕慈仙，杨桂珍．从“总分匹配”到“专业导向”——高考志愿模式的转变对高校专业建设的驱动作用分析［J］．教育研究，2016（6）：81–88.

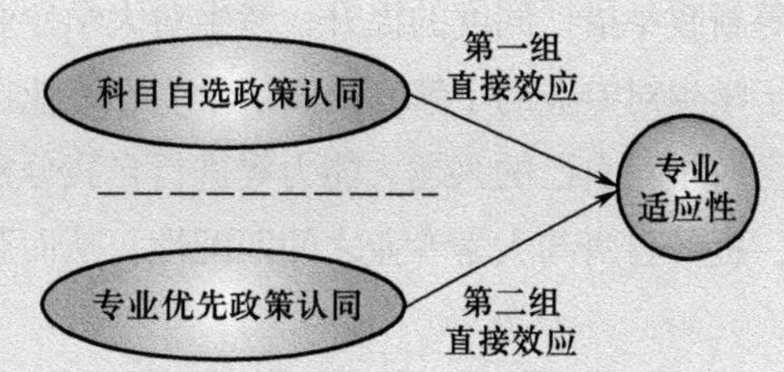

图 5-1　新高考政策认同对专业适应性的影响模型

二、中介效应的研究模型和假设

从社会认知生涯理论可知，个体的自我效能、结果预期是外部的支持、感知与个体的兴趣、意向等内在心理变量之间的中介变量。如江春凤等（2016 年）以社会认知生涯理论为基础，对 597 名台湾南部地区幼儿保教系学生进行调查，研究发现以 SCCT 构建的分析模型适配度良好，社会支持对自我效能、结果预期具有直接的影响效果，自我效能、结果预期都对兴趣具有直接的影响效果，兴趣则对职业意向具有直接的影响效果。[①] 陈莲俊等（2017 年）根据社会认知生涯理论的基本模型框架，对 170 名美国在校残疾大学生进行调查，以了解他们使用职业相关服务的情况和满意度，研究发现，残疾大学生对职业相关服务的使用率并不高、相关服务质量也无法满足职业发展所需，职业自我效能、职业结果预期对自我障碍接纳程度与职业决定能力之间具有完全中介效应。[②]

从政策分析来看，新高考政策实施之前，学生在高中阶段不涉及科目选择及选考，在填志愿时也会先考虑院校再考虑专业，因而大多学生只顾考试、关注考分；还有调剂志愿等情况，可能存在学生进入大学后的专业不适应情况。新高考政策把选科提前到了高一年级，之后的高中期间还有选择以及调整的机会，这对提高学生的选择意识和选择能力是非常有利的，[③] 因为原本到高三或是高考后才会考虑的大学专业选择问题，在高考新政下都明显会提前考虑，学生从高中开始就要了解自我、考虑专业、规划未来，他们需要更早、更多地关注大学就读的专业、考虑专业与自身的匹配性等。与此同时，中学也在设法帮助学生提高专业选择、科目选择的决策能力，其中不少中学在高一就开始对学生进行生涯教育，通过讲座等帮助学生了解自己的优势，了解高校、专业、职业等。[④]

---

① 江春凤，赖英娟，张枫明．幼儿教保系学生之社会支持、自我效能、结果预期及兴趣对职业意向之影响［J］．中华辅导与咨商学报，2016（45）：123-148.

② 陈莲俊，宋礽玉．美国在校残疾大学生职业决定能力发展研究——基于社会认知职业理论的视角［J］．残疾人研究，2017（1）：28-36.

③ 袁振国．在改革中探索和完善具有中国特色的高考制度［J］．华东师范大学学报（教育科学版），2018（3）：1-12，166.

④ 王小虎，潘昆峰，苗苗．高考改革对高水平大学招生的影响及其应对［J］．中国高教研究，2017（4）：56-60，71.

鉴于此，随着考生对科目自选、专业优先等新政举措认同度的提升，考生对大学专业了解的愿望和行动也会大大加强，这增强了学生对专业的了解，提高了学生在专业选择过程中的自信和预期；同时，高中生也会较早对自己的兴趣、能力等进行自我分析与评价，以便让自己更好地做出专业选择，提升自身与大学专业之间匹配性，从而获得进入大学后的专业适应性和满意感。

综合以上分析，上述变量间的影响关系具有理论支持，也符合政策出台的导向，具有政策实践意义，故可以提出以下研究假设：

H3a：专业决策自我效能在科目自选政策认知对专业适应性各维度的影响中起到中介作用；

H3b：专业决策自我效能在科目自选政策认可对专业适应性各维度的影响中起到中介作用；

H4a：专业选择结果预期在科目自选政策认知对专业适应性各维度的影响中起到中介作用；

H4b：专业选择结果预期在科目自选政策认可对专业适应性各维度的影响中起到中介作用；

H5a：专业决策自我效能在专业优先政策认知对专业适应性各维度的影响中起到中介作用；

H5b：专业决策自我效能在专业优先政策认可对专业适应性各维度的影响中起到中介作用；

H6a：专业选择结果预期在专业优先政策认知对专业适应性各维度的影响中起到中介作用；

H6b：专业选择结果预期在专业优先政策认可对专业适应性各维度的影响中起到中介作用。

鉴于此，以新高考政策认同为自变量，以专业决策自我效能、专业选择结果预期分别作为中介变量，以专业适应性为因变量，建立的研究模型如图 5–2 所示。

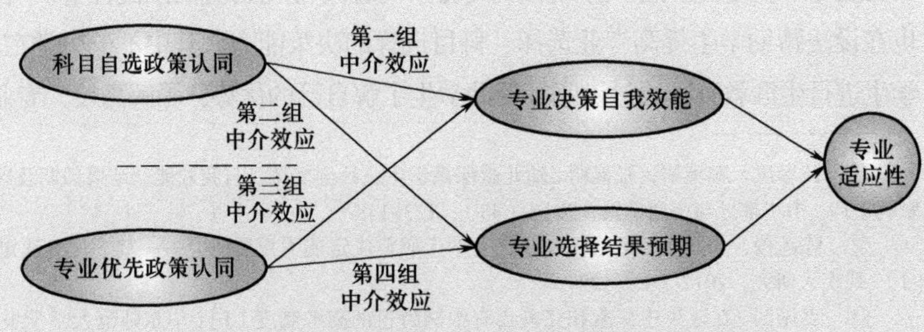

图 5–2　新高考政策认同影响专业适应性的中介模型

第二节 数据分析及结果

本章所使用的研究样本为第四章中的 1 403 个正式有效样本；根据研究模型，所使用的自变量分别是科目自选政策认同、专业优先政策认同，因变量是专业适应性，中介变量分别是专业决策自我效能、专业选择结果预期。鉴于多个变量之间会产生复杂的影响作用，而结构方程模型整合了因素分析和路径分析两种统计方法，同时检验模型中包含的显变量、潜变量、干扰或误差变量间的关系，能获得自变量对因变量影响的直接效果、间接效果或总效果，[①] 即使用结构方程模型考察多因多果多个变量之间的相互关系，可以明晰各变量的具体作用方向和效应大小，因此，除描述性、相关性、差异分析外，本章对变量之间关系的分析，通过构建结构方程来检验直接效应模型和中介效应模型，进一步分析路径影响关系。

一、描述性统计

对研究样本进行描述性数据统计，各变量的均值、标准差等情况如表 5-1 所示。

表 5-1 新高考政策认同、专业决策自我效能、专业选择结果预期与专业适应性描述性统计情况（N=1 403）

	题项数	均值	标准差
科目自选政策认知	4	4.749	0.973
科目自选政策认可	4	4.485	1.099
专业优先政策认知	4	4.315	1.064
专业优先政策认可	4	4.407	0.969
专业决策自我效能	12	4.326	0.784
专业选择结果预期	9	4.534	0.808
个体特质适应	7	4.054	0.967
学习适应	5	4.538	0.859
职业适应	7	4.500	0.822

① 吴明隆 . 结构方程模型——AMOS 的操作与应用［M］. 2 版 . 重庆：重庆大学出版社，2010：1–2.

除了报告上述均值、标准差等统计结果外，为了进一步了解当前学生新高考政策认同、专业适应性的现状及特点，本研究还对新高考政策认同每一个变量（即科目自选政策认知、科目自选政策认可、专业优先政策认知、专业优先政策认可）和专业适应性各维度（即个体特质适应、学习适应、职业适应）的每个题项填选打分的频率进行了统计，以更为细致地分析学生对新高考政策的认同态度和他们进入大学后的专业适应性。

相关变量的题项填选打分的频率统计详细数据情况见附录 D，相关表格进一步呈现了学生对新高考政策认同和专业适应性现状。

二、相关性分析

各变量之间的相关性分析见表 5-2 所示。相关系数的数据表明，新高考政策认同、专业决策自我效能、专业选择结果预期与专业适应性之间存在显著的正相关关系，其中，科目自选政策认知与专业决策自我效能的相关系数为 0.447，与专业选择结果预期的相关系数为 0.401，与个体特质适应的相关系数为 0.253，与学习适应的相关系数为 0.314，与职业适应的相关系数为 0.376；科目自选政策认可与专业决策自我效能的相关系数为 0.385，与专业选择结果预期的相关系数为 0.335，与个体特质适应的相关系数为 0.251，与学习适应的相关系数为 0.279，与职业适应的相关系数为 0.318；专业优先政策认知与专业决策自我效能的相关系数为 0.514，与专业选择结果预期的相关系数为 0.449，与个体特质适应的相关系数为 0.302，与学习适应的相关系数为 0.305，与职业适应的相关系数为 0.371；专业优先政策认可与专业决策自我效能的相关系数为 0.522，与专业选择结果预期的相关系数为 0.500，与个体特质适应的相关系数为 0.339，与学习适应的相关系数为 0.372，与职业适应的相关系数为 0.433，上述均通过显著性检验。

表 5-2 各变量之间的相关性分析

	1	2	3	4	5	6	7	8	9
1. 科目自选政策认知	1								
2. 科目自选政策认可	0.567**	1							
3. 专业优先政策认知	0.601**	0.428**	1						

续表

	1	2	3	4	5	6	7	8	9
4. 专业优先政策认可	0.541**	0.552**	0.785**	1					
5. 专业决策自我效能	0.447**	0.385**	0.514**	0.522**	1				
6. 专业选择结果预期	0.401**	0.335**	0.449**	0.500**	0.554**	1			
7. 个体特质适应	0.253**	0.251**	0.302**	0.339**	0.321**	0.508**	1		
8. 学习适应	0.314**	0.279**	0.305**	0.372**	0.286**	0.400**	0.472**	1	
9. 职业适应	0.376**	0.318**	0.371**	0.433**	0.367**	0.534**	0.582**	0.614**	1

三、差异分析

本研究对专业适应性做两方面的差异分析：一是为了解不同程度的新高考政策认同，以及不同程度的专业决策自我效能、专业选择结果预期的学生在专业适应性上是否存在差异，从宏观上考察政策认同、自我效能、结果预期等变量是否会对专业适应性产生影响；二是为探究不同个体因素、家庭因素、学校因素的学生在专业适应性上是否存在差异，考察各类因素（控制变量）是否会对专业适应性产生影响。

（一）高低水平组的差异分析

本研究将科目自选政策认知、科目自选政策认可、专业优先政策认知、专业优先政策认可、专业决策自我效能和专业选择结果预期的样本值进行升降排序，按照前 27%、后 27% 的标准，将正式样本划分为高水平组和低水平组，采用独立样本 t 检验，分别考察个体特质适应、学习适应、职业适应是否在上述变量的高低水平组上存在显著的组间差异。

1. 个体特质适应差异比较

个体特质适应的差异分析结果如表 5-3 所示。独立样本 t 检验结果显示，在不同科目自选政策认知、科目自选政策认可、专业优先政策认知、专业优先政策认可、专业决策自我效能、专业选择结果预期水平上，个体特质适应存在显著差异（$p < 0.001$）。

表 5-3 个体特质适应的差异分析结果

变量	分组	N	M	SD	t 检验	
					t 值	p 值
个体特质适应	高科目自选政策认知组	423	4.339	1.080	8.735	***
	低科目自选政策认知组	415	3.757	0.838		
	高科目自选政策认可组	378	4.365	1.096	8.386	***
	低科目自选政策认可组	323	3.715	0.955		
	高专业优先政策认知组	291	4.463	1.169	8.763	***
	低专业优先政策认知组	331	3.713	0.931		
	高专业优先政策认可组	279	4.482	1.159	9.738	***
	低专业优先政策认可组	316	3.633	0.938		
	高专业决策自我效能组	387	4.486	1.142	12.531	***
	低专业决策自我效能组	383	3.604	0.779		
	高专业选择结果预期组	295	4.663	1.093	16.686	***
	低专业选择结果预期组	308	3.349	0.812		

2. 学习适应差异比较

学习适应的差异分析结果如表 5-4 所示。独立样本 t 检验结果显示，在不同科目自选政策认知、科目自选政策认可、专业优先政策认知、专业优先政策认可、专业决策自我效能、专业选择结果预期水平上，学习适应存在显著差异（$p < 0.001$）。

表 5-4 学习适应的差异分析结果

变量	分组	N	M	SD	t 检验	
					t 值	p 值
学习适应	高科目自选政策认知组	423	4.875	0.980	12.078	***
	低科目自选政策认知组	415	4.170	0.687		
	高科目自选政策认可组	378	4.917	0.996	10.124	***
	低科目自选政策认可组	323	4.236	0.783		

续表

变量	分组	N	M	SD	t检验	
					t值	p值
学习适应	高专业优先政策认知组	291	4.979	1.014	9.663	***
	低专业优先政策认知组	331	4.265	0.796		
	高专业优先政策认可组	279	5.053	0.981	11.700	***
	低专业优先政策认可组	316	4.182	0.813		
	高专业决策自我效能组	387	4.885	0.962	10.407	***
	低专业决策自我效能组	383	4.237	0.755		
	高专业选择结果预期组	295	5.033	0.966	13.234	***
	低专业选择结果预期组	308	4.087	0.773		

3. 职业适应差异比较

职业适应的差异分析结果如表5–5所示。独立样本t检验结果显示，在不同科目自选政策认知、科目自选政策认可、专业优先政策认知、专业优先政策认可、专业决策自我效能、专业选择结果预期水平上，职业适应存在显著差异（$p < 0.001$）。

表5–5 职业适应的差异分析结果

变量	分组	N	M	SD	t检验	
					t值	p值
职业适应	高科目自选政策认知组	423	4.892	0.881	14.290	***
	低科目自选政策认知组	415	4.116	0.682		
	高科目自选政策认可组	378	4.896	0.880	10.833	***
	低科目自选政策认可组	323	4.199	0.812		
	高专业优先政策认知组	291	4.989	0.921	11.810	***
	低专业优先政策认知组	331	4.173	0.782		
	高专业优先政策认可组	279	5.042	0.903	13.933	***
	低专业优先政策认可组	316	4.073	0.778		
	高专业决策自我效能组	387	4.906	0.916	14.392	***
	低专业决策自我效能组	383	4.069	0.682		
	高专业选择结果预期组	295	5.132	0.833	19.817	***
	低专业选择结果预期组	308	3.904	0.678		

（二）控制变量的差异分析

本研究将有关个体因素、家庭因素、学校因素（主要指中学）的相关变量，分组后放入回归方程来进行查看。在分组方面，本研究统一将变量作二分变量进行处理，具体来讲：家庭收入在 15 万元及以上为较好，其余为一般及以下；父亲职业是①②③④⑤的为中上阶层，其余为中下阶层；父亲学历（即父亲受教育程度）是本、专科及以上的为高学历，其余为中低学历；高中成绩在前 25% 的为较好，其余为一般及以下。

不同个体因素、家庭因素、学校因素学生的专业适应性差异分析结果见表 5–6 所示。从分析结果来看：在个体因素上，个体特质适应、学习适应、职业适应在性别上存在显著差异，男生显著高于女生，个体特质适应、职业适应在城乡上存在显著差异，城镇学生显著高于农村学生；在中学因素上，职业适应在学生高中阶段是否担任学生干部上存在显著差异，担任过学生干部的显著高于没有担任过的，个体特质适应、学习适应、职业适应在高中成绩上存在显著差异，成绩较好的显著高于成绩一般及以下的；另外，所有因变量在应 / 往届、高中类型、在高中阶段是否参加社团以及家庭因素方面不存在显著差异。

表 5–6　不同控制变量上专业适应性的差异性情况

变量		个体特质适应		学习适应		职业适应	
		回归系数	*t* 值	回归系数	*t* 值	回归系数	*t* 值
个体因素	性别：男生（女生 =0）	**0.266*****	5.133	**0.093***	2.006	**0.214*****	4.876
	应 / 往届：应届（往届 =0）	–0.109	–0.682	0.156	1.095	0.151	1.123
	城 / 乡：城镇（农村 =0）	**0.117***	2.142	0.022	0.455	**0.092***	2.001
家庭因素	家庭收入：较好（一般及以下 =0）	0.045	0.786	0.043	0.852	0.049	1.024
	父亲职业：中上阶层（中下阶层 =0）	0.092	1.522	0.048	0.876	0.05	0.971
	父亲学历：高学历（中低学历 =0）	–0.054	–0.799	–0.034	–0.555	0.065	1.132

续表

变量		个体特质适应		学习适应		职业适应	
		回归系数	t 值	回归系数	t 值	回归系数	t 值
中学因素	高中类型：重点高中（一般高中 =0）	0.067	1.154	0.041	0.782	0.056	1.135
	高中参加社团：是（否 =0）	0.048	0.890	0.039	0.795	0.039	0.859
	高中担任学生干部：是（否 =0）	0.101	1.861	0.038	0.772	**0.128****	2.775
	高中成绩：较好（一般及以下 =0）	**0.158****	2.931	**0.218*****	4.508	**0.151****	3.300
R^2		0.035		0.021		0.042	
调整 R^2		0.028		0.014		0.035	
F 值及显著性		**4.987*****		**2.972****		**6.077*****	

四、结构方程模型

上述高低水平组的差异分析使我们获得新高考政策认同对专业适应性的影响、专业决策自我效能对专业适应性的影响、专业选择结果预期对专业适应性的影响的初步认识。为考察多个变量之间的相互关系，以明晰新高考政策认同对专业适应性的影响机制，本研究进一步通过构建结构方程来检验模型。

首先检验科目自选政策认同对专业适应性、专业优先政策认同对专业适应性的直接效应模型；再检验以专业决策自我效能、专业选择结果预期分别作为中介变量的中介效应模型。

（一）直接效应模型

分别独立地对科目自选政策、专业优先政策这两项具体政策进行建模及数据分析：以政策认同为自变量，以专业适应性为因变量，建立结构方程分析模型。

1. 科目自选政策认同影响专业适应性的直接效应

在科目自选政策认同影响专业适应性的直接效应模型中，科目自选政策认知、科目自选政策认可，分别对个体特质适应、学习适应、职业适应 3 个因子产生影响，自变量与因变量之间有 6 条路径。借鉴已有研究所选的模型拟合指标，① 本研

① 覃大佳，等．技能员工的创新、承诺与离职：被中介的调节模型［J］．管理科学，2018，31（2）：20-32.

究考察的模型适配度判别指标（即“拟合指标”）及值如表 5-7 所示。模型拟合指标值中，χ^2/df=4.750 < 5，RMSEA=0.052 < 0.08，CFI=0.963 > 0.9，TLI=0.957 > 0.9，都符合模型适配标准，即结构方程模型与样本拟合情况良好。

表 5-7　科目自选政策认同影响专业适应性直接效应模型的拟合指标值（N=1 403）

拟合指标	χ^2	df	χ^2/df	RMSEA	CFI	TLI
统计值	1 344.375	283	4.750	0.052	0.963	0.957

从结构方程模型的路径来看，各变量间影响关系均显著，并且都是正向影响。假设 H1a、H1b 得到验证。各条路径系数情况见表 5-8 所示，模型及检验结果见图 5-3 所示。

表 5-8　科目自选政策认同影响专业适应性的路径及系数（N=1 403）

路径	系数（Estimate）	标准误（S.E.）	临界比（C.R.）	p 值
科目自选政策认知→个体特质适应	0.183	0.035	5.229	***
科目自选政策认知→学习适应	0.227	0.028	8.073	***
科目自选政策认知→职业适应	0.282	0.029	9.593	***
科目自选政策认可→个体特质适应	0.132	0.029	4.526	***
科目自选政策认可→学习适应	0.104	0.023	4.510	***
科目自选政策认可→职业适应	0.101	0.024	4.266	***

从模型的路径系数来看，科目自选政策认知对专业适应性的正向影响要大于对科目自选政策认可的正向影响；在这些有显著影响的路径中，科目自选政策认知对职业适应的影响最大。

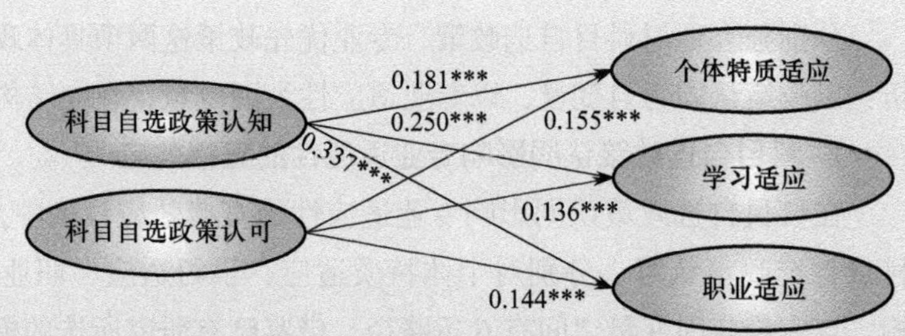

图 5-3　科目自选政策认同影响专业适应性的直接效应模型及检验结果

（图中标注的路径系数是标准化系数）

2. 专业优先政策认同影响专业适应性的直接效应

在专业优先政策认同影响专业适应性的直接效应模型中，专业优先政策认知、专业优先政策认可，分别对个体特质适应、学习适应、职业适应 3 个因子产生影响，自变量与因变量之间有 6 条路径。按照前述方法，模型拟合指标值如表 5-9 所示。模型拟合指标值中，χ^2/df=4.702 ＜ 5，RMSEA=0.051 ＜ 0.08，CFI=0.967 ＞ 0.9，TLI=0.962 ＞ 0.9，都符合模型适配标准，即结构方程模型与样本拟合情况良好。

表 5-9 专业优先政策认同影响专业适应性直接效应模型的拟合指标值（N=1 403）

拟合指标	χ^2	df	χ^2/df	RMSEA	CFI	TLI
统计值	1 340.157	285	4.702	0.051	0.967	0.962

从结构方程模型的路径来看，专业优先政策认知对专业适应性各维度的影响都不显著，专业优先政策认可对专业适应性各维度的影响均显著，并且都是正向影响。假设 H2a 未得到验证，假设 H2b 得到验证。各条路径系数情况见表 5-10 所示，模型及检验结果见图 5-4 所示（图中虚线为不显著的路径）。

表 5-10 专业优先政策认同影响专业适应性的路径及系数（N=1 403）

路径	系数（Estimate）	标准误（S.E.）	临界比（C.R.）	p 值
专业优先政策认知→个体特质适应	0.021	0.062	0.342	0.733
专业优先政策认知→学习适应	–0.084	0.055	–1.525	0.127
专业优先政策认知→职业适应	–0.030	0.050	–0.600	0.548
专业优先政策认可→个体特质适应	0.384	0.070	5.478	***
专业优先政策认可→学习适应	0.466	0.063	7.446	***
专业优先政策认可→职业适应	0.459	0.058	7.858	***

从模型的路径系数来看，在这些有显著影响的路径中，专业优先政策认可对职业适应的影响最大。

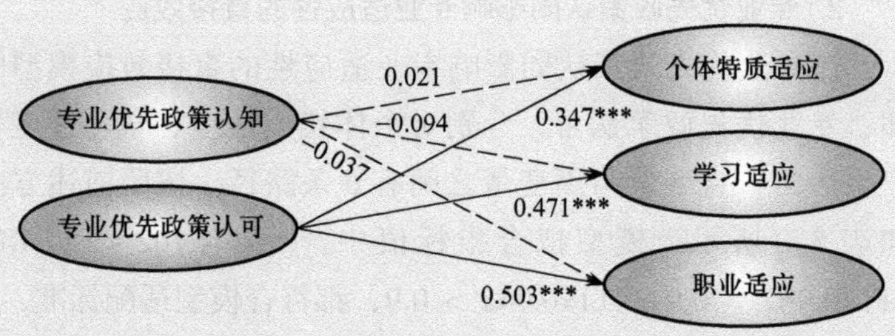

图 5-4 专业优先政策认同影响专业适应性的直接效应模型及检验结果

（图中标注的路径系数是标准化系数）

（二）中介效应模型

对于中介效应模型的检验，本研究借鉴覃大佳等（2018 年）[①] 的方法，采用结构方程模型独立地对科目自选政策、专业优先政策这两项具体政策，分别构建部分中介模型、完全中介模型、无中介模型和 1 个嵌套模型、3 个非嵌套模型进行比较，以获得最终（优）模型，对最终（优）模型进行路径分析；同时，采用检验力更高的偏差校正的非参数百分位 Bootstrap 法，进一步验证专业决策自我效能、专业选择结果预期在新高考政策认同与专业适应性之间的中介效应。

1. 科目自选政策认同对专业适应性的中介机制

（1）专业决策自我效能作为中介变量

以科目自选政策认同（KP）各因子为自变量、专业决策自我效能（SE）为中介变量、专业适应性（MA）各因子为因变量，分别建立 7 个结构方程模型，其中，模型 1 为部分中介模型，模型 2 为完全中介模型，模型 3 为无中介模型，模型 4 为嵌套模型，模型 5、6、7 为非嵌套模型。各模型的拟合指标值见表 5-11 所示。

从表 5-11 可以看到，模型 1 的拟合情况最好，即部分中介模型所表达的变量间关系最为理想。

表 5-11 以专业决策自我效能为中介变量的结构方程模型拟合指标值（N=1 403）

（科目自选政策认同—专业决策自我效能—专业适应性）

	χ^2	df	$\Delta\chi^2$	Δdf	χ^2/df	RMSEA	CFI	TLI
模型 1：KP → MA，KP+SE → MA	1 659.404	356	—	—	4.661	0.051	0.958	0.952

① 覃大佳，等. 技能员工的创新、承诺与离职：被中介的调节模型［J］. 管理科学，2018，31（2）：20–32.

续表

	χ^2	df	$\Delta\chi^2$	Δdf	χ^2/df	RMSEA	CFI	TLI
模型 2：KP → SE，SE → MA	1 753.263	362	93.859*	6	4.843	0.052	0.955	0.950
模型 3：KP → SE，KP → MA	1 791.005	359	131.601*	3	4.989	0.053	0.954	0.948
模型 4：KP → MA，SE → MA	2 008.745	358	349.341*	2	5.611	0.057	0.947	0.940
模型 5：MA → SE，MA+SE → KP	2 057.383	359	397.979*	3	5.731	0.058	0.945	0.938
模型 6：KP → MA，MA → SE	1 845.363	358	185.959*	2	5.155	0.054	0.952	0.946
模型 7：MA → KP，KP → SE	2 268.786	362	609.382*	6	6.267	0.061	0.939	0.931

在部分中介模型中，科目自选政策认知、科目自选政策认可，分别对个体特质适应、学习适应、职业适应 3 个因子产生影响，并分别通过专业决策自我效能对个体特质适应、学习适应、职业适应产生影响，自变量与因变量之间的路径有 12 条，两两变量之间的路径有 11 条。

各条路径系数见表 5–12 所示，其中，科目自选政策认知对个体特质适应的影响不显著，其余路径均显著。

表 5–12 以专业决策自我效能为中介变量的结构方程模型路径系数（N=1 403）
（科目自选政策认同—专业决策自我效能—专业适应性）

路径	系数（Estimate）	标准误（S.E.）	临界比（C.R.）	p 值
科目自选政策认知→专业决策自我效能	0.310	0.025	12.384	***
科目自选政策认可→专业决策自我效能	0.095	0.020	4.656	***
专业决策自我效能→个体特质适应	0.512	0.049	10.519	***
专业决策自我效能→学习适应	0.266	0.039	6.862	***
专业决策自我效能→职业适应	0.353	0.040	8.746	***
科目自选政策认知→个体特质适应	0.025	0.037	0.663	0.508
科目自选政策认知→学习适应	0.144	0.030	4.793	***
科目自选政策认知→职业适应	0.174	0.031	5.620	***
科目自选政策认可→个体特质适应	0.084	0.028	2.955	**
科目自选政策认可→学习适应	0.079	0.023	3.455	***
科目自选政策认可→职业适应	0.068	0.023	2.933	**

部分中介模型及检验结果见图 5-5 所示（图中虚线为不显著的路径）。科目自选政策认同通过专业决策自我效能对专业适应性的影响的效应值是各条路径的路径系数的乘积之和（路径系数是标准化系数，下同）。具体来讲：科目自选政策认知通过专业决策自我效能，对个体特质适应的间接效应为 0.429×0.367=0.157（仅保留 3 位小数，下同），两者无直接效应，因而科目自选政策认知对个体特质适应的效应为 0.157；科目自选政策认知通过专业决策自我效能对学习适应的间接效应为 0.429×0.212=0.091，两者直接效应为 0.159，因而科目自选政策认知对学习适应的效应为 0.091+0.159=0.250；科目自选政策认知通过专业决策自我效能对职业适应的间接效应为 0.429×0.304=0.130，两者直接效应为 0.207，因而科目自选政策认知对职业适应的效应为 0.130+0.207=0.337；与其相应，科目自选政策认可通过专业决策自我效能对个体特质适应的间接效应为 0.155×0.367=0.057，两者直接效应为 0.096，因而科目自选政策认可对个体特质适应的效应为 0.057+0.096=0.153；科目自选政策认可通过专业决策自我效能对学习适应的间接效应为 0.155×0.212=0.033，两者直接效应为 0.103，因而科目自选政策认可对学习适应的效应为 0.033+0.103=0.136；科目自选政策认可通过专业决策自我效能对职业适应的间接效应为 0.155×0.304=0.047，两者直接效应为 0.098，因而科目自选政策认可对职业适应的效应为 0.047+0.098=0.145。

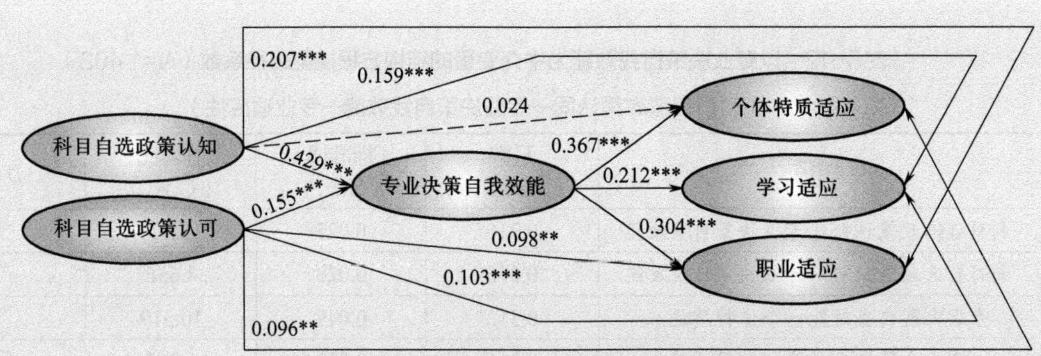

图 5-5　专业决策自我效能的部分中介模型及检验结果（第一组）
（图中标注的路径系数是标准化系数）

为了进一步确认中介效应，本研究采取检验力更高的偏差校正的非参数百分位 Bootstrap 法进行验证，结果见表 5-13 所示。

表 5-13 以专业决策自我效能为中介变量的 Bootstrap 中介效应检验（N=1 403）

（科目自选政策认同—专业决策自我效能—专业适应性）

		个体特质适应			学习适应			职业适应		
		β	SE	95% 的置信区间	β	SE	95% 的置信区间	β	SE	95% 的置信区间
科目自选政策认知	间接效应	0.157	0.022	**[0.117, 0.203]**	0.091	0.018	**[0.059, 0.132]**	0.13	0.022	**[0.089, 0.177]**
	直接效应	0.024	0.037	[−0.049, 0.097]	0.159	0.036	**[0.089, 0.231]**	0.207	0.04	**[0.127, 0.283]**
科目自选政策认可	间接效应	0.057	0.016	**[0.029, 0.091]**	0.033	0.01	**[0.016, 0.054]**	0.047	0.013	**[0.024, 0.075]**
	直接效应	0.098	0.036	**[0.029, 0.170]**	0.103	0.032	**[0.041, 0.170]**	0.096	0.036	**[0.028, 0.171]**

注：本研究中，Bootstrap 样本量为 5 000，下同。

在科目自选政策认知通过专业决策自我效能影响个体特质适应的过程中，直接效应 95% 的置信区间为［−0.049，0.097］，$p > 0.05$，间接效应 95% 的置信区间为［0.117，0.203］，$p < 0.001$，说明专业决策自我效能在科目自选政策认知与个体特质适应之间关系起到了完全中介作用；在科目自选政策认知通过专业决策自我效能影响学习适应的过程中，直接效应 95% 的置信区间为［0.089，0.231］，$p < 0.001$，间接效应 95% 的置信区间为［0.059，0.132］，$p < 0.001$，说明专业决策自我效能在科目自选政策认知与学习适应之间关系起到了部分中介作用；在科目自选政策认知通过专业决策自我效能影响职业适应的过程中，直接效应 95% 的置信区间为［0.127, 0.283］, $p < 0.001$，间接效应 95% 的置信区间为［0.089, 0.177］，说明专业决策自我效能在科目自选政策认知与职业适应之间关系起到了部分中介作用。假设 H3a 得到验证。

在科目自选政策认可通过专业决策自我效能影响个体特质适应的过程中，直接效应 95% 的置信区间为［0.029，0.170］，$p < 0.01$，间接效应 95% 的置信区间为［0.029，0.091］，$p < 0.001$，说明专业决策自我效能在科目自选政策认可与个体特质适应之间关系起到了部分中介作用；在科目自选政策认可通过专业决策自我效能影响学习适应的过程中，直接效应 95% 的置信区间为［0.041，0.170］，$p < 0.01$，间接效应 95% 的置信区间为［0.016，0.054］，$p < 0.001$，说明专业决策自我效能在科目自选政策认可与学习适应之间关系起到了部分中介作用；在科目自选政策

认可通过专业决策自我效能影响职业适应的过程中，直接效应 95% 的置信区间为 [0.028, 0.171]，$p < 0.01$，间接效应 95% 的置信区间为 [0.024, 0.075]，$p < 0.001$，说明专业决策自我效能在科目自选政策认可与职业适应之间关系起到了部分中介作用。假设 H3b 得到验证。

（2）专业选择结果预期作为中介变量

同样地，以科目自选政策认同（KP）各因子为自变量、专业选择结果预期（OE）为中介变量、专业适应性（MA）各因子为因变量，分别建立 7 个结构方程模型，其中，模型 1 为部分中介模型，模型 2 为完全中介模型，模型 3 为无中介模型，模型 4 为嵌套模型，模型 5、6、7 为非嵌套模型。各模型的拟合指标值见表 5–14 所示。

从表 5-14 可以看到，模型 1 的拟合情况最好，即部分中介模型所表达的变量间关系最为理想。

表 5–14 以专业选择结果预期为中介变量的结构方程模型拟合指标值（N=1 403）

（科目自选政策认同—专业选择结果预期—专业适应性）

	χ^2	df	$\Delta\chi^2$	Δdf	χ^2/df	RMSEA	CFI	TLI
模型 1：KP → MA，KP+OE → MA	2 586.836	540	—	—	4.790	0.052	0.948	0.942
模型 2：KP → OE，OE → MA	2 675.929	546	89.093*	6	4.901	0.053	0.946	0.941
模型 3：KP → OE，KP → MA	2 982.301	543	395.465*	3	5.492	0.057	0.938	0.932
模型 4：KP → MA，OE → MA	2 855.365	542	268.529*	2	5.268	0.055	0.941	0.935
模型 5：MA → OE，MA+OE → KP	3 066.358	543	479.522*	3	5.647	0.058	0.935	0.929
模型 6：KP → MA，MA → OE	2 666.031	542	79.195*	2	4.919	0.053	0.946	0.940
模型 7：MA → KP，KP → OE	3 486.891	546	900.055*	6	6.386	0.062	0.925	0.918

在部分中介模型中，科目自选政策认知、科目自选政策认可，分别对个体特质适应、学习适应、职业适应 3 个因子产生影响，并分别通过专业选择结果预期对个体特质适应、学习适应、职业适应产生影响，自变量与因变量之间的路径有 12 条，

两两变量之间的路径有11条。

各条路径系数见表5-15所示，其中，科目自选政策认知对个体特质适应的影响不显著，其余路径均显著。

表5-15 以专业选择结果预期为中介变量的结构方程模型路径系数（N=1 403）
（科目自选政策认同—专业选择结果预期—专业适应性）

路径	系数（Estimate）	标准误（S.E.）	临界比（C.R.）	p值
科目自选政策认知→专业选择结果预期	0.290	0.028	10.191	***
科目自选政策认可→专业选择结果预期	0.097	0.023	4.154	***
专业选择结果预期→个体特质适应	0.594	0.036	16.571	***
专业选择结果预期→学习适应	0.350	0.030	11.580	***
专业选择结果预期→职业适应	0.484	0.032	15.280	***
科目自选政策认知→个体特质适应	−0.005	0.033	−0.166	0.869
科目自选政策认知→学习适应	0.124	0.028	4.532	***
科目自选政策认知→职业适应	0.139	0.028	4.936	***
科目自选政策认可→个体特质适应	0.079	0.027	2.961	**
科目自选政策认可→学习适应	0.069	0.023	3.021	**
科目自选政策认可→职业适应	0.057	0.022	2.534	*

部分中介模型及检验结果见图5-6所示（图中虚线为不显著的路径）。科目自选政策认同通过专业选择结果预期，对专业适应性的影响的效应值是各条路径的路径系数的乘积之和（标准化系数）。具体来讲：科目自选政策认知通过专业选择结果预期对个体特质适应的间接效应为0.352×0.494=0.174，两者无直接效应，因而科目自选政策认知对个体特质适应的效应为0.174；科目自选政策认知通过专业选择结果预期对学习适应的间接效应为0.352×0.316=0.111，两者直接效应为0.136，因而科目自选政策认知对学习适应的效应为0.111+0.136=0.247；科目自选政策认知通过专业选择结果预期对职业适应的间接效应为0.352×0.474=0.167，两者直接效应为0.165，因而科目自选政策认知对职业适应的效应为0.167+0.165=0.332；与其相应，科目自选政策认可通过专业选择结果预期对个体特质适应的间接效应为

0.139 × 0.494=0.069，两者直接效应为 0.093，因而科目自选政策认可对个体特质适应的效应为 0.069+0.093=0.162；科目自选政策认可通过专业选择结果预期对学习适应的间接效应为 0.139 × 0.316=0.044，两者直接效应为 0.089，因而科目自选政策认可对学习适应的效应为 0.044+0.089=0.133；科目自选政策认可通过专业选择结果预期对职业适应的间接效应为 0.139 × 0.474=0.066，两者直接效应为 0.079，因而科目自选政策认可对职业适应的效应为 0.066+0.079=0.145。

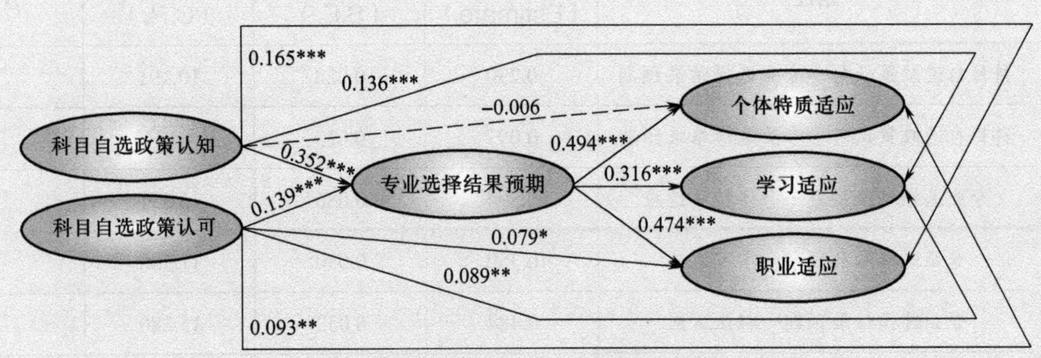

图 5-6　专业选择结果预期的部分中介模型及检验结果（第二组）

（图中标注的路径系数是标准化系数）

为了进一步确认中介效应，本研究采取检验力更高的偏差校正的非参数百分位 Bootstrap 法进行验证，结果见表 5-16 所示。

表 5-16　以专业选择结果预期为中介变量的 Bootstrap 中介效应检验（N=1 403）

（科目自选政策认同—专业选择结果预期—专业适应性）

		个体特质适应			学习适应			职业适应		
		β	SE	95% 的置信区间	β	SE	95% 的置信区间	β	SE	95% 的置信区间
科目自选政策认知	间接效应	0.174	0.024	**[0.129, 0.223]**	0.111	0.018	**[0.08, 0.149]**	0.167	0.024	**[0.123, 0.216]**
	直接效应	-0.006	0.037	[-0.08, 0.070]	0.136	0.036	**[0.067, 0.205]**	0.165	0.041	**[0.085, 0.247]**

续表

		个体特质适应			学习适应			职业适应		
		β	SE	95% 的置信区间	β	SE	95% 的置信区间	β	SE	95% 的置信区间
科目自选政策认可	间接效应	0.069	0.02	**[0.032, 0.109]**	0.044	0.013	**[0.020, 0.072]**	0.066	0.019	**[0.031, 0.104]**
	直接效应	0.093	0.035	**[0.029, 0.166]**	0.089	0.033	**[0.028, 0.157]**	0.079	0.037	**[0.008, 0.151]**

在科目自选政策认知通过专业选择结果预期影响个体特质适应的过程中，直接效应 95% 的置信区间为［–0.08，0.070］，$p > 0.05$，间接效应 95% 的置信区间为［0.129，0.223］，$p < 0.001$，说明专业选择结果预期在科目自选政策认知与个体特质适应之间关系起到了完全中介作用；在科目自选政策认知通过专业选择结果预期影响学习适应的过程中，直接效应 95% 的置信区间为［0.067，0.205］，$p < 0.01$，间接效应 95% 的置信区间为［0.08，0.149］，$p < 0.001$，说明专业选择结果预期在科目自选政策认知与学习适应之间关系起到了部分中介作用；在科目自选政策认知通过专业选择结果预期影响职业适应的过程中，直接效应 95% 的置信区间为［0.085, 0.247］, $p < 0.001$，间接效应 95% 的置信区间为［0.123, 0.216］, $p < 0.001$，说明专业选择结果预期在科目自选政策认知与职业适应之间关系起到了部分中介作用。假设 H4a 得到验证。

在科目自选政策认可通过专业选择结果预期影响个体特质适应的过程中，直接效应 95% 的置信区间为［0.029，0.166］，$p < 0.01$，间接效应 95% 的置信区间为［0.032，0.109］，$p < 0.001$，说明专业选择结果预期在科目自选政策认可与个体特质适应之间关系起到了部分中介作用；在科目自选政策认可通过专业选择结果预期影响学习适应的过程中，直接效应 95% 的置信区间为［0.028，0.157］，$p < 0.01$，间接效应 95% 的置信区间为［0.020，0.072］，$p < 0.001$，说明专业选择结果预期在科目自选政策认可与学习适应之间关系起到了部分中介作用；在科目自选政策认可通过专业选择结果预期影响职业适应的过程中，直接效应 95% 的置信区间为［0.008, 0.151］, $p < 0.05$，间接效应 95% 的置信区间为［0.031, 0.104］, $p < 0.001$，说明专业选择结果预期在科目自选政策认可与职业适应之间关系起到了部分中介作用。假设 H4b 得到验证。

2. 专业优先政策认同对专业适应性的中介机制

（1）专业决策自我效能作为中介变量

以专业优先政策认同（ZP）各因子为自变量、专业决策自我效能（SE）为中介变量、专业适应性（MA）各因子为因变量，分别建立7个结构方程模型，其中，模型1为部分中介模型，模型2为完全中介模型，模型3为无中介模型，模型4为嵌套模型，模型5、6、7为非嵌套模型。各模型的拟合指标值见表5-17所示。

从表5-17可以看到，模型1的拟合情况最好，即部分中介模型所表达的变量间关系最为理想。

表5-17　以专业决策自我效能为中介变量的结构方程模型拟合指标值（N=1 403）

（专业优先政策认同—专业决策自我效能—专业适应性）

	χ^2	df	$\Delta\chi^2$	Δdf	χ^2/df	RMSEA	CFI	TLI
模型1：ZP→MA，ZP+SE→MA	1 604.433	358	—	—	4.482	0.050	0.964	0.959
模型2：ZP→SE，SE→MA	1 701.601	364	97.168*	6	4.675	0.051	0.961	0.957
模型3：ZP→SE，ZP→MA	1 689.689	361	85.256*	3	4.681	0.051	0.961	0.957
模型4：ZP→MA，SE→MA	2 104.843	360	500.410*	2	5.847	0.059	0.949	0.943
模型5：MA→SE，MA+SE→ZP	2 379.878	359	775.445*	1	6.629	0.063	0.941	0.934
模型6：ZP→MA，MA→SE	1 892.946	360	288.513*	2	5.258	0.055	0.955	0.950
模型7：MA→ZP，ZP→SE	2 781.178	362	1 176.745*	4	7.683	0.069	0.930	0.921

在部分中介模型中，专业优先政策认知、专业优先政策认可，分别对个体特质适应、学习适应、职业适应3个因子产生影响，并分别通过专业决策自我效能对个体特质适应、学习适应、职业适应产生影响，自变量与因变量之间的路径有12条，两两变量之间的路径有11条。

各条路径系数见表5-18所示，其中，专业优先政策认知对个体特质适应、专业优先政策认知对职业适应的影响不显著，其余路径均显著。

表 5-18 以专业决策自我效能为中介变量的结构方程模型路径系数（N=1 403）
（专业优先政策认同—专业决策自我效能—专业适应性）

路径	系数（Estimate）	标准误（S.E.）	临界比（C.R.）	p 值
专业优先政策认知→专业决策自我效能	0.160	0.041	3.889	***
专业优先政策认可→专业决策自我效能	0.319	0.047	6.834	***
专业决策自我效能→个体特质适应	0.445	0.053	8.431	***
专业决策自我效能→学习适应	0.216	0.047	4.612	***
专业决策自我效能→职业适应	0.310	0.043	7.149	***
专业优先政策认知→个体特质适应	–0.051	0.060	–0.839	0.401
专业优先政策认知→学习适应	–0.119	0.055	–2.174	*
专业优先政策认知→职业适应	–0.080	0.049	–1.617	0.106
专业优先政策认可→个体特质适应	0.243	0.071	3.439	***
专业优先政策认可→学习适应	0.398	0.064	6.188	***
专业优先政策认可→职业适应	0.362	0.059	6.151	***

部分中介模型及检验结果见图 5–7 所示（图中虚线为不显著的路径）。专业优先政策认同通过专业决策自我效能对专业适应性的影响的效应值是各条路径的路径系数的乘积之和（标准化系数）。具体来讲：专业优先政策认知通过专业决策自我效能对个体特质适应的间接效应为 0.225 × 0.316=0.071，两者无直接效应，因而专业优先政策认知对个体特质适应的效应为 0.071；专业优先政策认知通过专业决策自我效能对学习适应的间接效应为 0.225 × 0.171=0.038，两者直接效应为 –0.132，因而专业优先政策认知对学习适应的效应为 0.038–0.132=–0.094；专业优先政策认知通过专业决策自我效能对职业适应的间接效应为 0.225 × 0.226=0.051，两者无直接效应，因而专业优先政策认知对职业适应的效应为 0.051；与其相应，专业优先政策认可通过专业决策自我效能对个体特质适应的间接效应为 0.407 × 0.316=0.129，两者直接效应为 0.220，因而专业优先政策认可对个体特质适应的效应为 0.129+0.220=0.349；专业优先政策认可通过专业决策自我效能对学习适应的间接效应为 0.407 × 0.171=0.070，两者直接效应为 0.401，因而专业优先政策认可对学习适应的效应为 0.070+0.401=0.471；专业优先政策认可通过专业决策自我效能对职业适应的间接效应为 0.407 × 0.226=0.092，两者直接效应为 0.395，因而专业优先政策认可对职业适应的效应为 0.092+0.395=0.487。

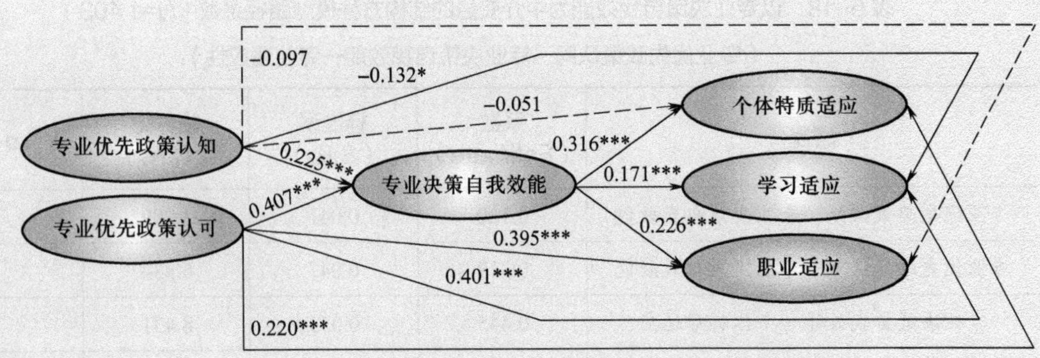

图 5-7 专业决策自我效能的部分中介模型及检验结果（第三组）

（图中标注的路径系数是标准化系数）

为了进一步确认中介效应，本研究采取检验力更高的偏差校正的非参数百分位 Bootstrap 法进行验证，结果见表 5-19 所示。

表 5-19 以专业决策自我效能为中介变量的 Bootstrap 中介效应检验（N=1 403）

（专业优先政策认同—专业决策自我效能—专业适应性）

		个体特质适应			学习适应			职业适应		
		β	SE	95% 的置信区间	β	SE	95% 的置信区间	β	SE	95% 的置信区间
专业优先政策认知	间接效应	0.071	0.024	**[0.028, 0.123]**	0.039	0.016	**[0.014, 0.077]**	0.060	0.021	**[0.024, 0.107]**
	直接效应	−0.051	0.070	[−0.196, 0.084]	−0.132	0.067	**[−0.268, −0.005]**	−0.097	0.067	[−0.231, 0.031]
专业优先政策认可	间接效应	0.128	0.029	**[0.079, 0.193]**	0.070	0.021	**[0.034, 0.119]**	0.108	0.025	**[0.066, 0.164]**
	直接效应	0.220	0.072	**[0.081, 0.369]**	0.401	0.069	**[0.271, 0.542]**	0.395	0.069	**[0.264, 0.535]**

在专业优先政策认知通过专业决策自我效能影响个体特质适应的过程中，直接效应 95% 的置信区间为［-0.196，0.084］，$p > 0.05$，间接效应 95% 的置信区间为［0.028，0.123］，$p < 0.001$，说明专业决策自我效能在专业优先政策认知与个体特质适应之间关系起到了完全中介作用；在专业优先政策认知通过专业决策自我效能影响学习适应的过程中，直接效应 95% 的置信区间为［-0.268，-0.005］，$p < 0.05$，间接效应 95% 的置信区间为［0.014，0.077］，$p < 0.05$，说明专业决策自我效能在专业优先政策认知与学习适应之间关系起到了部分中介作用；在专业优先政策认知通过专业决策自我效能影响职业适应的过程中，直接效应 95% 的置信区间为［-0.231，0.031］，$p > 0.05$，间接效应 95% 的置信区间为［0.024，0.107］，$p < 0.01$，说明专业决策自我效能在专业优先政策认知与职业适应之间关系起到了完全中介作用。假设 H5a 得到验证。

在专业优先政策认可通过专业决策自我效能影响个体特质适应的过程中，直接效应 95% 的置信区间为［0.081，0.369］，$p < 0.01$，间接效应 95% 的置信区间为［0.079，0.193］，$p < 0.001$，说明专业决策自我效能在专业优先政策认可与个体特质适应之间关系起到了部分中介作用；在专业优先政策认可通过专业决策自我效能影响学习适应的过程中，直接效应 95% 的置信区间为［0.271，0.542］，$p < 0.001$，间接效应 95% 的置信区间为［0.034，0.119］，$p < 0.001$，说明专业决策自我效能在专业优先政策认可与学习适应之间关系起到了部分中介作用；在专业优先政策认可通过专业决策自我效能影响职业适应的过程中，直接效应 95% 的置信区间为［0.264，0.535］，$p < 0.001$，间接效应 95% 的置信区间为［0.066，0.164］，$p < 0.001$，说明专业决策自我效能在专业优先政策认可与职业适应之间关系起到了部分中介作用。假设 H5b 得到验证。

（2）专业选择结果预期作为中介变量

同样地，以专业优先政策认同（ZP）各因子为自变量、专业选择结果预期（OE）为中介变量、专业适应性（MA）各因子为因变量，分别建立 7 个结构方程模型，其中，模型 1 为部分中介模型，模型 2 为完全中介模型，模型 3 为无中介模型，模型 4 为嵌套模型，模型 5、6、7 为非嵌套模型。各模型的拟合指标值见表 5-20 所示。

从表 5-20 可以看到，模型 1 的拟合情况最好，即部分中介模型所表达的变量间关系最为理想。

表 5-20 以专业选择结果预期为中介变量的结构方程模型拟合指标值（N=1 403）

（专业优先政策认同—专业选择结果预期—专业适应性）

	χ^2	df	$\Delta\chi^2$	Δdf	χ^2/df	RMSEA	CFI	TLI
模型 1：ZP → MA，ZP+OE → MA	2 235.618	541	—	—	4.132	0.047	0.960	0.956
模型 2：ZP → OE，OE → MA	2 310.600	547	74.982*	6	4.224	0.048	0.958	0.955
模型 3：ZP → OE，ZP → MA	2 539.422	544	303.804*	3	4.668	0.051	0.953	0.949
模型 4：ZP → MA，OE → MA	2 662.790	543	427.172*	2	4.904	0.053	0.950	0.945
模型 5：MA → OE，MA+OE → ZP	3 312.444	548	1 076.826*	7	6.045	0.060	0.935	0.929
模型 6：ZP → MA，MA → OE	2 397.794	543	162.176*	2	4.416	0.049	0.956	0.952
模型 7：MA → ZP，ZP → OE	3 637.038	545	1 401.420*	4	6.673	0.064	0.927	0.920

在部分中介模型中，专业优先政策认知、专业优先政策认可，分别对个体特质适应、学习适应、职业适应 3 个因子产生影响，并分别通过专业选择结果预期对个体特质适应、学习适应、职业适应产生影响，自变量与因变量之间的路径有 12 条，两两变量之间的路径有 11 条。

各条路径系数见表 5-21 所示，其中，专业优先政策认知对专业选择结果预期、专业优先政策认知对个体特质适应、专业优先政策认知对学习适应、专业优先政策认知对职业适应、专业优先政策认可对个体特质适应的影响不显著，其余路径为显著。

表 5-21 以专业选择结果预期为中介变量的结构方程模型路径系数（N=1 403）

（专业优先政策认同—专业选择结果预期—专业适应性）

路径	系数（Estimate）	标准误（S.E.）	临界比（C.R.）	p 值
专业优先政策认知→专业选择结果预期	0.009	0.046	0.192	0.848
专业优先政策认可→专业选择结果预期	0.482	0.053	9.120	***
专业选择结果预期→个体特质适应	0.597	0.040	15.047	***
专业选择结果预期→学习适应	0.307	0.036	8.573	***

续表

路径	系数（Estimate）	标准误（S.E.）	临界比（C.R.）	p 值
专业选择结果预期→职业适应	0.457	0.034	13.537	***
专业优先政策认知→个体特质适应	0.016	0.056	0.283	0.777
专业优先政策认知→学习适应	−0.086	0.053	−1.622	0.105
专业优先政策认知→职业适应	−0.033	0.046	−0.723	0.469
专业优先政策认可→个体特质适应	0.096	0.067	1.428	0.153
专业优先政策认可→学习适应	0.318	0.064	4.976	***
专业优先政策认可→职业适应	0.239	0.056	4.289	***

部分中介模型及检验结果见图 5-8 所示（图中虚线为不显著的路径）。专业优先政策认同通过专业选择结果预期对专业适应性的影响的效应值是各条路径的路径系数的乘积之和（标准化系数）。具体来讲：专业优先政策认知对个体特质适应、学习适应、职业适应均没有直接影响，也没有通过专业选择结果预期对个体特质适应、学习适应、职业适应产生影响，可认为效应均为 0；专业优先政策认可通过专业选择结果预期对个体特质适应的间接效应为 0.540 × 0.482=0.260，两者无直接效应，因而专业优先政策认可对个体特质适应的效应为 0.260；专业优先政策认可通过专业选择结果预期对学习适应的间接效应为 0.540 × 0.276=0.149，两者直接效应为 0.321，因而专业优先政策认可对学习适应的效应为 0.149+0.321=0.470；专业优先政策认可通过专业选择结果预期对职业适应的间接效应为 0.540 × 0.446=0.241，两者直接效应为 0.261，因而专业优先政策认可对职业适应的效应为 0.241+0.261=0.502。

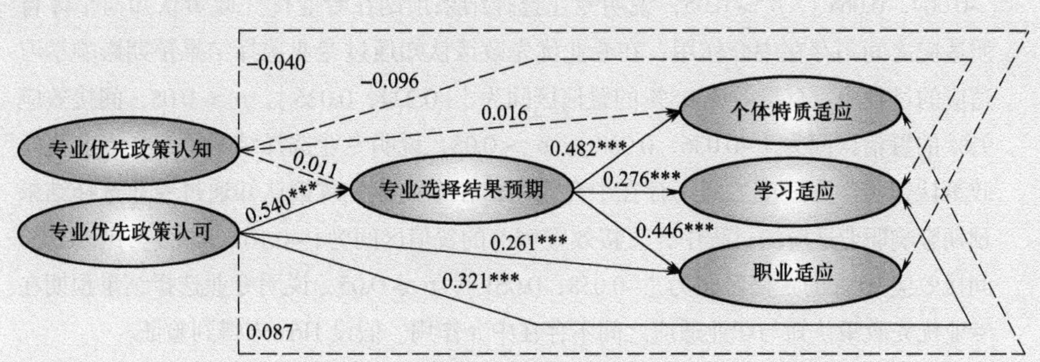

图 5-8　专业选择结果预期的部分中介模型及检验结果（第四组）

（图中标注的路径系数是标准化系数）

为了进一步确认中介效应，本研究采取检验力更高的偏差校正的非参数百分位 Bootstrap 法进行验证，结果如表 5–22 所示。

表 5–22　以专业选择结果预期为中介变量的 Bootstrap 中介效应检验（N=1 403）

（专业优先政策认同—专业选择结果预期—专业适应性）

		个体特质适应			学习适应			职业适应		
		β	SE	95% 的置信区间	β	SE	95% 的置信区间	β	SE	95% 的置信区间
专业优先政策认知	间接效应	0.005	0.032	[–0.064, 0.064]	0.003	0.018	[–0.036, 0.038]	0.005	0.030	[–0.058, 0.061]
	直接效应	0.016	0.067	[–0.118, 0.144]	–0.096	0.064	[–0.224, 0.026]	–0.040	0.063	[–0.161, 0.083]
专业优先政策认可	间接效应	0.260	0.038	**[0.192, 0.340]**	0.149	0.027	**[0.101, 0.209]**	0.241	0.033	**[0.181, 0.312]**
	直接效应	0.087	0.074	[–0.055, 0.238]	0.321	0.072	**[0.187, 0.465]**	0.261	0.068	**[0.131, 0.397]**

在专业优先政策认知通过专业选择结果预期影响个体特质适应的过程中，直接效应 95% 的置信区间为 [–0.118，0.144]，$p > 0.05$，间接效应 95% 的置信区间为 [–0.064，0.064]，$p > 0.05$，说明专业选择结果预期在专业优先政策认知与个体特质适应之间不存在中介作用；在专业优先政策认知通过专业选择结果预期影响学习适应的过程中，直接效应 95% 的置信区间为 [–0.224，0.026]，$p > 0.05$，间接效应 95% 的置信区间为 [–0.036，0.038]，$p > 0.05$，说明专业选择结果预期在专业优先政策认知与学习适应之间不存在中介作用；在专业优先政策认知通过专业选择结果预期影响职业适应的过程中，直接效应 95% 的置信区间为 [–0.161, 0.083], $p > 0.05$, 间接效应 95% 的置信区间为 [–0.058，0.061]，$p > 0.05$，说明专业选择结果预期在专业优先政策认知与职业适应之间不存在中介作用。假设 H6a 未得到验证。

在专业优先政策认可通过专业选择结果预期影响个体特质适应的过程中，直接效应 95% 的置信区间为 [–0.055，0.238]，$p > 0.05$，间接效应 95% 的置信区间为 [0.192，0.340]，$p < 0.001$，说明专业选择结果预期在专业优先政策认可与

个体特质适应之间关系起到了完全中介作用；在专业优先政策认可通过专业选择结果预期影响学习适应的过程中，直接效应 95% 的置信区间为［0.187，0.465］，$p < 0.001$，间接效应 95% 的置信区间为［0.101，0.209］，$p < 0.001$，说明专业选择结果预期在专业优先政策认可与学习适应之间关系起到了部分中介作用；在专业优先政策认可通过专业选择结果预期影响职业适应的过程中，直接效应 95% 的置信区间为［0.131，0.397］，$p < 0.001$，间接效应 95% 的置信区间为［0.181，0.312］，$p < 0.001$，说明专业选择结果预期在专业优先政策认可与职业适应之间关系起到了部分中介作用。假设 H6b 得到验证。

第三节　本章小结

本章通过描述性统计，考察了新高考政策认同、专业适应性的现状；通过结构方程模型，对新高考政策认同与专业适应性之间的直接影响关系，以及专业决策自我效能、专业选择结果预期的中介作用进行了探讨。主要研究结果包括：

第一，经历新高考的学生对科目自选政策、专业优先政策的认同程度均较高。具体来讲：学生对科目自选政策认同的得分较高（认知均值 4.75、认可均值 4.49），填选认知较高的题项均超过 83%，其中对该政策很了解选“非常同意”的达到 42.6%（接近半数），填选认可较高的题项均超过 80%；学生对专业优先政策认同的得分也较高（认知均值 4.32、认可均值 4.41），对认知的 4 题中有 3 题填选较高的超过 77%，但填选“非常同意”的比例明显少于科目自选政策认知中相应的比例，专业优先政策认可的 4 题中有 3 题填选较高的超过 84%。综合来看，学生对科目自选政策认知程度要高于对专业优先政策认知程度，而对科目自选政策认可程度却要低于专业优先政策认可程度。

第二，新高考政策之下，学生进入大学后的专业适应性较好，且在个体因素、学校因素上呈现差异性。具体来讲：学生个体特质适应情况较好（均值 4.05），填选适应较高的题项大多在 70% 以上，多数学生进入大学后认为专业与自身各方面的特质比较适配，包括兴趣、特长、能力、性格以及个人理想等；学习适应情况也较好（均值 4.54），填选适应较高的题项都已接近 90%；职业适应情况同样较好（均值 4.50），选填适应较高的题项都在 70% 以上，尤其是在专业的社会需求、专业的区域发展等方面，填选适应较高的都超过 90%。同时，在个体特质适应方面，还有两个数据结果值得一提：一是认为专业符合自身兴趣的题项填选较高的接近 80%，说明学生在兴趣这一特质上的适应程度比较高；二是认为专业能实现自身理想的题项填选较高的低于70%，说明内心的理想期待方面的适应呈现较低水平。此外，个体特质适应在性别、城/乡、高中成绩上具有显著差异，学习适应在性别、高中成绩上具有显著差异，职业适应在性别、城/乡、高中担任学生干部、高中成绩上具有显著差异；家庭因素上均不存在显著差异。

第三，新高考政策认同对专业适应性具有显著的正向影响。具体来讲：科目自选政策认知对个体特质适应、学习适应、职业适应都具有显著的正向影响，影响程度在中等水平（路径系数在0.18~0.34之间）；科目自选政策认可对个体特质适应、学习适应、职业适应都具有显著的正向影响，影响程度也在中等水平（路径系数在0.13~0.16之间）；专业优先政策认可对个体特质适应、学习适应、职业适应都具有显著的正向影响，影响程度同样在中上水平（路径系数在0.34~0.51之间）；但专业优先政策认知对专业适应性各维度的影响都不显著。

第四，新高考政策认同可通过专业决策自我效能、专业选择结果预期的中介作用，对专业适应性产生影响。具体来讲：对科目自选政策而言，专业决策自我效能在政策认知对个体特质适应的影响中起到完全中介作用，其余都起到部分中介作用；专业选择结果预期在政策认知对个体特质适应的影响中起到完全中介作用，其余都起到部分中介作用。对专业优先政策而言，专业决策自我效能在政策认知对个体特质适应、对职业适应的影响中起到完全中介作用，其余都起到部分中介作用；专业选择结果预期在政策认知与专业适应性之间均无影响关系，在政策认可对个体特质适应的影响中起到完全中介作用，其余都起到部分中介作用。此外，对于这两项政策而言，通过中介变量对专业适应性各维度所产生的影响效应，科目自选政策认知的影响要大于科目自选政策认可，专业优先政策认可的影响要大于专业优先政策认知。具体效应值、中介类型见表5-23所示。

表5-23　新高考政策认同通过专业决策自我效能、专业选择结果预期的中介作用效应值及中介类型

自变量	中介变量	因变量	效应值	中介类型
科目自选政策认知	专业决策自我效能	个体特质适应	0.157	完全中介
		学习适应	0.250	部分中介
		职业适应	0.337	部分中介
科目自选政策认可		个体特质适应	0.153	部分中介
		学习适应	0.136	部分中介
		职业适应	0.145	部分中介

续表

自变量	中介变量	因变量	效应值	中介类型
科目自选政策认知	专业选择结果预期	个体特质适应	0.174	完全中介
		学习适应	0.247	部分中介
		职业适应	0.332	部分中介
科目自选政策认可		个体特质适应	0.160	部分中介
		学习适应	0.133	部分中介
		职业适应	0.145	部分中介
专业优先政策认知	专业决策自我效能	个体特质适应	0.071	完全中介
		学习适应	−0.094	部分中介
		职业适应	0.051	完全中介
专业优先政策认可		个体特质适应	0.349	部分中介
		学习适应	0.471	部分中介
		职业适应	0.487	部分中介
专业优先政策认知	专业选择结果预期	个体特质适应	0	（无影响关系）
		学习适应	0	（无影响关系）
		职业适应	0	（无影响关系）
专业优先政策认可		个体特质适应	0.260	完全中介
		学习适应	0.470	部分中介
		职业适应	0.502	部分中介

第六章　新高考政策认同在高中学习投入与专业适应性关系间的调节作用

第一节　本章的研究模型和假设

本章聚焦“研究主线二”的第一个研究（即研究 3），基于院校影响力理论有关学生大学入学前学习投入与入学后专业适应性的关系，探讨新高考政策认同在两者关系间的调节作用。

从数据分析的角度而言，交互效应与调节效应是一样的，[①]自变量和调节变量两者在数学意义上没有差别，只是两者所处“位置”不同，所构建模型的意义不同。早期有关学生学习动机的研究表明，学生的学习动机与其感知到的教师行为、教师的支持有交互作用，这种交互作用促使学生表现出更高的行为投入，进而具有更好的学业成绩及评分，[②]即学生学习过程的投入与外界环境产生交互作用，会进一步影响学生的学业表现。事实上，阿斯汀的 I–E–O 模型告诉我们，学生的输入变量与输出变量、环境变量都有关联性，这种关联性在环境和输出的关系间会产生作用；而环境这只黑箱一头连接各项政策，另一头连接学生成绩，政策转化为学生的成绩需要学生的参与，学生的发展程度同时也受制于他们对学校提供资源和政策（如硬件设施、课表、考勤、导师指导等）的使用水平，[③]即政策要得到学生的认同才能起到作用。因此，I–E–O 模型带给我们的启示是，不同的学生会对教育政策产生不同的感知和认同，入学前学生学习投入的“输入”会与新高考政策的“环境”产生交互作用，而因为“环境”与“输入”的关联性，新高考政策这一“环境”便对入学前学习投入的“输入”与专业适应性“输出”的关系产生影响，也就是说，新高考政策认同作为一种“环境变量”，产生了调节作用。

---

① 温忠麟，刘红云，侯杰泰．调节效应和中介效应分析 [M]．北京：教育科学出版社，2012：82.

② SKINNER E A，BELMONT M J.Motivation in the classroom：Reciprocal effects of teacher behavior and student engagement across the school year[J].Journal of Educational Psychology，1993，85（4）：571–581.

③ 龙琪，倪娟．美国大学生学习影响力模型述评 [J]．复旦教育论坛，2015，13（5）：47–54.

从政策分析来看，新高考政策扩大了学生的选择权，科目自选等措施有效提升了学生的学习动力，促进了有兴趣的学习；与此同时，学习动力与兴趣的增强坚定了学生的专业性向和学习方向，[①]学生对新高考政策越了解、越认可，高中的学习投入对今后专业性向更清晰、更稳定的影响可能就越强。

综合以上分析，上述变量间的关系具有理论支持和政策实践意义，故可以提出以下研究假设：

H1a：科目自选政策认知在学习投入与专业适应性关系间具有调节作用；

H1b：科目自选政策认可在学习投入与专业适应性关系间具有调节作用；

H2a：专业优先政策认知在学习投入与专业适应性关系间具有调节作用；

H2b：专业优先政策认可在学习投入与专业适应性关系间具有调节作用。

鉴于此，以学生高中学习投入为自变量，以专业适应性为因变量，把新高考政策认同作为两者关系间的调节变量，建立的研究模型如图 6-1 所示。

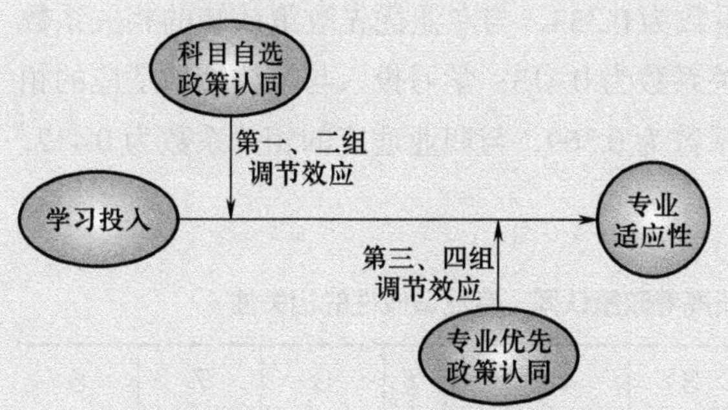

图 6-1　新高考政策认同在学习投入与专业适应性关系间的调节模型

第二节　数据分析及结果

本章所使用的研究样本与第五章相同，即 1 403 个正式有效样本；根据研究模型，所使用的自变量是学习投入，因变量是专业适应性，调节变量分别是科目自选政策认同、专业优先政策认同。本章采用多元回归分析来检验调节模型。选用纳入调节模型的控制变量为：性别、城 / 乡类型、父亲职业、父亲学历、高中成绩、大

① 边新灿 . 新一轮高考改革对大学教育的影响 [J]. 中国高等教育，2015（2）：7–9.

学成绩；选用控制变量基于如下考虑：根据前文专业适应性差异分析的情况，删除个体因素上均不显著的应/往届，删除学校因素上均不显著的高中类型、高中是否参加社团，高中是否担任学生干部仅在职业适应差异显著，也予删除；暂时保留家庭因素的家庭收入、父亲职业、父亲学历；同时，考虑学生进入大学后的经历也会影响其专业适应性，故把大学成绩也作为控制变量。还需说明的是，对于家庭因素变量（父亲职业、父亲学历），问卷中是定序变量，在前文中以二分变量进行简化处理，而根据已有研究对数据的处理方法，[①] 本章则视为连续变量处理。

一、描述性统计与相关性分析

表 6–1 为学习投入的均值、标准差等描述性统计结果，以及本章研究所使用变量之间的相关性情况。相关系数的数据表明，新高考政策认同、学习投入与专业适应性之间存在显著的正相关关系，学习投入与科目自选政策认知的相关系数为 0.350，与科目自选政策认可的相关系数为 0.333，与专业优先政策认知的相关系数为 0.378，与专业优先政策认可的相关系数为 0.413；学习投入与个体特质适应的相关系数为 0.394，与学习适应的相关系数为 0.369，与职业适应的相关系数为 0.412，上述均通过显著性检验。

表 6–1 学习投入的描述性结果以及与新高考政策认同、专业适应性的相关性

	均值	标准差	1	2	3	4	5	6	7	8
1. 科目自选政策认知	4.75	0.97	1							
2. 科目自选政策认可	4.48	1.10	0.567**	1						
3. 专业优先政策认知	4.32	1.06	0.601**	0.428**	1					
4. 专业优先政策认可	4.41	0.97	0.541**	0.552**	0.785**	1				
5. 学习投入	4.14	0.88	0.350**	0.333**	0.378**	0.413**	1			
6. 个体特质适应	4.05	0.97	0.253**	0.251**	0.302**	0.339**	0.394**	1		
7. 学习适应	4.54	0.86	0.314**	0.279**	0.305**	0.372**	0.369**	0.472**	1	
8. 职业适应	4.50	0.82	0.376**	0.318**	0.371**	0.433**	0.412**	0.582**	0.614**	1

① 周菲. 家庭背景对大学生学习投入的影响研究 [D]. 南京：南京大学博士学位论文，2015：117.

二、差异分析

为了解不同学习投入水平（程度）的学生在专业适应性上是否存在差异，从宏观上考查学生高中学习投入与大学专业适应性的关系，本研究对学习投入的样本值进行升降排序，按照前 27%、后 27% 的标准，将正式样本划分为高投入组和低投入组，然后对个体特质适应、学习适应、职业适应进行独立样本 t 检验。

专业适应性各维度在高、低学习投入水平上的差异分析结果如表 6-2 所示。独立样本 t 检验结果显示，在不同学习投入水平上，个体特质适应、学习适应和职业适应均存在显著差异（$p < 0.001$），学习投入越大则专业适应性程度越高。

表 6-2　专业适应性各维度在高、低学习投入水平上的差异分析

变量	分组	N	M	SD	t 检验	
					t 值	p 值
个体特质适应	高学习投入组	342	4.562	1.002	13.098	***
	低学习投入组	369	3.597	0.962		
学习适应	高学习投入组	342	4.968	0.046	12.378	***
	低学习投入组	369	4.167	0.045		
职业适应	高学习投入组	342	4.938	0.801	13.829	***
	低学习投入组	369	4.094	0.824		

三、多元线性回归

为检验新高考政策认同在学习投入与专业适应性之间是否存在调节效应，分别构建以科目自选政策认知、科目自选政策认可、专业优先政策认知、专业优先政策认可作为调节变量的 4 组调节效应检验的多元线性回归模型。

为避免加入交互项后可能产生多重共线性问题，先对自变量（学习投入）和调节变量（新高考政策认同的各因子）进行中心化处理。此外，各模型的方差膨胀因子 VIF 都在 0~3 之间（远小于 10，大部分在 0~2 之间），容忍度也都在可接受范围内，表明不存在共线性问题。

（一）科目自选政策认知的调节作用

1. 科目自选政策认知在学习投入与个体特质适应关系间的调节效应检验

科目自选政策认知在学习投入与个体特质适应关系间的调节效应检验结果见表

6–3 所示。从分析结果看，所有变量可解释因变量的 20.8% 的变异，且通过 F 检验发现，该解释力具有统计学上的意义。

模型 1 是控制变量对个体特质适应的回归分析。模型 2 在模型 1 的基础上，加入自变量学习投入，可解释的变异增加到 19.3%，加入学习投入这一变量能更多地解释个体特质适应；学习投入对个体特质适应呈现显著的正向预测（β=0.396，$p < 0.001$）。模型 3 是加入调节变量科目自选政策认知的分析结果。模型 4 是在模型 3 的基础上，加入了自变量学习投入与调节变量科目自选政策认知的交互项（X×W），交互项对个体特质适应呈现显著的正向预测（β=0.050，$p < 0.05$），说明科目自选政策认知可以在学习投入与个体特质适应间产生调节作用；学习投入对个体特质适应的主效应系数为正，且调节效应系数为正，说明调节变量科目自选政策认知增强了学习投入对个体特质适应的正向影响。

表 6–3 科目自选政策认知在学习投入与个体特质适应关系间的调节效应检验结果

变量		模型 1	模型 2	模型 3	模型 4
控制变量	性别	**0.265*** （5.292）**	**0.248*** （5.331）**	**0.236*** （5.099）**	**0.236*** （5.104）**
	城 / 乡类型	0.104（1.930）	**0.116* （2.313）**	**0.115* （2.319）**	**0.114* （2.301）**
	父亲职业	0.027（1.559）	0.018（1.140）	0.013（0.790）	0.012（0.749）
	父亲学历	–0.035（–1.109）	–0.052（–1.782）	**–0.058 * （–2.015）**	**–0.059* （–2.023）**
	高中成绩	**0.063* （2.364）**	0.034（1.388）	0.031（1.248）	0.030（1.209）
	大学成绩	**0.188 *** （8.033）**	**0.132*** （5.955）**	**0.134*** （6.104）**	**0.133*** （6.097）**
自变量	X 学习投入		**0.396*** （14.759）**	**0.349*** （12.347）**	**0.340*** （11.902）**
调节变量	W 科目自选政策认知			**0.125*** （4.914）**	**0.132*** （5.151）**
交互项	X×W				**0.050* （2.038）**
R^2		0.072	0.197	0.211	0.213
调整 R^2		0.068	0.193	0.206	0.208
F 值及显著性		**17.970*** **	**48.912*** **	**46.526*** **	**41.911*** **

注：括号内为 t 值；性别变量中女生为参照，城 / 乡类型变量中农村为参照。下同。

为更直观说明科目自选政策认知在学习投入与个体特质适应关系间的调节作用，采用简单斜率分析，将科目自选政策认知按照均值上下一个标准差的标准分分成高、低水平组，见表 6–4 所示。

表 6-4　科目自选政策认知在不同水平上的调节效应

（学习投入与个体特质适应之间关系）

调节变量水平	回归系数	标准误	t	p	95% CI	
平均值	0.340	0.029	11.902	***	0.284	0.396
高水平（+1SD）	0.389	0.034	11.341	***	0.322	0.456
低水平（−1SD）	0.292	0.04	7.310	***	0.214	0.370

根据数据分析结果和简单斜率分析可知，科目自选政策认知在学习投入与个体特质适应之间存在显著的正向调节作用，但调节作用并不大。

2. 科目自选政策认知在学习投入与学习适应关系间的调节效应检验

科目自选政策认知在学习投入与学习适应关系间的调节效应检验结果见表 6-5 所示。从分析结果看，所有变量可解释因变量的 19.4% 的变异，且通过 F 检验发现，该解释力具有统计学上的意义。

模型 1 是控制变量对学习适应的回归分析。模型 2 在模型 1 的基础上，加入自变量学习投入，可解释的变异增加到 15.3%，加入学习投入这一变量能更多地解释学习适应；学习投入对学习适应呈现显著的正向预测（β=0.359，$p < 0.001$）。模型 3 是加入调节变量科目自选政策认知的分析结果。模型 4 是在模型 3 的基础上，加入了自变量学习投入与调节变量科目自选政策认知的交互项（X×W），交互项对学习适应呈现显著的正向预测（β=0.065，$p < 0.01$），说明科目自选政策认知可以在学习投入与学习适应间产生调节作用；学习投入对学习适应的主效应系数为正，且调节效应系数为正，说明调节变量科目自选政策认知增强了学习投入对学习适应的正向影响。

表 6-5　科目自选政策认知在学习投入与学习适应关系间的调节效应检验结果

变量		模型 1	模型 2	模型 3	模型 4
控制变量	性别	0.078（1.725）	0.063（1.499）	0.045（1.096）	0.045（1.098）
	城 / 乡类型	0.027（0.541）	0.037（0.818）	0.036（0.815）	0.035（0.787）
	父亲职业	**0.046**（2.956）**	**0.039**（2.641）**	**0.030*（2.115）**	**0.029*（2.059）**
	父亲学历	−0.048（−1.669）	**−0.063*（−2.379）**	**−0.072**（−2.786）**	**−0.073**（−2.802）**
	高中成绩	**0.124***（5.145）**	**0.098***（4.370）**	**0.093***（4.221）**	**0.092***（4.173）**
	大学成绩	0.002（0.090）	**−0.049*（−2.442）**	**−0.046*（−2.332）**	**−0.046*（−2.359）**
自变量	X 学习投入		**0.359***（14.691）**	**0.291***（11.448）**	**0.279***（10.887）**

续表

变量		模型 1	模型 2	模型 3	模型 4
调节变量	W 科目自选政策认知			**0.182***（7.952）**	**0.191***（8.306）**
交互项	X×W				**0.065**（2.979）**
R^2		0.027	0.158	0.194	0.199
调整 R^2		0.023	0.153	0.189	0.194
F 值及显著性		**6.494*****	**37.256*****	**41.958*****	**38.493*****

为更直观说明科目自选政策认知在学习投入与学习适应关系间的调节作用，采用简单斜率分析，将科目自选政策认知按照均值上下一个标准差的标准分分成高、低水平组，见表 6–6 所示。

表 6–6 科目自选政策认知在不同水平上的调节效应

（学习投入与学习适应之间关系）

调节变量水平	回归系数	标准误	t	p	95% CI	
平均值	0.279	0.026	10.887	***	0.229	0.329
高水平（+1SD）	0.342	0.031	11.148	***	0.282	0.403
低水平（–1SD）	0.215	0.036	6.022	***	0.145	0.285

根据数据分析结果和简单斜率分析可知，科目自选政策认知在学习投入与学习适应之间存在显著的正向调节作用，但调节作用并不大。

3. 科目自选政策认知在学习投入与职业适应关系间的调节效应检验

科目自选政策认知在学习投入与职业适应关系间的调节效应检验结果见表 6–7 所示。从分析结果看，所有变量可解释因变量的 24.6% 的变异，且通过 F 检验发现，该解释力具有统计学上的意义。

模型 1 是控制变量对职业适应的回归分析。模型 2 在模型 1 的基础上，加入自变量学习投入，可解释的变异增加到 19.0%，加入学习投入这一变量能更多地解释职业适应；学习投入对职业适应呈现显著的正向预测（β=0.364，$p < 0.001$）。模型 3 是加入调节变量科目自选政策认知的分析结果。模型 4 是在模型 3 的基础上，加入了自变量学习投入与调节变量科目自选政策认知的交互项（X×W），交互项对职业适应的影响不显著（β=0.036，$p > 0.05$），说明科目自选政策认知无法在学习投入与职业适应间起到调节作用。

表 6-7 科目自选政策认知在学习投入与职业适应关系间的调节效应检验结果

变量		模型 1	模型 2	模型 3	模型 4
控制变量	性别	**0.193***（4.478）**	**0.177***（4.482）**	**0.156***（4.082）**	**0.156***（4.085）**
	城/乡类型	0.084（1.814）	**0.095*（2.228）**	**0.094*（2.280）**	**0.093*（2.264）**
	父亲职业	**0.032*（2.176）**	0.024（1.786）	0.015（1.112）	0.014（1.076）
	父亲学历	0.015（0.572）	–0.000（–0.016）	–0.01（–0.471）	–0.011（–0.476）
	高中成绩	**0.080***（3.505）**	**0.054*（2.562）**	**0.048*（2.342）**	**0.047*（2.308）**
	大学成绩	**0.085***（4.248）**	0.034（1.797）	**0.038*（2.069）**	**0.037*（2.058）**
自变量	X 学习投入		**0.364***（15.920）**	**0.284***（12.104）**	**0.277***（11.696）**
调节变量	W 科目自选政策认知			**0.214***（10.114）**	**0.219***（10.271）**
交互项	X×W				0.036（1.783）
R^2		0.048	0.194	0.249	0.251
调整 R^2		0.044	0.190	0.245	0.246
F 值及显著性		**11.743*****	**48.092*****	**57.924*****	**51.922*****

从以上各项分析的结果综合来看，除职业适应维度外，科目自选政策认知能够正向调节高中学习投入对专业适应性其余维度的影响，假设 H1a 得到验证。

（二）科目自选政策认可的调节作用

1. 科目自选政策认可在学习投入与个体特质适应关系间的调节效应检验

科目自选政策认可在学习投入与个体特质适应关系间的调节效应检验结果见表 6-8 所示。从分析结果看，所有变量可解释因变量的 21.4% 的变异，且通过 *F* 检验发现，该解释力具有统计学上的意义。

模型 1、模型 2 前文已有阐释，这里不再赘述。模型 3 是加入调节变量科目自选政策认可的分析结果。模型 4 是在模型 3 的基础上，加入了自变量学习投入与调节变量科目自选政策认可的交互项（X×W），交互项对个体特质适应呈现显著的正向预测（β=0.051，$p < 0.01$），说明科目自选政策认可可以在学习投入与个体特质适应间产生调节作用；学习投入对个体特质适应的主效应系数为正，且调节效应系数为正，说明调节变量科目自选政策认可增强了学习投入对个体特质适应的正向影响。

表 6-8 科目自选政策认可在学习投入与个体特质适应关系间的调节效应检验结果

变量		模型 1	模型 2	模型 3	模型 4
控制变量	性别	**0.265*** (5.292)**	**0.248*** (5.331)**	**0.240*** (5.214)**	**0.246*** (5.339)**
	城 / 乡类型	0.104 (1.930)	**0.116* (2.313)**	**0.110* (2.226)**	**0.112* (2.252)**
	父亲职业	0.027 (1.559)	0.018 (1.140)	0.013 (0.844)	0.013 (0.845)
	父亲学历	−0.035 (−1.109)	−0.052 (−1.782)	−0.045 (−1.573)	−0.046 (−1.596)
	高中成绩	**0.063* (2.364)**	0.034 (1.388)	0.030 (1.243)	0.031 (1.262)
	大学成绩	**0.188*** (8.033)**	**0.132*** (5.955)**	**0.143*** (6.507)**	**0.145*** (6.601)**
自变量	X 学习投入		**0.396*** (14.759)**	**0.343*** (12.141)**	**0.337*** (11.917)**
调节变量	W 科目自选政策认可			**0.125*** (5.605)**	**0.132*** (5.875)**
交互项	X×W				**0.051** (2.600)**
R^2		0.072	0.197	0.215	0.219
调整 R^2		0.068	0.193	0.210	0.214
F 值及显著性		**17.970*** **	**48.912*** **	**47.659*** **	**43.289*** **

为更直观说明科目自选政策认可在学习投入与个体特质适应关系间的调节作用，采用简单斜率分析，将科目自选政策认可按照均值上下一个标准差的标准分分成高、低水平组，见表 6-9 所示。

表 6-9 科目自选政策认可在不同水平上的调节效应
（学习投入与个体特质适应之间关系）

调节变量水平	回归系数	标准误	*t*	*p*	95% CI	
平均值	0.337	0.028	11.917	***	0.281	0.392
高水平（+1SD）	0.393	0.034	11.499	***	0.326	0.460
低水平（−1SD）	0.280	0.037	7.591	***	0.208	0.353

根据数据分析结果和简单斜率分析可知，科目自选政策认可在学习投入与个体特质适应之间存在显著的正向调节作用，但调节作用并不大。

2. 科目自选政策认可在学习投入与学习适应关系间的调节效应检验

科目自选政策认可在学习投入与学习适应关系间的调节效应检验结果见表

6–10 所示。从分析结果看，所有变量可解释因变量的 18.9% 的变异，且通过 F 检验发现，该解释力具有统计学上的意义。

模型 1、模型 2 前文已有阐释，这里不再赘述。模型 3 是加入调节变量科目自选政策认可的分析结果。模型 4 是在模型 3 的基础上，加入了自变量学习投入与调节变量科目自选政策认可的交互项（X × W），交互项对学习适应呈现显著的正向预测（β=0.085，$p < 0.001$），说明科目自选政策认可可以在学习投入与学习适应间产生调节作用；学习投入对学习适应的主效应系数为正，且调节效应系数为正，说明调节变量科目自选政策认可增强了学习投入对学习适应的正向影响。

表 6–10　科目自选政策认可在学习投入与学习适应关系间的调节效应检验结果

变量		模型 1	模型 2	模型 3	模型 4
控制变量	性别	0.078（1.725）	0.063（1.499）	0.055（1.325）	0.065（1.555）
	城 / 乡类型	0.027（0.541）	0.037（0.818）	0.032（0.704）	0.033（0.749）
	父亲职业	**0.046****（**2.956**）	**0.039****（**2.641**）	**0.034***（**2.327**）	**0.034***（**2.345**）
	父亲学历	−0.048（−1.669）	**−0.063***（**−2.379**）	**−0.057***（**−2.155**）	**−0.057***（**−2.207**）
	高中成绩	**0.124*****（**5.145**）	**0.098*****（**4.370**）	**0.094*****（**4.249**）	**0.095*****（**4.313**）
	大学成绩	0.002（0.090）	**−0.049***（**−2.442**）	−0.038（−1.889）	−0.035（−1.748）
自变量	X 学习投入		**0.359*****（**14.691**）	**0.304*****（**11.878**）	**0.294*****（**11.546**）
调节变量	W 科目自选政策认可			**0.128*****（**6.316**）	**0.139*****（**6.865**）
交互项	X × W				**0.085*****（**4.787**）
R^2		0.027	0.158	0.181	0.194
调整 R^2		0.023	0.153	0.176	0.189
F 值及显著性		**6.494*****	**37.256*****	**38.494*****	**37.301*****

为更直观说明科目自选政策认可在学习投入与学习适应关系间的调节作用，采用简单斜率分析，将科目自选政策认可按照均值上下一个标准差的标准分分成高、低水平组，见表 6–11 所示。

表 6–11 科目自选政策认可在不同水平上的调节效应
（学习投入与学习适应之间关系）

调节变量水平	回归系数	标准误	t	p	95% CI	
平均值	0.294	0.025	11.546	***	0.244	0.344
高水平（+1SD）	0.388	0.031	12.577	***	0.327	0.448
低水平（–1SD）	0.201	0.033	6.027	***	0.136	0.266

根据数据分析结果和简单斜率分析可知，科目自选政策认可在学习投入与学习适应之间存在显著的正向调节作用，但调节作用并不大。

3. 科目自选政策认可在学习投入与职业适应关系间的调节效应检验

科目自选政策认可在学习投入与职业适应关系间的调节效应检验结果见表 6–12 所示。从分析结果看，所有变量可解释因变量的 23.0% 的变异，且通过 F 检验发现，该解释力具有统计学上的意义。

模型 1、模型 2 前文已有阐释，这里不再赘述。模型 3 是加入调节变量科目自选政策认可的分析结果。模型 4 是在模型 3 的基础上，加入了自变量学习投入与调节变量科目自选政策认可的交互项（X × W），交互项对职业适应呈现显著的正向预测（β=0.047，$p < 0.01$），说明科目自选政策认可可以在学习投入与职业适应间产生调节作用；学习投入对职业适应的主效应系数为正，且调节效应系数为正，说明调节变量科目自选政策认可增强了学习投入对职业适应的正向影响。

表 6–12 科目自选政策认可在学习投入与职业适应关系间的调节效应检验结果

变量		模型 1	模型 2	模型 3	模型 4
控制变量	性别	**0.193*** （4.478）**	**0.177*** （4.482）**	**0.168*** （4.333）**	**0.173*** （4.471）**
	城 / 乡类型	0.084（1.814）	**0.095* （2.228）**	**0.088* （2.117）**	**0.089* （2.146）**
	父亲职业	**0.032* （2.176）**	0.024（1.786）	0.019（1.383）	0.019（1.386）
	父亲学历	0.015（0.572）	–0.000（–0.016）	0.008（0.309）	0.007（0.289）
	高中成绩	**0.080*** （3.505）**	**0.054* （2.562）**	**0.049* （2.389）**	**0.050* （2.414）**
	大学成绩	**0.085*** （4.248）**	0.034（1.797）	**0.047* （2.566）**	**0.049** （2.664）**
自变量	X 学习投入		**0.364*** （15.920）**	**0.299*** （12.592）**	**0.293*** （12.353）**
调节变量	W 科目自选政策认可			**0.151*** （8.062）**	**0.157*** （8.353）**
交互项	X × W				**0.047** （2.854）**
R^2		0.048	0.194	0.230	0.235

续表

变量	模型 1	模型 2	模型 3	模型 4
调整 R^2	0.044	0.190	0.226	0.230
F 值及显著性	**11.743*****	**48.092*****	**52.135*****	**47.485*****

为更直观说明科目自选政策认可在学习投入与职业适应关系间的调节作用，采用简单斜率分析，将科目自选政策认可按照均值上下一个标准差的标准分分成高、低水平组，见表 6–13 所示。

表 6–13 科目自选政策认可在不同水平上的调节效应
（学习投入与职业适应之间关系）

调节变量水平	回归系数	标准误	*t*	*p*	95% CI	
平均值	0.293	0.024	12.353	***	0.247	0.34
高水平（+1SD）	0.345	0.029	12.02	***	0.289	0.402
低水平（–1SD）	0.241	0.031	7.775	***	0.181	0.302

根据数据分析结果和简单斜率分析可知，科目自选政策认可在学习投入与职业适应之间存在显著的正向调节作用，但调节作用并不大。

从以上各项分析的结果综合来看，科目自选政策认可能够正向调节高中学习投入对专业适应性各维度的影响，假设 H1b 得到验证。

（三）专业优先政策认知的调节作用

1. 专业优先政策认知在学习投入与个体特质适应关系间的调节效应检验

专业优先政策认知在学习投入与个体特质适应关系间的调节效应检验结果见表 6–14 所示。从分析结果看，所有变量可解释因变量的 22.1% 的变异，且通过 *F* 检验发现，该解释力具有统计学上的意义。

模型 1、模型 2 前文已有阐释，这里不再赘述。模型 3 是加入调节变量专业优先政策认知的分析结果。模型 4 是在模型 3 的基础上，加入了自变量学习投入与调节变量专业优先政策认知的交互项（X×W），交互项对个体特质适应呈现显著的正向预测（β=0.054，$p < 0.01$），说明专业优先政策认知可以在学习投入与个体特质适应间产生调节作用；学习投入对个体特质适应的主效应系数为正，且调节效应系数为正，说明调节变量专业优先政策认知增强了学习投入对个体特质适应的正向影响。

表 6–14　专业优先政策认知在学习投入与个体特质适应关系间的调节效应检验结果

变量		模型 1	模型 2	模型 3	模型 4
控制变量	性别	**0.265*** （5.292）**	**0.248*** （5.331）**	**0.232*** （5.065）**	**0.234*** （5.109）**
	城 / 乡类型	0.104（1.930）	**0.116* （2.313）**	**0.117* （2.360）**	**0.110* （2.234）**
	父亲职业	0.027（1.559）	0.018（1.140）	0.012（0.750）	0.011（0.714）
	父亲学历	–0.035（–1.109）	–0.052（–1.782）	**–0.063* （–2.199）**	**–0.062* （–2.151）**
	高中成绩	**0.063* （2.364）**	0.034（1.388）	0.030（1.224）	0.028（1.137）
	大学成绩	**0.188*** （8.033）**	**0.132*** （5.955）**	**0.131*** （6.034）**	**0.131*** （6.024）**
自变量	X 学习投入		**0.396*** （14.759）**	**0.328*** （11.560）**	**0.321*** （11.292）**
调节变量	W 专业优先政策认知			**0.156*** （6.667）**	**0.160*** （6.828）**
交互项	X×W				**0.054** （2.658）**
R^2		0.072	0.197	0.222	0.226
调整 R^2		0.068	0.193	0.217	0.221
F 值及显著性		**17.970*** **	**48.912*** **	**49.688*** **	**45.144*** **

为更直观说明专业优先政策认知在学习投入与个体特质适应关系间的调节作用，采用简单斜率分析，将专业优先政策认知按照均值上下一个标准差的标准分分成高、低水平组，见表 6–15 所示。

表 6–15　专业优先政策认知在不同水平上的调节效应
（学习投入与个体特质适应之间关系）

调节变量水平	回归系数	标准误	t	p	95% CI	
平均值	0.321	0.028	11.292	***	0.265	0.376
高水平（+1SD）	0.379	0.034	11.078	***	0.312	0.446
低水平（–1SD）	0.263	0.037	7.033	***	0.190	0.336

根据数据分析结果和简单斜率分析可知，专业优先政策认知在学习投入与个体特质适应之间存在显著的正向调节作用，但调节作用并不大。

2. 专业优先政策认知在学习投入与学习适应关系间的调节效应检验

专业优先政策认知在学习投入与学习适应关系间的调节效应检验结果见表 6–16 所示。从分析结果看，所有变量可解释因变量的 18.6% 的变异，且通过 F 检验发现，该解释力具有统计学上的意义。

模型 1、模型 2 前文已有阐释，这里不再赘述。模型 3 是加入调节变量专业优先政策认知的分析结果。模型 4 是在模型 3 的基础上，加入了自变量学习投入与调节变量专业优先政策认知的交互项（X×W），交互项对学习适应呈现显著的正向预测（β=0.044，$p < 0.05$），说明专业优先政策认知可以在学习投入与学习适应间产生调节作用；学习投入对学习适应的主效应系数为正，且调节效应系数为正，说明调节变量专业优先政策认知增强了学习投入对学习适应的正向影响。

表 6-16 专业优先政策认知在学习投入与学习适应关系间的调节效应检验结果

变量		模型 1	模型 2	模型 3	模型 4
控制变量	性别	0.078（1.725）	0.063（1.499）	0.048（1.154）	0.049（1.185）
	城 / 乡类型	0.027（0.541）	0.037（0.818）	0.038（0.846）	0.033（0.733）
	父亲职业	**0.046**（2.956）**	**0.039**（2.641）**	**0.032*（2.244）**	**0.032*（2.214）**
	父亲学历	–0.048（–1.669）	**–0.063*（–2.379）**	**–0.074**（–2.844）**	**–0.073**（–2.802）**
	高中成绩	**0.124***（5.145）**	**0.098***（4.370）**	**0.094***（4.248）**	**0.092***（4.174）**
	大学成绩	0.002（0.090）	**–0.049*（–2.442）**	**–0.049*（–2.501）**	**–0.050*（–2.525）**
自变量	X 学习投入		**0.359***（14.691）**	**0.291***（11.328）**	**0.286***（11.083）**
调节变量	W 专业优先政策认知			**0.154***（7.239）**	**0.157***（7.376）**
交互项	X×W				**0.044*（2.339）**
R^2		0.027	0.158	0.188	0.191
调整 R^2		0.023	0.153	0.183	0.186
F 值及显著性		**6.494*** **	**37.256*** **	**40.351*** **	**36.591*** **

为更直观说明专业优先政策认知在学习投入与学习适应关系间的调节作用，采用简单斜率分析，将专业优先政策认知按照均值上下一个标准差的标准分分成高低水平组，见表 6-17 所示。

表 6-17 专业优先政策认知在不同水平上的调节效应

（学习投入与学习适应之间关系）

调节变量水平	回归系数	标准误	t	p	95%CI	
平均值	0.286	0.026	11.083	***	0.235	0.336
高水平（+1SD）	0.332	0.031	10.701	***	0.271	0.393
低水平（–1SD）	0.240	0.034	7.060	***	0.173	0.306

根据数据分析结果和简单斜率分析可知，专业优先政策认知在学习投入与学习适应之间存在显著的正向调节作用，但调节作用并不大。

3. 专业优先政策认知在学习投入与职业适应关系间的调节效应检验

专业优先政策认知在学习投入与职业适应关系间的调节效应检验结果见表6–18所示。从分析结果看，所有变量可解释因变量的24.1%的变异，且通过F检验发现，该解释力具有统计学上的意义。

模型1、模型2前文已有阐释，这里不再赘述。模型3是加入调节变量专业优先政策认知的分析结果。模型4是在模型3的基础上，加入了自变量学习投入与调节变量专业优先政策认知的交互项（X×W），交互项对职业适应呈现显著的正向预测（β=0.040，$p < 0.05$），说明专业优先政策认知可以在学习投入与职业适应间产生调节作用；学习投入对职业适应的主效应系数为正，且调节效应系数为正，说明调节变量专业优先政策认知增强了学习投入对职业适应的正向影响。

表6–18　专业优先政策认知在学习投入与职业适应关系间的调节效应检验结果

变量		模型1	模型2	模型3	模型4
控制变量	性别	**0.193*** （4.478）**	**0.177*** （4.482）**	**0.159*** （4.132）**	**0.160*** （4.167）**
	城/乡类型	0.084（1.814）	**0.095* （2.228）**	**0.096* （2.313）**	**0.091* （2.201）**
	父亲职业	**0.032* （2.176）**	0.024（1.786）	0.017（1.265）	0.016（1.234）
	父亲学历	0.015（0.572）	–0.000（–0.016）	–0.014（–0.572）	–0.013（–0.527）
	高中成绩	**0.080*** （3.505）**	**0.054* （2.562）**	**0.049* （2.379）**	**0.047* （2.304）**
	大学成绩	**0.085*** （4.248）**	0.034（1.797）	0.033（1.834）	0.033（1.816）
自变量	X学习投入		**0.364*** （15.920）**	**0.283*** （11.890）**	**0.277*** （11.645）**
调节变量	W专业优先政策认知			**0.185*** （9.434）**	**0.188*** （9.570）**
交互项	X×W				**0.040* （2.331）**
R^2		0.048	0.194	0.243	0.246
调整R^2		0.044	0.19	0.238	0.241
F值及显著性		**11.743*** **	**48.092*** **	**55.859*** **	**50.414*** **

为更直观说明专业优先政策认知在学习投入与职业适应关系间的调节作用，采

用简单斜率分析，将专业优先政策认知按照均值上下一个标准差的标准分分成高低水平组，见表 6–19 所示。

表 6–19 专业优先政策认知在不同水平上的调节效应

（学习投入与职业适应之间关系）

调节变量水平	回归系数	标准误	*t*	*p*	95%CI	
平均值	0.277	0.024	11.645	***	0.231	0.324
高水平（+1SD）	0.320	0.029	11.162	***	0.264	0.376
低水平（–1SD）	0.235	0.031	7.492	***	0.173	0.296

根据数据分析结果和简单斜率分析可知，专业优先政策认知在学习投入与职业适应之间存在显著的正向调节作用，但调节作用并不大。

从以上各项分析的结果综合来看，专业优先政策认知能够正向调节高中学习投入对专业适应性各维度的影响，假设 H2a 得到验证。

（四）专业优先政策认可的调节作用

1. 专业优先政策认可在学习投入与个体特质适应关系间的调节效应检验

专业优先政策认可在学习投入与个体特质适应关系间的调节效应检验结果见表 6–20 所示。从分析结果看，所有变量可解释因变量的 23.2% 的变异，且通过 *F* 检验发现，该解释力具有统计学上的意义。

模型 1、模型 2 前文已有阐释，这里不再赘述。模型 3 是加入调节变量专业优先政策认可的分析结果。模型 4 是在模型 3 的基础上，加入了自变量学习投入与调节变量专业优先政策认可的交互项（X×W），交互项对个体特质适应呈现显著的正向预测（β=0.068，$p < 0.01$），说明专业自选政策认可可以在学习投入与个体特质适应间产生调节作用；学习投入对个体特质适应的主效应系数为正，且调节效应系数为正，说明调节变量专业优先政策认可增强了学习投入对个体特质适应的正向影响。

表 6–20 专业优先政策认可在学习投入与个体特质适应关系间的调节效应检验结果

变量		模型 1	模型 2	模型 3	模型 4
控制变量	性别	**0.265*****（**5.292**）	**0.248*****（**5.331**）	**0.224*****（**4.918**）	**0.226*****（**4.972**）

续表

变量		模型 1	模型 2	模型 3	模型 4
控制变量	城 / 乡类型	0.104（1.930）	**0.116*（2.313）**	**0.111*（2.258）**	**0.107*（2.194）**
	父亲职业	0.027（1.559）	0.018（1.140）	0.011（0.721）	0.012（0.740）
	父亲学历	−0.035（−1.109）	−0.052（−1.782）	−0.054（−1.882）	−0.055（−1.940）
	高中成绩	**0.063*（2.364）**	0.034（1.388）	0.024（0.977）	0.021（0.859）
	大学成绩	**0.188***（8.033）**	**0.132***（5.955）**	**0.136***（6.271）**	**0.135***（6.257）**
自变量	X 学习投入		**0.396***（14.759）**	**0.305***（10.634）**	**0.298***（10.409）**
调节变量	W 专业优先政策认可			**0.205***（7.905）**	**0.209***（8.088）**
交互项	X×W				**0.068**（3.147）**
R^2		0.072	0.197	0.232	0.237
调整 R^2		0.068	0.193	0.227	0.232
F 值及显著性		**17.970**	**48.912*****	**52.495*****	**48.061*****

为更直观说明专业优先政策认可在学习投入与个体特质适应关系间的调节作用，采用简单斜率分析，将专业优先政策认可按照均值上下一个标准差的标准分分成高、低水平组，见表 6–21 所示。

表 6–21　专业优先政策认可在不同水平上的调节效应（学习投入与个体特质适应之间关系）

调节变量水平	回归系数	标准误	t	p	95% CI	
平均值	0.298	0.029	10.409	***	0.242	0.355
高水平（+1SD）	0.365	0.034	10.629	***	0.297	0.432
低水平（−1SD）	0.232	0.037	6.31	***	0.16	0.304

根据数据分析结果和简单斜率分析可知，专业优先政策认可在学习投入与个体特质适应之间存在显著的正向调节作用。

2. 专业优先政策认可在学习投入与学习适应关系间的调节效应检验

专业优先政策认可在学习投入与学习适应关系间的调节效应检验结果见表 6–22 所示。从分析结果看，所有变量可解释因变量的 21.1% 的变异，且通过 F 检验发现，该解释力具有统计学上的意义。

模型 1、模型 2 前文已有阐释，这里不再赘述。模型 3 是加入调节变量专业优先政策认可的分析结果。模型 4 是在模型 3 的基础上，加入了自变量学习投入与调节变量专业优先政策认可的交互项（X×W），交互项对学习适应呈现显著的正向预测（β=0.061，$p<0.01$），说明专业优先政策认可可以在学习投入与学习适应间产生调节作用；学习投入对学习适应的主效应系数为正，且调节效应系数为正，说明调节变量专业优先政策认可增强了学习投入对学习适应的正向影响。

表 6–22　专业优先政策认可在学习投入与学习适应关系间的调节效应检验结果

变量		模型 1	模型 2	模型 3	模型 4
控制变量	性别	0.078（1.725）	0.063（1.499）	0.037（0.910）	0.039（0.952）
	城 / 乡类型	0.027（0.541）	0.037（0.818）	0.032（0.717）	0.029（0.648）
	父亲职业	**0.046**（2.956）**	**0.039**（2.641）**	**0.031*（2.181）**	**0.031*（2.204）**
	父亲学历	–0.048（–1.669）	**–0.063*（–2.379）**	**–0.065*（–2.533）**	**–0.066**（–2.591）**
	高中成绩	**0.124***（5.145）**	**0.098***（4.370）**	**0.087***（3.968）**	**0.084***（3.859）**
	大学成绩	0.002（0.090）	**–0.049*（–2.442）**	**–0.045*（–2.292）**	**–0.045*（–2.332）**
自变量	X 学习投入		**0.359***（14.691）**	**0.258***（10.001）**	**0.252***（9.778）**
调节变量	W 专业优先政策认可			**0.226***（9.691）**	**0.230***（9.874）**
交互项	X×W				**0.061**（3.116）**
R^2		0.027	0.158	0.211	0.216
调整 R^2		0.023	0.153	0.206	0.211
F 值及显著性		**6.494*****	**37.256*****	**46.510*****	**42.679*****

为更直观说明专业优先政策认可在学习投入与学习适应关系间的调节作用，采用简单斜率分析，将专业优先政策认可按照均值上下一个标准差的标准分分成高、低水平组，见表 6–23 所示。

表 6–23　专业优先政策认可在不同水平上的调节效应
（学习投入与学习适应之间关系）

调节变量水平	回归系数	标准误	t	p	95% CI	
平均值	0.252	0.026	9.778	***	0.202	0.303
高水平（+1SD）	0.311	0.031	10.083	***	0.251	0.372
低水平（–1SD）	0.193	0.033	5.836	***	0.128	0.258

根据数据分析结果和简单斜率分析可知，专业优先政策认可在学习投入与学习适应之间存在显著的正向调节作用，但调节作用并不大。

3. 专业优先政策认可在学习投入与职业适应关系间的调节效应检验

专业优先政策认可在学习投入与职业适应关系间的调节效应检验结果见表6-24所示。从分析结果看，所有变量可解释因变量的26.8%的变异，且通过F检验发现，该解释力具有统计学上的意义。

模型1、模型2前文已有阐释，这里不再赘述。模型3是加入调节变量专业优先政策认可的分析结果。模型4是在模型3的基础上，加入了自变量学习投入与调节变量专业优先政策认可的交互项（X×W），交互项对职业适应呈现显著的正向预测（β=0.039，$p < 0.05$），说明专业优先政策认可可以在学习投入与职业适应间产生调节作用；学习投入对职业适应的主效应系数为正，且调节效应系数为正，说明调节变量专业优先政策认可增强了学习投入对职业适应的正向影响。

表6-24　专业优先政策认可在学习投入与职业适应关系间的调节效应检验结果

变量		模型1	模型2	模型3	模型4
控制变量	性别	**0.193***（4.478）**	**0.177***（4.482）**	**0.148***（3.909）**	**0.149***（3.940）**
	城/乡类型	0.084（1.814）	**0.095*（2.228）**	**0.089*（2.180）**	**0.087*（2.134）**
	父亲职业	**0.032*（2.176）**	0.024（1.786）	0.016（1.200）	0.016（1.213）
	父亲学历	0.015（0.572）	−0.000（−0.016）	−0.003（−0.111）	−0.003（−0.147）
	高中成绩	**0.080***（3.505）**	**0.054*（2.562）**	**0.041*（2.019）**	**0.039（1.937）**
	大学成绩	**0.085***（4.248）**	0.034（1.797）	**0.039*（2.172）**	**0.038*（2.152）**
自变量	X学习投入		**0.364***（15.920）**	**0.249***（10.478）**	**0.245***（10.306）**
调节变量	W专业优先政策认可			**0.258***（12.032）**	**0.261***（12.146）**
交互项	X×W				**0.039*（2.155）**
R^2		0.048	0.194	0.270	0.273
调整R^2		0.044	0.190	0.266	0.268
F值及显著性		**11.743*****	**48.092*****	**64.513*****	**58.011*****

为更直观说明专业优先政策认可在学习投入与职业适应关系间的调节作用，采用简单斜率分析，将专业优先政策认可按照均值上下一个标准差的标准分分成高、

低水平组，见表 6–25 所示。

表 6–25　专业优先政策认可在不同水平上的调节效应
（学习投入与职业适应之间关系）

调节变量水平	回归系数	标准误	t	p	95% CI	
平均值	0.245	0.024	10.306	***	0.198	0.292
高水平（+1SD）	0.283	0.028	9.934	***	0.227	0.339
低水平（–1SD）	0.207	0.031	6.797	***	0.148	0.267

根据数据分析结果和简单斜率分析可知，专业优先政策认可在学习投入与职业适应之间存在显著的正向调节作用，但调节作用并不大。

从以上各项分析的结果综合来看，专业优先政策认可能够正向调节高中学习投入对专业适应性各维度的影响，假设 H2b 得到验证。

第三节　本章小结

本章通过多元线性回归，对新高考政策认同在高中学习投入与专业适应性关系间的调节作用进行探讨。主要研究结果包括：

第一，高中学习投入高、低水平的 t 检验及多元回归分析表明，高中学习投入对专业适应性具有显著的正向影响。

第二，新高考政策认同在高中学习投入与专业适应性间具有正向调节作用。具体来讲：科目自选政策认知在高中学习投入与个体特质适应的关系间有正向调节作用（交互项显著且系数为正，主效应系数为正），在高中学习投入与学习适应的关系间有正向调节作用（交互项显著且系数为正，主效应系数为正），但在高中学习投入与职业适应的关系间没有调节作用（交互项不显著）；其中，政策认知在高中学习投入与学习适应关系间的正向调节作用，要大于在高中学习投入与个体特质适应关系间的正向调节作用。科目自选政策认可在高中学习投入与个体特质适应的关系间有正向调节作用（交互项显著且系数为正，主效应系数为正），在高中学习投入与学习适应的关系间有正向调节作用（交互项显著且系数为正，主效应系数为正），在高中学习投入与职业适应的关系间有正向调节作用（交互项显著且系数为正，主效应系数为正）；其中，政策认可在高中学习投入与学习适应关系间的正向调节作用最大。

专业优先政策认知在高中学习投入与个体特质适应的关系间有正向调节作用（交互项显著且系数为正，主效应系数为正），在高中学习投入与学习适应的关系间有正向调节作用（交互项显著且系数为正，主效应系数为正），在高中学习投入与职业适应的关系间有正向调节作用（交互项显著且系数为正，主效应系数为正）；其中，政策认知在高中学习投入与个体特质适应关系间的正向调节作用最大。专业优先政策认可在高中学习投入与个体特质适应的关系间有正向调节作用（交互项显著且系数为正，主效应系数为正），在高中学习投入与学习适应的关系间有正向调节作用（交互项显著且系数为正，主效应系数为正），在高中学习投入与职业适应的关系间有正向调节作用（交互项显著且系数为正，主效应系数为正）；其中，政策认可在高中学习投入与个体特质适应关系间的正向调节作用最大。具体调节作用情况见表 6-26。

表 6-26 新高考政策认同在高中学习投入与专业适应性关系间的调节作用情况

自变量	调节变量	因变量	检验结果	调节效应系数	斜率变化（±1SD）
高中学习投入	科目自选政策认知	个体特质适应	有调节	**0.050***	0.097
		学习适应	有调节	**0.065****	0.127
		职业适应	没有调节	0.036	/
	科目自选政策认可	个体特质适应	有调节	**0.051****	0.113
		学习适应	有调节	**0.085*****	0.187
		职业适应	有调节	**0.047****	0.104
	专业优先政策认知	个体特质适应	有调节	**0.054****	0.116
		学习适应	有调节	**0.044***	0.092
		职业适应	有调节	**0.040***	0.085
	专业优先政策认可	个体特质适应	有调节	**0.068****	0.133
		学习适应	有调节	**0.061****	0.118
		职业适应	有调节	**0.039***	0.076

第三，从数据结果进一步发现，科目自选政策认同方面，政策认可比政策认知的正向调节作用更大；而且，科目自选政策认可在高中学习投入与学习适应关系间的正向调节作用最大。专业优先政策认同方面，政策认可在高中学习投入与个体特质适应、学习适应关系间的正向调节作用，比政策认知更大；但在高中学习投入与

职业适应关系间的正向调节作用上，政策认可与政策认知相差并不大。

从两项政策的综合比较来看，科目自选政策认同在高中学习投入与专业适应性关系间的正向调节作用，比专业优先政策认同更大。

第七章　新高考政策认同在高中教育期望与专业适应性关系间的调节作用

第一节　本章的研究模型和假设

本章聚焦“研究主线二”的第二个研究（即研究 4），基于院校影响力理论有关学生大学入学前教育期望与入学后专业适应性的关系，探讨新高考政策认同在两者关系间的调节作用。

在 I–E–O 模型中，“教育期望”同样是一个重要的入学前“输入”变量，也因此，学生入学前教育期望的“输入”会与新高考政策的“环境”产生交互作用，新高考政策这一“环境”就对入学前教育期望的“输入”与专业适应性“输出”的关系间产生影响，新高考政策认同作为一种“环境变量”便产生了调节作用。不仅如此，在汀托的学生辍学互动作用模型中，学生入学时会形成对目标和院校的初始意图，这些意图及承诺会与学校的学术系统、社交系统进行不断互动，进而影响学生在校期间的融合情况。[①] 从中我们看到，学生入学的初始意图代表着一种自我的教育期望，它们与两大系统内包括政策制度的环境产生交互作用，从而对学生入学后的融合适应产生影响。与此同时，有关对学生学习方面的研究也发现了感知环境变量或期望变量，会与其他变量产生交互作用，如在对中小学生学习动机的研究中发现，学生对教学的期待与学生对课堂环境变化的知觉有紧密关联，两者的相互作用会对学生学业表现产生影响；[②] 又如在探讨大一新生的学业表现、学业适应方面，凯默斯等（2001 年）对大一学生的研究发现，学生对自我学业的期望会与预测变量（如高中成绩、学业自我效能、乐观等）产生交互作用，从而影响学生校园适应

---

① TINTO V.Dropout from higher education：A theoretical synthesis of recent research[J].Review of Educational Research，1975，45（1）：89–125.

② 范春林，张大均 . 学习动机研究的特点、问题及走向 [J]. 教育研究，2007（7）：71–77.

和大学学业表现。[①]

从政策分析来看，在传统高考下考生只能在文科或理科中进行选择，这种限制考生科目学习的模式，有可能会降低考生对自我的教育期望和升学目标；而新高考政策取消了这种限制，学生学习兴趣可被大大激发，随之对自我的教育期望也会显著提高，未来进入大学后也会更为积极地去适应、去努力；换言之，对新高考政策越了解、越认可，高中的教育期望对今后专业适应的影响程度可能就越强。

综合以上分析，上述变量间的关系具有理论支持和政策实践意义，故可以提出以下研究假设：

H1a：科目自选政策认知在教育期望与专业适应性关系间具有调节作用；

H1b：科目自选政策认可在教育期望与专业适应性关系间具有调节作用；

H2a：专业优先政策认知在教育期望与专业适应性关系间具有调节作用；

H2b：专业优先政策认可在教育期望与专业适应性关系间具有调节作用。

鉴于此，以学生高中教育期望为自变量，以专业适应性为因变量，把新高考政策认同作为两者关系间的调节变量，建立的研究模型如图 7–1 所示。

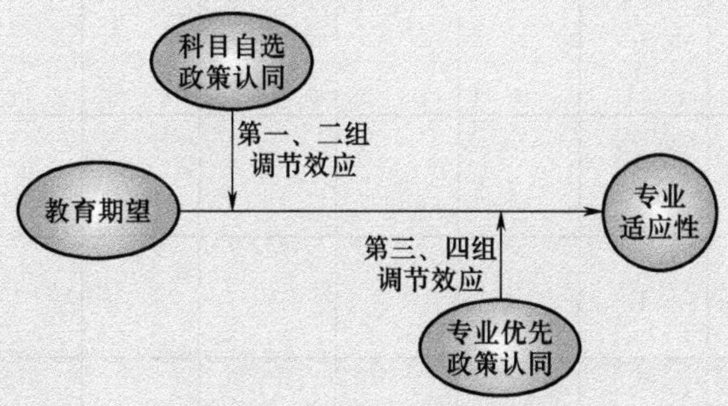

图 7–1 新高考政策认同在教育期望与专业适应性关系间的调节模型

第二节 数据分析及结果

本章所使用的研究样本与第五章相同，即 1 403 个正式有效样本；根据研究模

① CHEMERS M M，HU L–t，GARCIA B F.Academic self–efficacy and first year college student performance and adjustment[J].2001，93（1）：55–64.

型，所使用的自变量是教育期望，因变量是专业适应性，调节变量分别是科目自选政策认同、专业优先政策认同，所选的控制变量与第六章相同。

一、描述性统计与相关性分析

表 7–1 为教育期望的均值、标准差等描述性统计结果，以及本章研究所使用的变量之间的相关性情况。相关系数的数据表明，新高考政策认同、教育期望与专业适应性之间存在显著的正相关关系，教育期望与科目自选政策认知的相关系数为 0.328，与科目自选政策认可的相关系数为 0.242，与专业优先政策认知的相关系数为 0.326，与专业优先政策认可的相关系数为 0.342；教育期望与个体特质适应的相关系数为 0.289，与学习适应的相关系数为 0.279，与职业适应的相关系数为 0.336，上述均通过显著性检验。

表 7–1 教育期望的描述性结果以及与新高考政策认同、专业适应性的相关性

	均值	标准差	1	2	3	4	5	6	7	8
1. 科目自选政策认知	4.75	0.97	1							
2. 科目自选政策认可	4.48	1.10	0.567**	1						
3. 专业优先政策认知	4.32	1.06	0.601**	0.428**	1					
4. 专业优先政策认可	4.41	0.97	0.541**	0.552**	0.785**	1				
5. 教育期望	4.74	0.80	0.328**	0.242**	0.326**	0.342**	1			
6. 个体特质适应	4.05	0.97	0.253**	0.251**	0.302**	0.339**	0.289**	1		
7. 学习适应	4.54	0.86	0.314**	0.279**	0.305**	0.372**	0.279**	0.472**	1	
8. 职业适应	4.50	0.82	0.376**	0.318**	0.371**	0.433**	0.336**	0.582**	0.614**	1

二、差异分析

为了解不同教育期望水平（程度）的学生在专业适应性上是否存在差异，从宏观上考查学生高中教育期望与大学专业适应性的关系，本研究对教育期望的样本值进行升降排序，按照前 27%、后 27% 的标准，将正式样本划分为高期望组和低期望组，然后对个体特质适应、学习适应、职业适应进行独立样本 t 检验。

专业适应性各维度在高、低教育期望水平上的差异分析结果如表 7–2 所示。独立样本 t 检验结果显示，在不同教育期望水平上，个体特质适应、学习适应和职业适应均存在显著差异（$p < 0.001$），教育期望越高则专业适应性程度越高。

表 7–2　专业适应性各维度在高、低教育期望水平上的差异分析

变量	分组	N	M	SD	t 检验	
					t 值	p 值
个体特质适应	高教育期望组	411	4.327	1.102	8.815	***
	低教育期望组	367	3.710	0.847		
学习适应	高教育期望组	411	4.797	0.971	9.306	***
	低教育期望组	367	4.209	0.787		
职业适应	高教育期望组	411	4.878	0.886	13.408	***
	低教育期望组	367	4.119	0.689		

三、多元线性回归

为检验新高考政策认同在教育期望与专业适应性之间是否存在调节效应，分别构建以科目自选政策认知、科目自选政策认可、专业优先政策认知、专业优先政策认可作为调节变量的 4 组调节效应检验的多元线性回归模型。

同样，为避免加入交互项后可能产生多重共线性问题，先对自变量（教育期望）和调节变量（新高考政策认同的各因子）进行中心化处理。此外，各模型的方差膨胀因子 VIF 都在 0~3 之间（远小于 10，大部分在 0~2 之间），容忍度也都在可接受范围内，表明不存在共线性问题。

（一）科目自选政策认知的调节作用

1. 科目自选政策认知在教育期望与个体特质适应关系间的调节效应检验

科目自选政策认知在教育期望与个体特质适应关系间的调节效应检验结果见表

7–3 所示。从分析结果看，所有变量可解释因变量的 15.2% 的变异，且通过 F 检验发现，该解释力具有统计学上的意义。

模型 1 是控制变量对个体特质适应的回归分析。模型 2 在模型 1 的基础上，加入自变量教育期望，可解释的变异增加到 12.3%，加入教育期望这一变量能更多地解释个体特质适应；教育期望对个体特质适应呈现显著的正向预测（β=0.296，$p < 0.001$）。模型 3 是加入调节变量科目自选政策认知的分析结果。模型 4 是在模型 3 的基础上，加入了自变量教育期望与调节变量科目自选政策认知的交互项（X×W），交互项对个体特质适应呈现显著的正向预测（β=0.069，$p < 0.05$），说明科目自选政策认知可以在教育期望与个体特质适应间产生调节作用；教育期望对个体特质适应的主效应系数为正，且调节效应系数为正，说明调节变量科目自选政策认知增强了教育期望对个体特质适应的正向影响。

表 7–3 科目自选政策认知在教育期望与个体特质适应关系间的调节效应检验结果

变量		模型 1	模型 2	模型 3	模型 4
控制变量	性别	**0.265*** (5.292)**	**0.264*** (5.439)**	**0.244*** (5.100)**	**0.237*** (4.952)**
	城 / 乡类型	0.104（1.930）	**0.112* (2.143)**	**0.111* (2.160)**	**0.108* (2.110)**
	父亲职业	0.027（1.559）	0.021（1.235）	0.013（0.777）	0.010（0.618）
	父亲学历	−0.035（−1.109）	−0.045（−1.478）	−0.054（−1.809）	−0.053（−1.761）
	高中成绩	**0.063* (2.364)**	0.045（1.759）	0.040（1.558）	0.039（1.544）
	大学成绩	**0.188*** (8.033)**	**0.131*** (5.582)**	**0.138*** (5.964)**	**0.137*** (5.941)**
自变量	X 教育期望		**0.296*** (9.451)**	**0.228*** (6.992)**	**0.229*** (7.029)**
调节变量	W 科目自选政策认知			**0.173*** (6.612)**	**0.177*** (6.768)**
交互项	X×W				**0.069* (2.491)**
R^2		0.072	0.128	0.154	0.158
调整 R^2		0.068	0.123	0.149	0.152
F 值及显著性		**17.970***	**29.137***	**31.741***	**29.009***

为更直观说明科目自选政策认知在教育期望与个体特质适应关系间的调节作用，采用简单斜率分析，将科目自选政策认知按照均值上下一个标准差的标准分分成高、低水平组，见表 7–4 所示。

表 7-4 科目自选政策认知在不同水平上的调节效应

（教育期望与个体特质适应之间关系）

调节变量水平	回归系数	标准误	t	p	95% CI	
平均值	0.229	0.033	7.029	***	0.165	0.292
高水平（+1SD）	0.295	0.042	6.973	***	0.212	0.378
低水平（–1SD）	0.162	0.042	3.854	***	0.079	0.244

根据数据分析结果和简单斜率分析可知，科目自选政策认知在教育期望与个体特质适应之间存在显著的正向调节作用，但调节作用并不大。

2. 科目自选政策认知在教育期望与学习适应关系间的调节效应检验

科目自选政策认知在教育期望与学习适应关系间的调节效应检验结果见表 7-5 所示。从分析结果看，所有变量可解释因变量的 15.5% 的变异，且通过 F 检验发现，该解释力具有统计学上的意义。

模型 1 是控制变量对学习适应的回归分析。模型 2 在模型 1 的基础上，加入自变量教育期望，可解释的变异增加到 9.8%，加入教育期望这一变量能更多地解释学习适应；教育期望对学习适应呈现显著的正向预测（β=0.306，$p < 0.001$）。模型 3 是加入调节变量科目自选政策认知的分析结果。模型 4 是在模型 3 的基础上，加入了自变量教育期望与调节变量科目自选政策认知的交互项（X × W），交互项对学习适应呈现显著的正向预测（β=0.083，$p < 0.01$），说明科目自选政策认知可以在教育期望与学习适应间产生调节作用；教育期望对学习适应的主效应系数为正，且调节效应系数为正，说明调节变量科目自选政策认知增强了教育期望对学习适应的正向影响。

表 7-5 科目自选政策认知在教育期望与学习适应关系间的调节效应检验结果

变量		模型 1	模型 2	模型 3	模型 4
控制变量	性别	0.078（1.725）	0.078（1.775）	0.053（1.254）	0.045（1.054）
	城 / 乡类型	0.027（0.541）	0.035（0.738）	0.034（0.738）	0.030（0.669）
	父亲职业	**0.046**（2.956）**	**0.040**（2.648）**	**0.030*（2.061）**	0.027（1.849）
	父亲学历	–0.048（–1.669）	**–0.058*（–2.120）**	**–0.070**（–2.611）**	**–0.068*（–2.551）**
	高中成绩	**0.124***（5.145）**	**0.106***（4.570）**	**0.099***（4.388）**	**0.098***（4.381）**
	大学成绩	0.002（0.090）	**–0.057**（–2.690）**	**–0.048*（–2.346）**	**–0.049*（–2.399）**

续表

变量		模型 1	模型 2	模型 3	模型 4
自变量	X 教育期望		**0.306*** （10.842）**	**0.222*** （7.660）**	**0.223*** （7.721）**
调节变量	W 科目自选政策认知			**0.214*** （9.180）**	**0.219*** （9.409）**
交互项	X×W				**0.083** （3.382）**
R^2		0.027	0.103	0.154	0.161
调整 R^2		0.023	0.098	0.149	0.155
F 值及显著性		**6.494*** **	**22.823*** **	**31.679*** **	**29.657*** **

为更直观说明科目自选政策认知在教育期望与学习适应关系间的调节作用，采用简单斜率分析，将科目自选政策认知按照均值上下一个标准差的标准分分成高、低水平组，见表 7–6 所示。

表 7–6 科目自选政策认知在不同水平上的调节效应

（教育期望与学习适应之间关系）

调节变量水平	回归系数	标准误	t	p	95% CI	
平均值	0.223	0.029	7.721	***	0.166	0.279
高水平（+1SD）	0.303	0.038	8.069	***	0.229	0.377
低水平（–1SD）	0.142	0.037	3.821	***	0.069	0.215

根据数据分析结果和简单斜率分析可知，科目自选政策认知在教育期望与学习适应之间存在显著的正向调节作用，但调节作用并不大。

3. 科目自选政策认知在教育期望与职业适应关系间的调节效应检验

科目自选政策认知在教育期望与职业适应关系间的调节效应检验结果见表 7–7 所示。从分析结果看，所有变量可解释因变量的 22.5% 的变异，且通过 F 检验发现，该解释力具有统计学上的意义。

模型 1 是控制变量对职业适应的回归分析。模型 2 在模型 1 的基础上，加入自变量教育期望，可解释的变异增加到 15.6%，加入教育期望这一变量能更多地解释职业适应；教育期望对职业适应呈现显著的正向预测（β=0.357，$p < 0.001$）。模型 3 是加入调节变量科目自选政策认知的分析结果。模型 4 是在模型 3 的基础上，加入了自变量教育期望与调节变量科目自选政策认知的交互项（X×W），交互项

对职业适应呈现显著的正向预测（β=0.058，$p < 0.05$），说明科目自选政策认知可以在教育期望与职业适应间产生调节作用；教育期望对职业适应的主效应系数为正，且调节效应系数为正，说明调节变量科目自选政策认知增强了教育期望对职业适应的正向影响。

表 7–7 科目自选政策认知在教育期望与职业适应关系间的调节效应检验结果

变量		模型 1	模型 2	模型 3	模型 4
控制变量	性别	**0.193***（4.478）**	**0.192***（4.740）**	**0.165***（4.249）**	**0.159***（4.096）**
	城/乡类型	0.084（1.814）	**0.094*（2.151）**	**0.093*（2.214）**	**0.090*（2.163）**
	父亲职业	**0.032*（2.176）**	0.025（1.778）	0.014（1.066）	0.012（0.901）
	父亲学历	0.015（0.572）	0.003（0.124）	–0.009（–0.382）	–0.008（–0.330）
	高中成绩	**0.080***（3.505）**	**0.059**（2.749）**	**0.051*（2.488）**	**0.051*（2.476）**
	大学成绩	**0.085***（4.248）**	0.017（0.869）	0.026（1.403）	0.026（1.372）
自变量	X 教育期望		**0.357***（13.649）**	**0.265***（10.007）**	**0.266***（10.052）**
调节变量	W 科目自选政策认知			**0.232***（10.903）**	**0.236***（11.066）**
交互项	X×W				**0.058*（2.579）**
R^2		0.048	0.160	0.226	0.230
调整 R^2		0.044	0.156	0.222	0.225
F 值及显著性		**11.743*****	**38.017*****	**50.937*****	**46.199*****

为更直观说明科目自选政策认知在教育期望与职业适应关系间的调节作用，采用简单斜率分析，将科目自选政策认知按照均值上下一个标准差的标准分分成高、低水平组，见表 7–8 所示。

表 7–8 科目自选政策认知在不同水平上的调节效应

（教育期望与职业适应之间关系）

调节变量水平	回归系数	标准误	t	p	95% CI	
平均值	0.266	0.026	10.052	***	0.214	0.317
高水平（+1SD）	0.322	0.034	9.349	***	0.254	0.389
低水平（–1SD）	0.209	0.034	6.14	***	0.142	0.276

根据数据分析结果和简单斜率分析可知，科目自选政策认知在教育期望与职业适应之间存在显著的正向调节作用，但调节作用并不大。

从以上各项分析的结果综合来看，科目自选政策认知能够正向调节高中教育期望对专业适应性各维度的影响，假设 H1a 得到验证。

（二）科目自选政策认可的调节作用

1. 科目自选政策认可在教育期望与个体特质适应关系间的调节效应检验

科目自选政策认可在教育期望与个体特质适应关系间的调节效应检验结果见表7–9 所示。从分析结果看，所有变量可解释因变量的 16.2% 的变异，且通过 F 检验发现，该解释力具有统计学上的意义。

模型 1、模型 2 前文已有阐释，这里不再赘述。模型 3 是加入调节变量科目自选政策认可的分析结果。模型 4 是在模型 3 的基础上，加入了自变量教育期望与调节变量科目自选政策认可的交互项（X×W），交互项对个体特质适应呈现显著的正向预测（β=0.059，$p < 0.05$），说明科目自选政策认可可以在教育期望与个体特质适应间产生调节作用；教育期望对个体特质适应的主效应系数为正，且调节效应系数为正，说明调节变量科目自选政策认可增强了教育期望对个体特质适应的正向影响。

表 7–9　科目自选政策认可在教育期望与个体特质适应关系间的调节效应检验结果

变量		模型 1	模型 2	模型 3	模型 4
控制变量	性别	**0.265***（5.292）**	**0.264***（5.439）**	**0.250***（5.255）**	**0.246***（5.178）**
	城 / 乡类型	0.104（1.930）	**0.112*（2.143）**	**0.105*（2.048）**	**0.103*（2.007）**
	父亲职业	0.027（1.559）	0.021（1.235）	0.014（0.825）	0.013（0.792）
	父亲学历	−0.035（−1.109）	−0.045（−1.478）	−0.037（−1.238）	−0.038（−1.262）
	高中成绩	**0.063*（2.364）**	0.045（1.759）	0.038（1.511）	0.036（1.435）
	大学成绩	**0.188***（8.033）**	**0.131***（5.582）**	**0.148***（6.418）**	**0.149***（6.471）**
自变量	X 教育期望		**0.296***（9.451）**	**0.233***（7.359）**	**0.238***（7.501）**
调节变量	W 科目自选政策认可			**0.175***（7.818）**	**0.170***（7.561）**
交互项	X×W				**0.059*（2.411）**
R^2		0.072	0.128	0.164	0.168
调整 R^2		0.068	0.123	0.159	0.162
F 值及显著性		**17.970*****	**29.137*****	**34.234*****	**31.182*****

为更直观说明科目自选政策认可在教育期望与个体特质适应关系间的调节作用，采用简单斜率分析，将科目自选政策认可按照均值上下一个标准差的标准分分成高、低水平组，见表 7–10 所示。

表 7–10　科目自选政策认可在不同水平上的调节效应

（教育期望与个体特质适应之间关系）

调节变量水平	回归系数	标准误	t	p	95% CI	
平均值	0.238	0.032	7.501	***	0.176	0.3
高水平（+1SD）	0.303	0.043	7.081	***	0.219	0.387
低水平（–1SD）	0.173	0.04	4.295	***	0.094	0.252

根据数据分析结果和简单斜率分析可知，科目自选政策认可在教育期望与个体特质适应之间存在显著的正向调节作用，但调节作用并不大。

2. 科目自选政策认可在教育期望与学习适应关系间的调节效应检验

科目自选政策认可在教育期望与学习适应关系间的调节效应检验结果见表 7–11 所示。从分析结果看，所有变量可解释因变量的 14.3% 的变异，且通过 F 检验发现，该解释力具有统计学上的意义。

模型 1、模型 2 前文已有阐释，这里不再赘述。模型 3 是加入调节变量科目自选政策认可的分析结果。模型 4 是在模型 3 的基础上，加入了自变量教育期望与调节变量科目自选政策认可的交互项（X × W），交互项对学习适应呈现显著的正向预测（β=0.057，$p < 0.01$），说明科目自选政策认可可以在教育期望与学习适应间产生调节作用；教育期望对学习适应的主效应系数为正，且调节效应系数为正，说明调节变量科目自选政策认可增强了教育期望对学习适应的正向影响。

表 7–11　科目自选政策认可在教育期望与学习适应关系间的调节效应检验结果

变量		模型 1	模型 2	模型 3	模型 4
控制变量	性别	0.078（1.725）	0.078（1.775）	0.064（1.505）	0.060（1.417）
	城 / 乡类型	0.027（0.541）	0.035（0.738）	0.028（0.608）	0.026（0.562）
	父亲职业	**0.046******（2.956）**	**0.040******（2.648）**	**0.033*****（2.250）**	**0.033*****（2.218）**
	父亲学历	–0.048（–1.669）	**–0.058*****（–2.120）**	–0.051（–1.885）	–0.051（–1.912）
	高中成绩	**0.124*******（5.145）**	**0.106*******（4.570）**	**0.099*******（4.377）**	**0.097*******（4.299）**
	大学成绩	0.002（0.090）	**–0.057******（–2.690）**	**–0.041*****（–1.962）**	–0.040（–1.919）

续表

变量		模型 1	模型 2	模型 3	模型 4
自变量	X 教育期望		**0.306*** (10.842)**	**0.247*** (8.659)**	**0.251*** (8.816)**
调节变量	W 科目自选政策认可			**0.165*** (8.204)**	**0.160*** (7.929)**
交互项	X×W				**0.057** (2.605)**
R^2		0.027	0.103	0.144	0.148
调整 R^2		0.023	0.098	0.139	0.143
F 值及显著性		**6.494***	**22.823***	**29.332***	**26.935***

为更直观说明科目自选政策认可在教育期望与学习适应关系间的调节作用，采用简单斜率分析，将科目自选政策认可按照均值上下一个标准差的标准分分成高、低水平组，见表 7–12 所示。

表 7–12 科目自选政策认可在不同水平上的调节效应（教育期望与学习适应之间关系）

调节变量水平	回归系数	标准误	t	p	95% CI	
平均值	0.251	0.029	8.816	***	0.195	0.307
高水平（+1SD）	0.314	0.038	8.178	***	0.239	0.389
低水平（–1SD）	0.188	0.036	5.2	***	0.117	0.259

根据数据分析结果和简单斜率分析可知，科目自选政策认可在教育期望与学习适应之间存在显著的正向调节作用，但调节作用并不大。

3. 科目自选政策认可在教育期望与职业适应关系间的调节效应检验

科目自选政策认可在教育期望与职业适应关系间的调节效应检验结果见表 7–13 所示。从分析结果看，所有变量可解释因变量的 20.9% 的变异，且通过 F 检验发现，该解释力具有统计学上的意义。

模型 1、模型 2 前文已有阐释，这里不再赘述。模型 3 是加入调节变量科目自选政策认可的分析结果。模型 4 是在模型 3 的基础上，加入了自变量教育期望与调节变量科目自选政策认可的交互项（X×W），交互项对职业适应的影响不显著（β=0.018，$p > 0.05$），说明科目自选政策认可无法在教育期望与职业适应间起到调节作用。

表 7-13 科目自选政策认可在教育期望与职业适应关系间的调节效应检验结果

变量		模型 1	模型 2	模型 3	模型 4
控制变量	性别	**0.193*** (4.478)**	**0.192*** (4.740)**	**0.177*** (4.525)**	**0.176*** (4.491)**
	城 / 乡类型	0.084（1.814）	**0.094* (2.151)**	**0.086* (2.046)**	**0.086* (2.030)**
	父亲职业	**0.032* (2.176)**	0.025（1.778）	0.018（1.294）	0.017（1.281）
	父亲学历	0.015（0.572）	0.003（0.124）	0.011（0.464）	0.011（0.456）
	高中成绩	**0.080*** (3.505)**	**0.059** (2.749)**	**0.052* (2.486)**	**0.051* (2.455)**
	大学成绩	**0.085*** (4.248)**	0.017（0.869）	0.035（1.814）	0.035（1.830）
自变量	X 教育期望		**0.357*** (13.649)**	**0.292*** (11.184)**	**0.294*** (11.216)**
调节变量	W 科目自选政策认可			**0.179*** (9.703)**	**0.177*** (9.569)**
交互项	X×W				0.018（0.899）
R^2		0.048	0.16	0.213	0.214
调整 R^2		0.044	0.156	0.209	0.209
F 值及显著性		**11.743*** **	**38.017*** **	**47.254*** **	**42.087*** **

从以上各项分析的结果综合来看，除职业适应维度外，科目自选政策认可能够正向调节高中教育期望对专业适应性其余维度的影响，假设 H1b 得到验证。

（三）专业优先政策认知的调节作用

1. 专业优先政策认知在教育期望与个体特质适应关系间的调节效应检验

专业优先政策认知在教育期望与个体特质适应关系间的调节效应检验结果见表 7-14 所示。从分析结果看，所有变量可解释因变量的 17.2% 的变异，且通过 F 检验发现，该解释力具有统计学上的意义。

模型 1、模型 2 前文已有阐释，这里不再赘述。模型 3 是加入调节变量专业优先政策认知的分析结果。模型 4 是在模型 3 的基础上，加入了自变量教育期望与调节变量专业优先政策认知的交互项（X×W），交互项对个体特质适应呈现显著的正向预测（β=0.069，$p < 0.01$），说明专业优先政策认知可以在教育期望与个体特质适应间产生调节作用；教育期望对个体特质适应的主效应系数为正，且调节效应系数为正，说明调节变量专业优先政策认知增强了教育期望对个体特质适应的正向影响。

表 7–14 专业优先政策认知在教育期望与个体特质适应关系间的调节效应检验结果

变量		模型 1	模型 2	模型 3	模型 4
控制变量	性别	**0.265*** (5.292)**	**0.264*** (5.439)**	**0.240*** (5.062)**	**0.236*** (4.987)**
	城/乡类型	0.104 (1.930)	**0.112* (2.143)**	**0.113* (2.222)**	**0.108* (2.126)**
	父亲职业	0.027 (1.559)	0.021 (1.235)	0.012 (0.737)	0.009 (0.578)
	父亲学历	−0.035 (−1.109)	−0.045 (−1.478)	**−0.061* (−2.049)**	**−0.061* (−2.042)**
	高中成绩	**0.063* (2.364)**	0.045 (1.759)	0.038 (1.512)	0.036 (1.454)
	大学成绩	**0.188*** (8.033)**	**0.131*** (5.582)**	**0.134*** (5.877)**	**0.134*** (5.866)**
自变量	X 教育期望		**0.296*** (9.451)**	**0.210*** (6.534)**	**0.217*** (6.751)**
调节变量	W 专业优先政策认知			**0.206*** (8.715)**	**0.203*** (8.579)**
交互项	X×W				**0.069** (2.799)**
R^2		0.072	0.128	0.173	0.177
调整 R^2		0.068	0.123	0.168	0.172
F 值及显著性		**17.970*** **	**29.137*** **	**36.358*** **	**33.346*** **

为更直观说明专业优先政策认知在教育期望与个体特质适应关系间的调节作用，采用简单斜率分析，将专业优先政策认知按照均值上下一个标准差的标准分分成高、低水平组，见表 7–15 所示。

表 7–15 专业优先政策认知在不同水平上的调节效应

（教育期望与个体特质适应之间关系）

调节变量水平	回归系数	标准误	*t*	*p*	95% CI	
平均值	0.217	0.032	6.751	***	0.154	0.28
高水平（+1SD）	0.290	0.043	6.75	***	0.206	0.374
低水平（−1SD）	0.144	0.04	3.624	***	0.066	0.222

根据数据分析结果和简单斜率分析可知，专业优先政策认知在教育期望与个体特质适应之间存在显著的正向调节作用，但调节作用并不大。

2. 专业优先政策认知在教育期望与学习适应关系间的调节效应检验

专业优先政策认知在教育期望与学习适应关系间的调节效应检验结果见表 7–16 所示。从分析结果看，所有变量可解释因变量的 14.7% 的变异，且通过 *F* 检验发现，该解释力具有统计学上的意义。

模型 1、模型 2 前文已有阐释，这里不再赘述。模型 3 是加入调节变量专业优先政策认知的分析结果。模型 4 是在模型 3 的基础上，加入了自变量教育期望与调节变量专业优先政策认知的交互项（X×W），交互项对学习适应的影响不显著（β=0.038，$p > 0.05$），说明专业优先政策认知无法在教育期望与学习适应间起到调节作用。

表 7–16　专业优先政策认知在教育期望与学习适应关系间的调节效应检验结果

变量		模型 1	模型 2	模型 3	模型 4
控制变量	性别	0.078（1.725）	0.078（1.775）	0.055（1.300）	0.053（1.248）
	城 / 乡类型	0.027（0.541）	0.035（0.738）	0.036（0.782）	0.033（0.720）
	父亲职业	**0.046**（2.956）**	**0.040**（2.648）**	**0.032*（2.178）**	**0.031*（2.078）**
	父亲学历	−0.048（−1.669）	**−0.058*（−2.120）**	**−0.073**（−2.720）**	**−0.073**（−2.714）**
	高中成绩	**0.124***（5.145）**	**0.106***（4.570）**	**0.099***（4.395）**	**0.098***（4.360）**
	大学成绩	0.002（0.090）	**−0.057**（−2.690）**	**−0.054**（−2.613）**	**−0.054**（−2.630）**
自变量	X 教育期望		**0.306***（10.842）**	**0.227***（7.851）**	**0.231***（7.967）**
调节变量	W 专业优先政策认知			**0.189***（8.884）**	**0.187***（8.789）**
交互项	X×W				0.038（1.715）
R^2		0.027	0.103	0.151	0.153
调整 R^2		0.023	0.098	0.146	0.147
F 值及显著性		**6.494*****	**22.823*****	**30.951*****	**27.877*****

3. 专业优先政策认知在教育期望与职业适应关系间的调节效应检验

专业优先政策认知在教育期望与职业适应关系间的调节效应检验结果见表 7–17 所示。从分析结果看，所有变量可解释因变量的 22.5% 的变异，且通过 F 检验发现，该解释力具有统计学上的意义。

模型 1、模型 2 前文已有阐释，这里不再赘述。模型 3 是加入调节变量专业优先政策认知的分析结果。模型 4 是在模型 3 的基础上，加入了自变量教育期望与调节变量专业优先政策认知的交互项（X×W），交互项对职业适应呈现显著的正向预测（β=0.068，$p < 0.01$），说明专业优先政策认知可以在教育期望

与职业适应间产生调节作用；教育期望对职业适应的主效应系数为正，且调节效应系数为正，说明调节变量专业优先政策认知增强了教育期望对职业适应的正向影响。

表 7–17 专业优先政策认知在教育期望与职业适应关系间的调节效应检验结果

变量		模型 1	模型 2	模型 3	模型 4
控制变量	性别	**0.193***（4.478）**	**0.192***（4.740）**	**0.167***（4.293）**	**0.163***（4.205）**
	城/乡类型	0.084（1.814）	**0.094*（2.151）**	**0.095*（2.264）**	**0.090*（2.150）**
	父亲职业	**0.032*（2.176）**	0.025（1.778）	0.016（1.197）	0.014（1.007）
	父亲学历	0.015（0.572）	0.003（0.124）	−0.013（−0.528）	−0.013（−0.515）
	高中成绩	**0.080***（3.505）**	**0.059**（2.749）**	**0.052*（2.498）**	**0.050*（2.433）**
	大学成绩	**0.085***（4.248）**	0.017（0.869）	0.020（1.085）	0.020（1.059）
自变量	X 教育期望		**0.357***（13.649）**	**0.269***（10.196）**	**0.276***（10.468）**
调节变量	W 专业优先政策认知			**0.208***（10.690）**	**0.205***（10.540）**
交互项	X×W				**0.068**（3.372）**
R^2		0.048	0.16	0.224	0.23
调整 R^2		0.044	0.156	0.219	0.225
F 值及显著性		**11.743*****	**38.017*****	**50.250*****	**46.263*****

为更直观说明专业优先政策认知在教育期望与职业适应关系间的调节作用，采用简单斜率分析，将专业优先政策认知按照均值上下一个标准差的标准分分成高、低水平组，见表 7–18 所示。

表 7–18 专业优先政策认知在不同水平上的调节效应（教育期望与职业适应之间关系）

调节变量水平	回归系数	标准误	t	p	95% CI	
平均值	0.276	0.026	10.468	***	0.225	0.328
高水平（+1SD）	0.349	0.035	9.879	***	0.279	0.418
低水平（−1SD）	0.204	0.033	6.253	***	0.140	0.268

根据数据分析结果和简单斜率分析可知，专业优先政策认知在教育期望与职业适应之间存在显著的正向调节作用，但调节作用并不大。

从以上各项分析的结果综合来看，除学习适应维度外，专业优先政策认知能够正向调节高中教育期望对专业适应性其余维度的影响，假设 H2a 得到验证。

（四）专业优先政策认可的调节作用

1. 专业优先政策认可在教育期望与个体特质适应关系间的调节效应检验

专业优先政策认可在教育期望与个体特质适应关系间的调节效应检验结果见表 7-19 所示。从分析结果看，所有变量可解释因变量的 19% 的变异，且通过 F 检验发现，该解释力具有统计学上的意义。

模型 1、模型 2 前文已有阐释，这里不再赘述。模型 3 是加入调节变量专业优先政策认可的分析结果。模型 4 是在模型 3 的基础上，加入了自变量教育期望与调节变量专业优先政策认可的交互项（X × W），交互项对个体特质适应呈现显著的正向预测（β=0.090，$p < 0.01$），说明专业优先政策认可可以在教育期望与个体特质适应间产生调节作用；教育期望对个体特质适应的主效应系数为正，且调节效应系数为正，说明调节变量专业优先政策认可增强了教育期望对个体特质适应的正向影响。

表 7-19　专业优先政策认可在教育期望与个体特质适应关系间的调节效应检验结果

变量		模型 1	模型 2	模型 3	模型 4
控制变量	性别	**0.265***（5.292）**	**0.264***（5.439）**	**0.228***（4.873）**	**0.223***（4.777）**
	城 / 乡类型	0.104（1.930）	**0.112*（2.143）**	**0.106*（2.101）**	**0.102*（2.029）**
	父亲职业	0.027（1.559）	0.021（1.235）	0.011（0.704）	0.010（0.647）
	父亲学历	−0.035（−1.109）	−0.045（−1.478）	−0.049（−1.657）	−0.052（−1.779）
	高中成绩	**0.063*（2.364）**	0.045（1.759）	0.029（1.184）	0.026（1.068）
	大学成绩	**0.188***（8.033）**	**0.131***（5.582）**	**0.140***（6.200）**	**0.140***（6.195）**
自变量	X 教育期望		**0.296***（9.451）**	**0.187***（5.834）**	**0.196***（6.115）**
调节变量	W 专业优先政策认可			**0.265***（10.275）**	**0.257***（9.944）**

续表

变量		模型 1	模型 2	模型 3	模型 4
交互项	X × W				**0.090**（3.315）**
R^2		0.072	0.128	0.189	0.195
调整 R^2		0.068	0.123	0.184	0.19
F 值及显著性		**17.970*****	**29.137*****	**40.602*****	**37.571*****

为更直观说明专业优先政策认可在教育期望与个体特质适应关系间的调节作用，采用简单斜率分析，将专业优先政策认可按照均值上下一个标准差的标准分分成高、低水平组，见表 7–20 所示。

表 7–20　专业优先政策认可在不同水平上的调节效应

（教育期望与个体特质适应之间关系）

调节变量水平	回归系数	标准误	*t*	*p*	95% CI	
平均值	0.196	0.032	6.115	***	0.133	0.259
高水平（+1SD）	0.283	0.043	6.565	***	0.198	0.367
低水平（–1SD）	0.109	0.04	2.751	**	0.031	0.187

根据数据分析结果和简单斜率分析可知，专业优先政策认可在教育期望与个体特质适应之间存在显著的正向调节作用，但调节作用并不大。

2. 专业优先政策认可在教育期望与学习适应关系间的调节效应检验

专业优先政策认可在教育期望与学习适应关系间的调节效应检验结果见表 7–21 所示。从分析结果看，所有变量可解释因变量的 17.7% 的变异，且通过 *F* 检验发现，该解释力具有统计学上的意义。

模型 1、模型 2 前文已有阐释，这里不再赘述。模型 3 是加入调节变量专业优先政策认可的分析结果。模型 4 是在模型 3 的基础上，加入了自变量教育期望与调节变量专业优先政策认可的交互项（X × W），交互项对学习适应的影响不显著（β=0.033，$p > 0.05$），说明专业优先政策认可无法在教育期望与学习适应间起到调节作用。

表 7-21 专业优先政策认可在教育期望与学习适应关系间的调节效应检验结果

变量		模型 1	模型 2	模型 3	模型 4
控制变量	性别	0.078（1.725）	0.078（1.775）	0.042（1.006）	0.040（0.960）
	城 / 乡类型	0.027（0.541）	0.035（0.738）	0.029（0.637）	0.027（0.605）
	父亲职业	**0.046**（2.956）**	**0.040**（2.648）**	**0.031*（2.120）**	**0.030*（2.095）**
	父亲学历	−0.048（−1.669）	**−0.058*（−2.120）**	**−0.062*（−2.360）**	**−0.063*（−2.407）**
	高中成绩	**0.124***（5.145）**	**0.106***（4.570）**	**0.090***（4.057）**	**0.089***（4.006）**
	大学成绩	0.002（0.090）	**−0.057**（−2.690）**	**−0.047*（−2.343）**	**−0.048*（−2.354）**
自变量	X 教育期望		**0.306***（10.842）**	**0.196***（6.858）**	**0.199***（6.951）**
调节变量	W 专业优先政策认可			**0.267***（11.593）**	**0.264***（11.412）**
交互项	X × W				0.033（1.364）
R^2		0.027	0.103	0.182	0.183
调整 R^2		0.023	0.098	0.177	0.177
F 值及显著性		**6.494***	**22.823***	**38.681***	**34.611***

3. 专业优先政策认可在教育期望与职业适应关系间的调节效应检验

专业优先政策认可在教育期望与职业适应关系间的调节效应检验结果见表 7–22 所示。从分析结果看，所有变量可解释因变量的 25.5% 的变异，且通过 F 检验发现，该解释力具有统计学上的意义。

模型 1、模型 2 前文已有阐释，这里不再赘述。模型 3 是加入调节变量专业优先政策认可的分析结果。模型 4 是在模型 3 的基础上，加入了自变量教育期望与调节变量专业优先政策认可的交互项（X × W），交互项对职业适应呈现显著的正向预测（β=0.048，$p < 0.05$），说明专业优先政策认可可以在教育期望与职业适应间产生调节作用；教育期望对职业适应的主效应系数为正，且调节效应系数为正，说明调节变量专业优先政策认可增强了教育期望对职业适应的正向影响。

表 7-22 专业优先政策认可在教育期望与职业适应关系间的调节效应检验结果

变量		模型 1	模型 2	模型 3	模型 4
控制变量	性别	**0.193***（4.478）**	**0.192***（4.740）**	**0.154***（4.037）**	**0.151***（3.968）**
	城 / 乡类型	0.084（1.814）	**0.094*（2.151）**	**0.087*（2.129）**	**0.085*（2.079）**
	父亲职业	**0.032*（2.176）**	0.025（1.778）	0.015（1.131）	0.014（1.093）
	父亲学历	0.015（0.572）	0.003（0.124）	−0.001（−0.032）	−0.003（−0.109）
	高中成绩	**0.080***（3.505）**	**0.059**（2.749）**	**0.042*（2.079）**	**0.040*（2.003）**
	大学成绩	**0.085***（4.248）**	0.017（0.869）	0.027（1.473）	0.027（1.457）
自变量	X 教育期望		**0.357***（13.649）**	**0.240***（9.199）**	**0.244***（9.362）**
调节变量	W 专业优先政策认可			**0.284***（13.537）**	**0.280***（13.284）**
交互项	X×W				**0.048*（2.166）**
R^2		0.048	0.160	0.258	0.260
调整 R^2		0.044	0.156	0.254	0.255
F 值及显著性		**11.743*****	**38.017*****	**60.519*****	**54.459*****

为更直观说明专业优先政策认可在教育期望与职业适应关系间的调节作用，采用简单斜率分析，将专业优先政策认可按照均值上下一个标准差的标准分分成高低水平组，见表 7-23 所示。

表 7-23 专业优先政策认可在不同水平上的调节效应
（教育期望与职业适应之间关系）

调节变量水平	回归系数	标准误	*t*	*p*	95% CI	
平均值	0.244	0.026	9.362	***	0.193	0.296
高水平（+1SD）	0.291	0.035	8.281	***	0.222	0.360
低水平（−1SD）	0.198	0.032	6.136	***	0.135	0.261

根据数据分析结果和简单斜率分析可知，专业优先政策认可在教育期望与职业适应之间存在显著的正向调节作用，但调节作用并不大。

从以上各项分析的结果综合来看，除学习适应维度外，专业优先政策认可能够正向调节高中教育期望对专业适应性其余维度的影响，假设 H2b 得到验证。

第三节　本章小结

本章通过多元线性回归，对新高考政策认同在高中教育期望与专业适应性关系间的调节作用进行探讨。主要研究结果包括：

第一，高中教育期望高、低水平的 t 检验及多元回归分析表明，高中教育期望对专业适应性具有显著的正向影响。

第二，新高考政策认同在高中教育期望与专业适应性间具有正向调节作用。具体来讲：科目自选政策认知在高中教育期望与个体特质适应的关系间有正向调节作用（交互项显著且系数为正，主效应系数为正），在高中教育期望与学习适应的关系间有正向调节作用（交互项显著且系数为正，主效应系数为正），在高中教育期望与职业适应的关系间有正向调节作用（交互项显著且系数为正，主效应系数为正）；其中，政策认知在高中教育期望与学习适应关系间的正向调节作用最大。科目自选政策认可在高中教育期望与个体特质适应的关系间有正向调节作用（交互项显著且系数为正，主效应系数为正），在高中教育期望与学习适应的关系间有正向调节作用（交互项显著且系数为正，主效应系数为正），但在高中教育期望与职业适应的关系间没有调节作用（交互项不显著）；并且，政策认可在高中教育期望与个体特质适应、学习适应关系间的正向调节作用大小相近。

专业优先政策认知在高中教育期望与个体特质适应的关系间有正向调节作用（交互项显著且系数为正，主效应系数为正），在高中教育期望与职业适应的关系间有正向调节作用（交互项显著且系数为正，主效应系数为正），但在高中教育期望与学习适应的关系间没有调节作用（交互项不显著）；并且，政策认知在高中教育期望与个体特质适应、与职业适应关系间的正向调节作用大小相近。专业优先政策认可在高中教育期望与个体特质适应的关系间有正向调节作用（交互项显著且系数为正，主效应系数为正），在高中教育期望与职业适应的关系间有正向调节作用（交互项显著且系数为正，主效应系数为正），但在高中教育期望与学习适应的关系间没有调节作用（交互项不显著）；其中，政策认可在高中教育期望与个体特质适应关系间的正向调节作用，要大于在高中教育期望与职业适应关系间的正向调节作用。具体调节作用情况见表 7–24。

表 7-24 新高考政策认同在高中教育期望与专业适应性关系间的调节作用情况

自变量	调节变量	因变量	检验结果	调节效应系数	斜率变化（±1SD）
高中教育期望	科目自选政策认知	个体特质适应	有调节	**0.069****	0.133
		学习适应	有调节	**0.083*****	0.161
		职业适应	有调节	**0.058****	0.113
	科目自选政策认可	个体特质适应	有调节	**0.059****	0.130
		学习适应	有调节	**0.057*****	0.126
		职业适应	没有调节	0.018	—
	专业优先政策认知	个体特质适应	有调节	**0.069*****	0.146
		学习适应	没有调节	0.038	—
		职业适应	有调节	**0.068*****	0.145
	专业优先政策认可	个体特质适应	有调节	**0.090*****	0.174
		学习适应	没有调节	0.033	—
		职业适应	有调节	**0.048****	0.093

第三，从数据结果进一步发现，科目自选政策认同方面，政策认知在高中教育期望与学习适应关系间的正向调节作用，比政策认可更大；但在高中教育期望与个体特质适应关系间的正向调节作用，政策认知与政策认可相差并不大。专业优先政策认同方面，政策认可在高中教育期望与个体特质适应关系间的正向调节作用，比政策认知更大；而政策认可在高中教育期望与职业适应关系间的正向调节作用，却比政策认知更小。

从两项政策的综合比较来看，在高中教育期望与专业适应性的关系间，科目自选政策认同起到调节作用的面更多（涉及专业适应性的 3 个维度），而专业优先政策认同则只在个体特质适应、职业适应 2 个维度上有调节作用；不过，在有调节效应的维度上，专业优先政策认同的正向调节作用又相对更大一些。

第八章　研究结论与对策建议

第一节　研究发现与讨论

本研究以新高考改革试点“浙江方案”中的科目自选政策、专业优先政策为具体政策研究内容，选取经历过新高考的大学生为研究对象，以定量研究为主、以定性研究为辅，新编了专业适应性问卷、编制了研究所使用的总问卷，探究了新高考政策认同对专业适应性的影响机制，并分别探讨了新高考政策认同在高中学习投入与专业适应性关系间的调节作用、高中教育期望与专业适应性关系间的调节作用。本节整理获得了研究发现，并对研究发现的结果进行相关解释与讨论。

一、主要研究发现

（一）专业适应性的问卷结构及现状

第一，专业适应性包含个体特质适应、学习适应和职业适应三个维度；按照三维度结构、运用规范程序重新编制的《专业适应性问卷》，其信度、效度的检验指标符合统计学标准，可以作为进一步研究的测量工具。

第二，个体特质适应情况较好，均值为 4.05，填选个体特质适应较高的大部分题项超过 70%，但兴趣、特长、能力、性格等特质填选的情况也有所区别，认为专业符合自身兴趣的填选较高的接近 80%，而认为专业能实现自身理想的填选较高的低于 70%；学习适应情况也较好，均值达到 4.54，且填选学习适应较高的题项接近 90%；职业适应情况较好，均值为 4.50，选填职业适应较高的题项在 70% 以上，尤其是在专业的社会需求、专业的区域发展等方面选填适应程度较高的超过 90%。

第三，个体特质适应在性别、城 / 乡、高中成绩上具有显著差异，学习适应在性别、高中成绩上具有显著差异，职业适应在性别、城 / 乡、高中担任学生干部、高中成绩上具有显著差异；专业适应性各维度在家庭因素上均不存在显著差异。

（二）新高考政策认同对专业适应性的影响机制

第一，学生对科目自选政策认同程度较高，认知均值为 4.75、认可均值为 4.49；其中对科目自选政策选填认知较高的题项均超过 83%，选填认可较高的题项超过 80%。对专业优先政策认同程度也较高，认知均值为 4.32、认可均值为 4.41；其中对专业优先政策选填认知较高的大部分题项超过 77%，选填认可较高的大部分题项超过 84%。综合来看，学生对科目自选政策认知的程度要高于专业优先政策认知程度，而对科目自选政策认可的程度要低于对专业优先政策认可程度。

第二，科目自选政策认知对个体特质适应具有显著的正向影响，对学习适应具有显著的正向影响，对职业适应具有显著的正向影响，路径系数在 0.18~0.34 之间；科目自选政策认可对个体特质适应具有显著的正向影响，对学习适应具有显著的正向影响，对职业适应具有显著的正向影响，路径系数在 0.13~0.16 之间。专业优先政策认可对个体特质适应具有显著的正向影响，对学习适应具有显著的正向影响，对职业适应具有显著的正向影响，路径系数在 0.34~0.51 之间；但专业优先政策认知对个体特质适应、对学习适应、对职业适应的影响都不显著。从影响效应大小来看，专业优先政策认可对专业适应性各维度的影响要大于对科目自选政策认可的影响。

第三，对科目自选政策而言，专业决策自我效能在政策认知对个体特质适应的影响中起到完全中介作用（自变量对因变量的效应值为 0.157），其余都起到部分中介作用（自变量对因变量的效应值在 0.136~0.337 之间）；专业选择结果预期在政策认知对个体特质适应的影响中起到完全中介作用（自变量对因变量的效应值为 0.174），其余都起到部分中介作用（自变量对因变量的效应值在 0.133~0.332 之间）。对专业优先政策而言，专业决策自我效能在政策认知对个体特质适应、对职业适应的影响中起到完全中介作用（自变量对因变量的效应值为 0.071、0.051），其余都起到部分中介作用（自变量对因变量的效应值在 –0.094~0.487 之间）；专业选择结果预期在政策认知与专业适应性之间均无影响关系，在政策认可对个体特质适应的影响中起到完全中介作用（自变量对因变量的效应值为 0.260），其余都起到部分中介作用（自变量对因变量的效应值为 0.470、0.502）。

（三）新高考政策认同对学生高中学习投入与专业适应性关系间的调节作用

第一，科目自选政策认知可以增强高中学习投入对个体特质适应的正向影响，可以增强高中学习投入对学习适应的正向影响，但在高中学习投入与职业适应的关系间没有调节作用；其中，政策认知在高中学习投入与学习适应关系间的正向调节作用，要大于在高中学习投入与个体特质适应关系间的正向调节作用。科目自选政策认可可以增强高中学习投入对个体特质适应的正向影响，可以增强高中学习投入对学习适应的正向影响，可以增强高中学习投入对职业适应的正向影响；其中，政策认可在高中学习投入与学习适应关系间的正向调节作用最大。通过比较，科目自选政策认可相比科目自选政策认知而言，在高中学习投入与专业适应性关系间的正向调节作用更大。

第二，专业优先政策认知可以增强高中学习投入对个体特质适应的正向影响，可以增强高中学习投入对学习适应的正向影响，可以增强高中学习投入对职业适应的正向影响；其中，政策认知在高中学习投入与个体特质适应关系间的正向调节作用最大。专业优先政策认可可以增强高中学习投入对个体特质适应的正向影响，可以增强高中学习投入对学习适应的正向影响，可以增强高中学习投入对职业适应的正向影响；其中，政策认可在高中学习投入与个体特质适应关系间的正向调节作用最大。通过比较，专业优先政策认可相比专业优先政策认知而言，在高中学习投入与个体特质适应、学习适应关系间的正向调节作用更大；但政策认知与政策认可，在高中学习投入与职业适应关系间的正向调节作用大小相近。

第三，综合来看，在高中学习投入与专业适应性的关系间，科目自选政策认同的正向调节作用要大于专业优先政策认同。

（四）新高考政策认同对学生高中教育期望与专业适应性关系间的调节作用

第一，科目自选政策认知可以增强高中教育期望对个体特质适应的正向影响，可以增强高中教育期望对学习适应的正向影响，可以增强高中教育期望对职业适应的正向影响；其中，政策认知在高中教育期望与学习适应关系间的正向调节作用最大。科目自选政策认可可以增强高中教育期望对个体特质适应的正向影响，可以增强高中教育期望对学习适应的正向影响，但在高中教育期望与职业适应的关系间没有调节作用；并且，政策认可在高中教育期望与个体特质适应、学习适应关系间的正向调节作用大小相近。通过比较，在高中教育期望与学习适应关系间的正向调节作用，科目自选政策认知要大于科目自选政策认可；在高中教育期望与个体特质适应关系间的调节作用大小相近。

第二，专业优先政策认知可以增强高中教育期望对个体特质适应的正向影响，可以增强高中教育期望对职业适应的正向影响，但在高中教育期望与学习适应的关系间没有调节作用；并且，政策认知在高中教育期望与个体特质适应、职业适应关系间的正向调节作用大小相近。专业优先政策认可可以增强高中教育期望对个体特质适应的正向影响，可以增强高中教育期望对职业适应的正向影响，但在高中教育期望与学习适应的关系间没有调节作用；其中，政策认可在高中教育期望与个体特质适应关系间的正向调节作用，要大于在高中教育期望与职业适应关系间的正向调节作用。通过比较，在高中教育期望与个体特质适应关系间的正向调节作用，专业优先政策认可要大于专业优先政策认知；而在高中教育期望与职业适应关系间的正向调节作用，专业优先政策认知则要大于专业优先政策认可。

第三，综合来看，在高中教育期望与专业适应性的关系间，科目自选政策认同起到调节作用的面更多（涉及专业适应性的3个维度），而专业优先政策认同则只在个体特质适应、职业适应2个维度上有调节作用；不过，在有调节效应的维度上，专业优先政策认同的正向调节作用又相对更大一些。

二、解释与讨论

（一）专业适应性的结构及现状的解释与讨论

1. 对专业适应性作为复合概念的讨论

高等教育是以“专业”为载体实施专门化的人才培养的工作，专业适应性（特别对大学本科新生群体而言）得到了广泛关注，但目前对于专业适应性的定义及内涵尚未达成共识。本研究提出并验证了专业适应性的三维度结构，认为专业适应性是大学生对所学专业的一种较为复杂的心理感受和心理状态，它以个体特质的心理体验为基础，不仅表现在与大学生关系紧密的学习心理方面，也关照专业教育必然带来的对未来职业的心理倾向，即包含个体特质适应、学习适应和职业适应，是一个复合的概念。

专业适应性的三维度结构，既避免了在该领域研究使用最多的唐文清问卷[①]的结构过于复杂，且概念之间存在嵌套等问题，也丰富了相关问卷[②③]结构相对简单、只有两维度的情况。同时，新编制问卷过程中的题项取自现实当中对大学生的访谈和开放问句问卷回答，使得专业适应性更加符合其“本土”（区别于直接翻译自国外的相关问卷）与“本源”（区别于“适应性”问卷、“学习适应性”问卷）的概念所指，体现出“适应性”在“专业”层面的应有内涵。

2. 对新高考政策之下学生进入大学后专业适应性情况“较好”的解释

从专业适应性的三个维度来看，各维度填选适应较高的题项比例均较高，显现

---

① 唐文清. 大学生专业适应性量表编制及其应用 [D]. 重庆：西南大学硕士学位论文，2007：1.

② 王敬欣，张阔，付立菲. 大学生专业适应性、学习倦怠与学习策略的关系 [J]. 心理与行为研究，2010，8（2）：126–132.

③ 徐娟，李志平. 公立医院见习医学生专业适应性对学业倦怠影响研究 [J]. 中国医院管理，2016，36（8）：58–60.

出新高考政策之下专业适应性总体情况良好。在个体特质适应方面，占多数的学生进入大学后，认为就读专业与自身的兴趣、特长、能力以及性格相适配，这说明新高考政策赋予考生选择权后，考生可选择有兴趣的科目、填报更多感兴趣的专业，进入到有兴趣的专业学习，已有相关研究也表明，新高考显著提升了大学新生对专业的兴趣，有助于推动学生专业兴趣的构建；[①] 同时，学生认为专业能实现自身理想的题项填选较高的低于 70%，这可能与新生对未来的理想考虑并不多有关。

在新高考政策下，学生的学习适应情况良好，大多数学生认为专业所提供的教学资源等方面较好，对专业教学、自身学习的适应程度较高，包括对专业高阶性学习也较认可，反映出学生进入大学后对专业所提供的教学上的肯定和学习上的承诺，也进一步印证了新高考政策有助于学生在专业性向、学习优势上的发挥，并有助于学生进入大学后保持明确的学习方向和持续深造。[②]

在新高考政策下的职业适应方面，学生也表现出较好情况，大多数学生认为对未来职业和生活的支撑面比较宽，对所学专业对应的职业领域的适应程度较高；尤其是在专业的社会需求、专业的区域发展等方面填选认为良好的比例很高，认为所学专业社会需求大、发展前景好，说明学生对自己选择的专业所对应职业的外部发展形势看好，在新高考政策助力之下，考生选择并进入认为社会需求较好的专业，这样更有利于今后的择业就业。

相比而言，传统高考下学生进入大学后的专业适应性并不高，如相关调查显示，大学生的学习适应较差的占 23.9%，[③] 存在学习倦怠倾向的占 21%、专业适应不良的占 24%。[④] 其很大原因是传统高考的制度设计导致出现大量专业调剂生，而专业调剂生入学报到后专业思想不稳、容易心态失衡，会严重影响学生的大学学业等。[⑤] 由此看来，新高考政策出台之后，学生进入大学后的专业适应性提升较为明显。

3. 对专业适应性在不同因素上具有群体差异性的解释

在性别方面，男生的个体特质适应、学习适应、职业适应，都要显著高于女

---

① 鲍威，金红昊 . 新高考改革对大学新生学业适应的影响：抑制还是增强 ?[J]. 华东师范大学学报（教育科学版），2020（6）：20–33.

② 边新灿 . 新一轮高考改革对大学教育的影响 [J]. 中国高等教育，2015（2）：7–9.

③ 徐富明，于鹏，李美华 . 大学生的学习适应性及其与人格特征及社会支持的关系研究 [J]. 中国学校卫生，2005，26（4）：299–300.

④ 王敬欣，张阔，付立菲 . 大学生专业适应性、学习倦怠与学习策略的关系 [J]. 心理与行为研究，2010，8（2）：126–132.

⑤ 纪晓明，张福珍 . 团体心理辅导在专业调剂生学习动机干预中的作用 [J]. 襄樊职业技术学院学报，2011，10（1）：128–130.

生。这一研究结论与唐文清（2007 年）[①]、邹长华等（2011 年）[②]的研究结论并不一致，她们认为，女生的专业适应性要显著高于男生，因为女生对专业有更为乐观的认识和认同。而本研究得出男生的适应水平更高，这可能与学生所处的年龄阶段有关，到了高中阶段后，男生身心上的“后发优势”往往开始显现，他们对专业会有更为稳健的选择，经过深思熟虑后的选择使得他们入学后有更好的专业适应性。在城 / 乡生源方面，城镇学生的个体特质适应、职业适应，要显著高于农村学生。大学办学多在大城市，这更适合在城镇生活、学习、成长的学生；城镇学生相对农村学生而言见识面更广、接触事物更多，对社会职业的认知、了解也更多，也更有利于他们了解、接触更多的职业。

研究发现，家庭资本的背景差异在新高考政策之下的专业适应性上，并没有呈现出异质性。一般而言，家庭的社会经济地位、父母的职业特征和父母受教育水平，都会对子女的教育选择产生影响；[③]以往研究也曾指出，第一代大学生（指父母双方都没有经历过至少一年大学生活的大学生）相较于第二代大学生而言，学校适应显著较弱，[④]也就是说，家庭、父母等先赋性因素对子代的专业选择、进入大学的专业适应具有一种“传递性”。但在本研究中，并未发现家庭资本优越的学生在适应方面的优势。分析其原因，可能有两方面：第一，新高考政策与考生有极高的利益相关度，不论来自什么样家庭背景的学生，都非常关注政策内容，并主动按照政策开展选科、学习、考试等一系列学业活动，政策所激发的主观能动性可能会“消解”家庭背景带来的优势；第二，本研究所选样本为浙江省考生，浙江的基础教育水平整体较高、教育均衡化发展处于高位段，良好、均衡的基础教育也可能会“稀释”家庭资本的先赋性影响。

在中学因素上，高中学业表现（成绩）对专业适应性有显著的影响，毕竟学生对于专业是否感到适应，很大程度上取决于其学业情况；再者，新高考政策下，学生高中的选考科目与大学的专业，相比传统高考而言，关联度更大，高中科目是否学得好、学得扎实，待到进入大学后也更易在“适应”层面见分晓。值得注意的是，学生是否在高中参加社团、担任学生干部，在大学的专业适应性方面并没有显著差异，也说明“专业适应性”更注重学生与专业之间的匹配性、一致性，而非一般意义上的校园适应、人际适应，高中参加社会活动的学生并没有在专业适应性上

---

① 唐文清 . 大学生专业适应性量表编制及其应用 [D]. 重庆：西南大学硕士学位论文，2007：35.

② 邹长华，韩建涛，胡传双 . 当前大学生专业适应性的现状分析 [J]. 巢湖学院学报，2011，13（4）：117–121.

③ 杨秀芹，吕开月 . 社会分层的代际传递：家庭资本对高考志愿填报的影响 [J]. 中国教育学刊，2019（6）：24–29.

④ HERTEL J B.College student generational status：similarities，differences，and factors in college adjustment[J].The Psychological Record，2002（52）：3–18.

有更多优势。

（二）新高考政策认同对专业适应性影响机制的解释与讨论

1. 对新高考政策表现出较高认同度的讨论

从对两项政策认知、认可的均值，以及填选认知、认可较高题项的比例数据看，大部分学生在高中阶段能较便利地获取有关新高考政策的信息，对政策做到及时、全面地了解，对推出新高考政策的改革初衷也是清楚的。毕竟，对于要参加高考的高中生来讲，高考政策与他们的当下学业、升学以及未来职业发展等息息相关，学生在高中时当然关心高考政策的动向和具体的举措。同时，填选数据也表明，学生普遍认为新高考政策能够帮助他们提升学习兴趣、提高学习成绩，认为高考新政相比之前的政策，能为他们进入更符合自身意愿或是“热门”的专业提供支持，提升了高考时选专业的竞争力，因此对新政策具有较高认可度。应该说，新高考政策把有利于学生健康发展放在首位，把以人为本、公平公正、科学高效作为基本原则，[①] 并在具体举措上致力于扩大考生选择权、提高考生志愿与录取结果匹配度等，这些把“学生”放在更加重要地位的理念和举措，得到了大多参加高考学生的认同和欢迎。

上述研究发现与前人相关研究结果较为一致，如杜芳芳等（2016 年）对浙江 5 所高中学生的调查发现，80% 的学生已经完全或基本了解浙江省出台的高考改革方案，中学发放相关资料帮助学生掌握改革动态；该调查进一步显示，学生对浙江省新高考政策的赞同度处于中等偏上水平（5 分的赞同度均值为 3.84），且大部分学生支持浙江省率先实行高考改革，认为新高考政策在发挥学生学科特长、实现文理兼修、促进学生全面发展等方面会起到一定作用，对改革方案中实行的自主选择考试科目及外语实行“一年两考”的举措尤为赞成。[②]

此外，研究也发现，从均值和填选百分比看，科目自选政策认知程度要高于专业优先政策认知程度，但科目自选政策认可程度却接近（此处指均值）甚至低于（此处指填选百分比）专业优先政策认可程度。这看似有些不一致甚至“矛盾”的结果，实则更为接近现实情况。因为，从认知层面来看，学生从进入高中开始，就要面对选科、分班等事宜，选什么科目意味着高中期间的学习兴趣、日常如何走班学习以及高考时的分数竞争力等，这些都与学生在高中期间的学习活动直接相关，学生应该对科目自选政策了解和熟知；而对于专业优先这一政策，学生可能在高中期间知晓，但深入了解政策的详细规则，往往要到高考结束填志愿时才会真正考

---

① 国务院．国务院关于深化考试招生制度改革的实施意见 [J]. 人民教育，2014（18）：16-19.

② 杜芳芳，金哲．新高考改革背景下高中生科目选择意向现状及对策——基于浙江省五所高中的调查分析 [J]. 教育理论与实践，2016，36（8）：15-18.

虑。就像学生在访谈中所讲的那样，如果提及新高考政策，首先想到的是 7 选 3 科目自选，高中时最关注的也是 7 选 3 如何选，这是学生有关于新高考政策谈论最多的内容。而部分调查也证实，教师和学生都认为，选科目是新高考政策中最为重要的改革举措。①

从认可的层面来看，科目自选政策认可反而低于专业优先政策认可这一结论，其实也并不难解释。科目自选政策把选择权交给学生，但是，有选择就有主观上所认为的“好”与“坏”，对于那些没法用好选择权，或是主观上认为选择“坏”了的考生，他们对科目自选政策的认可度可能不会太高。一项对第一届试点省份高中生的调查就显示，尽管 43.08% 的学生对新高考政策赋予学生自主选科的举措表示支持，但仍有41.32%的学生对此感到茫然，不知道该如何选择。②对许多考生而言，新高考政策所提供的“选择性”“多元性”，带来了升学选择的复杂性，增加了考生的决策难度，③这一点会降低考生内心对这项政策举措的认可度。而专业优先政策提供了考生可按照专业填报志愿的新方式，考生最多可填 80 个专业志愿（指浙江省），这大大增加了可填报志愿的数量，避免了调档、调剂的风险，就如某项有关对新高考试点省的调查就指出，新高考的录取方式减少了学生调剂的可能性，学生对志愿填报方式等招生录取政策的认可度高，④因此这一举措可能更受考生的欢迎、认可度更高。

2. 对新高考政策认同直接影响专业适应性的解释

研究结果表明，科目自选政策认同、专业优先政策认同均直接对专业适应性有显著的正向影响，事实上，学生对新高考政策认同度高，意味着学生将积极地按照新高考政策的要求，围绕自身兴趣、专长选择科目，将专业选择摆在更为优先和重要的位置去填报志愿，科目、专业与自身的匹配度将进一步增加，这对学生进入大学后的专业适应性无疑会有显著的提升作用。

与此同时，有关科目自选政策、专业优先政策在认知、认可与专业适应性各维度直接影响的关系中，还需要进一步解释的有两方面：一是专业优先政策认知对专业适应性各维度都没有显著影响，二是专业优先政策认可对专业适应性各维度的影响要大于对科目自选政策认可的影响。对于第一个方面的解释，可能与考生对专业

① 苏红．对浙沪高考改革试点后中学“选课走班”的调查与思考 [J]. 教育测量与评价，2018（5）：25–30.

② 杜芳芳，金哲．新高考改革背景下高中生科目选择意向现状及对策—基于浙江省五所高中的调查分析 [J]. 教育理论与实践，2016，36（8）：15–18.

③ 鲍威，金红昊，肖阳．阶层壁垒与信息鸿沟：新高考改革背景之下的升学信息支持 [J]. 中国高教研究，2019（5）：39–48.

④ 王新凤，钟秉林．新高考背景下高校招生与人才培养的成效、困境及应对 [J]. 中国高教研究，2019（5）：49–53，57.

优先政策了解比较“浅显”有关，考生可能只是知晓“专业＋院校”的填报、招录规则，仅认为是选学校和选专业的位置对换，对政策的意义价值理解还不够深入，这种简单化的了解使政策认知与入学后专业适应性间的因果关系显现为不显著。

对于第二个方面的解释，在前述有关对两项政策的认知、认可程度的比较中，已发现专业优先政策认可程度要高于对科目自选政策认可程度，考生对专业优先政策认可度高，是因为考生可将意向专业按照自己心仪的程度排序成志愿来填报，不担心因先选院校志愿而“放弃”专业志愿，也不担心专业志愿数较少而“舍弃”心仪专业，更不担心被调剂的风险，所以对专业优先政策越认可，考生对于入学后就读专业与自身的适配度感受就越高（因为是自己填报的专业，而非调剂因素造成），因此，对政策的高认可度带来心理上对专业的高适应性，专业优先政策认可对专业适应性的影响效应更大。所以，对专业优先政策更需要将政策内容和意图宣传到位，才能更好发挥政策的作用，持续影响学生入学后的专业适应性。

3. 对专业决策自我效能在新高考政策认同影响专业适应性的中介机制的解释

专业决策自我效能在科目自选政策和专业优先政策这两项政策的认知、认可层面对专业适应性各维度的影响中，均具有中介作用。效能感是对能否胜任一项任务的能力评估，具体在本研究中，专业决策自我效能是指考生在高中阶段以及填报志愿时，对能成功完成专业决策任务能力的一种自我评估，表现的是一种对专业决策的自信程度，包括规划制定、目标选择、自我评价三方面。

科目自选政策的主要目标是力图扩大学生选择权，考生对这一政策的认知和认可，将有力促进考生提升学习兴趣、增强学习动力，提升考生取得更好高考成绩的信心，在高考竞争中也为自己增加选择性提供了心理上的“筹码”，选择自己心仪专业的自信度增强，进入大学后学生对专业的适应程度也将更高。因此，科目自选政策认同可以通过专业决策自我效能这一中间变量，间接地影响学生入学后的专业适应性。

专业优先政策的主要目标是提高学生志愿与录取结果匹配度，包括给予考生更多专业填报的数量、避免被调剂风险等，不仅可促使考生以更平和、稳健的心态进行填报志愿，考生眼里这一“可兜底”（即不担心被调档）的政策措施，也使得他们在选专业时更有“冲”的底气，更有信心做出专业选择的决策，完成专业填报的任务；同时，考生入学后的专业不论是第几个平行志愿，都是非调剂志愿，入读专业都是自己选的，心理上的适应程度会更高。也因此，专业优先政策认同可以通过专业决策自我效能这一中间变量，间接地影响学生入学后的专业适应性。

4. 对专业选择结果预期在新高考政策认同影响专业适应性的中介机制的解释

专业选择结果预期在科目自选政策的认知、认可层面对专业适应性各维度的影响中均具有中介作用，在专业优先政策认可对专业适应性各维度的影响中也都具有中介作用，但结果预期并未在专业优先政策认知对专业适应性的影响中产生中介作用，且政策认知对专业适应性本身也无影响关系。结果预期是一种对可能产生结果的“想象”，具体在本研究中，专业选择结果预期是指参加高考的考生在对大学专业进行选择的过程中、对自己前期努力与决策经判断后可能会进入哪个专业的一种估计与预判。

对科目自选政策而言，高中生对该项政策最为关注和熟知，新高考政策所赋予高校的自主性，体现在可以对不同招生专业提出选考科目的具体规定，因而考生在高中时选择哪些科目，必须要考虑与后续可填报专业有关联性，对科目自选规则的了解以及对这一政策的认可，自然可以影响对专业选择的结果预期，学生较早就对今后填报专业产生期待，进入大学后对专业的适应程度也将更高。因此，科目自选政策认同可以通过专业选择结果预期这一中间变量，间接地影响考生入学后的专业适应性。

对专业优先政策而言，一方面，政策认知对结果预期无显著影响、结果预期在政策认知与专业适应性之间也无中介影响关系，这可能也与考生在面对选择时的心理困难有关（如一项已有研究发现，能够自由选择专业的大学生的职业选择困难反而大于专业限选的大学生[①]），专业优先带来的丰富选择性（即浙江有80个专业志愿可供填选）也会让考生产生选择困难，这种面对选择的无力和茫然，带来对今后专业选择结果预期的更多不确定性，表现在数据上可能就是两者间影响关系并不显著。另一方面，政策认可对结果预期影响显著且结果预期在政策认可与专业适应性之间具有中介作用，这是因为，“专业+院校”的志愿填报方式，把专业志愿放在了比院校志愿更加优先的地位，对这一政策的认可会促使考生在高中及填志愿阶段更好地关注大学的专业，把“提高学生志愿与专业录取结果的匹配度”的政策目标与政策红利做最大程度的应用，使得考生对所填意向专业的预期大大增强，政策认可度将会显著地增强对专业选择的结果预期，考生进入大学后对专业自然更易接受，适应程度会更高。

总之，把经历新高考政策的学生进入大学后的专业适应性作为高中—大学教育衔接的表征，新高考政策认同直接或通过专业决策自我效能、专业选择结果预期间接地正向影响了专业适应性，说明了新高考政策促进了高中—大学教育衔接。

（三）新高考政策认同对入学前特征与专业适应性关系的调节作用的解释与讨论

1. 对新高考政策认同能够增强学生高中学习投入对大学专业适应性的正向影响的解释

科目自选政策认同在高中学习投入与专业适应性关系之间起到正向调节作用，

---

① 李西营，张大均. 专业限选和自由选择专业大学生职业决策困难对比研究[J]. 心理研究，2009，2(3)：74–78.

也就是说，在新高考下，学生对科目自选政策了解越多、认可度越高，学生高中期间学习上持续、积极的情感投入对进入大学后的专业适应性的影响强度就越大；反之，学生对科目自选政策了解不多、认可度低，那么学生高中期间学习上持续、积极的情感投入对进入大学后的专业适应性的影响强度就会减弱。一方面，随着学生对科目自选政策了解的深入、对政策的逐步认可，他们会关注到当前所选科目是与今后可填报专业的数量、类型直接相关（因为高校会规定不同专业招生的选考科目范围），会认识到考前选科目与考后选专业、大学专业学习之间具有很强的关联性，因而对科目自选政策的认同度越高，学生越明晰当下高中学习与今后大学专业之间的关系；另一方面，对科目自选政策越认同，学生就更为理解新高考“扩大选考有利于学生学其所好，考其所长”[①]的政策目的，选考科目、所学内容、选填专业等，都围绕着学生自身的学习兴趣和专长，高中所投入的学习会更加持续有力地影响他们进入大学后的专业学习，对大学专业也更为适应。这一逻辑也解释了为什么科目自选政策认可在高中学习投入与学习适应关系的调节作用最大（相对于个体特质适应、职业适应两个维度而言），毕竟高中“累积”的学习兴趣和动力，对大学的专业学习方面产生的作用最大、最直接。与此同时，科目自选政策认可比政策认知的调节作用更大，也说明内心的认可度提升相比于对事物的一般了解而言，这种正向的调节作用会更加明显。

专业优先政策认同在高中学习投入与专业适应性关系之间起到正向调节作用，同样地，在新高考政策下，学生对专业优先政策了解越多、认可度越高，学生高中期间学习上持续、积极的情感投入，对进入大学后的专业适应性的影响强度就越大；反之，学生对专业优先政策了解不多、认可度低，那么学生高中期间学习上持续、积极的情感投入，对进入大学后的专业适应性的影响强度就会减弱。与科目自选政策类似，随着学生对专业优先政策了解的深入、对政策的逐步认可，他们知道“专业＋院校”的填报方式让专业选择相对于院校选择来说，处于更优先、更重要位置，学生对未来大学专业的了解及专业与自身匹配性等会更加关注，因而对专业优先政策的认同度越高，他们也就越重视当下高中努力学习与今后可选专业竞争力、匹配性之间的关系，入学后专业适应性也就越高。再者，这种高匹配性带来的适应性更强调专业与学生自身个性方面的内在匹配，由此解释了在专业优先政策认同的调节作用上，高中学习投入与个体特质适应关系的调节作用最大（相对于学习适应、职业适应 2 个维度而言）。同样地，专业优先政策认可总体上比政策认知的调节作用更大些，也说明内心的认可度提升，会比对事物的一般性了解，产生更强的正向调节作用。

---

① 边新灿 . 新一轮高考改革对中学教育的影响及因应对策 [J]. 中国教育学刊，2015（7）：16–21.

此外，科目自选政策认同在高中学习投入与专业适应性（尤其是学习适应）关系间的调节作用，比专业优先政策认同更大，这一研究结果事实上与对学生的访谈、对新高考政策认同现状调查的结果相一致，因为科目自选政策从学生进入高中开始就须马上面对，该政策与考生整个高中学习生活紧密关联；已有研究也指出，选哪个科目最重要的因素，就是该科目的目前成绩和学习兴趣，[①] 这些在学习方面的重点考虑，就使得科目自选政策能够在学习适应方面起到的调节作用更大。

2. 对新高考政策认同能够增强学生高中教育期望对大学专业适应性的正向影响的解释

科目自选政策认同在高中教育期望与专业适应性关系之间起到正向调节作用，也就是说，在新高考下，学生对科目自选政策了解越多、认可度越高，学生高中期间在学业及未来成就上的期望，对进入大学后的专业适应性的影响强度就越大；反之，学生对科目自选政策了解不多、认可度低，那么学生高中期间在学业及未来成就上的期望对进入大学后的专业适应性的影响强度就会减弱。与高中学习投入方面类似，随着学生对科目自选政策了解的深入、对政策的逐步认可，他们会认识到当前所选科目是与今后可填报专业的数量、类型直接相关，学生清楚考前选科目与考后选专业、大学专业学习之间具有很强的关联性，因而对科目自选政策认同度越高，越能明晰自身在高中期间对学业及未来成就期望的指向性，也即自我教育期望与今后大学专业的关系；同样，对科目自选政策越认同，选考科目与自身的期望指向、今后专业等也更为一致，高中更强烈的教育期望会更加持续有力地影响学生进入大学后的专业学习，对大学专业也更为适应。另外，科目自选政策认知在高中教育期望与学习适应关系的调节作用最大（相对于个体特质适应、职业适应两个维度而言），因为对高中生而言，教育期望的内容大多仍是学习方面的。与此同时，科目自选政策认知比政策认可的调节作用更大，这可能是因为期望本身就是一种内心的期许与愿望，在政策认可层面并不会有更大体现，反而是对政策的认知与了解，更能体现这一调节作用。

专业优先政策认同在高中教育期望与专业适应性关系之间起到正向调节作用，同样地，在新高考下，学生对专业优先政策了解越多、认可度越高，学生高中期间在学业及未来成就上的期望对进入大学后的专业适应性的影响强度就越大；反之，学生对专业优先政策了解不多、认可度低，那么学生高中期间在学业及未来成就上的期望对进入大学后的专业适应性的影响强度就会减弱。与科目自选政策以及高中学习投入方面也类似，随着学生对专业优先政策了解的深入、对政策的逐步认可，

---

① 刘宝剑．关于高中生选择高考科目的调查与思考——以浙江省 2014 级学生为例 [J]. 教育研究，2015（10）：142–148.

他们知道“专业＋院校”的填报方式使得专业的重要性凸显，专业选择相较于院校选择在高考志愿填报中的位置更为优先，学生对未来大学专业的了解及专业与自身匹配性等会更加关注，因而对专业优先政策的认同度越高，也越能明晰高中期间学生对学业及未来成就期望的指向性，也即自我教育期望与今后大学专业的关系；同样，对专业优先政策越认同，就会更关注于对大学专业的提前了解和熟悉，高中更强烈的教育期望会促进提高填报专业与自身的匹配度，入学后专业适应性也会越高。与此同时，这种高匹配性带来的适应性更强调专业与学生自身个性方面的内在匹配，由此解释了为什么在专业优先政策认同的调节作用上，高中教育期望与个体特质适应关系的调节作用最大（相对于职业适应维度而言）。另外，专业优先政策认可在个体特质适应上比政策认知的调节作用更大，说明内心的认可度提升会比仅是了解、知道能产生更强的正向调节作用。不过，专业优先政策认知在职业适应上却比政策认可的调节作用更大，可能在对未来职业成就方面，高中阶段考虑得并不多，学生在职业适应方面大多仍停留在表面，并未深入思考这方面问题。

此外，专业优先政策认同在高中教育期望与专业适应性关系间（尤其在政策认可层面、期望与个体特质适应之间）的调节作用，比科目自选政策认同更大，这一研究结果也较好理解与解释，因为期望具有明显的未来取向，“专业＋院校”的政策内容把专业推向前台，更能体现学生对未来专业的考虑，专业优先政策所起的作用会更强。

3. 对新高考政策认同、大学入学前特征、专业适应性三者间关系的进一步讨论

美国心理学家弗鲁姆（Victor H Vroom）提出的期望理论（Expectancy Theory）认为，个体工作动机与两方面有关，分别是工作结果的价值（效价）、对达成该结果的可能性（期望）；该理论提出了“激励力（M）= 效价（V）× 期望（E）”这一公式，其中，激励力指调动个体积极性和内部动力的强度，效价指所要达到的目标对于满足个人需要的价值和重要性，期望指一定的工作行为与努力能够实现任务达成和需要满足的可能性（或概率）。[①] 在期望理论中，最主要是关注三种关系：一是努力—绩效关系，即个体认为某种特定程度的努力实现某种绩效水平的可能性；二是绩效—奖励关系，即个体相信某种特定的绩效水平可获得理想结果的程度；三是奖励—个人目标关系，即组织奖励可以满足个人目标或个人需求的程度，以及这些潜在的奖励对个人的吸引力。[②]

根据上述期望理论，我们可以推论如下的解释：当 1 名高中生认为自己在学业

① 黄希庭．简明心理学辞典 [M]. 合肥：安徽人民出版社，2004：278.

② 斯蒂芬・罗宾斯，蒂莫西・贾奇．组织行为学 [M].16 版．孙健敏，王震，李原，译．北京：中国人民大学出版社，2016：182–183.

上投入更多精力、付出更多努力会带来更好的表现（绩效）时，这种结果表现（绩效）对学生的吸引力，使得学生有更高远的个人目标，也即自我的期望更高，于是他便有了更强的动力、更大的激励力去投入更多的精力、付出更多的努力。这一过程呈现为“投入→表现→期望→激励→再投入”这样一个循环的动态过程（见图8-1左边部分的循环圈）。已有的相关研究也表明，学习投入与教育期望具有紧密的关系，①②③ 而从学生发展阶段的角度而言，这一包括学习投入、教育期望在内的学生在高中阶段的动态循环特征，可视为学生的一组大学入学前特征。

可以显见，上述入学前特征（更高学习投入、更高教育期望等），能够为学生带来升学上的优势，如在专业选择中增加竞争、获得更好的专业匹配等，进而对学生进入大学后的专业适应性产生积极影响。随着学生对新高考政策认知的深入和对政策的逐步认可，一方面是学生更加明晰高中所选科目、志愿所填专业与今后大学专业学习之间的关联性；另一方面，学生越认同新高考政策，选科目、填志愿都更聚焦于学生的兴趣专长，大学入学前特征在“激励力”之下循环加速，入学前特征对入学后的专业适应性影响更强。因而，把高中学习投入与教育期望作为关联紧密的“大学入学前特征”，在从大学入学前特征到入学后专业适应性的正向影响过程中，政策认同起到了正向调节作用（见图8-1所示），新高考政策增强了高中—大学教育的衔接。

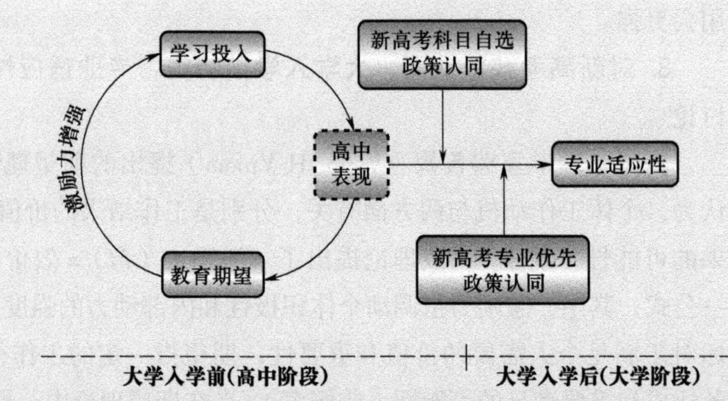

图8-1　新高考政策认同在入学前特征与入学后专业适应性间产生调节作用的机理

① DOMINA T，CONLEY A，FARKAS G.The link between educational expectations and effort in the college-for-all era[J].Sociology of Education，2011，84（2）：93-112.

② DELPRATO M.Parental education expectations and achievement for Indigenous students in Latin America：evidence from TERCE learning survey[J].International Journal of Educational Development，2019，65：10-25.

③ 李汪洋．教育期望、学习投入与学业成就 [J]. 中国青年研究，2017（1）：23-31.

（四）整体的解释框架：新高考政策促进了高中—大学教育衔接

我们按照本研究所提出的整体概念模型（图 3–9），从整体上提出解释框架以回答"新高考政策是否促进高中—大学教育之间的衔接"这一核心议题，以便于获得"新高考政策实施成效评估"的宏观结论。

着眼于学生从大学入学前到大学入学后，新高考政策认同正向影响专业决策自我效能、专业选择结果预期，增强了学生专业选择自信心，对进入大学后的专业适应性产生显著的正向影响；同时，随着对新高考政策的认同加强，学生更为明晰入学前学习投入、教育期望与入学后专业适应性之间的关联性，高中的学习投入、教育期望对学生进入大学后的专业适应性的正向影响得以增强，政策认同呈现了显著的正向调节效应。鉴此，基于专业适应性视角的分析表明，新高考政策作为一项重大教育政策，不仅可以显著提高学生进入大学后的专业适应性，还可以增强学生入学前的学习投入、教育期望对入学后专业适应性的影响强度，说明新高考政策的实施有效地促进了高中—大学教育的衔接（见图 8–2 所示）。

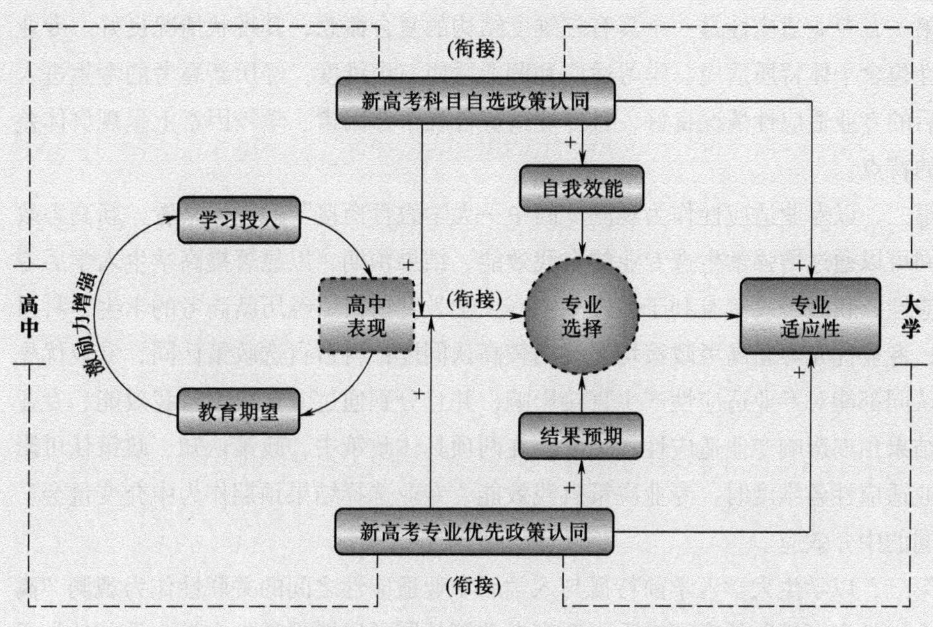

图 8–2 新高考政策促进高中—大学教育衔接的整体解释框架
（说明：实线椭圆是研究中使用的变量，"+"表示可增强）

从本质上讲，高考改革与高中—大学教育衔接是一种互为因果的关系，遵循政策目标循序推进高考改革，两者之间可以相互促进。一方面，新高考改革的首要原则是有利于促进学生健康发展，实施新高考政策的目标指向与效果评估即为"促进学生成长的连续性、提升学生从高中到大学的适应性”，因而高考改革作为“因”可以促进高中—大学教育更有效衔接的“果”；而另一方面，推进高中—大学教育衔接的举措，促使大学与高中更加了解彼此的教育教学与学生培养过程，并转化为双方愿意互动衔接的内在动力，进而具体化为大学积极改进招生政策、高中积极改进教学模式，有利于高考改革不断完善，由此，高中—大学教育衔接的“因”也可以推动高考改革不断优化的“果”。综合来看，上述研究结果也表明了两者的相互促进关系。

第二节 结论与建议

一、研究结论

第一，专业适应性是一个具有三维度结构的复合概念，其现状情况良好。专业适应性包含个体特质适应、学习适应和职业适应三个维度；经历新高考的考生进入大学后的专业适应性情况良好，且专业适应性在个体因素、学校因素上呈现群体差异性的特点。

第二，以专业适应性作为观测“高中—大学教育衔接”的表征来看，新高考政策认同可以通过增强学生选专业的自我效能、结果预期，以显著提高学生入学后专业适应性，新高考政策有利于促进高中—大学教育衔接。经历新高考的学生对科目自选、专业优先等新高考政策均表现出较高认同度；科目自选政策认同、专业优先政策认同都能对专业适应性产生直接影响，并且分别通过专业决策自我效能、专业选择结果预期影响专业适应性各维度；在两项具体政策中，政策认知、政策认可影响专业适应性各维度时，专业决策自我效能、专业选择结果预期作为中介变量会产生不同的中介效应。

第三，以学生大学入学前特征与入学后专业适应性之间的关联性作为观测“高中—大学教育衔接”的表征来看，新高考政策认同可以增强学生大学入学前的学习投入、教育期望对入学后专业适应性的影响强度，由此来看，新高考政策依然有利于促进高中—大学教育衔接。高中学习投入与高中教育期望作为关联紧密的大学入学前特征，对学生进入大学后专业适应性的影响受到新高考政策认同的调节作用，即新高考政策认同能够增强学生高中学习投入对大学专业适应性的正向影响，新高考政策认同能够增强学生高中教育期望对大学专业适应性的正向影响。

鉴此，基于专业适应性视角的分析表明，新高考政策的实施有效地促进了学生高中—大学教育衔接，新一轮高考改革具有积极的成效。

二、相关建议

上述研究发现与结论，从总体上表明了新高考政策认同对高中—大学教育衔接所产生的正向影响和起到的促进作用，而回顾整个研究过程，还有一些研究结果仍值得思考。比如，专业优先政策在认知方面，既没有对专业适应性产生相应的直接影响，在高中教育期望影响专业适应性的学习适应维度时，也没有产生调节作用，这是否说明该项具体政策在高中—大学教育衔接方面的应有功效还没发挥，或是还有待进一步挖掘，进而应在后续改革中进一步优化完善政策文本，以更好地发挥高考的教育衔接功能。又如，专业优先政策认同在教育期望和学习适应之间的调节作用不显著，为什么是学习适应这一维度出现不显著？高中、大学两个教育阶段在学习上的重要差别就是学生的自主能力，包括自主学习能力、自主选择能力等多方面；在学习适应维度上可能存在的“衔接失效”，应该使我们更加关注高中教育中对学生自主能力的培养，因为在强调考生选择权、选专业匹配性的高考新政之下，提升学生自主能力不仅成为当下他们面对政策而为之的“必要行动”，更是关乎学生未来成长发展的“关键素质”。

因此，根据本研究获得的“新高考政策的实施有效地促进了学生高中—大学教育衔接”这一结论，同时考虑研究中一些结果带来的思考，回到现实实践当中，围绕进一步完善新高考政策和推进高中—大学教育衔接，提出以下相关建议。

（一）在宏观的政策层面，进一步完善新高考政策

高考综合改革从原则目标、到任务措施、再到试点具体内容，都发挥着促进学生成长发展、推进高中素质教育、服务大学人才选拔等重要作用，本研究的结果也充分说明了这点。高考改革永远在路上，在充分肯定新一轮高考改革所取得的经验和效果、保持方案总体框架不变的情况下，仍需要各方主体以创新的思路、改革的举措不断完善新高考政策。

首先，教育行政部门要优化制度设计。重点是在制度层面减少考生的功利行为，更有效地让学生使用好选择权，提高学生对大学专业选择的匹配度，体现高考改革的目标价值。前期部分学者和研究已表达对增加选择性带来考生不确定性的担忧，而从近几年新高考持续探索中我们也看到，第一批浙沪两试点省（市）采用“一科对应”即可填报，到第三批试点省（市）已提出“物理、历史二选一”先决条件，选科选考制度设计中正逐步减少不确定性，帮助考生更好地作出适合自身兴趣特长的选择；与此同时，教育部也印发有关高校招生专业选考科目要求指引，浙

沪等省（市）出台新政完善选考安排、健全选考保障机制等，帮助高校及专业选好适合培养并具备学科基础的学生。后续对于制度文本的完善，应继续在考生、中学、大学等不同层面加强调研和论证，做好新高考政策实施的阶段性、多视角评估，更好提升新高考政策的科学性和公平性。

其次，高中要更主动成为政策改进的谏言者、实践者。一方面，高考改革试点省份的高中应不断总结新高考政策实施以来，高中在教学管理、选科安排、学生评价等方面的改革经验和不足，以简报、专报等形式提交主管部门，为政策制度的完善提供重要的实践依据。另一方面，高中更应积极面对新高考政策所带来的各项变化，在课程供给、教师配备以及选科指导、职业生涯教育等方面，主动争取外部支持、做好内部管理，在完成国家课程标准全覆盖基础上，为选考走班教学等提供坚强的资源保障，确保学生获得充分的选择权；同时，认真思考因不分文理可能带来学生在某些学科基础上的弱化趋势，探寻破解方案，以支撑新高考政策进一步落地见效。

最后，高校要更积极参与到高考改革的过程之中。对于政策给予的专业选考科目设置权（是高校在此次新高考中所拥有的一种选择权），高校应按照教育部有关选考科目的要求，围绕国家对人才培养的需求和不同专业对学生知识构成的诉求，更为科学、周全、妥善地做好选考科目设置工作。此外，应加强在专业介绍、考生志愿填报方面对社会的宣传、对考生的指导，从大学的视角来帮助学生理解新高考改革的政策导向及对自身的价值意义，有效引导学生结合自身兴趣、基础和未来职业考虑进行理性选择。

（二）在中观的群体层面，进一步增强利益相关群体的政策认同

大量研究和实践已表明，利益相关群体对某项政策的认同，对于政策的执行尤其是政策实施的成效具有重要的价值和意义。本研究表明，对新高考政策的认同程度，不仅能够影响学生入学后的专业适应性，而且能够增强学生高中期间学习投入、教育期望对大学专业适应性的正向影响，从而促进高中—大学教育衔接。

首先，建立信息权威发布机制。高考不仅仅是单纯的高校招生考试，而是社会关注度极高的政府行为，高考相关的信息关系千家万户利益，必须要建立信息发布机制，以权威渠道公开发布信息并及时传达到位，[①] 努力把握好高考改革的舆论动向，以官方、权威的信息回应公众关切。

其次，强化政策宣传解读。对考生、家长、高中教师等与高考直接相关的利益

① 赵静宇，郭学恒，巫阳朔，等. 高考改革过程中的问题分析及对策探讨 [J]. 中国高教研究，2020（2）：40-43.

群体，加强政策的宣传，特别要做好对弱势学生群体的政策解读。有学者已指出，社会低收入阶层在信息获取上的弱势地位，抑制了这一阶层学生承担教育风险的能力，政府、社会和高校应尽可能让社会各阶层特别是弱势阶层获得高等教育信息，以规避教育投资风险；[①] 而已有研究也大声呼吁，要在高考改革中更多关注弱势群体的利益诉求，以避免复杂的制度设计成为弱势阶层子女教育获得的新障碍。[②] 为此，高考综合改革试点省份要重点对农村、偏远、经济落后等地区学生做好政策的集中宣讲，同时统筹配置好改革所必需的硬件条件，"软硬兼施"地做好改革准备。

再次，疏通沟通渠道。教育行政部门、考试管理部门、高中学校可加强与学生及家长等利益相关群体间的沟通，拓展交流渠道，听取他们对完善政策、增加配套措施的意见建议（比如如何优化高中科目选择、如何加强职业生涯规划指导等），让利益相关群体真正认识到高考综合改革的价值取向，明白新高考政策带来更大的考试效率和公平，提高他们对高考综合改革各项政策举措的认同度。

最后，营造良好舆论氛围。社会主流媒体要积极作为，可通过专题策划、专栏解答、报道评论等占据舆论制高点，形成正面的舆论效应，让考生和家长在面对高考综合改革产生疑问、困惑和质疑时，能在正确的舆论中"抵御"一些自媒体、网络平台似是而非甚至是负面的观点，让政策支持、认同的声音占据主流。

（三）在中观的学校层面，进一步健全联动机制提高专业适应性

学生从高中走进大学这一过渡阶段对专业的适应程度，不仅是高中—大学教育衔接的重要观测指标，也是新高考政策成效的有效评估指标，对学生的发展和高考改革而言具有双重意义。本研究表明，学生进入大学后的专业适应性受到前期包括高中学习投入、教育期望以及高考政策的多重影响，只有高中与大学建立健全联动的机制，互相支持、互相配合推进高中到大学人才培养的紧密衔接，才能更好地促进高考改革、提升学生的适应度。

首先，在课程与教学建设方面探索大学向中学的延伸开放。可借鉴美国等国家大学先修课程（Advanced Placement，AP）的模式，由国家、高考综合改革试点省（市）或相关大学联盟组建相应的先修课教学组织，按照学科专业大类，面向中学开设先修课程（选修课程）；随着高考综合改革省份覆盖更多、参与新高考考生人数增加，同步推行在线形式的课程提供方式，如美国已广泛开展在线 AP 课程。[③]

---

① 钟宇平，雷万鹏．风险偏好对个人高等教育需求影响的实证研究——以高中生对农业、林业和师范院校需求为例 [J]. 高等教育研究，2005，26（1）：19-24.

② 鲍威，金红昊，肖阳．阶层壁垒与信息鸿沟：新高考改革背景之下的升学信息支持[J]. 中国高教研究，2019（5）：39-48.

③ 秦炜炜．大学与中学的有效衔接：美国在线 AP 课程的历史经验 [J]. 远程教育杂志，2018（2）：37-47.

大学还可通过开设校园开放日、开办中学生夏令营等形式，提供给中学生了解大学专业、感受大学文化的机会，如德国的大学普遍开设大学开放日、信息日、网络咨询会，举办夏令营、工作坊等活动，① 以此主动推介大学学科专业建设情况，提早介入以培养学生的专业兴趣，加强中学生的专业性向，服务于大学招生和人才培养需求。

其次，在自主学习与实践体验方面建立中学与大学的合作机制。高中可以联合大学，为学生提供更多自主学习平台，因为自主学习体验有助于高中与大学两个教育阶段的贯通，保障学生进入大学后的学业适应。② 与此同时，高中可主动与大学实验室联系，建立体验性的合作载体，以加强专业了解、拓宽专业视野和体验专业实验为目的，提供给高中生走进大学实验室的机会，激发高中生学习兴趣和创新潜能，如南京大学与南京市某中学的“准博士培养站”，培养了中学生对相关学科的兴趣、对未来从事相应事业的志趣，③ 就是一个较好的例证。

最后，在人员队伍管理方面尝试双向互派人员参与对方管理学习。中学可选派教师到大学参与教学管理、学生管理，使中学教师深入了解大学专业培养情况。大学也可选派教授到中学开设课程、讲座；安排招生办人员到中学挂职锻炼，为大学提供更多、更全信息，以优化高校招生政策。

当然，大学还可积极联系负责基础教育的教育管理部门，共同建设或建立高中教育的实验学校，先行、整体、深度地参与到高中办学建设和教育教学活动中，为专业早选苗、选好苗打好早期基础，如北京工业大学与北京工业大学实验学校的共建对接就是一种有效的探索模式。④

（四）在微观的个体层面，进一步培养、提升学生自主能力

学生在高中时期，正是成人以前身心发展最为活跃的时段之一，也是对知识、对未来探索的关键阶段。本研究表明，提升学生在高中阶段的专业决策自我效能、专业选择结果预期等，都会提高学生在面对高考专业志愿选择时的能力和自信度，并持续影响提高他们进入大学后在专业学习等方面的适应。

首先，从学生自身而言须提高自我规划的意识和能力。学生在高中阶段要主动

---

① 肖军，许迈进．德国高中与大学教育衔接：背景、举措及特征 [J]. 外国教育研究，2017（11）：82–93.

② 鲍威，金红昊．新高考改革对大学新生学业适应的影响：抑制还是增强 ?[J]. 华东师范大学学报（教育科学版），2020（6）：20–33.

③ 余秀兰，张红霞，龚雪，等．高中与大学衔接培养创新人才的探索与反思——以 J 中学与 N 大学的“准博士培养站”为个案 [J]. 湖南师范大学教育科学学报，2016，15（2）：64–70.

④ 北京工业大学．大学之力与中学之需同城“热恋”—北京工业大学与中学牵手记 [N]. 中国教育报，2016–03–14.

进行自我评价，了解自己的兴趣所在、可选职业方向相关的专业有关内容，设定好学业、职业方面目标，制定科学性强、适合自身的未来规划，同时多搜集有关大学专业方面的有效信息，提高对专业的认知度。

其次，从家庭而言应加强代际沟通。父母要重视在高中这一特殊阶段与子女的积极沟通，在探讨中促进子女提高对自身兴趣、志向、能力的认知，以及就业职业方向的选择能力，并帮助子女形成对大学专业积极的预期，提升子女专业决策的自信度。

最后，从中学而言应做好学业与生涯规划指导。中学要以新高考改革为契机，改变以往学生被动学、低头学的局面，结合政策举措培养学生的学习兴趣，结合兴趣、专长进行独立选择，培养学生的自主学习能力、自主选择能力。同时，新高考政策很大程度上促进了学生在高中阶段对专业、职业的思考和探索，因而中学要主动为学生提供一些具有针对性的大学专业认知指导、职业生涯发展指导，建立完备的中学生生涯规划教育体系，帮助学生在高中这一重要阶段了解不同专业、认识不同职业。

第三节　研究的贡献及展望

一、研究贡献

本研究在理论和实践层面的贡献（创新点）主要有以下四方面：

第一，研究设计的框架拓宽了新高考政策评估的理论视野和实践路径。以专业适应性为视角，提出对高中—大学教育衔接的两种表征，设计两条研究主线，构建了学生新高考政策认同与其高中—大学教育衔接影响关系的理论分析框架，不仅给出了新高考政策认同影响高中—大学教育衔接的理论解释，更进一步拓宽了科学评估新高考政策实施成效的理论视野和实践路径。

第二，丰富更具本土意义的学生发展理论体系。围绕新高考政策认同展开对“高中—大学教育衔接”这一关系学生个体成长发展“连续”过程性的研究，以及分析政策认同、专业适应性与学生大学入学前特征等变量间的作用机制，可以丰富新高考综合改革背景之下更具本土意义的学生发展理论体系。

第三，完善专业适应性的理论内涵和测量方式。在以往研究的基础上，提出专业适应性的三维度理论模型，并重新编制了信效度良好的专业适应性测量问卷，可以完善专业适应性概念的理论内涵，进一步丰富专业适应性的测量方法。

第四，研究结论为优化高考政策、助力高考改革提供理论和实证支持，并有助于提升学生自主能力和专业适应性。

二、研究局限与展望

本研究还存在以下局限，也是后续可进一步深化研究的方向：

第一，探索优化施测时点。本研究对经历新高考的大学生在大一结束的"时点"进行施测仍有可能存在不足。虽然大部分高校都会通过开设专业导论课等方式来加强专业教育，但大一阶段多数专业仍以通识性、基础性课程（包括专业基础课）为主，学生对专业的认识、感悟可能会存在不够深入的问题。但另一方面，如果将施测的时间点向后推移至大二或者大三，可能会存在距学生高考（高中）的时间太长，无法精准回答高考（高中）相关问题。因此，后续研究可以考虑对大二第一学期结束、大二第二学期中间点、学期结束等不同时点获取数据，分别比较不同时点变量的数据情况，通过数据对比及相应分析以获得一个具有"数据支持"的"平衡时点"。如果条件允许，还可以采用追踪调查研究，更为准确地回答新高考政策实施成效的因果推断。

第二，扩大被试样本范围。本研究样本是新高考改革试点的浙江省内经历新高考的本科生，其研究结论更针对浙江改革试点情况和普通高考改革。从试点角度而言，试点的意义本身就在于给出"试"，通过试点的效果评判推广的价值；但需要指出的是，浙江省不仅基础教育发展走在全国前列，而且具有高中学业水平考试和高中课改的良好基础，[①]可能存在各类结论的适用性问题，因而随着后续批次高考综合改革省份加入，今后研究应扩大样本的地域范围。同时，从招考类型而言，后续亦可扩大样本的类型范围，可探讨高职学生群体以及新高考政策中的高职单独招考、高职提前招考群体等。总之，通过扩大样本范围，更为全面系统地评估新高考政策的实施成效。

第三，深化定性研究。本研究在方法上主要采用定量研究的数据分析，在定性研究方面虽然在研究设计初期、问卷编制阶段都有运用，但访谈资料的积累、分析等方面仍然不足。因此，后续研究可以考虑在一些影响机制探讨、原因分析方面，开展相关质性访谈（例如专业优先政策认知对专业适应性的直接影响不显著、专业优先政策认同在教育期望与学习适应关系间调节效应不显著等方面的深层次访谈），通过定量研究基础上的定性研究来补充对内部复杂机理的探究。

---

① 边新灿. 新一轮高考改革的多视域考察——兼论浙江高考招生制度改革[M]. 北京：北京大学出版社，2017：247.

参考文献

Ⅰ. 图书

［1］阿尔伯特·班杜拉. 思想和行动的社会基础——社会认知论［M］. 林颖，王小明，胡谊，等译. 上海：华东师范大学出版社，2018.

［2］ASTIN A W. Achieving educational excellence［M］. SF：Jossey-Bass Publisher，1985.

［3］鲍威. 未完成的转型：高等教育影响力与学生发展［M］. 北京：教育科学出版社，2014.

［4］边新灿. 新一轮高考改革的多视域考察——兼论浙江高考招生制度改革［M］. 北京：北京大学出版社，2017.

［5］陈向明. 质的研究方法与社会科学研究［M］. 北京：教育科学出版社，2000.

［6］储朝晖. 新高考十讲［M］. 北京：中国人民大学出版社，2019.

［7］CONNELL J P. Context，self，and action：A motivational analysis of self-system processes across the life-span［M］. CHI：University of Chicago Press，1990.

［8］戴维·迈尔斯. 社会心理学［M］. 11版. 侯玉波，乐国安，张智勇，等译. 北京：人民邮电出版社，2016.

［9］风笑天. 社会研究方法［M］. 4版. 北京：中国人民大学出版社，2013.

［10］郭本禹，姜飞月. 自我效能理论及其应用［M］. 上海：上海教育出版社，2008.

［11］胡平. 职业心理学［M］. 北京：中国人民大学出版社，2015.

［12］KAPLAN P S，STEIN J. Psychology of adjustment［M］. Califamis：Wadsworth Publish Company，1984.

［13］雷德·海斯蒂，罗宾·道斯. 不确定世界的理性选择——判断与决策心理学［M］. 2版. 谢晓非，李纾，等译. 北京：北京邮电出版社，2013.

［14］NEWMANN F. Student engagement and achievement in American secondary school [M] . New York：Teachers College Press，1992.

[15] 宁骚 . 公共政策学 [M] .3 版 . 北京：高等教育出版社，2018.

[16] 潘懋元，王伟廉 . 高等教育学 [M] . 福州：福建教育出版社，2013.

[17] PASCARELLA E T，TERENZINI P T. Theories and models of student chang in college，How college affects students [M] . SF：Jossey-bass Publishers，2005.

[18] 仇立平 . 社会研究方法 [M] . 2 版 . 重庆：重庆大学出版社，2015.

[19] 荣泰生 . AMOS 与研究方法 [M] . 重庆：重庆大学出版社，2009.

[20] 塞谬尔 H 奥西普，路易斯 F 菲茨杰拉德 . 生涯发展理论 [M] . 四版 . 顾雪英，姜飞月，等译 . 上海：上海教育出版社，2010.

[21] 邵振华，张振新 . 教育研究方法 [M] . 北京：高等教育出版社，2012.

[22] 史蒂文 L·麦克沙恩，玛丽·安·冯·格利诺，吴培冠 . 组织行为学 [M].7 版 . 北京：机械工业出版社，2018.

[23] 斯蒂芬 · 罗宾斯，蒂莫西 · 贾奇 . 组织行为学 [M] . 16 版 . 孙健敏，王震，李原译 . 北京：中国人民大学出版社，2016.

[24] 温忠麟，刘红云，侯杰泰 . 调节效应和中介效应分析 [M] . 北京：教育科学出版社，2012.

[25] 吴明隆 . 问卷统计分析实务——SPSS 操作与应用 [M] . 重庆：重庆大学出版社，2010.

[26] 吴明隆 . 结构方程模型——AMOS 的操作与应用 [M] .2 版 . 重庆：重庆大学出版社，2010.

[27] 徐云杰 . 社会调查设计与数据分析——从立题到发表 [M] . 重庆：重庆大学出版社，2011.

[28] 许祥云，张凡永，等 . 高等教育投资：家庭的决策与选择行为 [M]. 厦门：厦门大学出版社，2016.

[29] 尤克赛尔 · 伊金斯 . 问卷设计 [M] . 于洪彦，译 . 上海：格致出版社，2018.

[30] 张红霞 . 教育科学研究方法 [M] . 北京：教育科学出版社，2009.

[31] 张红霞，吕林海，孙志凤 . 大学课程与教学：原理与问题 [M] . 北京：教育科学出版社，2015.

[32] 周彬 . 教育考试与评价政策 [M] . 上海：上海教育出版社，2011.

[33] 周步成 . 学习适应性测验 [M] . 上海：华东师范大学出版社，1991.

[34] 周伟林，郝前进 . 城市社会问题经济学 [M] . 上海：复旦大学出版社，2009.

Ⅱ．期刊

一、外文期刊

［1］ANDREEV D. A，NESTERENKO A I，VASIL'EV V N，et al. Physiological，emotional，and professional adaptation of medical students［J］. Human Physiology，2007，33（4）：498–501.

［2］AKKERMANS J，PARADNIKé K，VAN DER HEIJDEN BIJM，et al. The best of both worlds：the role of career adaptability and career competencies in students' well-being and performance［J］. Frontiers in Psychol，2018，9（1678）：1–13.

［3］ASTIN A W. Student involvement：A developmental theory for higher education［J］. Journal of College Student Development，1984，40（5）：518–529.

［4］BAKER R W，SIRYK B. Measuring adjustment to college［J］. Journal of Counseling Psychology，1984，31（2）：179–189.

［5］BANDURA A. Self-efficacy：toward a unifying theory of behavioral change［J］. Psychological Review，1977（84）：191–215.

［6］BEAL S J，CROCKETT L J. Adolescents occupational and educational goals：A test of reciprocal relations［J］. Journal of Applied Developmental Psychology，2013，34（5）：219–229.

［7］BENNER A D，MISTRY R S. Congruence of mother and teacher educational expectations and low-income youth's academic competence［J］. Journal of Educational Psychology，2007，99（1）：140–153.

［8］BERRY J W. Immigration，Acculturation，and Adaptation［J］. Applied Psychology，An International Review，1997（46）：5–68.

［9］BETZ N E，KLEIN K L，TAYLOR K M. Evaluation of a short form of career decision-making self-efficacy scale［J］. Journal of Career Assessment，1996，4（1）：47–57.

［10］BETZ N E，LUZZO D A. Career assessment and the career decision-making self-efficacy scale［J］. Journal of Career Assessment，1996，4（4）：413–428.

［11］BETZ N E，VOYTEN K K. Efficacy and outcome expectations influence career exploration and Decidedness［J］. The Career Development Quarterly，1997，46（12）：179–189.

[12] BROOKS J H, DUBOIS D L. Individual and environmental predictors of adjustment during the first year of college [J]. Journal of College Student Development, 1995, 36 (4): 347-360.

[13] BUCK D. Parental expectations versus child performance: A Picture Graph Method [J]. Elementary School Guidance & Counseling, 1991, 26 (2): 150-152.

[14] CHEMERS M M, HU L-t, GARCIA B F. Academic self-efficacy and first year college student performance and adjustment [J]. 2001, 93 (1): 55-64.

[15] COLE J S. Concluding comments about student transition to higher education [J]. Higher Education, 2017, 73 (3): 539-551.

[16] DIEGELMAN N M, SUBICH L M. Academic and vocational interests as a function of outcome expectancies in social cognitive career theory [J]. Journal of Vocational Behavior, 2001, 59 (3): 394-405.

[17] DELPRATO M. Parental education expectations and achievement for Indigenous students in Latin America: evidence from TERCE learning survey [J]. International Journal of Educational Development, 2019, 65: 10-25.

[18] DOMINA T, CONLEY A, FARKAS G. The link between educational expectations and effort in the college-for-all era [J]. Sociology of Education, 2011, 84 (2): 93-112.

[19] ESPENSHADE T J, CHANG Y C. The opportunity cost of admission preferences at Elite Universities [J]. Social Science Quarterly, 2005, 86 (2): 293-306.

[20] FORD J K, QUINONES M A, SEGO D J, et al. Factors affecting the opportunity to perform trained tasks on the job [J]. Personnel Psychology, 1992 (45): 511-527.

[21] FOUAD N A, SMITH P L. A test of a social cognitive model for middle school students: Math and science [J]. Journal of Counseling Psychology, 1996, 43 (3): 338-346.

[22] FOUAD N A, SMITH P L, ENOCHS L. Reliability and validity evidence for the middle school self-efficacy scale [J]. Measurement and Evaluation in Counseling and Development, 1997, 30 (1): 17-31.

[23] FREDRICKS J A, BLUMENFELD P C, PARIS A H. School engagement: potential of the concept, state of the evidence [J]. Review of Educational Research, 2004, 74 (1): 59-109.

[24] FREEMAN J A, HIRSCH B T. College majors and the knowledge content of jobs [J]. Economics of Education Review, 2008, 27 (5): 517-535.

［25］GILL S，REYNOLDS A J. Educational Expectations and School Achievement of Urban African American Children［J］. Journal of School Psychology，1999，37（4）：403–424.

［26］GORE P A，LEUWERKE W C. Predicting Occupational Considerations：A Comparison of Self–Efficacy Beliefs，Outcome Expectations，and Person –Environment Congruence［J］. Journal of Career Assessment 2000，8（3）：237–250.

［27］HACKETT G，BETZ N E. A self–efficacy approach to the career development of women［J］. Journal of Vocational Behavior，1981：326–339.

［28］HALPERIN O，MASHIACH–EIZENBERG M. Becoming a nurse — A study of career choice and professional adaptation among Israeli Jewish and Arab nursing students：A quantitative research study［J］. Nurse Education Today，2014，34（10）：1330–1334.

［29］HILARY G，BRENT M. Emotional，social，and academic adjustment of college students：A longitudinal study of retention［J］. Journal of Counseling & Development，1994（72）：281–288.

［30］HERTEL J B. College student generational status：similarities，differences，and factors in college adjustment［J］. The Psychological Record，2002（52）：3–18.

［31］HONG S，HO H Z. Direct and indirect longitudinal effects of parental involvement on student achievement：second–order latent growth modeling across ethnic groups［J］. Journal of Educational Psychology，2005，97（1）：32–42.

［32］HOSPEL V，GALAND B. Are both classroom autonomy support and structure equally important for students' engagement? A multilevel analysis［J］. Learning & Instruction，2016（41）：1–16.

［33］KAHN W A. Psychological conditions of personal engagement and disengagement at work［J］. The Academy of Management Journal，1990，33（4）：692–724.

［34］KINDERMANN T A. Natural peer groups as contexts for individual development：The case of children's motivation in school［J］. Developmental Psychology，1993：29（6）：970–977.

［35］KUH G D. Assessing what really matters to student learning［J］. Change，2001，33（3）：10–17，66.

［36］LAROSE S，ROY R. Test of reactions and adaptation in college（TRAC）：A new measure of learning propensity for.［J］. Journal of Educational Psychology，1995，87（2）：293–306.

［37］LENT R W，LOPEZ F G，BIESCHKE K J. Predicting mathematics–related choice and success behaviors: test of an expanded social cognitive model [J] . Journal of Vocational Behavior, 1993, 42: 223–236.

[38] LENT R W, BROWN S D, HACKETT G. Toward a unifying social cognitive theory of career and academic interest, choice, and performance [J] . Journal of Vocational Behavior, 1994, 45: 79–122.

[39] LEUNG C, KARNILOWICZ W. The adaptation of Chinese adolescents in two societies: A comparison of Chinese adolescents in Hong Kong and Australia [J] . International Journal of Psychology, 2007 (1): 1–9.

[40] LIU S W, LUO L, WU M C, et al. Correlation between self–differentiation and professional adaptability among undergraduate nursing students in China [J] . International Journal of Nursing Sciences, 2016, 3 (4): 394–397.

[41] LUZZO D A. A psychometric evaluation of the career decision–making self–efficacy scale [J] . Journal of Counseling and Development, 1996, 74 (3): 276–279.

[42] MALGWI C A, HOWE M A, BURNABY P A. Influences on students' choice of college major [J] . Journal of Education for Business, 2005, 80 (5): 275–282.

[43] MARJORIBANKS K . Learning environments, family contexts, educational aspirations and attainment: A Moderation–Mediation Model Extended [J] . Learning Environments Research, 2003, 6 (3): 247–265.

[44] MARKS H M. Student Engagement in Instructional Activity: Patterns in the Elementary, Middle, and High School Years [J] . American Educational Research Journal, 2000, 37 (1): 153–184.

[45] MASLACH C, SCHAUFELI W B, LEITER M P. Job burnout [J] . Annual Review of Psychology, 2001, 52 (1): 397–422.

[46] McWHIRTER E H, RASHEED S, CROTHERS M. The effects of high school career education on socia –cognitive variables [J] . Journal of Counseling Paychology, 2000, 47 (3): 330–341.

[47] NELSON W L, HUGHES H M, HANDAL P, et al. The relationship of family structure and family conflict to adjustment in young adult college students [J] . Adolescence, 1993, 28 (109): 29–40.

[48] NOFTLE E E, ROBINS R W. Personality predictors of academic outcomes: big five correlates of GPA and SAT scores [J] . Journal of Personality Social Psychology, 2007, 93 (1): 116–130.

[49] NORA A, CRISP G, MATTHEWS C. A Reconceptualization of CCSSE's Benchmarks of Student Engagement [J] . The Review of Higher Education, 2011, 35 (1):

105–130.

[50] OCHS L A, ROESSLET R T. Students with disabilities: How ready are they for the 21st century? [J] . Rehabilitation Counseling Bulletin, 2001, 44 (3): 170–176.

[51] OETTINGEN G. Expectancy Effects on Behavior Depend on Self–Regulatory Thought [J] . Social Cognition, 2000, 18 (2): 101–129.

[52] PHILLIPSON S, PHILLIPSON S N. Academic Expectations, Belief of Ability, and Involvement by Parents as Predictors of Child Achievement: A cross–cultural comparison [J] . Educational Psychology, 2007, 27 (3): 329–348.

[53] PIERCE T P, WILLY C, RONCACE R, et al. Extending the technology acceptance model: Policy acceptance model (PAM) [J] . American Journal of Health Sciences, 2014, 5 (2): 129–144.

[54] PINTRICH P R, DE GROOT E V. Motivational and self–regulated learning components of classroom academic performance [J] . Journal of Educational Psychology, 1990, 82 (1): 33–40.

[55] RAMOS L, SANCHEZ A R. Mexican–American high school students: educational aspirations [J] . Journal of Multicultural Counseling and Development, 1995, 23 (4): 212–221.

[56] ROCHAT D, DEMEULEMEESTER J L. Rational choice under unequal constrains: The example of Belgin higher education [J] . Economics of Education Review, 2001 (20): 15–26.

[57] ROTHON C, AREPHIN M, KLINEBERG E, et al. Structural and socio–psychological influences on adolescents' educational aspirations and subsequent academic achievement [J] . Soc Psychol Educ, 2011, 14 (2): 209–231.

[58] SCHAUFELI W B, SALANOVA M, GONZáLEZ–ROMáV, et al. The Measurement of Engagement and Burnout: A Two Sample Confirmatory Factor Analytic Approach [J] . Journal of Happiness Studies, 2002, 3 (1): 71–92.

[59] SCHAUFELI W B, MARTINEZ I M, PINTO A M, et al. Burnout and engagement in university students: A cross–national study [J] . Journal of Cross–Cultural Psychology, 2002, 33 (5): 464–481.

[60] SCHAUFELI W. B, BAKKER A B, SALANOVA M. The Measurement of Work Engagement With a Short Questionnaire A Cross–National Study [J] . Educational & Psychological Measurement, 2016, 66 (4): 701–716.

[61] SKINNER E A, BELMONT M J. Motivation in the classroom: Reciprocal effects of teacher behavior and student engagement across the school year [J] . Journal of

Educational Psychology，1993，85（4）：571-581.

[62] SMITH S M. A social cognitive approach to the career development of undergraduate [J]. The Delta Pi Epsilon Journal，2001，43（4）：200-208.

[63] STRAGE A A. Family context variables and the development of self-regulation in college students [J]. Adolescence，1998，33（129）：17-31.

[64] STRAGE A，BRANDT T S. Authoritative parenting and college students' academic adjustment and success [J]. Journal of Educational Psychology，1999，91（1）：146-156.

[65] STRATHMAN A，GLEICHER F，BONINGER D S，et al. The consideration of future consequences：Weighing immediate and distant outcomes of behavior [J]. Journal of Personality and Social Psychology，1994，66（4）：742-752.

[66] SEWELL W H，SHAH V P. Parents' education and children's educational aspirations and achievements [J]. American Sociological Review，1968，33（2）：191-209.

[67] SEWELL W H，SHAH V P. Social class，parental encouragement，and educational aspirations [J]. American Journal of Sociology，1968，73（5）：559-572.

[68] SUPER D. E. The dimensions and measurement of vocational maturity [J]. Teacher College Record，1955（57）：151-163.

[69] TANG M. Examining the application of Holland's theory to vocational interests and choices of Chinese college students [J]. Journal of Career Assessment，2009（17）：86-98.

[70] TAYLOR K M，BETZ N E. Applications of self-efficacy theory to the understanding and treatment of career indecision [J]. Journal of Vocational Behavior，1983，22（1）：63-81.

[71] TINTO V. Dropout from higher education：A theoretical synthesis of recent research [J]. Review of Educational Research，1975，45（1）：89-125.

[72] TINTO V. Classrooms as communities：Exploring the educational character of student persistence [J]. The Journal of Higher Education，1997，68（6）：599-623.

[73] VALADEZ J R. Applying to college：race，class，and gender differences [J]. Professional School Counseling，1998，1（5）：14-20.

[74] VROOM V H. Some personality determinants of the effects of participation [J]. The Journal of Abnormal and Social Psychology，1959，59（3）：322-327.

[75] WEFALD A J，DOWNEY R G. Construct dimensionality of engagement and its relation with satisfaction [J]. The Journal of Psychology：Interdisciplinary and Applied，

2009，143（1）：91-112.

［76］YAMAMOTO Y，HOLLOWAY S D. Parental Expectations and Children's Academic Performance in Sociocultural Context［J］. Educational Psychology Review，2010，22（3）：189-214.

［77］YANG ZL，CAI SH，ZHOU Z，et al. Development and validation of an instrument to measure user perceived service quality of information presenting Web portals［J］. Information & Management，2005，42（4）：575-589.

［78］YOU J W. The relationship among college students' psychological capital，learning empowerment，and engagement［J］. Learning & Individual Differences，2016，49（3）：17-24.

［79］ZAHORIK J A. Elementary and secondary teachers' reports on how they make learning interesting［J］. Elementary School Journal，1996，96（5）：551-565.

［80］ZEPKE N，LEACH L. Improving student engagement：Ten proposals for action［J］. Active Learning in Higher Education，2010，11（3）：167-177.

［81］ZEPKE N，LEACH L，BUTLER P. Engagement in post-compulsory education：Students' motivation and action［J］. Research in Post-Compulsory Education，2010（15）：1-17.

［82］ZITZOW D. The college adjustment rating scale［J］. Journal of College Student Personnel，1984，25（2）：160-164.

二、中文期刊

［1］鲍威，李珊. 高中学习经历对大学生学术融入的影响——聚焦高中与大学的教育衔接［J］. 清华大学教育研究，2016，37（6）：59-71.

［2］鲍威，金红昊，肖阳. 阶层壁垒与信息鸿沟：新高考改革背景之下的升学信息支持［J］. 中国高教研究，2019（5）：39-48.

［3］鲍威，金红昊. 新高考改革对大学新生学业适应的影响：抑制还是增强？［J］. 华东师范大学学报（教育科学版），2020（6）：20-33.

［4］边新灿. 新一轮高考改革对大学教育的影响［J］. 中国高等教育，2015（2）：7-9.

［5］边新灿. 新一轮高考改革浙江、上海方案深度比较研究［J］. 中国考试，2015（2）：3-7.

［6］边新灿. 新一轮高考改革对中学教育的影响及因应对策［J］. 中国教育学刊，2015（7）：16-21.

［7］边新灿．公平选才和科学选才——高考改革两难价值取向的矛盾和统一［J］．中国高教研究，2015（9）：27–32，62.

［8］边新灿．高校综合评价招生改革的发展历程、模式和价值取向——兼与自主招生的比较［J］．中国考试，2016（8）：14–22.

［9］边新灿．高考文理融合与自主选考改革的内在逻辑［J］．考试研究，2017（1）：62–70.

［10］边新灿．高考“分类考试”改革研究［J］．教育评论，2017（1）：3–7.

［11］边新灿，蒋丽君，雷炜．论新高考改革的价值取向与两难抉择［J］．中国高教研究，2017（4）：61–65.

［12］边新灿．高校综合评价招生改革：演进逻辑、模式选择和对策分析［J］．教育研究，2017，38（7）：108–114.

［13］陈惠尹，张敏强，倪雨菡，等．海峡两岸大学生适应性比较研究——以华南师范大学和彰化师范大学为例［J］．心理学探新，2018，38（3）：241–247.

［14］陈莲俊，宋初玉．美国在校残疾大学生职业决定能力发展研究——基于社会认知职业理论的视角［J］．残疾人研究，2017（1）：28–36.

［15］陈淑静，胡伟国，耿彦丽．高中生专业决策自我效能感问卷的验证性因素分析［J］．青年与社会，2014（13）：293–294.

［16］陈英豪，林正文，李坤崇．国小学生学习适应量表编制报告［J］．测验年刊，1989（36）：1–12.

［17］陈英豪，汪荣才，李坤崇．国中国小学生学习适应及其相关因素之比较研究［J］．国教之友，1993，44（3）：5–14.

［18］程晨，李正明．上海市“异地高考”政策认同现状及改进对策——以上海市浦东新区为例［J］．教育科学研究，2017（1）：34–39.

［19］杜芳芳，金哲．新高考改革背景下高中生科目选择意向现状及对策——基于浙江省五所高中的调查分析［J］．教育理论与实践，2016，36（8）：15–18.

［20］段世飞，洪婕．论新高考改革的价值追求［J］．教育理论与实践，2019，39（2）：3–5.

［21］董秀华，王薇，王洁．新高考改革的理想目标与现实挑战［J］．复旦教育论坛，2017，15（3）：5–10.

［22］樊富珉．社会现代化与人的心理适应［J］．清华大学学报（哲学社会科学版），1996，11（4）：43–48.

［23］范春林，张大均．学习动机研究的特点、问题及走向［J］．教育研究，2007（7）：71–77.

［24］方来坛，时勘，张风华．中文版学习投入量表的信效度研究［J］．中国

临床心理学杂志，2008，16（6）：618-620.

［25］方晓义，沃建中，蔺秀云.《中国大学生适应量表》的编制［J］. 心理与行为研究，2005，3（2）：95-101.

［26］冯廷勇，李红. 当代大学生学习适应的初步研究［J］. 心理学探新，2002，22（1）：44-48.

［27］冯廷勇，苏缇，胡兴旺，等. 大学生学习适应量表的编制［J］. 心理学报，2006，38（5）：762-769.

［28］冯廷勇，刘雁飞，易阳，等. 当代大学生学习适应性研究进展与教育对策［J］. 西南大学学报（社会科学版），2010，36（2）：135-139.

［29］富辰，刘文理. 大专生未来取向和学习投入的关系：专业适应性的中介作用［J］. 宁波教育学院学报，2020，22（6）：24-29.

［30］龚玲，张大均.《大学生心理素质量表》适应性分量表的修订［J］. 西南大学学报（社会科学版），2012，38（3）：75-81.

［31］桂勇，冯帮，万梦莹.《乡村教师支持计划（2015—2020 年）》政策认同度的调查与分析［J］. 教师教育论坛，2016，29（5）：37-42.

［32］国务院. 国务院关于深化考试招生制度改革的实施意见［J］. 人民教育，2014（18）：16-19.

［33］何旭明，陈向明. 学生的学习投入对学习兴趣的影响研究［J］. 全球教育展望，2008，37（3）：46-51.

［34］胡咏梅，杨素红. 学生学业成绩与教育期望的关系研究——基于西部五省区农村小学的实证分析［J］. 天中学刊，2010，25（6）：125-129.

［35］胡昱东，陈劲，李明坤. 研究型大学大类培养模式下学生专业选择影响因素分析［J］. 清华大学教育研究，2016，37（4）：46-51.

［36］黄腾蛟，杨鸿. 国家选才、高校选生与学生发展的有机统一——重庆市高考综合改革方案解读［J］. 中国考试，2019（6）：11-17.

［37］侯佳玮. 高校自主招生学生入学后与普考生的对比分析［J］. 高等教育研究，2011，32（12）：34-39.

［38］机秀玲. 学习适应之探讨［J］.Nephron Clinical Practice，2012，3（2）：141-155.

［39］纪伟标，王玲，莫宏媛，等. 结果预期对青少年攻击性行为的影响：中介效应与调节效应［J］. 心理发展与教育，2013（1）：86-93.

［40］纪晓明，张福珍. 团体心理辅导在专业调剂生学习动机干预中的作用［J］. 襄樊职业技术学院学报，2011，10（1）：128-130.

［41］江春凤，赖英娟，张枫明. 幼儿教保系学生之社会支持、自我效能、结果

预期及兴趣对职业意向之影响［J］. 中华辅导与咨商学报，2016（45）：123-148.

［42］江光荣. 社会变革与人的适应［J］. 华中师范大学学报（哲学社会科学版），1995（6）：19-23.

［43］蒋承，李笑秋. 政策感知与大学生基层就业——基于“三元交互理论”的视角［J］. 北京大学教育评论，2015，13（12）：47-56，188-189.

［44］蒋蓉，陈茜.《湖南省乡村教师支持计划实施办法》的政策与实施情况——基于全省 14 个市州的 1284 份问卷的分析［J］. 湖南第一师范学院学报，2018，18（6）：39-46.

［45］金顶兵. 美国七所世界一流大学本科生专业选择的比较分析［J］. 北京大学教育评论，2006，4（3）：129-139.

［46］金爽 .90 后大学生专业适应性与学业自我效能感的关系［J］. 岳阳职业技术学院学报，2016，31（3）：22-25.

［47］井世洁. 大学生职业决策自我效能量表的初步修订［J］. 人类工效学，2010，16（2）：5-12.

［48］李宝庆，魏小梅. 新高考改革的困境与出路［J］. 教育发展研究，2017，37（8）：1-9.

［49］李董平，周月月，赵力燕，等. 累积生态风险与青少年网络成瘾：心理需要满足和积极结果预期的中介作用［J］. 心理学报，2016，48（12）：1519-1537.

［50］李秋蓉. 普洱市哈尼族对国家民族政策认同的调研过程［J］. 中国民族博览，2017（18）：72-75.

［51］李锐，凌文辁. 工作投入研究的现状［J］. 心理科学进展，2007，15（2）：366-372.

［52］李润洲. 新高考背景下普通高中面临的挑战与应答［J］. 南京社会科学，2018（6）：131-138.

［53］李松柏，苏冰涛.“生态贫民”对国家生态保护政策认同度研究［J］. 科学·经济·社会，2012，30（1）：5-10，15.

［54］李汪洋. 教育期望、学习投入与学业成就［J］. 中国青年研究，2017（1）：23-31.

［55］李西营，张大均. 专业限选和自由选择专业大学生职业决策困难对比研究［J］. 心理研究，2009，2（3）：74-78.

［56］李西营，黄荣. 大学生学习投入量表（UWES-S）的修订报告［J］. 心理研究，2010，3（1）：84-88.

［57］李雄鹰. 大学自主招生质量的实证研究［J］. 中国高教研究，2013（6）：33-38，95.

［58］梁丽萍 . 论公共政策与公众认同的互动与融合［J］. 中国行政管理，2006（7）：41–44.

［59］林启超 . 高职学生之未来时间观、成就目标与适应性学习行为间径路模式之检验［J］. 教育实践与研究，2009，22（1）：81–111.

［60］刘安诺，潘政雯，刘鸿雁，等 . 情绪智力在护理专业大学生成人依恋与专业适应性间的中介效应［J］. 护理学报，2019，26（4）：75–78.

［61］刘宝剑 . 高中生选择高考科目的因素分析与务实策略［J］. 教育理论与实践，2015，35（32）：15–17.

［62］刘宝剑 . 关于高中生选择高考科目的调查与思考——以浙江省 2014 级学生为例［J］. 教育研究，2015（10）：142–148.

［63］刘长勇 . 生活满意度、政策认同与农民的乡村振兴参与意愿——基于全国 223 个村庄 1163 位农民的调查分析［J］. 武陵学刊，2020，45（5）：53–61.

［64］刘海峰 . 高考改革：公平为首还是效率优先［J］. 高等教育研究，2011，32（5）：1–6.

［65］刘海峰 . 高考改革的新阶段思考［J］. 中国高等教育，2014（5）：14–16.

［66］刘莉，朱莉，刘念才 . 目标群体视角下高校教师科研评价政策认同研究——基于 20 所“双一流”建设高校的问卷调查［J］. 清华大学教育研究，2020，41（2）：73–82.

［67］刘霄，蒋承 . 高考录取方式对大学生发展的影响——基于北京市高校大学生追踪调查数据的分析［J］. 中国考试，2019（6）：22–25.

［68］刘玉君 . 从“碎片化”到“整体性”：新高考改革的现实困境与路径选择［J］. 重庆高教研究，2020，8（1）：47–57.

［69］柳博 . 选择性：高考制度改革的机遇与挑战［J］. 教育研究，2016（6）：72–80.

［70］柳博 . 新高考制度改革的现状与思考：制度变迁的视角［J］. 中国高教研究，2020（1）：35–41.

［71］龙立荣，方俐洛，凌文辁 . 职业成熟度研究进展［J］. 心理科学，2000，23（5）：595–598.

［72］龙琪，倪娟 . 美国大学生学习影响力模型述评［J］. 复旦教育论坛，2015，13（5）：47–54.

［73］陆学艺 . 当代中国社会阶层的分化与流动［J］. 江苏社会科学，2003（4）：1–9.

［74］陆秀凤，王心悦 . 社会工作本科学生专业适应状况研究——以某三本学院为例［J］. 才智，2014（26）：108.

［75］吕慈仙，李卫华．高校学生专业选择的影响因素分析——基于理性选择理论的视角［J］．高等工程教育研究，2014（1）：81–85.

［76］吕慈仙，王鲁刚．异地高考政策对随迁子女心理资本与社会融入影响的实证研究［J］．教育研究，2017（5）：77–88.

［77］罗敏，潘韵桦，黄嘉琪．政策认同视角下大类招生人才培养模式存在问题与对策分析［J］．河北农业大学学报（农林教育版），2018，20（1）：18–24.

［78］罗晓燕，陈洁瑜．以学生学习为中心的高等教育质量评估——美国NSSE“全国学生学习投入调查”解析［J］．比较教育研究，2007（10）：50–54.

［79］罗燕，海蒂·罗斯，岑逾豪．国际比较视野中的高等教育测量——NSSE-China 工具的开发：文化适应与信度、效度报告［J］．复旦教育论坛，2009，7（5）：12–18.

［80］马磊，赵俊和，石金涛，等．高校自主招生有效性的实证研究［J］．上海交通大学学报，2009，43（9）：1422–1426.

［81］倪士光，伍新春．学习投入：概念、测量与相关变量［J］．心理研究，2011，4（1）：81–87.

［82］倪晓冉，朱广天．新高考改革对上海学生大学物理学习的影响［J］．物理与工程，2019，29（1）：93–97，103.

［83］聂衍刚，郑雪，张卫．中学生学习适应性状况的研究［J］．心理发展与教育，2004（1）：23–28.

［84］宁本涛．“师范生免费教育”政策对学习者选择的影响——基于“机会成本”的分析［J］．教育发展研究，2008（1）：40–43，48.

［85］潘昆峰，刘佳辰，何章立．新高考改革下高中生选考的“理科萎缩”现象探究［J］．中国教育学刊，2017（8）：31–36.

［86］潘彭丹，余期江．浅析当前阶层分化对高等教育机会获得的影响［J］江西科技师范学院学报，2004（2）：4–7，19.

［87］潘颖秋．大学生专业兴趣的形成机制：专业选择、社会支持和学业投入的长期影响［J］．心理学报，2017（12）：1513–1523.

［88］潘苏东，岳晓婷，万琳凌，等．高考新政对理工科大学生专业学习影响的实证研究［J］．现代大学教育，2020（1）：78–85，112.

［89］彭华涛．创业企业成长瓶颈突破——政企互动的中介作用与政策感知的［J］．科学学研究，2013，31（7）：1077–1085.

［90］彭永新，龙立荣．大学生职业决策自我效能测评的研究［J］.应用心理学，2001，7（2）：38–43.

［91］彭永新，龙立荣．高中生专业决策自我效能量表的初步编制［J］．中国

心理卫生杂志，2003，17（3）：175–177.

［92］彭忠益，粟多数. 政策认同：基于我国社会利益多元化视角的分析［J］. 学术论坛，2015（1）：113–119.

［93］乔晓榕，赵俊峰. 中学生数学学习投入状况的调查研究［J］. 中国电力教育，2010（35）：83–85.

［94］卿志军，孔德明. 公众的媒介使用与政策认同的互动——以海南国际旅游岛建设为例的实证研究［J］. 当代传播，2013（3）：28–31.

［95］秦炜炜. 大学与中学的有效衔接：美国在线 AP 课程的历史经验［J］. 远程教育杂志，2018（2）：37–47.

［96］覃大佳，等. 技能员工的创新、承诺与离职：被中介的调节模型［J］. 管理科学，2018，31（2）：20–32.

［97］邵光华，吴维维. 我国高考招生制度综合改革的成效与问题研究——基于浙江省 2017 年高考录取学生的调查［J］. 中国高教研究，2018（6）：50–55.

［98］沈丽丽. 高校调剂生专业适应性的现状研究［J］. 池州学院学报，2012，26（3）：128–130.

［99］石雷山，陈英敏，侯秀，等. 家庭社会经济地位与学习投入的关系：学业自我效能的中介作用［J］. 心理发展与教育，2013（1）：71–78.

［100］石学火. 教育政策认同的意义、障碍与对策分析——教育政策执行视域［J］. 重庆大学学报（社会科学版），2012，18（1）：148–153.

［101］宋子斌，陈朝阳. 从社会认知职业理论视角探讨职业结果预期对职业兴趣的影响［J］. 海南大学学报人文社会科学版，2007，25（6）：708–712.

［102］苏红. 对浙沪高考改革试点后中学“选课走班”的调查与思考［J］. 教育测量与评价，2018（5）：25–30.

［103］孙春晖，郑日昌.《学习适应量表》的验证性因素分析［J］. 心理学探新，2001，21（2）：59–64.

［104］孙光明. 坚定方向　深化完善　推动高考改革纵深发展——浙江省《关于进一步深化高考改革试点的若干意见》的解读［J］. 中国考试，2018（1）：8–13.

［105］孙苏. 自由与自主：高校转专业学生专业适应性研究——以南京中医药大学为例［J］. 扬州大学学报（高教研究版），2018，22（6）：72–75.

［106］田澜，肖方明，陶文萍. 关于中小学生学习适应性的研究［J］. 宁波大学学报（教育科学版），2002，24（1）：41–44.

［107］汪祚军，等. 学科大类培养模式下学生专业选择的影响因素［J］. 宁波大学学报（教育科学版），2014，36（3）：8–13.

［108］王爱芬，雷晓. 新高考改革背景下高中生涯规划教育及其实现路径［J］.

教育理论与实践，2018，38（1）：33–37.

［109］王存宽，吕慈仙，杨桂珍．从“总分匹配”到“专业导向”——高考志愿模式的转变对高校专业建设的驱动作用分析［J］．教育研究，2016（6）：81–88.

［110］王国红．试论政策执行中的政策认同［J］．湖南师范大学社会科学学报，2007（4）：46–49.

［111］王静，罗小兰．高师生专业适应性与学习自我效能感的关系研究［J］．兵团教育学院学报，2014，24（1）：45–48.

［112］王静，韩娟．高师生心理资本对学习主观幸福感的影响：专业适应性的中介效应［J］．心理研究，2018，11（4）：376–381.

［113］王敬欣，张阔，付立菲．大学生专业适应性、学习倦怠与学习策略的关系［J］．心理与行为研究，2010，8（2）：126–132.

［114］王令格．青少年自我教育期望、学习态度和学业表现的关系研究［J］．科教导刊，2020（1）：124–126.

［115］王勤，童腮军．高考学生专业选择与专业兴趣相符性研究［J］．黑龙江高教研究，2004（9）：20–22.

［116］王伟伟，马婷，李媛媛．价值取向和结果预期对助人行为的影响［J］．社会心理科学，2013，28（6）：13–16，33.

［117］王伟宜，刘秀娟．家庭文化资本对大学生学习投入影响的实证研究［J］．高等教育研究，2016，37（4）：71–79.

［118］王小虎，潘昆峰，苗苗．高考改革对高水平大学招生的影响及其应对［J］．中国高教研究，2017（4）：56–60，71.

［119］王新凤．利益相关者视角下的高考综合改革实施效果分析［J］．中国考试，2019（1）：24–29.

［120］王新凤，钟秉林．新高考背景下高校招生与人才培养的成效、困境及应对［J］．中国高教研究，2019（5）：49–53，57.

［121］王新凤，余丹茜，边新灿．高考综合改革评估的实践与思考——以浙江省为例［J］．中国考试，2020（5）：1–7，15.

［122］王颖，石彤．大学生专业选择差异多元视角的整合［J］．中华女子学院学报，2012（5）：55–61.

［123］王桢．循证实践框架下对高考改革的思考［J］．大学教育科学，2019（1）：68–74，107.

［124］魏小梅，李宝庆．新高考进程中学校变革的困境与应对策略：新制度主义的视角［J］．教育发展研究，2017（22）：16–24.

［125］文东茅，刘玉波．高考改革何以“牵一发而动全身”［J］．中国高等教

育 .2014（24）：19–22.

［126］吴爱华，侯永峰，陈精峰，等 . 深入实施“拔尖计划”探索拔尖创新人才培养机制［J］. 中国大学教学，2014（3）：4–8.

［127］吴鹏，付卫东 . 免费师范毕业生政策认同度低的原因及应对策略［J］. 教育与经济，2016（1）：63–67.

［128］吴愈晓，黄超 . 基础教育中的学校阶层分割与学生教育期望［J］. 中国社会科学，2016（4）：111–134，207–208.

［129］肖军，许迈进 . 德国高中与大学教育衔接：背景、举措及特征［J］. 外国教育研究，2017（11）：82–93.

［130］徐富明，于鹏，李美华 . 大学生的学习适应性及其与人格特征及社会支持的关系研究［J］. 中国学校卫生，2005，26（4）：299–300.

［131］徐娟，李志平 . 公立医院见习医学生专业适应性对学业倦怠影响研究［J］. 中国医院管理，2016，36（8）：58–60.

［132］许峰 . 关于人的适应性培养的社会心理分析［J］. 教育研究与实验，2000（6）：36–40.

［133］谢维和 . 高考改革：定位、形态与变量［J］. 中国考试，2014（10）：3–13.

［134］熊丙奇 . 高考改革之问［J］. 群言，2014（10）：28–31.

［135］严瑜，龙立荣 . 大学生专业承诺的心理结构及影响因素研究［J］. 高等教育研究，2008（6）：90–97.

［136］杨立军，韩晓玲 . 基于 NSSE-CHINA 问卷的大学生学习投入结构研究［J］. 复旦教育论坛，2014，12（3）：83–90.

［137］杨钋，毛丹 .“适应”大学新生发展的关键词——基于首都高校学生发展调查的实证分析［J］. 中国高教研究，2013（3）：16–24.

［138］杨秀芹，吕开月 . 社会分层的代际传递：家庭资本对高考志愿填报的影响［J］. 中国教育学刊，2019（6）：24–29.

［139］杨永峰 . 公共政策制定中影响政策认同的因素分析［J］. 学理论，2013（32）：25–26.

［140］杨中超 . 家庭背景与学生发展：父母参与和自我教育期望的中介作用［J］. 教育经济评论，2018，3（3）：61–82.

［141］姚晨，卢兴江，蔡云 . 大学生专业决策自我效能问卷修订［J］. 心理技术与应用，2015（8）：27–30.

［142］姚垚，朱良彪，汪媛媛 . 高校男护生专业适应性状况及影响因素分析［J］. 湖北科技学院学报（医学版），2016，30（5）：438–440.

［143］叶小利，刘堰，等 . 免费师范教育政策下的生物学免费师范生学习状况

调查［J］. 西南师范大学学报（自然科学版），2010，35（2）：234-237.

［144］于涵，张弘. 大学招生亟需科学合理的顶层设计［J］. 中国高等教育，2015（2）：10-13.

［145］余澄，王后雄. 高考改革的公平风险分析［J］. 课程·教材·教法，2015，35（9）：83-89.

［146］余秀兰，张红霞，龚雪，等. 高中与大学衔接培养创新人才的探索与反思——以J中学与N大学的“准博士培养站”为个案［J］. 湖南师范大学教育科学学报，2016，15（2）：64-70.

［147］余秀兰，韩燕. 寒门如何出“贵子”——基于文化资本视角的阶层突破［J］. 高等教育研究，2018，39（2）：8-16.

［148］余秀兰. 父母社会背景、教育价值观及其教育期望［J］. 南京师大学报（社会科学版），2020（4）：62-74.

［149］袁方成，李会会. “同意的治理”：理解政策认同的实现逻辑——Y县宅基地改革观察［J］. 探索，2020（3）：142-155.

［150］袁振国. 在改革中探索和完善具有中国特色的高考制度［J］. 华东师范大学学报（教育科学版），2018（3）：1-12，166.

［151］岳昌君，吕媛. 硕士研究生创新精神特征及影响因素分析［J］. 复旦教育论坛，2015，13（6）：20-25，112.

［152］张家勇. 新高考改革的进展、挑战与政策建议［J］. 中国教育学刊，2018（8）：42-46.

［153］张劲英，孙凯. 高校与专业选择影响因素实证研究——基于某省大一新生调查的分析［J］. 中国人民大学教育学刊，2014（4）：70-80.

［154］张铭凯，靳玉乐. 新高考改革的价值取向［J］. 河北师范大学学报（教育科学版），2016，18（1）：62-66.

［155］张娜. 国内外学习投入及其学校影响因素研究综述［J］. 心理研究，2012，5（2）：83-92.

［156］张宏如，李伟明. 大学生学习适应性现状研究［J］. 常州大学学报（社会科学版），2006，7（2）：66-68.

［157］张庆华，杨航，刘方琛，等. 父母教育期望与留守儿童的学习投入：父母教育卷入和自我教育期望的中介作用［J］. 中国特殊教育，2020（3）：76-82.

［158］张松山，陈朝政，罗怡卿. 大学新鲜人第一哩路的自我概念、生活适应、学校认同与教育期望关联性研究［J］. 学生事务与辅导，2018，57（3）：38-53.

［159］张信勇，卞小华，徐光兴. 高中生的学习投入及其与应激的关系［J］. 中国健康心理学杂志，2008，16（11）：1246-1248.

［160］张轶文，甘怡群．中文版 Utrecht 工作投入量表（UWES）的信效度检验［J］．中国临床心理学杂志，2005，13（3）：268–270.

［161］张意忠．城乡家庭资本差异对子女高等教育需求的影响［J］．高等教育研究，2016，37（8）：22–25.

［162］张雨强，陆卓涛，贾腾娇．新高考下高中生减负了吗——浙江新高考首届高中毕业生考试负担调查［J］．教育发展研究，2019（12）：43–52.

［163］张云亮．亲子互动、学校资源与学生教育期望——基于“中国教育追踪调查”的异质性分析［J］．青年研究，2018（2）：46–56，95.

［164］张云运，骆方，陶沙，等．家庭社会经济地位与父母教育投资对流动儿童学业成就的影响［J］．心理科学，2015，38（1）：19–26.

［165］张智勇，荣煜，管延军．中国大学生职业成熟度量表的信度与效度［J］．西南师范大学学报（人文社会科学版），2006，32（5）：1–6.

［166］赵静宇，郭学恒，巫阳朔，等．高考改革过程中的问题分析及对策探讨［J］．中国高教研究，2020（2）：40–43.

［167］赵琳，王文，李一飞，等．大学前教育经历对高等教育质量的影响机制研究——兼议教育领域综合改革［J］．清华大学教育研究，2014，35（3）：35–44.

［168］赵淑梅．大学与高中教育衔接研究的概况与展望［J］．江苏高教，2014（2）：110–112.

［169］赵叶珠，钱兰英．九十年代大学生专业选择行为研究［J］．青年研究，1999（4）：12–15.

［170］郑庆华，訾艳阳，窦小刚，等．高等教育视角下的高考综合改革成效分析与联动机制探索——以西安交通大学为例［J］．中国考试，2019（3）：1–7.

［171］郑雪松．新高考改革助推学生发展性评价的实施［J］．教学与管理，2019（22）：76–79.

［172］郑燕，杨宇，石睿，等．结果预期对助人意愿的影响及其性别差异［J］．人类工效学，2018，24（1）：27–31.

［173］钟秉林．深化综合改革，应对高考招生制度改革新挑战［J］．教育研究，2015，36（3）：4–9.

［174］钟宇平，陆根书．收费条件下学生选择高校影响因素分析［J］．高等教育研究，1999（2）：31–42.

［175］钟宇平，雷万鹏．风险偏好对个人高等教育需求影响的实证研究——以高中生对农业、林业和师范院校需求为例［J］．高等教育研究，2005，26（1）：19–24.

［176］周彬．新高考改革：经验、困境与出路［J］．教育学报，2018，14（4）：

22–28.

［177］周春平 . 转专业动机对大学生的专业适应性影响研究［J］. 西南科技大学〈高教研究〉，2015（1）：63–67.

［178］朱红 . 高校人才培养质量评估新范式——学生发展理论的视角［J］. 国家教育行政学院学报，2010（9）：50–54.

［179］朱红，郭胜军，彭程 . 理科大学生职业志趣的实证分析［J］. 北京大学教育评论，2016，14（4）：155–174.

［180］朱俊华，罗浩准 . 大学生心理资本对专业承诺的影响研究——基于多元非线性回归优化模型和 Markov 预测模型［J］. 中国教育学刊，2015（S2）：334–335.

［181］邹长华，韩建涛，胡传双 . 当前大学生专业适应性的现状分析［J］. 巢湖学院学报，2011，13（4）：117–121.

［182］邹长华，胡传双，孙晓青 . 学业求助对大学生专业适应性影响的研究［J］. 中国卫生事业管理，2012（1）：49–51.

Ⅲ. 其他

一、学位论文

［1］蔡添旺 . 台中县国民小学学生家长教育期望与管教方式关系之研究［D］. 台中：台中教育大学硕士学位论文，2006.

［2］曹晨 . 新高考改革政策变化分析及其影响调研［D］. 南京：南京大学硕士学位论文，2019.

［3］CEN Y H. Growth as product and as process—Student Learning outcomes attained through college experiences in China［D］. Dissertation of Ph. D.，American：Indiana University，2012.

［4］樊明成 . 中国普通高校专业选择的研究——基于学生主体的视角［D］. 厦门：厦门大学博士学位论文，2009.

［5］FISCHER M J. Finding a place：The social and academic adjustment of minorities to college［D］. Philly：Master's dissertation，University of Pennsylvania，2003.

［6］纪淑玲 . 国民小学家长教育期望、教育改革满意度及其子女补习行为关系

之研究［D］. 台中：逢甲大学硕士学位论文，2011.

［7］缴润凯 . 师范生教师职业成熟度研究［D］. 长春：东北师范大学博士学位论文，2009.

［8］李菲菲 . 教育学跨专业硕士研究生专业适应性研究［D］. 大连：辽宁师范大学硕士学位论文，2018.

［9］梁颖 . 组织中员工沉默的内容结构及其相关研究［D］. 广州：暨南大学硕士学位论文，2009.

［10］刘楚珂 . 跨专业硕士研究生的专业适应性研究——以广西大学为例［D］. 南宁：广西大学硕士学位论文，2016.

［11］刘慧华 . 屏东县国小教师子女教育期望与才艺学习态度关系之研究［D］. 屏东：屏东教育大学硕士学位论文，2013.

［12］刘文晓 . 高等教育个人选择中的信息问题研究［D］. 上海：华东师范大学博士学位论文，2016.

［13］卢春莉 . 大学生心理适应能力问卷的编制及应用分析［D］. 太原：山西大学硕士学位论文，2004.

［14］卢谢峰 . 大学生适应性量表的编制与标准化［D］. 武汉：华中师范大学硕士学位论文，2003.

［15］彭莎莎 . 新高考下普通高中学生综合素质评价政策认同研究——基于上海六所高中的调查［D］. 上海：华东师范大学硕士学位论文，2019.

［16］彭永新 . 职业决策自我效能测评的研究［D］. 武汉：华中师范大学硕士学位论文，2000.

［17］史卉 . 大学生职业发展态度研究［D］. 天津：天津大学博士学位论文，2013.

［18］唐文清 . 大学生专业适应性量表编制及其应用［D］. 重庆：西南大学硕士学位论文，2007.

［19］黄湘淳 . 国中生英语学习适应之相关因素研究［D］. 台南：成功大学硕士学位论文，2001.

［20］童腮军 . 高考学生专业选择行为研究［D］. 南昌：江西师范大学硕士学位论文，2003.

［21］王慧丰 . 国小高年级不同背景学童抗逆能力、因应策略与其学习适应表现关系之研究［D］. 嘉义：嘉义大学博士学位论文，2008.

［22］谢炜莹 . 新北市新移民子女自我教育期望与幸福感之研究［D］. 台北：台北教育大学硕士学位论文，2014.

［23］徐小军 . 大学生学习适应性：结构、发展特点与影响因素研究［D］. 重庆：西南师范大学硕士学位论文，2004.

［24］许长勇．大学生专业承诺对学习投入和学习收获影响机制的研究［D］．天津：河北工业大学博士学位论文，2013.

［25］姚晨．大学生专业决策自我效能感及其相关因素研究［D］．杭州：浙江大学硕士学位论文，2012.

［26］曾丽．大学生村官政策认同及其对离职倾向影响研究——基于赣州市大学生村官的实证调查［D］．广州：暨南大学硕士学位论文，2015.

［27］张彬．高中生对国家助学金资助政策认同研究［D］．广州：暨南大学硕士学位论文，2015.

［28］张均强．大学生专业适应性影响因素研究——以电子科技大学经济与管理学院为例［D］．成都：电子科技大学硕士学位论文，2008.

［29］朱莲花．课堂环境对大学生学习成果的影响——以学习投入为中介的实证研究［D］．大连：大连理工大学博士学位论文，2019.

［30］朱文佳．高校学前教育专业新生学习适应性及其影响因素研究［D］．上海：华东师范大学硕士学位论文，2006.

［31］周菲．家庭背景对大学生学习投入的影响研究［D］．南京：南京大学博士学位论文，2015.

二、报纸、报告、电子公告

［1］北京工业大学．大学之力与中学之需同城“热恋”—北京工业大学与中学牵手记［N］．中国教育报，2016-03-14.

［2］李斌．知识改变中国［N］．人民日报，2017-06-07.

［3］邵志豪．高中与大学衔接须回归育人本质［N］．中国教育报，2022-03-30.

［4］汪明．面对高考改革，高中教育如何应对？［N］．中国教育报，2014-11-04.

［5］谢维和．高考改革也应“往下看”［N］．中国教育报，2013-04-08.

［6］浙江省人民政府．浙江省人民政府关于印发浙江省深化高校考试招生制度综合改革试点方案的通知［R］．杭州：浙江省人民政府公报，2014（34）：29-33.

［7］浙江省人民政府．浙江省人民政府关于进一步深化高考综合改革试点的若干意见［R］．杭州：浙江省人民政府公报，2017，(35)：3-5.

附录A 调查问卷

（正式）

亲爱的同学：

你好！感谢你参加本次问卷调查。本问卷旨在了解大学生在高中阶段和进入大学后专业学习生活相关的情况，这将有助于我们改进大学教育和招生方面的政策。

问卷不记名，答案无对错，请根据自己的实际情况、真实感受认真填写。所获资料仅用于学术研究，你的认真填答对我们的研究非常重要！感谢你的参与！

问卷填写说明

请在问题的右侧相应分值上打√，其中分值的含义表示“程度”：1表示“非常不同意”（或“非常不符合”），2表示“不同意”（或“不符合”），3表示“不太同意”（或“不太符合”），4表示“较为同意”（或“较为符合”），5表示“同意”（或“符合”），6表示“非常同意”（或“非常符合”）。

【请注意看清引导语再填答，整份问卷填答完所需时间大约为15~20分钟】

■ 你是哪个省份生源：（“省份”通过下拉菜单选择）

MA1	我的专业符合我的兴趣	1	2	3	4	5	6
MA2	我的专业符合我的特长	1	2	3	4	5	6
MA3	我的专业符合我的能力	1	2	3	4	5	6
MA4	我的专业和我的理想职业相一致	1	2	3	4	5	6

续表

MA5	我的专业适合我的性格	1	2	3	4	5	6
MA6	我的专业能够实现我的理想	1	2	3	4	5	6
MA7	我所学习的专业课程的难易程度比较适合我	1	2	3	4	5	6
MA8	我的专业有良好的教学资源	1	2	3	4	5	6
MA9	我的专业具有良好的专业培养计划	1	2	3	4	5	6
MA10	我的专业具有良好的学习资源	1	2	3	4	5	6
MA11	我的专业具有良好的学习环境	1	2	3	4	5	6
MA12	我的专业能帮助我开拓思维	1	2	3	4	5	6
MA16	我的专业能适应多个领域的职业要求	1	2	3	4	5	6
MA17	我的专业符合社会需求	1	2	3	4	5	6
MA18	我的专业的行业发展前景良好	1	2	3	4	5	6
MA19	我的专业的社会地位较高	1	2	3	4	5	6
MA20	我的专业在生活中可以应用	1	2	3	4	5	6
MA21	我的专业在某些地区、区域发展良好	1	2	3	4	5	6

KP1	我对近年浙江新高考“科目 7 选 3”政策很了解	1	2	3	4	5	6
KP2	我清楚近年浙江新高考“科目 7 选 3”政策的改革目标和初衷	1	2	3	4	5	6
KP3	高中时，我能通过许多途径获取“科目 7 选 3”政策的相关信息	1	2	3	4	5	6
KP4	我很关心浙江新高考“科目 7 选 3”政策	1	2	3	4	5	6
KP5	浙江新高考“科目 7 选 3”政策有助于我进入感兴趣的专业学习	1	2	3	4	5	6
KP6	浙江新高考“科目 7 选 3”政策有利于提高我的学习成绩	1	2	3	4	5	6
KP7	我认为浙江新高考“科目 7 选 3”政策比以前“科目 3+3”更加科学合理	1	2	3	4	5	6
KP8	总体而言，我对浙江新高考“科目 7 选 3”政策很认同	1	2	3	4	5	6

续表

ZP1	我对近年浙江新高考“专业＋院校填志愿”政策很了解	1	2	3	4	5	6
ZP2	我清楚近年浙江新高考“专业＋院校填志愿”政策的改革目标和初衷	1	2	3	4	5	6
ZP3	填志愿时，我能通过许多途径获取“专业＋院校填志愿”政策的相关信息	1	2	3	4	5	6
ZP4	我很关心浙江新高考“专业＋院校填志愿”政策	1	2	3	4	5	6
ZP5	浙江新高考“专业＋院校填志愿”政策有助于我被录取进入感兴趣的专业	1	2	3	4	5	6
ZP6	浙江新高考“专业＋院校填志愿”政策有利于我被录取进入热门的专业	1	2	3	4	5	6
ZP7	我认为浙江新高考“专业＋院校填志愿”政策比以前“院校＋专业填志愿”更加科学合理	1	2	3	4	5	6
ZP8	总的来说，我对浙江新高考“专业＋院校填志愿”政策很认同	1	2	3	4	5	6

高中时的我，有足够信心能够：

SE1	准确地评价自己具备的能力	1	2	3	4	5	6
SE2	确定自己理想的专业是什么	1	2	3	4	5	6
SE3	为实现我的目标，能够列出自己愿意或不愿意放弃的东西	1	2	3	4	5	6
SE4	确定自己喜欢与“人”还是与“物”打交道	1	2	3	4	5	6

填报志愿时，我有足够信心能够：

SE11	选择一个符合自己喜爱的生活方式的专业	1	2	3	4	5	6
SE12	选择一个适合自己兴趣的专业	1	2	3	4	5	6
SE13	选择一个适合自己能力的专业	1	2	3	4	5	6

高中时的我，有足够信心能够：

SE14	确定自己理想专业的今后发展目标	1	2	3	4	5	6
SE15	获得有助于被录取到向往专业的工作或学习经验	1	2	3	4	5	6

续表

SE16	制定学习计划，以提高与未来专业相关学科的成绩	1	2	3	4	5	6
SE17	查明我喜欢的专业与我喜欢的职业的关系	1	2	3	4	5	6
SE18	规划一些学习，这些学习有助于我的未来专业但不是高考考试科目	1	2	3	4	5	6
请回忆高考填志愿时，当时你对下列问题同意的程度：							
OE1	我将会成功地完成大学专业的选择	1	2	3	4	5	6
OE2	我接下来的大学专业学习发展前景将是一片光明的	1	2	3	4	5	6
OE3	我的知识和才能将能够用到我接下来的大学专业学习生涯中去	1	2	3	4	5	6
OE4	我对自己的大学专业选择与决策能够掌控	1	2	3	4	5	6
OE5	我能够使自己得到一个快乐的大学专业学习生涯	1	2	3	4	5	6
OE6	我的大学专业选择能够带给我所想要的学习收获	1	2	3	4	5	6
OE7	我会完成自己的大学专业学习目标	1	2	3	4	5	6
OE8	我的家人将会赞成我的大学专业选择	1	2	3	4	5	6
OE9	我的大学专业选择会让我今后拥有自己想要的生活方式	1	2	3	4	5	6

在高中阶段：							
LE1	当我学习时，我感觉精神旺盛	1	2	3	4	5	6
LE2	我能坚持长时间的学习	1	2	3	4	5	6
LE3	当我学习时，我感觉浑身是劲	1	2	3	4	5	6
LE4	我非常清楚学习的目的和意义	1	2	3	4	5	6
LE5	学习激发了我的灵感	1	2	3	4	5	6
LE6	我为我的学习感到自豪	1	2	3	4	5	6
LE7	我发现我的学习富有挑战性	1	2	3	4	5	6
LE8	当我学习时，我会忘记周围的一切	1	2	3	4	5	6
LE9	当我全身心投入学习的时候，我感觉很快乐	1	2	3	4	5	6
LE10	当我学习时，我沉醉于其中	1	2	3	4	5	6

续表

在高中阶段：							
EE1	我认为把书读好是学生最重要的事情	1	2	3	4	5	6
EE2	我十分在意自己的学业成绩	1	2	3	4	5	6
EE3	我希望学业成绩能持续进步	1	2	3	4	5	6
EE4	我会严格要求自己的学习，以获得更好的成绩	1	2	3	4	5	6
EE5	我希望有好成绩，以获得更多升学选择	1	2	3	4	5	6
EE6	我希望未来工作上的职位、薪酬超过父母	1	2	3	4	5	6
EE7	我希望未来能成为某一方面的专家	1	2	3	4	5	6
EE8	我希望能成为社会的精英	1	2	3	4	5	6
EE9	我希望自己能从事职业声望较高的工作	1	2	3	4	5	6

目前在大学里：							
XB1	我对所学专业和课程抱有浓厚兴趣	1	2	3	4	5	6
XB2	我没有转专业的意向	1	2	3	4	5	6

基本信息调查（单选题）

1. 你的性别是：① 男 ② 女

2. 你的高考生源届别类型是：① 应届高中毕业生 ② 往届高中毕业生

3. 你的高考生源城乡类型是：① 农村 ② 城镇

4. 你的家庭最近一年的收入大概是多少？（可估算）① 4万元及以下 ② 4万~10万元 ③ 10万~15万元 ④ 15万~25万元 ⑤ 25万元以上

5. 你父亲目前的职业是（若已退休则填退休前情况）：① 党政机关、事业单位（含部队）科级以上（含）管理者 ② 企业中高层管理者、私营企业主 ③ 专业技术人员，如医生、教师、律师、工程师、会计师等 ④ 党政机关科级以下基层公务员、企事业单位基层管理人员（含办事员、销售） ⑤ 小个体经营户主 ⑥ 工人，包括从事体力生产的产业工人、农民工、各类临时工 ⑦ 农民，包括从事农、林、牧、渔业生产的农业劳动者 ⑧ 无业、待业、失业

6. 你父亲受教育程度是：① 硕士及以上 ② 大学本、专科 ③ 高中或中专 ④ 初中 ⑤ 小学及以下

7. 你毕业的高中属于：① 重点（或示范）（普通）高中 ② 一般（普通）高

中 ③ 中等职业学校

8. 高中时，我________参加社团活动（不含学生会）经历。

① 有 ② 没有

9. 高中时，我________担任学生干部（含班级干部、学生会干部）经历。

① 有 ② 没有

10. 你在高中时的成绩处于（可估算）：① 优等［年级排名前10%（含）］ ② 中上［年级排名前10%~25%（含）］ ③ 中等［年级排名前25%~50%（含）］ ④ 中下［年级排名前50%~75%（含）］ ⑤ 较差（年级排名75%以后）

11. 你目前就读的大学专业，是你填报的第几志愿？

（浙江考生选此列） ① 第一志愿 ② 前10志愿内 ③ 前20志愿内 ④ 前40志愿内 ⑤ 在填报的志愿中，但并非前40 ⑥ 是被调剂的

（非浙江的考生选此列）① 第一志愿 ② 前3志愿内 ③ 在填报的志愿中，但并非前3 ④ 是被调剂的

12. 你目前就读的大学专业属于：① 理工类 ② 医学类 ③ 农学类 ④ 经济管理类 ⑤ 其他人文社科类（含文、史、哲、法、教育） ⑥ 艺术类

13. 你在大学的成绩处于（可估算）：① 优等［年级排名前10%（含）］ ② 中上［年级排名前10%~25%（含）］ ③ 中等［年级排名前25%~50%（含）］ ④ 中下［年级排名前50%~75%（含）］ ⑤ 较差（年级排名75%以后）

附录B 访谈提纲

【访谈时间】：______年____月____日________，时长约____分钟

【访谈地点】：______________ 【访谈员】：______________

【访谈形式】：（面谈、电话或即时聊天工具）

【访谈对象基本信息】：（姓名），（性别），（生源省份、目前所在年级、专业）

同学：

你好！首先，非常感谢你前来接受我们的访谈。本次访谈属于我们正在进行的一项研究的一部分，该研究内容是关于大学生的专业适应性以及与高考相关的一些问题。为了学术研究所需，访谈的过程会被录音，请不要介意，我们确保个人隐私的安全。

（开场询问：学生生源省份、目前所在年级、专业，以及是否来自新高考政策省份？若回答“是”，继续问高考选考了哪几门科目。基本信息询问后，进入以下问题回答）

1. 你目前所读的专业，在高考时是第几志愿填报的？你为什么选择这个专业？

2. 你对目前所读的专业，觉得适应吗？

3. 你认为“专业适应性”是指什么？

4. 专业适应性，可以是一种能力，也可以是一种主观感受或状态。请你从状态的角度，谈谈专业适应性可能包括哪些方面？

5. 你觉得自己如何更好地匹配现在所学的专业？

6. 大学学习与中学学习有什么差异？在现在就读专业的学习过程中，有什么感受？

7. 你认为，专业适应性与未来的职业是否有关系？

8. 假如让你现在填写一份有关当年高中学习生活、高考填志愿相关的问卷，你能回忆当时的情境准确地填写吗？

（2020 年 11 月的访谈还包括以下一些访谈提问）

（简单解释：“新高考”是指 2014 年发布、浙江考生都经历的高考改革政策，之后进入以下问题回答）

1. 你对当初新高考政策的印象是什么？

2. 请你谈一谈，你认为新高考与传统高考的差异、变化在哪些方面？这些变化中，你印象最深刻的是哪个具体举措？

3. 新高考中，你感受到比传统高考更加公平吗？（如回答“是”，继续问：哪些方面感觉更加公平？）

4. 新高考中，你感受到比传统高考更加科学吗？（如回答“是”，继续问：哪些方面感觉更加科学？）

5. 对新高考政策，你认同吗？请再详细地谈一谈。

6. 新高考政策，对你当时高中的学习和对未来的期望，有影响吗？

7. 你在选专业时，有没有碰到什么困难？具体情况是怎样的？

附录 C 小规模预测样本的效度、信度分析详细数据

一、小规模预测样本效度分析详细数据

小规模预测时的探索性因子分析详细数据报告如下。其中，每个变量测量问卷的 KMO 值均大于 0.7，且 Bartlett 球形检验显著（$p < 0.05$），并采用主成分分析法、按照特征值大于 1 提取公因子，相关结果前正文中已有报告，不再赘述。以下报告因子分析最终结果（旋转后结构矩阵、各因子特征值、各因子及累计的解释方差和各题项共同度）。

表 C-1 科目自选政策认同问卷探索性因子分析结果（*N*=205，item=8）

题项编号	科目自选政策认可	科目自选政策认知	共同度
KP1	0.173	**0.831**	0.720
KP2	0.211	**0.796**	0.677
KP3	0.180	**0.863**	0.778
KP4	0.326	**0.775**	0.707
KP5	**0.742**	0.376	0.692
KP6	**0.787**	0.339	0.735
KP7	**0.891**	0.186	0.829
KP8	**0.910**	0.095	0.836
特征值	3.005	2.969	
解释方差	37.563%	37.106%	
累计解释方差	37.563%	74.669%	

表 C-2 专业优先政策认同问卷探索性因子分析结果（*N*=205，item=8）

题项编号	专业优先政策认可	专业优先政策认知	共同度
ZP1	0.266	**0.908**	0.895
ZP2	0.352	**0.883**	0.904

续表

题项编号	专业优先政策认可	专业优先政策认知	共同度
ZP3	0.417	**0.824**	0.852
ZP4	0.604	**0.651**	0.788
ZP5	**0.827**	0.384	0.832
ZP6	**0.823**	0.251	0.741
ZP7	**0.796**	0.405	0.798
ZP8	**0.820**	0.309	0.768
特征值	3.401	3.177	
解释方差	42.516%	39.709%	
累计解释方差	42.516%	82.225%	

表 C-3　专业适应性问卷探索性因子分析结果（N=205，item=19）

题项编号	个体特质适应	职业适应	学习适应	共同度
MA1	**0.854**	0.236	0.206	0.827
MA2	**0.892**	0.189	0.146	0.853
MA3	**0.908**	0.155	0.128	0.864
MA4	**0.801**	0.287	0.204	0.765
MA5	**0.754**	0.364	0.140	0.720
MA6	**0.824**	0.285	0.188	0.796
MA7	**0.691**	0.149	0.186	0.535
MA8	0.137	0.184	**0.865**	0.801
MA9	0.174	0.197	**0.841**	0.776
MA10	0.121	0.226	**0.905**	0.885
MA11	0.258	0.265	**0.772**	0.732
MA12	0.360	0.320	**0.665**	0.675
MA16	0.300	**0.656**	0.128	0.536
MA17	0.165	**0.745**	0.385	0.730
MA18	0.171	**0.770**	0.341	0.738

续表

题项编号	个体特质适应	职业适应	学习适应	共同度
MA19	0.273	**0.687**	0.227	0.599
MA20	0.333	**0.541**	0.232	0.458
MA21	0.183	**0.747**	0.226	0.642
MA22	0.161	**0.678**	0.031	0.487
特征值	5.366	4.091	3.963	
解释方差	28.241%	21.534%	20.858%	
累计解释方差	28.241%	49.775%	70.633%	

表 C-4　专业决策自我效能问卷探索性因子分析结果（*N*=205，item=12）

题项编号	规划制定	目标选择	自我评价	共同度
SE1	0.274	0.150	**0.738**	0.643
SE2	0.422	0.301	**0.587**	0.613
SE3	0.240	0.155	**0.837**	0.782
SE4	0.115	0.287	**0.708**	0.597
SE11	0.307	**0.772**	0.302	0.781
SE12	0.218	**0.854**	0.303	0.868
SE13	0.284	**0.846**	0.156	0.821
SE14	**0.824**	0.253	0.206	0.785
SE15	**0.796**	0.368	0.177	0.800
SE16	**0.812**	0.139	0.233	0.732
SE17	**0.793**	0.218	0.275	0.751
SE18	**0.742**	0.186	0.221	0.634
特征值	3.696	2.561	2.551	
解释方差	30.799%	21.343%	21.255%	
累计解释方差	30.799%	52.141%	73.397%	

表C-5　专业选择结果预期问卷探索性因子分析结果（N=205，item=9）

题项编号	专业选择结果预期	共同度
OE1	**0.813**	0.661
OE2	**0.789**	0.622
OE3	**0.796**	0.634
OE4	**0.828**	0.685
OE5	**0.825**	0.681
OE6	**0.840**	0.706
OE7	**0.819**	0.670
OE8	**0.654**	0.428
OE9	**0.796**	0.633
特征值	5.722	
解释方差	63.574%	
累计解释方差	63.574%	

表C-6　高中学习投入问卷探索性因子分析结果（N=205，item=10）

题项编号	活力	奉献	专注	共同度
LE1	**0.807**	0.289	0.272	0.809
LE2	**0.865**	0.272	0.175	0.853
LE3	**0.868**	0.222	0.258	0.869
LE4	0.258	**0.820**	0.202	0.779
LE5	0.378	**0.640**	0.397	0.710
LE6	0.410	**0.703**	0.310	0.759
LE7	0.148	**0.854**	0.237	0.808
LE8	0.436	0.311	**0.659**	0.720
LE9	0.151	0.262	**0.868**	0.845
LE10	0.275	0.270	**0.869**	0.903
特征值	2.840	2.751	2.464	

续表

题项编号	活力	奉献	专注	共同度
解释方差	28.404%	27.507%	24.635%	
累计解释方差	28.404%	55.911%	80.546%	

表 C-7 高中教育期望问卷探索性因子分析结果（N=205，item=9）

题项编号	学业表现期望	未来成就期望	共同度
EE1	**0.654**	0.205	0.470
EE2	**0.795**	0.314	0.731
EE3	**0.760**	0.399	0.737
EE4	**0.782**	0.205	0.654
EE5	**0.793**	0.427	0.812
EE6	0.380	**0.761**	0.724
EE7	0.282	**0.824**	0.758
EE8	0.323	**0.847**	0.821
EE9	0.253	**0.807**	0.716
特征值	3.271	3.151	
解释方差	36.342%	35.014%	
累计解释方差	36.342%	71.356%	

二、小规模预测样本信度分析详细数据

小规模预测时各变量的内部一致性信度指标（Cronbach's α）均大于 0.7（正文中已列出，此处不再赘述）。以下报告各变量每题的校正项总计相关性 CITC 值和删除相应题项后信度变化情况。

表 C-8 删除相应题项后信度的变化（科目自选政策认同）

题项编号	校正项总计相关性 CITC 值	项已删除的 Cronbach’s α 值
KP1	0.601	0.880
KP2	0.599	0.879

续表

题项编号	校正项总计相关性 CITC 值	项已删除的 Cronbach' s α 值
KP3	0.625	0.877
KP4	0.677	0.872
KP5	0.721	0.867
KP6	0.731	0.866
KP7	0.698	0.870
KP8	0.640	0.876

表 C-9　删除相应题项后信度的变化（专业优先政策认同）

题项编号	校正项总计相关性 CITC 值	项已删除的 Cronbach' s α 值
ZP1	0.762	0.935
ZP2	0.821	0.931
ZP3	0.826	0.930
ZP4	0.843	0.929
ZP5	0.817	0.931
ZP6	0.700	0.939
ZP7	0.803	0.932
ZP8	0.745	0.936

表 C-10　删除相应题项后信度的变化（专业适应性）

题项编号	校正项总计相关性 CITC 值	项已删除的 Cronbach' s α 值
MA1	0.760	0.935
MA2	0.727	0.936
MA3	0.709	0.936
MA4	0.748	0.935
MA5	0.733	0.936
MA6	0.761	0.935

续表

题项编号	校正项总计相关性 CITC 值	项已删除的 Cronbach's α 值
MA7	0.589	0.939
MA8	0.575	0.939
MA9	0.596	0.938
MA10	0.608	0.938
MA11	0.655	0.937
MA12	0.705	0.936
MA16	0.593	0.938
MA17	0.684	0.937
MA18	0.677	0.937
MA19	0.640	0.937
MA20	0.601	0.938
MA21	0.618	0.938
MA22	0.466	0.941

注：该表是未删除 MA22 题的情况。

表 C-11 删除相应题项后信度的变化（个体特质适应）

题项编号	校正项总计相关性 CITC 值	项已删除的 Cronbach's α 值
MA1	0.866	0.932
MA2	0.878	0.930
MA3	0.885	0.930
MA4	0.825	0.935
MA5	0.785	0.939
MA6	0.849	0.933
MA7	0.648	0.952

表 C-12　删除相应题项后信度的变化（学习适应）

题项编号	校正项总计相关性 CITC 值	项已删除的 Cronbach’s α 值
MA8	0.815	0.897
MA9	0.800	0.901
MA10	0.884	0.884
MA11	0.771	0.907
MA12	0.707	0.919

表 C-13　删除相应题项后信度的变化（职业适应）

题项编号	校正项总计相关性 CITC 值	项已删除的 Cronbach’s α 值
MA16	0.618	0.863
MA17	0.750	0.847
MA18	0.770	0.843
MA19	0.680	0.855
MA20	0.572	0.869
MA21	0.701	0.854

注：该表是已删除 MA22 题的情况。

表 C-14　删除相应题项后信度的变化（专业决策自我效能）

题项编号	校正项总计相关性 CITC 值	项已删除的 Cronbach’s α 值
SE1	0.589	0.917
SE2	0.691	0.913
SE3	0.621	0.916
SE4	0.530	0.920
SE11	0.703	0.913
SE12	0.683	0.914
SE13	0.643	0.915

续表

题项编号	校正项总计相关性 CITC 值	项已删除的 Cronbach’s α 值
SE14	0.744	0.911
SE15	0.772	0.909
SE16	0.686	0.913
SE17	0.743	0.911
SE18	0.653	0.915

表 C–15 删除相应题项后信度的变化（专业选择结果预期）

题项编号	校正项总计相关性 CITC 值	项已删除的 Cronbach’s α 值
OE1	0.755	0.917
OE2	0.725	0.918
OE3	0.733	0.918
OE4	0.771	0.915
OE5	0.767	0.916
OE6	0.783	0.915
OE7	0.763	0.917
OE8	0.579	0.928
OE9	0.737	0.918

表 C–16 删除相应题项后信度的变化（高中学习投入）

题项编号	校正项总计相关性 CITC 值	项已删除的 Cronbach’s α 值
LE1	0.746	0.919
LE2	0.710	0.921
LE3	0.733	0.920
LE4	0.684	0.923
LE5	0.766	0.918

续表

题项编号	校正项总计相关性 CITC 值	项已删除的 Cronbach’s α 值
LE6	0.777	0.918
LE7	0.655	0.924
LE8	0.746	0.919
LE9	0.649	0.924
LE10	0.742	0.920

表 C–17　删除相应题项后信度的变化（高中教育期望）

题项编号	校正项总计相关性 CITC 值	项已删除的 Cronbach’s α 值
EE1	0.532	0.914
EE2	0.721	0.901
EE3	0.750	0.899
EE4	0.625	0.907
EE5	0.809	0.895
EE6	0.734	0.900
EE7	0.705	0.902
EE8	0.763	0.897
EE9	0.673	0.904

附录 D　新高考政策认同、专业适应性题项填选频率统计数据

该部分从问卷各题项填选打分的频率统计情况，呈现当前学生对新高考政策认同、专业适应性的现状，并简要描述了相关数据内容。

一、新高考政策认同

（一）科目自选政策认知

表 D-1 科目自选政策认知的填选频率统计结果（N=1 403）

题项	非常不同意	不同意	不太同意	较为同意	同意	非常同意
KP1：我对近年浙江新高考“科目 7 选 3”政策很了解	0.6%	0.7%	4.1%	21.7%	30.2%	42.6%
KP2：我清楚近年浙江新高考“科目 7 选 3”政策改革目标和初衷	1.9%	3.1%	12.0%	29.2%	26.9%	27.0%
KP3：高中时，我能通过许多途径获取“科目 7 选 3”政策的相关信息	0.9%	2.0%	8.8%	28.9%	28.1%	31.2%
KP4：我很关心浙江新高考“科目 7 选 3”政策	1.9%	2.8%	12.1%	28.7%	26.4%	28.2%

从表 D-1 来看，题项 KP1“我对近年浙江新高考‘科目 7 选 3’政策很了解”，选择“较为同意”“同意”和“非常同意”的分别为 21.7%、30.2% 和 42.6%，三者合计达到 94.5%；题项 KP2“我清楚近年浙江新高考‘科目 7 选 3’政策改革目标和初衷”，选择“较为同意”“同意”和“非常同意”的分别为 29.2%、26.9% 和 27.0%，三者合计达到 83.1%。

题项 KP3“高中时，我能通过许多途径获取‘科目 7 选 3’政策的相关信息”，选择“较为同意”“同意”和“非常同意”的分别为 28.9%、28.1% 和 31.2%，三者合计达到 88.2%。

题项 KP4“我很关心浙江新高考‘科目 7 选 3’政策”，选择“较为同意”“同意”和“非常同意”的分别为 28.7%、26.4% 和 28.2%，三者合计达到 83.3%。

（二）科目自选政策认可

表 D-2 科目自选政策认可的填选频率统计结果（N=1 403）

题项	非常不同意	不同意	不太同意	较为同意	同意	非常同意
KP5：浙江新高考“科目 7 选 3”政策有助于我进入感兴趣的专业学习	3.7%	3.1%	12.9%	32.6%	24.7%	23.1%

续表

题项	非常不同意	不同意	不太同意	较为同意	同意	非常同意
KP6：浙江新高考“科目 7 选 3”政策有利于提高我的学习成绩	3.7%	1.9%	12.3%	32.9%	26.1%	23.2%
KP7：我认为浙江新高考“科目 7 选 3”政策比以前科目 3+3 更加科学合理	4.7%	2.1%	9.7%	28.0%	27.2%	28.4%
KP8：总体而言，我对浙江新高考“科目 7 选 3”政策很认同	3.7%	2.9%	9.7%	30.9%	27.2%	25.7%

从表 D–2 来看，题项 KP5“浙江新高考‘科目 7 选 3’政策有助于我进入感兴趣的专业学习”，选择“较为同意”“同意”和“非常同意”的分别为 32.6%、24.7% 和 23.1%，三者合计为 80.4%。

题项 KP6“浙江新高考‘科目 7 选 3’政策有利于提高我的学习成绩”，选择“较为同意”“同意”和“非常同意”的分别为 32.9%、26.1% 和 23.2%，三者合计为 82.2%。

题项 KP7“我认为浙江新高考‘科目 7 选 3’政策比以前科目 3+3 更加科学合理”，选择“较为同意”“同意”和“非常同意”的分别为 28.0%、27.2% 和 28.4%，三者合计为 83.6%；题项 KP8“总体而言，我对浙江新高考‘科目 7 选 3’政策很认同”，选择“较为同意”“同意”和“非常同意”的分别为 30.9%、27.2% 和 25.7%，三者合计为 83.8%。

（三）专业优先政策认知

表 D–3　专业优先政策认知的填选频率统计结果（N=1 403）

题项	非常不同意	不同意	不太同意	较为同意	同意	非常同意
ZP1：我对近年浙江新高考“专业＋院校填志愿”政策很了解	1.5%	4.1%	17.1%	34.2%	23.4%	19.7%
ZP2：我清楚近年浙江新高考“专业＋院校填志愿”政策的改革目标和初衷	1.5%	4.9%	19.9%	34.5%	21.5%	17.7%

续表

题项	非常不同意	不同意	不太同意	较为同意	同意	非常同意
ZP3：填志愿时，我能通过许多途径获取“专业＋院校填志愿”政策的相关信息	1.2%	3.2%	15.3%	35.6%	25.6%	19.2%
ZP4：我很关心浙江新高考“专业＋院校填志愿”政策	1.4%	3.8%	16.5%	36.5%	23.9%	18.0%

从表 D–3 来看，题项 ZP1“我对近年浙江新高考‘专业 + 院校填志愿’政策很了解”，选择“较为同意”“同意”和“非常同意”的分别为 34.2%、23.4% 和 19.7%，三者合计为 77.3%；题项 ZP2“我清楚近年浙江新高考‘专业 + 院校填志愿’政策的改革目标和初衷”，选择“较为同意”“同意”和“非常同意”的分别为 34.5%、21.5% 和 17.7%，三者合计为 73.7%。

题项 ZP3“填志愿时，我能通过许多途径获取‘专业 + 院校填志愿’政策的相关信息”，选择“较为同意”“同意”和“非常同意”的分别为 35.6%、25.6% 和 19.2%，三者合计为 80.4%。

题项 ZP4“我很关心浙江新高考‘专业 + 院校填志愿’政策”，选择“较为同意”“同意”和“非常同意”的分别为 36.5%、23.9% 和 18.0%，三者合计为 78.4%。

（四）专业优先政策认可

表 D–4　专业优先政策认可的填选频率统计结果（N=1 403）

题项	非常不同意	不同意	不太同意	较为同意	同意	非常同意
ZP5：浙江新高考“专业＋院校填志愿”政策有助于我录取进入感兴趣的专业	1.3%	1.9%	11.8%	38.8%	28.0%	18.2%
ZP6：浙江新高考“专业＋院校填志愿”政策有利于我录取进入热门的专业	1.5%	3.4%	19.0%	37.9%	22.6%	15.5%

续表

题项	非常不同意	不同意	不太同意	较为同意	同意	非常同意
ZP7：我认为浙江新高考“专业+院校填志愿”政策比以前“院校+专业填志愿”更加科学合理	1.6%	1.9%	11.8%	37.8%	27.2%	19.7%
ZP8：总的来说，我对浙江新高考“专业+院校填志愿”政策很认同	1.6%	1.8%	9.8%	40.2%	27.2%	19.5%

从表D-4来看，题项ZP5“浙江新高考‘专业+院校填志愿’政策有助于我录取进入感兴趣的专业”，选择“较为同意”“同意”和“非常同意”的分别为38.8%、28.0%和18.2%，三者合计为85%。

题项ZP6“浙江新高考‘专业+院校填志愿’政策有利于我录取进入热门的专业”，选择“较为同意”“同意”和“非常同意”的分别为37.9%、22.6%和15.5%，三者合计为76%。

题项ZP7“我认为浙江新高考‘专业+院校填志愿’政策比以前‘院校+专业填志愿’更加科学合理”，选择“较为同意”“同意”和“非常同意”的分别为37.8%、27.2%和19.7%，三者合计为84.7%；题项ZP8“总的来说，我对浙江新高考‘专业+院校填志愿’政策很认同”，选择“较为同意”“同意”和“非常同意”的分别为40.2%、27.2%和19.5%，三者合计达到86.9%。

二、专业适应性

（一）个体特质适应

表D-5 个体特质适应的描述性统计结果（*N*=1 403）

题项	非常不同意	不同意	不太同意	较为同意	同意	非常同意
MA1：我的专业符合我的兴趣	2.3%	3.5%	15.5%	37.6%	28.7%	12.5%
MA2：我的专业符合我的特长	3.4%	4.6%	21.0%	38.3%	23.7%	8.8%

续表

题项	非常不同意	不同意	不太同意	较为同意	同意	非常同意
MA3：我的专业符合我的能力	2.9%	4.2%	18.7%	41.6%	24.0%	8.7%
MA4：我的专业和我的理想职业相一致	3.3%	7.7%	23.4%	33.8%	22.2%	9.6%
MA5：我的专业适合我的性格	2.4%	3.6%	17.5%	40.7%	26.1%	9.8%
MA6：我的专业能够实现我的理想	3.1%	5.8%	21.5%	35.7%	24.0%	9.8%
MA7：我所学习的专业课程的难易程度比较适合我	3.8%	4.5%	19.5%	41.2%	22.9%	8.1%

从表 D-5 来看，题项 MA1“我的专业符合我的兴趣”、题项 MA2“我的专业符合我的特长”、题项 MA3“我的专业符合我的能力”和 MA5“我的专业适合我的性格”，选择“较为同意”的分别为 37.6%、38.3%、41.6% 和 40.7%，选择“同意”的分别为 28.7%、23.7%、24.0% 和 26.1%，选择“非常同意”的分别为 12.5%、8.8%、8.7% 和 9.8%，三者合计分别为 78.8%、70.8%、74.3% 和 76.6%。

题项 MA4“我的专业和我的理想职业相一致”和题项 MA6“我的专业能够实现我的理想”，选择“较为同意”的分别为 33.8% 和 35.7%，选择“同意”的分别为 22.2% 和 24.0%，选择“非常同意”的分别为 9.6% 和 9.8%，三者合计分别为 65.6% 和 69.5%。

题项 MA7“我所学习的专业课程的难易程度比较适合我”，选择“较为同意”的为 41.2%，选择“同意”的为 22.9%，选择“非常同意”的为 8.1%，三者合计为 72.2%。

（二）学习适应

表 D-6　学习适应性的描述性统计结果（*N*=1403）

题项	非常不同意	不同意	不太同意	较为同意	同意	非常同意
MA8：我的专业有良好的教学资源	1.1%	2.1%	8.6%	37.3%	35.2%	15.8%

续表

题项	非常不同意	不同意	不太同意	较为同意	同意	非常同意
MA9：我的专业具有良好的专业培养计划	0.9%	1.6%	8.1%	36.7%	35.4%	17.2%
MA10：我的专业具有良好的学习资源	0.9%	1.1%	8.3%	36.2%	36.8%	16.6%
MA11：我的专业具有良好的学习环境	1.2%	1.7%	7.7%	37.3%	36.7%	15.4%
MA12：我的专业能帮助我开拓思维	1.0%	1.6%	8.7%	36.6%	36.1%	16.0%

从表 D-6 来看，题项 MA8“我的专业有良好的教学资源”和题项 MA9“我的专业具有良好的专业培养计划”，选择“较为同意”的分别为 37.3% 和 36.7%，选择“同意”的分别为 35.2% 和 35.4%，选择“非常同意”的分别为 15.8% 和 17.2%，三者合计分别为 88.3% 和 89.3%。

题项 MA10“我的专业具有良好的学习资源”和题项 MA11“我的专业具有良好的学习环境”，选择“较为同意”的分别为 36.2% 和 37.3%，选择“同意”的分别为 36.8% 和 36.7%，选择“非常同意”的分别为 16.6% 和 15.4%，三者合计分别为 89.6% 和 89.4%。

题项 MA12“我的专业能帮助我开拓思维”，选择“较为同意”的为 36.6%，选择“同意”的为 36.1%，选择“非常同意”的为 16.0%，三者合计为 88.7%。

（三）职业适应

表 D-7　职业适应性的描述性统计结果 (N=1403)

题项	非常不同意	不同意	不太同意	较为同意	同意	非常同意
MA16：我的专业能适应多个领域的职业要求	1.9%	3.6%	14.7%	33.5%	30.6%	15.7%
MA17：我的专业符合社会需求	0.9%	1.1%	6.4%	31.9%	38.0%	21.7%
MA18：我的专业的行业发展前景良好	1.1%	1.9%	11.5%	33.6%	33.3%	18.6%

续表

题项	非常不同意	不同意	不太同意	较为同意	同意	非常同意
MA19：我的专业的社会地位较高	1.9%	3.6%	20.0%	39.7%	26.0%	8.9%
MA20：我的专业在生活中可以应用	0.6%	1.9%	10.0%	34.6%	33.5%	19.4%
MA21：我的专业在某些地区、区域发展良好	0.4%	0.5%	6.2%	32.0%	38.6%	22.3%

从表 D-7 来看，题项 MA16“我的专业能适应多个领域的职业要求”和题项 MA20“我的专业在生活中可以应用”，选择“较为同意”的分别为 33.5% 和 34.6%，选择“同意”的分别为 30.6% 和 33.5%，选择“非常同意”的分别为 15.7% 和 19.4%，三者合计分别为 79.8% 和 87.5%。

题项 MA17“我的专业符合社会需求”、题项 MA18“我的专业的行业发展前景良好”和题项 MA21“我的专业在某些地区、区域发展良好”，选择“较为同意”的分别为 31.9%、33.6% 和 32.0%，选择“同意”的分别为 38.0%、33.3% 和 38.6%，选择“非常同意”的分别为 21.7%、18.6% 和 22.3%，三者合计分别达到 91.6%、85.5% 和 92.9%。

题项 MA19“我的专业的社会地位较高”，选择“较为同意”的为 39.7%，选择“同意”的为 26.0%，选择“非常同意”的为 8.9%，三者合计为 74.6%。

后记

高考是我国特有的国家教育考试制度，关系到千百万考生及其背后家庭的切身利益，其重要性不言而喻。于我而言，回望那场20多年前的备考、考试、填志愿等，各类场景至今仍历历在目，由此不禁感叹，高考对一名普通家庭的学子是多么的重要！它改变了多少人的命运和人生道路，又让多少人牵挂、记忆以及关注、评论。也因此，每年6月的高考季，我都会不由自主地把目光聚焦到此，并勾起对往事的回忆；虽说时常注意高考的新闻，但真正与高考结缘则是10多年前我在浙江工业大学本科招生部门从事相应工作开始的。刚接触这项工作时，自己并没有深入思考过“考试招生”对人才培养的深层价值，只是浅显地从程序公平的角度将其理解为“大学招生执行”而已。时间来到2013年末，党的十八届三中全会胜利召开，会议通过了《中共中央关于全面深化改革若干重大问题的决定》，对全面深化改革作出重大部署，其中有关“深化教育领域综合改革”则专门提到了“推进考试招生制度改革”，而且是整整一个大段落的阐述；我在学习这次会议精神时，第一次认识到“高考改革”已是党和国家最高层所关注的改革领域，也意识到这里面会有大量值得研究探索的内容。往后一段时日，我查阅了一些高考主题的文献、学习了不少“圈内大咖”对高考改革的阐述，并逐步地对“高考”研究产生了兴趣。

众所周知，2014年9月国务院发布《国务院关于深化考试招生制度改革的实施意见》，国家开启了自1977年恢复高考以来力度最大的新一轮高考综合改革。浙江省被国家确定为最早一批高考综合改革试点省（市）之一，也由此，浙江的高校、高中都为迎接这场考试招生的改革展开工作、积极“应考”。在如火如荼的新高考改革之下，我虽调离了本科招生岗位，未在一线近距离参与学校招生改革实施而略带遗憾，但我始终关注着这场被喻为“牵一发而动全身”的教育改革。2017年暑期，首届新高考顺利完成录取工作，当年首批经历新高考的考生将迈入大学校门——怀着对新高考改革持续关注的热情，我进一步意识到可以对这些“首批考生”入学后开展一次调查，用经历新高考学生这一最直接的研究对象、用客观真实的数据来反映新高考改革的实施效果——在这个想法的推动下，我撰写了第一篇关于新高考政策评估的实证研究论文，并有幸于2018年10月发表在《中国高教研究》上。这无疑对我这个研究高考的新人以莫大的鼓舞，也给予我继续研究高考综合改革以更大的勇气。

本书是在我的博士论文基础之上完善修改而成稿的。全书的构思、设计和实证调查用了两年多时间（当然，对这一问题的兴趣和思考，正如前所述则是从我接触本科招生工作开始的），其研究的过程与大多数同行一样充满着困顿与苦涩，有很长一段时间我总是处于“提出初步设想—实施小规模调查—否定原有设计—再次提出新设想”的循环往复中，苦不堪言；而当研究设计基本成型、调查实施持续推进、数据分析初步完成进入到写作阶段时，又伴随着许多艰辛与无奈，时常刚有了动笔的灵感、写作的状态时，一次会议、一次出差又将这些灵感耗尽，迫使状态回到原点。所幸的是，这几年坚持下来了，学会了与“困难”相处，而且整个研究和写作的过程也经常带给我许多激动、兴奋和内心的欢愉。

与所有完成一件“大事”之后的人一样，我需要感谢许多人。感谢之首，是导师余秀兰教授——恩师爱学生、爱学术，极具学人风骨，作为同是在大学这个“场域”工作的我而言，我从恩师身上看到了什么是真正的“师者”。感谢之诚，是南京大学教育研究院及其多位师长——“诚”字缘于南大的校训“诚朴雄伟，励学敦行”，这既是南大师长对晚辈学子们的谆谆教诲，也是学子用行动对师长们最诚挚的谢意。感谢之要，是浙江工业大学及其领导和同事——浙江工业大学也是我的母校，我在这里学习、工作了20多年，对她充满了感情；感谢母校的领导和同事给予我诸多方面的指导和帮助。感谢之最，是我的家人——我的父母和岳父母，为了让我全身心投入工作和学习，替我承担了大量家务，他们对子女的爱和奉献，让我深感无以回报，只愿他们身体健康、快乐生活；我的妻子，对家庭的付出始终比我多很多，她用操持家庭、照顾孩子等实际行动支持着我，希望这本书的出版能让她感到欣慰；对于我的双胞胎孩子们，或许这本书作为礼物送给他们时，他们也能明白父亲为啥总是借口“忙碌”而缺席他们兄弟俩的很多活动。

本书所开展的研究得到了国家社会科学基金“十四五”规划2021年度教育学一般课题的资助（课题名称：新高考政策影响大学生专业适应的机理、效应评估与完善对策研究；批准号：BIA210186），相关阶段性的研究成果也以论文形式发表在《中国高教研究》《复旦教育论坛》上。而本书的顺利出版，要特别感谢高等教育出版社及其多位编辑老师耐心细致的工作。

在本书出版的 2024 年，正是国家实施高考综合改革 10 周年之际，这样的巧合也正好将其献礼高考综合改革 10 周年纪念。而对于新高考的研究，正如“高考改革一直在路上”一样，我们将继续前行和努力。

袁旦

2024 年槐夏于杭州下宁巷

郑重声明

读者意见反馈

为收集对本书的意见建议，进一步完善本书编写并做好服务工作，读者可将对本书的意见建议通过如下渠道反馈至我社。

咨询电话　400-810-0598

反馈邮箱　gjdzfwb@pub.hep.cn

通信地址　北京市朝阳区惠新东街4号富盛大厦1座

高等教育出版社总编辑办公室

邮政编码　100029

防伪查询说明

用户购书后刮开封底防伪涂层，使用手机微信等软件扫描二维码，会跳转至防伪查询网页，获得所购图书详细信息。

防伪客服电话　(010) 58582300